DUFEP
21世纪
新概念教材

高等学校金融学教材新系

个人理财规划

PERSONAL FINANCIAL PLANNING

（第二版）

姜学军 张琦 编著

东北财经大学出版社·大连
Dongbei University of Finance & Economics Press

图书在版编目（CIP）数据

个人理财规划 / 姜学军，张琦编著．—2版．—大连：东北财经大学出版社，2024.8．—（21世纪新概念教材·高等学校金融学教材新系）．

ISBN 978-7-5654-5361-8

Ⅰ．F830.59

中国国家版本馆CIP数据核字第2024YS4788号

东北财经大学出版社出版

（大连市黑石礁尖山街217号　邮政编码　116025）

网　　址：http://www.dufep.cn

读者信箱：dufep@dufe.edu.cn

大连东泰彩印技术开发有限公司印刷　东北财经大学出版社发行

幅面尺寸：185mm×260mm　字数：456千字　印张：21.75

2024年8月第2版　2024年8月第1次印刷

责任编辑：石真珍　孟　鑫　　责任校对：孙冰洁

吉　扬　赵宏洋

封面设计：张智波　　版式设计：原　皓

定价：52.00元

教学支持　售后服务　联系电话：（0411）84710309

如有印装质量问题，请联系营销部：（0411）84710711

第二版前言

在不断变化的经济环境中，个人理财规划比以往任何时候都有必要。如果有人在20年前就做理财规划，那绝对前卫，而现在理财规划早已走进寻常百姓家。从银行储蓄、国债理财，到资产配置，再到综合理财规划，个人理财的升级版不断出现。

自2020年本教材首次出版以来，对整个金融市场有深远影响的“资管新规”开始实施，规范理财子公司及理财产品的文件不断出台。为应对人口老龄化，个人养老金制度于2022年4月推出；为减轻家庭抚养婴幼儿的负担，婴幼儿照护税收优惠政策于2022年1月推出。这些无不推动着理财市场的演变、发展和规范，也促使人们的理财理念和行为与时俱进。金融科技在使理财变得更便捷、更高效的同时，也让理财变得更复杂、充满挑战。人们不仅对清晰、实用的理财知识的需求愈发迫切，而且对理财策略和技巧的掌握和应用也更加渴求。

需要强调的是，财富积累并非个人或家庭的孤立追求与奋斗，而是与国家的经济发展息息相关，没有国家的繁荣和进步，个人的理财规划就是无源之水、无本之木。党的二十大报告指出：“中国式现代化的本质要求是：坚持中国共产党领导，坚持中国特色社会主义，实现高质量发展，发展全过程人民民主，丰富人民精神世界，实现全体人民共同富裕，促进人与自然和谐共生，推动构建人类命运共同体，创造人类文明新形态。”因此，通过理财规划实现个人的成长与发展的同时，我们必须为社会创造价值。

此次再版，在保持原有框架体系的基础上，编著者对书中的内容进行了细致的梳理和完善，学习贯彻了党的二十大精神、最新的政策、市场动态和实践经验，增加了数字资源（“链接”和“在线测试”）。我们希望通过系统和全面的讲解、生动具体的案例，使学生不仅掌握专业的理财技巧，而且树立正确的财富观和价值观，为构建和谐社会和实现共同富裕添砖加瓦。

感谢东北财经大学出版社郭洁和石真珍老师的付出，她们严谨、勤勉的工作使本教材如期出版、更新；也感谢读者们的厚爱，你们的认可是我们前行的动力。

编著者

2024年6月

第一版前言

在改革开放之前，很少有人谈“理财”，“财”字甚至与“剥削”“罪恶”联系在一起；那时也几乎没有人去理财，因为在计划经济体制下，受低下的生产力水平限制，即使再勤俭持家也只是维持温饱，人们往往无“财”可理。

随着我国改革开放的不断推进，人民的生活实现了从短缺到比较殷实、从贫困到小康的历史性跨越，“理财”开始走进千家万户，财富观念也深入人心。初入职场的“后生”在理财，通过打拼率先实现财务自由的高净值人士青睐财富管理，连退休一族也对理财产品喜爱有加，大家都寄希望于通过理财使财富保值增值。理财在当下俨然成为人生的一种技能，是通向梦想的桥梁和手段。可见，一个全新的理财时代已经到来。本书力图透过阐释科学的理财过程向读者传授具体的理财方法，有助于人们树立正确的消费观念，相信会令人开卷获益。

那么，什么是理财呢？理财显然不只是管钱、赚钱、储蓄或投资这么简单，理财是一个系统工程，是为实现个人生活目标而制定的一系列统一的互相协调的规划。它包括了人生的方方面面，如现金规划、职业规划、教育规划、居住规划、税务规划、保险规划、投资规划、退休规划和遗产规划等。要完成这些规划，仅有“财”是不够的，关键在如何“理”上，本书正是为此而编写的。

在完成本书之前，编著者已从事个人理财的教学10年有余，并且有金融机构工作的经历，对理财的精髓有着较为全面的、系统的理解，在写作中将多年的教学与实际工作联系起来，使得本书具有一定的特色：一是在章节的编排上，更加符合教学规律，既深入浅出，又繁简兼顾，易学易懂；二是在内容的选择上，紧密结合实际，涵盖了最新的税法、LPR（贷款基准利率）、民法，以及社保方面的政策，具有很强的时代性。因此，本书既可以作为高等院校的金融类教材，也可以作为大众读者学习理财的工具书，还可以作为金融机构或第三方理财专业人士的业务参考书。

本书在写作时参考了许多同题材的文献资料，在此深表感谢。由于编著者水平有限，加之新技术、新做法不断涌现，政策也在不断变化，书中的不足和疏漏之处难免，敬请读者批评指正。

姜学军

2020年9月

目录

第一章　个人理财规划概述 / 1
◇ 学习目标 / 1
◇ 开篇导读 / 1
第一节　个人理财规划的含义 / 2
第二节　个人理财规划原理 / 11
第三节　个人理财规划的流程 / 27
第四节　理财规划师及其资格认证 / 31
● 本章小结 / 37
● 复习思考 / 38
第二章　家庭财务报表和现金规划 / 41
◇ 学习目标 / 41
◇ 开篇导读 / 41
第一节　家庭财务报表 / 41
第二节　现金规划 / 57
● 本章小结 / 76
● 复习思考 / 77
第三章　职业规划 / 81
◇ 学习目标 / 81
◇ 开篇导读 / 81
第一节　认识职业 / 82
第二节　职业规划及其影响因素 / 92
● 本章小结 / 104
● 复习思考 / 105

第四章　教育规划 / 107
◇ 学习目标 / 107
◇ 开篇导读 / 107
第一节　教育规划的必要性及原则 / 108
第二节　教育支出的资金来源 / 111
第三节　子女教育规划的流程 / 118
● 本章小结 / 131
● 复习思考 / 131
第五章　居住规划 / 135
◇ 学习目标 / 135
◇ 开篇导读 / 135
第一节　居住规划及其流程 / 135
第二节　买房、租房和换房 / 138
第三节　居住规划目标和负担能力的衡量 / 146
第四节　居住规划的融资 / 150
第五节　各种费用对居住规划的影响 / 161
● 本章小结 / 166
● 复习思考 / 167
第六章　个人所得税规划 / 169
◇ 学习目标 / 169
◇ 开篇导读 / 169
第一节　个人所得税规划的意义和性质 / 169
第二节　个人所得税基本知识 / 175
第三节　个人所得税的计算 / 181
第四节　个人所得税规划方法 / 188
● 本章小结 / 201
● 复习思考 / 201
第七章　保险规划 / 205
◇ 学习目标 / 205
◇ 开篇导读 / 205
第一节　风险和风险管理 / 206
第二节　保险规划的含义和功能 / 213
第三节　保险规划的流程 / 217
第四节　保险规划的风险及防范 / 229

● 本章小结 / 233
● 复习思考 / 233
第八章 投资规划 / 237
◇ 学习目标 / 237
◇ 开篇导读 / 237
第一节 投资规划概述 / 237
第二节 房地产投资 / 241
第三节 收藏品投资 / 246
第四节 黄金投资 / 250
第五节 证券投资 / 262
● 本章小结 / 267
● 复习思考 / 267
第九章 退休规划 / 269
◇ 学习目标 / 269
◇ 开篇导读 / 269
第一节 退休规划概述 / 269
第二节 退休规划流程和风险 / 274
第三节 我国的养老保险体系 / 280
● 本章小结 / 298
● 复习思考 / 299
第十章 遗产规划 / 301
◇ 学习目标 / 301
◇ 开篇导读 / 301
第一节 遗产及遗产规划 / 302
第二节 遗产规划工具 / 306
第三节 遗产税 / 317
● 本章小结 / 322
● 复习思考 / 323
主要参考文献 / 325
附 录 / 327

第一章　个人理财规划概述

◇学习目标

- 理解什么是个人理财规划
- 了解个人理财规划的意义、目标和内容
- 熟悉生命周期和理财价值观对个人理财规划的影响
- 掌握个人理财规划的流程
- 能利用不同的方法计算货币的时间价值
- 了解理财规划师的资格认证

开篇导读

钟××是著名的演员、歌手、音乐人和导演，他在娱乐圈中的地位和影响力一度非常高。然而，2002年，钟××却因负债逾2亿港元被法院裁定破产。钟××的破产引起了公众的广泛关注，很多人都在思考，为什么他会破产？经过整理和分析媒体相关报道资料，笔者认为钟××破产的原因有以下几个方面：

一是投资失败。有资料显示，彼时钟××家庭年收入约1 000万港元，但他有1.5亿港元的房地产投资。1997年，亚洲爆发金融危机，香港楼市下滑，导致他欠下巨额债务。过分举债投资低流动性资产，当风险来临时，必然出现问题。

二是生活奢侈。有资料显示，钟××家庭每年仅服装费就达500万港元之巨，家庭生活极为奢侈。当时钟××事业走下坡路，收入渐渐萎缩，但消费随意、肆意挥霍，导致财富不能积累，财务状况逐渐恶化。

三是缺乏理财意识。钟××很少关注自己的财务状况，也不太会作出正确的理财决策。这导致他的资产管理不善，很多资产都没有得到有效的利用，也没有得到合理的保护。

四是个人信用问题。在娱乐圈中，钟××的形象一度非常好，但是后来他因为一些财务纠纷和债务问题频繁出现在媒体报道中。这些事件不仅影响了他的形象，也让他的个人信用受到了影响。一些债权人对他的信用评估下降，这也让他的破产问题更加严重。

收入和财富是两码事，但人们往往会混淆这两个概念。一个人可能收入颇丰，但如果全消费了，那么他的财富并不多。财富是指你积累下来的东西，而不是你消费的东西。同时，投资与理财之间也不能画等号，投资关注的是如何钱生钱的问题，理财关注的则是人生规划中资产的合理配置问题，所以理财的内容比投资要宽得多。我们应该从钟××破产事件中吸取教训，学会正确地进行理财和资产管理，避免陷入类似的困境。

第一节 个人理财规划的含义

一、什么是个人理财规划

近年来，个人理财规划或个人理财在国内已成为一个相当流行的概念，许多金融机构，包括银行、证券公司、保险公司、基金管理公司、信托机构都陆续开办了这项业务，并从不同的角度给它命名，如金融理财、财务策划、金融策划、财富管理、财务顾问等，那究竟什么是个人理财规划呢？我们先看一下不同机构或组织下的定义，然后再做归纳。

中国银行保险监督管理委员会2018年颁布的《商业银行理财业务监督管理办法》中，对理财业务做了如下的定义：理财业务是指商业银行接受投资者委托，按照与投资者事先约定的投资策略、风险承担和收益分配方式，对受托的投资者财产进行投资和管理的金融服务。

这一定义是对商业银行个人理财业务的性质、范围和内容做的界定，并没有反映个人理财规划的全部内涵。

国际金融理财标准委员会（中国）将个人理财规划称为“金融理财”，认为这是一项综合服务，指专业理财人士通过收集客户的家庭情况、财务状况和生涯目标等资料，明确客户的理财目标和风险属性，分析和评估客户的财务状况，为客户量身定制合理的理财方案并及时执行、监督和调整，最终满足客户人生不同阶段的财务需求的综合金融服务。

这个定义虽然很完整，但它是针对金融理财师（Certified Financial Planner，CFP）专业人士及其业务下的定义。

中国香港财务策划师学会将个人理财规划称为“财务策划”，认为财务策划是运用科学公正的财务分析程序来对个人的财务计划、投资策略等进行合理的规划和管理，以实现其长期理财和生活目标的专业化个人理财服务。

中国台湾理财顾问认证协会将个人理财规划称为“理财规划”，认为理财规划就是规划人们现在及未来的财务资源，使其能够满足人生不同阶段之需求，并达到预定的目标，使人们能够财务独立自主。

这两个定义简单明了，将个人理财规划的要义点化得淋漓尽致，却过于精练深刻。

本书的观点是：个人理财规划是指个人或家庭根据其客观情况和财务资源及风险承受能力而制订的，旨在实现人生各阶段目标的一系列互相协调的计划，包括现金规划、职业规划、教育规划、居住规划、税务规划、保险规划、投资规划、退休规划和遗产规划等。

在这里，家庭是指中性或者广义的家庭，包括未婚单身家庭、已婚无子家庭、已婚有子家庭等，所以本教材中的“个人”理财规划和“家庭”理财规划是可以画等号的。

从这个定义中我们可以看出，个人理财规划是一系列统一协调计划的综合，并非单一的计划；个人理财规划的最终目的是实现人生各阶段的目标，而非单纯的赚钱或投资；它所强调的是善用财务资源，使个人及家庭的财务状况处于最佳状态，从而提高生活质量和幸福指数。

二、个人理财规划的意义

心理学家马斯洛的需求理论告诉我们，人类的需求是有层级之分的，在安全无虞的前提下追求温饱；当基本的生活条件获得满足之后，则要求得到社会尊重；并进一步追求人的最终目标——自我实现。而这些需求的依层级满足，必须建立在不虞匮乏的财务条件的基础之上。

个人理财规划作为一种经济行为，既有利于家庭也有利于社会，下面就从微观和宏观两个方面来分析。

（一）个人理财规划的微观意义

1.平衡现在和将来的收支

如果一个人在任何时期都有收入，并且赚的钱等于需用的钱，那么就基本上没有必要进行个人理财规划了。

但事实上，人的一生中只有一半的时间有赚取收入的能力，假如一个人能活85岁，那么前20年基本是受父母抚养，没有收入；至65岁以前则必须养活自己与家人，而退休后又没有了工作收入，那么靠什么来养老呢？显然，必须以中间约45年的收支结余来支付前后共40年的净支出，以平衡收支的时间差异。

就整个生命周期来说，将工作期的收入中超过支出的部分储蓄起来，加以投资运用，除了支付子女成长的费用以外，退休时还应有足够的资金来安养晚年，既不给子女增加负担，又让自己获得了财务上的尊严，这一切都需要做好规划。

就某个时期来说，当一时的现金收入无法支付现金支出的时候，可以适当地借钱来满足需要。借钱的原因可能是暂时性的入不敷出，也可能是一种财务策略，这相当于预支了将来的收入。

2.追求高品质的生活

每个人都希望过上越来越好的生活。从租房子到买房子，从乘坐公交汽车到自己开车，从开普通车到换上高级车，这些都是人们的普遍愿望，人们不会仅仅实现了收支平衡就“善罢甘休”的，而是要不断地提高生活水平，这就需要进行个人理财规划。对大多数人来说，收入是有限的，高品质的生活需要很难一次性地得到满足，只有通过有计划的安排、依靠科学的规划方能逐步实现。因此，当自身的财富积累到一定程度之后，个人理财规划的重点就转移到资产存量的配置上了，也就是如何运用财富产生收益，让自己及家人过上更好的生活。

3.抵御不测风险和灾害

人们常说“天有不测风云，人有旦夕祸福”。日常生活中，难免有意想不到的事情发生，如生病、受伤、伤残、死亡、自然灾害、失窃、失业等，这些风险事件会对家庭生活造成巨大的影响，而通过个人理财规划就可以实现有效转嫁这些风险的目的。例如，为自己或家人购买意外伤害保险，一旦因遭受意外伤害事故导致身故、伤残，需要支付医疗费用时，保险公司就会按照约定给付保险金。再如，为自己的车辆购买一份车辆保险和第三者责任保险，万一遭受交通意外事故导致经济损失，保险公司会按照约定赔付。这样，当人们碰到突发事变或遭遇不测时，就会有比较充足的财力，以便顺利渡过难关。

4.赡养父母和抚养子女

赡养老人是中华民族的传统美德，自觉赡养父母，是为人子女者的道德基础。赡养父母也是子女的法定义务，不得附加任何条件，更不得任意放弃，它不以子女是否与父母订立某种协议为前提，子女也不得以订立了不赡养协议或者其他理由，拒绝履行赡养义务。对此，《中华人民共和国民法典》（简称《民法典》）有明确规定：第一千零六十七条规定，“成年子女不履行赡养义务的，缺乏劳动能力或者生活困难的父母，有要求成年子女给付赡养费的权利。”第一千零六十九条规定，“子女对父母的赡养义务，不因父母的婚姻关系变化而终止。”第一千零七十四条规定，“有负担能力的孙子女、外孙子女，对于子女已经死亡或者子女无力赡养的祖父母、外祖父母，有赡养的义务。”

除精神上的交流外，对老人物质方面的赡养也是必不可少的，特别是那些年轻时没有稳定收入或生活在农村的父母，更需要成年子女提供财务上的支持。

从抚养子女的角度来看。孩子从出生到大学毕业，需要大量的智力投资及其他物质投资，以及巨额的人力资本投资，同样需要做好科学的财务规划，父母只有针对子女的特长、兴趣和爱好，因材施教，才有希望把孩子培养成有用之才、高素质人才。围绕着子女教育投资问题，个人理财规划要做到未雨绸缪，如果等到即将支付教育费用时再做规划，就为时已晚了。

5.从容应对晚年生活

正常来说，人人都会老去，人人都要面对晚年。怎样安度晚年，是大家都需要考虑的问题。退休以后，收入减少是必然的，而由于年老易多病等原因，支出却可能会增加。在这种情况下，要想有一个幸福的、有尊严的晚年，就要在年轻时科学规划，以应对养老的需要。

（二）个人理财规划的宏观意义

1.有助于金融创新和分散金融风险

随着经济的发展，居民的财富在不断增加，对理财的需求也越来越多。银行、证券公司、保险公司、信托公司纷纷推出个人理财业务。

为了赢得更多的竞争优势，各金融机构不断进行产品和服务的创新，而创新正是金融业发展的动力之源。

个人理财规划的主体是家庭或个人，同公司理财、政府理财一样，要承担相应的责任和风险。从全社会角度看，个人或家庭的加入，增加了理财主体，无疑分散了理财风险，从而使社会整体金融风险得以分散和降低。

2.推动社会和谐，促进经济稳定发展

家庭是社会的基本细胞，家庭和谐是社会和谐的基础。在现代社会中，影响家庭关系的因素是多方面的，其中经济因素尤为关键。而个人理财规划，可以使家庭资产及其结构、家庭收入支出和投资等状况明晰化，减少矛盾，有利于家庭成员彼此间的和睦同心。

个人理财规划的目的并非单纯赚钱，而是使生活更加美好，家庭或个人在追求和实现人生目标的同时，通过个人理财规划，增强了自身的理财管理能力、资金运筹能力、风险投资意识，也提高了自身的综合素质，这些都有利于全民素质的提高，实现共同富裕。

在市场经济条件下，资金的流动具有趋利性，个人理财规划通过投资组合使民间资本在产业间流动，客观上能够促进社会资源的合理配置，有利于经济的稳定发展和产业结构的调整。

三、个人理财规划的目标和内容

（一）个人理财规划的目标

个人理财规划的目标可以归结为两个层次：实现财务安全和追求财务自由。

1.财务安全

财务安全是指个人或家庭的财务现状良好，足以应对未来的财务支出和其他生活目标的实现，不会出现严重的财务危机。

换个角度来说，就是在任何情况下，家庭都不会因缺钱而无法维持正常的生活水平，以至于陷入入不敷出的窘困境地。

财务安全是个人财务规划的首要目标，只有实现了财务安全，才能达到人生各阶段收入支出的基本平衡。

衡量一个人或家庭的财务是否安全，可以参考的标准有：是否有稳定、充足的收入；是否有充足的现金准备；是否有住房；是否购买了适当的财产和人身保险；是否有适当的、收益稳定的投资；是否享受社会保障；是否有额外的养老保障计划等。

那么，怎样才能实现财务安全呢?

首先，要明确财务需求都有哪些；

其次，要分析哪些风险可能侵害家庭财务安全，如意外、疾病、投资失败、婚姻变故等都是潜在的风险；

最后，要根据不同的人生需求，制订期限不同的财务管理方案。

2.财务自由

所谓财务自由，就是一个人或一个家庭不靠工薪也能维持既往的生活方式，被动收入大于主动收入。

主动收入是靠主动工作换来的收入，而被动收入是不必主动工作就能获得的收入，即投资收入，通常来自股票（份）、债券、基金等金融工具以及土地、房产、版权等。

如果投资收入可以完全覆盖个人或家庭发生的各项支出，个人从被迫工作的压力中解放出来，已有财富成为创造更多财富的工具，就可以说是实现了财务自由。

财务自由的人，让钱为自己工作；没有财务自由的人，辛勤为钱工作。相比财务安全，财务自由有了更强大的经济保障。

（二）个人理财规划的内容

如定义中所述，个人理财规划是一个综合计划，是众多子规划的集合体。

个人理财规划的内容具体包括：

1.现金规划

现金规划的基本内容是对家庭或者个人日常的现金及现金等价物的管理，包括确定日常的现金及现金等价物（活期储蓄、各类银行存款、货币市场基金等流动性强的金融资产）的额度，并设计通过短期融资达成现金需求目标的方案等。

现金规划的核心是建立应急预备金，保障个人和家庭生活质量和状态的持续性稳定。

现金规划在整个理财规划中居于十分重要的地位，现金规划是否科学合理将影响其他规划能否实现。因此，做好现金规划是个人理财规划的基础。

2.职业规划

职业是绝大多数人获得财富资源的最重要途径，因此必须认真规划，目的是找到最佳的职业发展方向，在精神和物质两方面都获得满足。职业规划主要包括职业定位、寻找工作、职业成长、更换工作等。

3.教育规划

教育规划是指在收集教育需求信息、分析教育费用的变动趋势并估算教育费用的基础上，选择适当的工具，筹集所需要的教育费用的规划。教育规划既包括自身的教育规划，也包括子女的教育规划。

对于大多数家庭而言，教育支出是一项重要的支出项目，而且是最不容忽视且数额愈来愈大的一笔支出，所以提前做好子女的教育规划非常重要。

4.居住规划

住房在家庭消费支出中是占比较高的一项，居住规划是对家庭买房、租房、换房、卖房和建房的规划。

通过居住规划，使个人或家庭在保证财务安全的基础上，以最经济的方法实现住有所居。居住规划首先需要决策的是以租房还是购房的方式来满足居住的需求。如果决定购房，则需要计算出可以承受的最高房屋总价，并分项计算出首付款和房贷额，然后再选择合适的房产项目。

5.税务规划

依法纳税是公民的义务，但在合法的前提下尽量减轻税负是每个纳税人的权利。个人税务规划是指在纳税行为发生前，在法律允许的范围内，通过对纳税主体的经营、投资、理财等经济活动的事先筹划和安排，充分利用税法提供的优惠和差别待遇，以减轻税负，达到整体税后利润最大化的过程。

6.保险规划

家庭或个人面临的风险一般分为三类：一是人的风险（如生、老、病、死、残），二是物的风险（如财产损失），三是责任风险（如开车撞了人）。

规避、转嫁这些风险，在个人财务处理上，主要是通过投保相应的保险来实现对个人风险的管理。保险规划就是利用保险特有的功能，来保障家庭资产的安全和增值，使个人的经济生命得以延续的过程和方案。

7.投资规划

投资规划是根据家庭投资理财的目标和风险承受能力，制订出合理的资产配置方案，构建投资组合来实现理财目标的过程。投资包括实物投资和证券投资，由于证券投资有专门的课程介绍，我们在这里研究的主要是实物投资。

8.退休规划

退休规划是为保证个人在将来有一个自立、有尊严、高品质的退休生活，而从现在开始积极实施的规划方案。

退休规划是一个长期的工程，不是简单地在退休之前存一笔钱就能解决的，个人在退休之前的几十年就要开始确定目标，进行详细的规划，其核心在于进行退休需求的分析和退休规划工具的选择。

9.遗产规划

遗产规划是指一个人尚健在的时候，为了将遗产顺利地转移到受益人手中而有目的地选择一些遗产管理工具、制订遗产分配方案，从而实现家庭财产的代际传承或安全让渡。

四、个人理财规划的原则

我们在进行理财规划的过程中，要注意遵循一定的原则。概括起来，这些原则主要包括以下几个方面：

第一，综合规划原则。

个人理财规划通常不会是一个单一性规划，而是一个包括现金规划、投资规划、税务规划、退休规划、保险规划以及遗产规划等一系列规划在内的综合性规划。

每个单项规划可以针对某一方面的具体问题提供解决方案，但仅仅依靠单项规划是不够的，因此，财务规划必须是一个全面的、综合的、整体性的解决方案。

第二，提早规划原则。

由于货币具有时间价值，所以财务规划应尽早开始。

提早规划一方面可以充分利用复利效应，另一方面由于准备期长，可以减轻各期的经济、财务压力。

第三，现金保障优先原则。

建立一个能够帮助家庭在出现失业、大病、灾难等意外事件的情况下也能安然度过危机的现金保障系统是十分重要的，也是进行任何理财规划都应首先考虑和重点安排的，只有建立了完备的现金保障，才可以考虑家庭其他资产的专项安排。

第四，安全性原则。

理财规划首先应该考虑的因素是风险，而非收益。

追求收益最大化是建立在风险管理基础之上的，因此我们应根据不同的生命周期阶段及风险承受能力制订不同的财务方案。

必须认清可能出现的各种风险，了解自身的风险承受能力，并合理利用理财规划工具规避风险。

第五，量入为出原则。

量入为出原则，即根据收入的多少来决定支出的用度。支出包括消费支出和投资支出，在收入一定的前提下，消费支出与投资支出往往此消彼长。

财务规划应该正确处理三者之间的关系，要首先保证基本生活水平和生活质量，在投资时应将风险控制在自己的承受能力之内。虽然利用财务杠杆负债经营可以提高资金利用率，也是个人理财规划的一个手段，但这种方式要慎重使用，不可过度负债。

五、个人理财规划的误区

一位哲人说过："人的思想是万物之因。播种一种观念就收获一种行为，播种一种行为就收获一种习惯，播种一种习惯就收获一种性格，播种一种性格就收获一种命运。"

树立正确的理财理念，养成良好的理财习惯，是非常重要的。实际上，现实生活中的人们常常受一些错误的理财观念影响而陷入某种误区，这是需要避免的。以下是常见的在个人理财规划中的误区：

（一）误区一：理财就是节衣缩食、省吃俭用

"勤俭持家"是中国传统文化所提倡的，也是一种美德，但不能仅仅依靠省吃俭用来积累财富，因为单纯的节衣缩食既使得生活无质量可言又令美好生活目标的实现变得遥遥无期。而且，如果只是一味地增加收入却不用于生活消费，又会使赚钱失去意义。

正确的理念是"开源节流"。开源是个人理财规划的源头活水，就是要找到增加收入的源泉即财源；所谓节流，就是计划消费、预算开支。这样，有来有往，才能快速累积财富。

华尔街成功的基金管理人布莱特·麦克蒂格对500多位开始一无所有，但最终积累了千万美元财富的投资人进行了调查，其研究表明，一个人富有的程度取决于他的支出，而非他的收入。为什么有些人一生勤奋，最后却无法颐养天年？麦克蒂格认为"为了找出各种可能省钱的方法，你必须追踪所有支出的去处"。但节流并不意味着吝啬寒酸，而是有所节制、量入为出。

因此，我们要走出理财就是节衣缩食、省吃俭用的误区，树立开源节流的理念。

（二）误区二：理财就是投资赚钱

理财不等于投资，理财的内容要比投资广泛。

个人理财规划是一个系统，如前所述，它包括现金规划、教育规划、税务规划、职业规划、居住规划、保险规划、投资规划、退休规划和遗产规划等，而投资规划只是其

中之一。或者说，投资关注的只是如何“钱生钱”，即增值的问题；而个人理财规划包含了省钱、花钱和赚钱之道。

理财不仅要考虑财富的积累，还要考虑财富的保障；不但要使财产保值还要使其增值；在追求投资收益的同时，更注重对人生整体的规划。

因此，我们要走出理财就是投资赚钱的误区，树立既要保值也要增值的理念。

（三）误区三：理财只是一时一事的行为

有人认为，青年人后面的路还很长，需要个人理财规划；有人认为，要退休了，以后收入要减少才需要个人理财规划。

其实，理财规划是随时都需要进行的活动，在生命周期的不同阶段，责任及需求不同，理财规划的重点有异。

所以，制定符合自己的理财规划，几乎是一生的事情。

因此，我们要走出个人理财规划只是一时一事的行为的误区，树立终身做理财规划的理念。

（四）误区四：穷人钱少不能理，富人有钱不需要

日常生活中，许多工薪阶层或中低收入者认为，每月固定的工资收入应付日常生活开销就差不多了，哪里有余财可理呢？

实际上，穷人比富人更需要理财规划。因为资金的减少对富人来说影响不大，而对穷人来说至关重要。有效地利用好每一分钱，即使微不足道也会积流成河。

至于富人，若不进行理财规划则很难实现财务自由，甚至可能在财富场上一败涂地，“开篇导读”中的钟××就是个例子。

因此，我们要走出穷人钱少谈不上理财规划，富人有钱不需要理财的误区，树立不论贫富都要做财务规划的理念。

六、理财机构

每个人都应该理财，但不是每个人都能把“财”理好。如果我们自身就是专业人士自然不在话下，不仅可以规划好自己的财务，还可以为众多的客户提供理财服务。如果是“门外汉”，通过学习和实践也能成为理财高手，但“专业的事还是交给专业的人来做”，这些专业人士分布在各个理财机构。

经过多年的发展，我国目前形成了商业银行（银行理财子公司）为主，证券公司、保险公司、信托公司、基金公司、期货资产管理公司、第三方理财机构等蓬勃发展的理财机构格局。

（一）商业银行

商业银行开展理财最初主要通过零售部，而后为满足客户多样化的理财需求，设立了私人银行部。

商业银行的零售部服务的是普通人群，提供基础结算、理财产品、存贷款等综合化服务。

商业银行的私人银行部服务的对象是高净值人群，业务包括两个方面：一是金融服

务，如资产管理、另类投资、全权委托、顾问咨询、财务管理、跨境金融、财富传承和增值服务等；二是非金融服务，包括候机登机服务、医疗服务、马术服务、商务用车服务、养老服务等。

2018年12月中国银保监会发布《商业银行理财子公司管理办法》后，各银行纷纷设立理财子公司（从事理财业务的非银行金融机构），截至2024年1月，共有32家理财子公司获批筹建。

理财子公司本质上是提供资产管理服务，聚焦于财富的增值，主要包括发行公私募理财产品、理财顾问和咨询、资产管理、投资股权投资基金和直接投资项目等。

目前，商业银行成为我国理财市场的主要机构，根据银行业理财登记托管中心发布的《中国银行业理财市场年度报告（2023年）》，截至2023年末，银行理财市场存续规模达26.80万亿元，全年累计新发理财产品3.11万只，募集资金57.08万亿元，理财产品投资者数量增至1.14亿个，为投资者创造收益6 981亿元。

（二）证券公司

证券公司的理财最初主要是“交易通道”和“产品销售”，随着佣金的不断下调，证券公司开始从赚取交易手续费的模式向通过专业投顾业务赚取管理费的模式转型。

目前，证券公司的理财除代销产品外，主要是资产管理类业务和基于线上平台的投顾业务。

中国证券投资基金业协会公布的数据显示，截至2022年12月底，证券公司及其资管子公司管理规模为6.28万亿元。

投顾业务，即投资顾问业务，是指证券公司接受客户委托，根据客户的风险承受能力、投资目标和时间要求，提供个性化的投资建议和策略分析，通常包括投资咨询、投资组合管理和财富管理等服务。

中国证券业协会公布的数据显示，证券公司从业人员中投资顾问的人数一直在增加，2023年为77 037人，比前一年增加4.77%，反映出该业务发展趋势良好。

（三）期货资产管理公司

期货资产管理公司是指专门从事期货资产管理的公司，提供期货投资咨询、资产管理、基金销售等服务，其收入来源主要是管理费和业绩报酬收入，部分期货资产管理公司也有基金销售的渠道业务。

目前有100多家期货公司开展了资产管理业务。

（四）信托公司

信托公司的理财业务主要分为三部分。

一是资产管理业务。“资管新规”发布以后，信托公司资产管理业务开始从通道类向主动管理类转型。

中国信托业协会发布的数据显示，截至2023年第三季度，信托公司合计信托资金余额为22.64万亿元，同比增长7.45%，已连续6个季度保持正增长。

二是产品销售，信托公司的产品销售以直销为主。

三是家族信托、养老信托等服务类信托。以家族信托等为代表的服务信托是近年来各大信托公司所重点发力的领域，自2012年平安信托设立首单家族信托后，信托公司纷纷推出家族信托业务，截至2022年12月末，我国家族信托的存续规模约为5 500亿元，较2021年末增长约34%。

（五）基金公司

基金公司是典型的代客理财机构，其产品包括各种公募基金、私募基金、基金管理公司私募资管计划、基金管理公司管理的养老金、基金子公司私募资管计划。基金公司理财业务的收入主要包括管理费收入和销售服务费收入两个方面。

（六）保险公司

保险公司的理财业务主要是资产管理业务，在老龄化程度不断加深的当下，保险公司的寿险业务的发展空间很大。

中国保险资产管理业协会发布的数据显示，2022年全年，协会共登记债权投资计划、股权投资计划、保险私募基金529只，登记规模为10 507.21亿元，其中债权投资计划485只，规模为8 711.78亿元；股权投资计划23只，规模为577.15亿元；保险私募基金21只，规模为1 218.28亿元。考虑未来利率下行的趋势，保险公司的绝对收益配置有一定的优势，未来资管有较大的发展空间。

（七）第三方理财机构

第三方理财机构是市场上区别于传统银行、保险公司、证券公司、期货公司、信托公司等金融机构的独立理财机构，其类型众多，比如脱胎于湘财证券的诺亚财富、平安集团旗下的陆金所、主要经营基金代销的蚂蚁基金等。

第三方机构的业务模式主要以代销产品为主。

以上理财机构各有所长，也各有局限，我们在选择时要根据自身的情况权衡考虑。

第二节 个人理财规划原理

熟悉了个人理财规划的含义后，需要进一步掌握理财规划的原理。以下我们将分析个人理财规划与人的生命周期、个人理财规划和人的个性特征之间的关系，以及货币的时间价值等基本原理。

一、生命周期与个人理财规划

生命周期假说又称消费与储蓄的生命周期假说，是由美国经济学家莫迪利安尼（Modigliani）和布伦贝格（Brumberg）共同提出来的。

据《效用分析与消费函数——对横断面资料的一个解释》一书中的论述，理性的消费者要根据一生的收入来安排自己的消费与储蓄，使一生的收入与消费相等。

家庭生命周期指的是一个家庭形成、发展直至消亡的运动过程，它反映了家庭从形成到解体，呈循环运动的变化规律。

随着家庭组织者的年龄增长，家庭会表现出明显的阶段性，在不同的阶段，家庭的财务状况、理财规划重点和目标均不相同。

人从出生到死亡会经历婴儿、童年、少年、青年、中年、老年这六个时期，一般来说，当一个人从学校毕业，开始工作后就进入了理财的生命周期，这样，我们可以大致将理财生命周期划分为五个阶段，即单身期、家庭形成期、家庭成长期、家庭成熟期和家庭衰退期。

（一）单身期

单身期，即参加工作至结婚的这段时期，一般为2～8年。随着结婚年龄的推迟，社会上这一群体的人数正在增加。

在这个时期，人们刚刚开始工作，经济收入比较低但花销大，资产较少，也可能因有负债（如贷款、父母借款）而净资产为负。这一时期的收支特点是没有其他负担，收入可自由支配，支出大多被用于支付房租、购买生活用品等。

这个时期是自我提升、投资自己的极佳阶段，重点是培养自己未来的获利能力。此时理财规划的主要内容应该是努力寻找高薪工作和积极努力地工作，广开财源，尽可能多地获得财富。

在单身期，可以尝试高风险投资，目的是积累资金和提高投资理财的能力。

（二）家庭形成期

家庭形成期，即结婚到子女出生的这段时期，一般为1～5年。在这个时期，随着家庭成员的增加，家庭负担开始加重，虽然已经有了一定的财力和基本的生活用品，但生活内容比较简单，出于提高生活品质的考虑大多要安排比较大的家庭建设支出，用以买房、买车，购置家具和生活用品等。因此，这一时期属于家庭的消费阶段，理财规划的主要内容是合理安排家庭建设支出。

在家庭形成期可以适当地进行投资，但要控制好风险。

（三）家庭成长期

家庭成长期，即子女出生到子女完成相应教育的时期，这个时期较长，一般为18～22年。在这个时期，家庭生活基本稳定，收入开支同步增长，开支的重点主要是家庭建设支出、子女教育支出、子女生活费用、保健医疗费用等，因此要合理安排这些支出。

在这个时期的前期，随着子女的自理能力增强，家长的时间和精力相对充沛，又积累了一定的工作经验和投资经验，因此，可考虑风险投资，使家庭资产较快地增值，以应对以后子女的大学教育开支。但在这个时期的后几年，应该避免高风险的投资，以免投资失败影响孩子接受高等教育。

（四）家庭成熟期

家庭成熟期，即子女参加工作直至家长退休为止的这段时期，一般为10～15年。这个时期子女已经完全独立，家庭的资产逐渐增加，负债越来越少。

在事业上，自身的工作能力、工作经验、经济状况都达到了巅峰状态，是财富积累的高峰时期。

这个阶段财务规划的重点在于扩大投资，但不宜过多地选择风险投资，以免因为风险投资失败而葬送一生积累的财富。

并且，这个阶段距离退休之日为期不远，要考虑为日后的退休生活做好安排，所以在这个阶段需要把退休养老规划作为理财规划的一个重点。

（五）家庭衰退期

家庭衰退期从夫妻退休到一方过世为止，这一时期家庭成员一般只有夫妻二人，支出中的医疗费用增加，其他费用减少，投资和花费通常都比较保守。

理财规划的重点是资产传承和财产安全。这个时期不适宜做任何高风险投资，一切投资以保本为主。当夫妻中的一个过世，家庭就逐步进入了解体期。

二、理财价值观与个人理财规划

人的一生中有很多目标，这些目标不可能同时实现。当现有的资源无法满足所有的目标需求时，人们对目标相对重要性或实现顺序的主观判断和选择，称为理财价值观。

理财价值观是价值观的一种，是一个人在成长过程中受社会环境、家庭环境、教育水平等方面的影响逐渐形成的，理财价值观是选择个人理财方式的决定性因素。

下面介绍四种典型的具有中国文化特色的理财价值观，分别命名为蚂蚁族、蟋蟀族、蜗牛族和慈鸟族。

（一）蚂蚁族

这类人就像蚂蚁一样吃苦在前、享受在后，高储蓄率是其最突出的特征。在工作期间他们全力以赴、不注重眼前享受，他们量入为出、精打细算，他们不借钱、不负债，有很高的储蓄率。

蚂蚁族的最大愿望是早日达到财务自由，提早退休，或者在退休后享受远高于目前消费水准的生活。

老一辈的人，或者生活态度比较保守的人常常持这种理财价值观。

蚂蚁族需要注意的是，在投资上不可太过保守，应该想办法使财富增值；同时，要懂得生活，不要太亏待自己。

（二）蟋蟀族

持这种价值观的人往往是赚多少花多少，典型的“今朝有酒今朝醉”。他们注重眼前的享受，可以透支未来、提前消费，也敢于负债。“月光族”就是这种理财价值观的典型代表。这种人在工作期间储蓄率较低，其结果是一旦退休，生活水平将大幅度降低。

这种人在及时享乐的同时，不要忘了老有所养，要注意收支平衡，要有一定的储蓄投资计划及保险计划，以便能够在晚年保持财务独立。

（三）蜗牛族

蜗牛族泛指将购买房屋作为人生首要目标的那部分人，他们看重“居有定所”，为了拥有自己的房子，不惜节衣缩食或者背负长期房屋贷款，只要现金流量还过得去，通常会提早买房，希望早日脱离租房生活。

当买房占用了较多的财富资源时，必定会影响到生活水平，也无法存下钱来为退休做准备，因此，蜗牛族们在买房时要考虑支付能力，量力而行，合理作出购买决策。

（四）慈鸟族

慈鸟族泛指那些把子女的成长作为最大目标的人。由于在子女教育上投入太多，他们中的很多人没有给自己留下必要的资源，以致退休后养老金储备不足。

所以，对于慈鸟族来说，要做好教育规划，要留有余地，特别是对于花费较大的子女教育项目更须慎重规划。

三、货币的时间价值

（一）什么是货币的时间价值

举个例子：现在给你1万元和1年以后给你1万元，你会选择哪个？毫无疑问，理性的人肯定会选择前者。

为什么这样选择？主要原因有三个：

首先，如果利率水平是正数，那么把1万元钱存入银行，在1年之后所收回的钱肯定会多于1万元。

其次，如果通货膨胀率为正数，那么1年以后的1万元就会面临着贬值的风险，而现在的1万元更有购买力。

最后，投资可能产生风险，需要提供风险补偿。

这个例子很好地阐述了货币时间价值的含义。

所谓货币的时间价值，是指在不考虑通货膨胀和风险因素的情况下，资金在其周转使用过程中随着时间因素的变化而产生的价值，其实质是资金周转使用后带来的利润或实现的增值。

货币的时间价值是评价投资收益的尺度，也是衡量理财规划方案是否可行的基本标准，在理财规划过程中，经常要使用货币的时间价值进行比较和计算。

（二）货币时间价值的衡量

货币的时间价值有单利和复利两种衡量方法。

1.单利

单利，是始终按本金计算利息的计息方法。

我国银行的储蓄业务一般按照单利计算利息。也就是说，不管存款者的存期有多长，只对原始金额（本金）计息，本金产生的利息不加入本金重复计算利息，各期利息相等。

例如，你今天存到银行1 000元，10年后能得到多少本息呢？假定年存款利率是3%，则10年后的本息和是：

$$F=1\ 000\times(1+3\%\times10)$$
$$=1\ 300（元）$$

就是说，每年的利息都是30元，10年一共300元。

2.复利

复利，是逐年加入上期利息作为本金来计算利息的计息方法，俗称“利滚利”。每期利息收入在下期转化为本金产生新的利息收入。即不仅本金要获利，而且利息也要获利。

例如，你还是存入银行1 000元，若按照复利方法计算，10年后的本息和是多少呢？按照公式，本息和为：

$$F=P(1+r)^n$$
$$=1\,000\times(1+3\%)^{10}$$
$$=1\,343.92\text{（元）}$$

按照单利计算还是按照复利计算，在长期投资中的效果会有很大的差别。

例如，甲和乙各有资金10 000元，甲以单利的方式进行投资，而乙则以复利的方式进行投资，假设年投资回报率均为10%，在未来年份里，他们的财富有多大差别呢？

图1-1告诉我们，1年后，甲和乙的投资业绩没有差别；2年后，乙的投资业绩只是略好于甲，但是随着时间的推移，乙的财富的增长速度越来越快，20年后，甲的本利和只有3万元，而乙的本利和却高达6.7275万元，两人财富水平的差距十分明显。

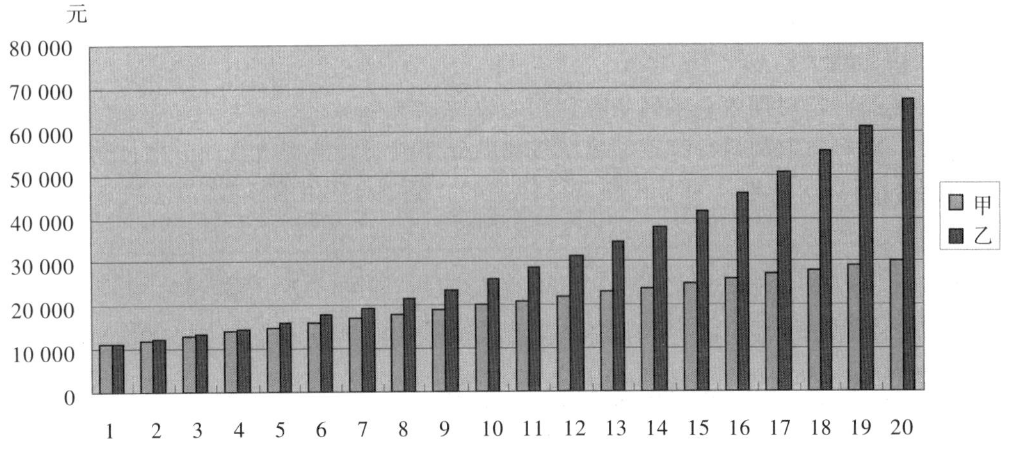

图1-1 单利和复利的本利和比较

（三）现值、终值和年金

如何计算货币资金在不同时间点的价值呢？这就需要我们理解三个变量：现值、终值和年金。

1.现值（PV）

所谓现值，是指将来的货币资金折算到现在或起始日期的价值，也就是本金。

例如，邓庆莹的孩子3年后要上大学，届时需要的大学4年的学费约60 000元，如果按银行利率每年2%计算，邓庆莹现在要存入银行多少钱，才能保证将来孩子上学无忧？这就需要将3年后的学费60 000元折算成当前的价值，也就是现值。

现值变量的符号是PV（Present Value）。

2.终值（FV）

终值又称为将来值，是指货币资金折算到未来某一时间点的价值，或者说一定数额的本金在若干时期后所能保有的本金和利息的总额。

【例1-1】王晓明最近得到奖金10万元（PV），他想将这笔钱存入银行，以便将来退休时使用，王晓明还有10年退休，如按年存款利率2%计算，10年后王晓明退休时能得到多少钱（FV）？这就要计算10万元在10年后的终值。

终值变量的符号是FV（Future Value）。

现值和终值是一定量货币在前后两个不同时点上对应的价值，其差额即为货币的时间价值。

我们计算利息时所称的本金、本利和，相当于资金时间价值理论中的现值和终值。

凡是一定的货币量从前向后折算，例如，从过去到现在，从现在到将来，均可称为终值。

凡是一定的货币量从后向前折算，例如，从将来到现在，从现在到过去，均可称为现值。

现值与终值是相对于某个时点而言的。某个时点的现值，对另一个时点可能是终值。

3.年金（PMT或A）

年金是指一定时期内一系列相等金额的收付款项。

例如，零存整取的银行存款、住房按揭的分期摊还、消费信贷的分期付款、养老金的分期给付等都属于年金的形式。需要注意的是，对年金的“年”不能只理解为一年的年。

其实，“年”在此应理解为“期”，期可以是月、季、半年、一年、二年等。

按照收付的次数和支付的时间划分，年金可以分为普通年金、先付年金、递延年金和永续年金。

年金变量的符号是PMT（Payment）或A（Annuity）

（1）普通年金。

普通年金，又称后付年金，是指各期期末收付的年金。工资、偿还贷款、回收投资、折旧等均属于普通年金。

例如，在未来4年内，每年年末收回投资100万元，其回收形式如图1-2所示，横线代表时间的延续，用数字标示各期的顺序号，竖出线的位置表示回收的时刻，竖线箭头下方的数字表示回收的金额。

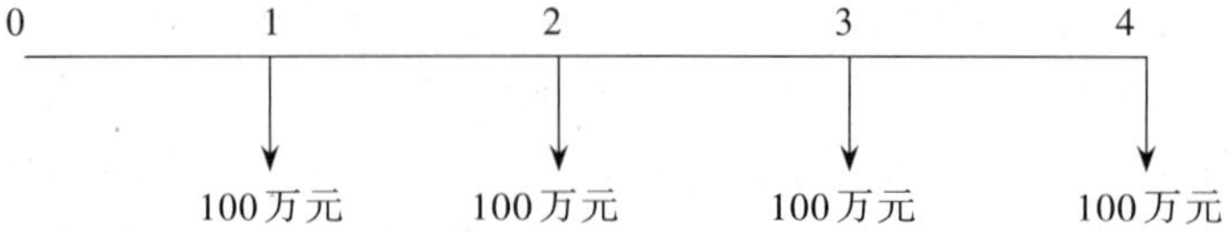

图1-2 普通年金示意图

（2）先付年金。

先付年金，是指在每期期初支付的年金。现实中，租房户每个月在月初支付房租，学生在每学期开学时支付学费，这些都是先付年金。

例如，在未来4年内，每年年初支付土地租金100万元，其支付形式如图1-3所示。

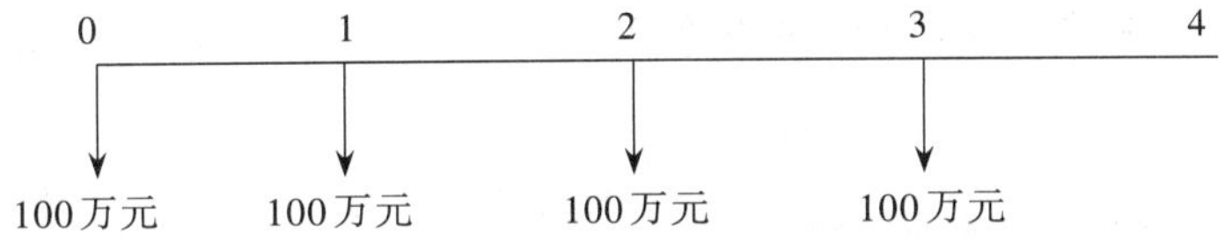

图1-3 先付年金示意图

（3）递延年金。

递延年金又称延期年金，是指第一次支付发生在第二期或第三期以后的年金。

例如，某企业拟购置一处房产，房主提出两种付款方案：一是从现在起，每年年初支付20万元，连续付10次，共200万元；二是从第5年开始，每年年初支付25万元，连续支付10次，共250万元，后一种支付方式就是递延年金。

递延年金的支付形式可如图1-4所示。从图中可以看出，前两期及之前没有发生支付，第一次支付在第三期期末，连续支付四次。

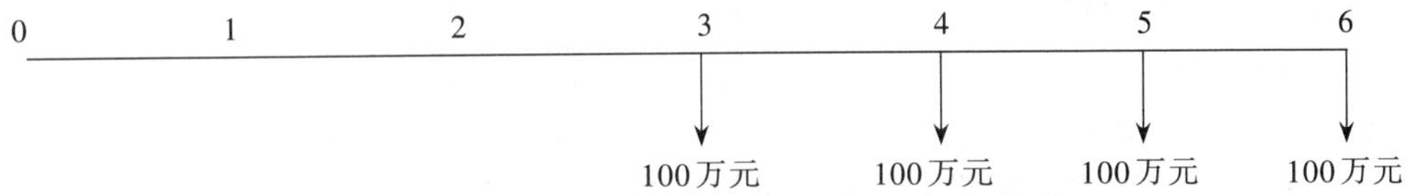

图1-4 递延年金示意图

（4）永续年金。

无限期的定额支付的年金就是永续年金。永续年金没有终止的时间。

例如，优先股因为有固定的股利而又无到期日，其股利就可视为永续年金；有些债券未规定偿还期限，其利息也可视为永续年金。

（四）货币时间价值的计算公式

1.单利终值与单利现值

单利终值=本金×（1+利率×期数）

$$FV=PV(1+ni)$$

式中：（1+ni）为单利终值系数。

单利现值=终值÷（1+利率×期数）

$$PV=\frac{FV}{1+ni}$$

式中：$\frac{1}{1+ni}$为单利现值系数。

显然，单利的终值和单利的现值互为逆运算，单利终值系数（1+ni）和单利现值系数$\frac{1}{1+ni}$互为倒数。

2.复利终值与复利现值

复利终值是指一定数量的本金，在一定的利率下按照复利的方法计算出的若干时期以后的本金和利息。

复利现值是未来一定时间的特定资金按复利计算的现在价值，也就是按复利计算，为取得未来一定本利之和现在所需要的本金。

复利终值=现值×（1+利率）^{期数}

$FV=PV(1+i)^n$

式中：$(1+i)^n$为复利终值系数。

因此该公式可以简化为：

复利终值=现值×复利终值系数

复利现值=终值×（1+利率）$^{-期数}$

$$PV = FV\frac{1}{(1+i)^n}$$

式中：$\frac{1}{(1+i)^n}$为复利现值系数。

此公式可以简化为：

复利现值=终值×复利现值系数

3.年金的终值和现值

（1）普通年金终值。

它是指一定时期内每期期末等额收付款项的复利终值之和。

例如，假设i=3%，n=4，普通年金终值的计算方法如图1-5所示。

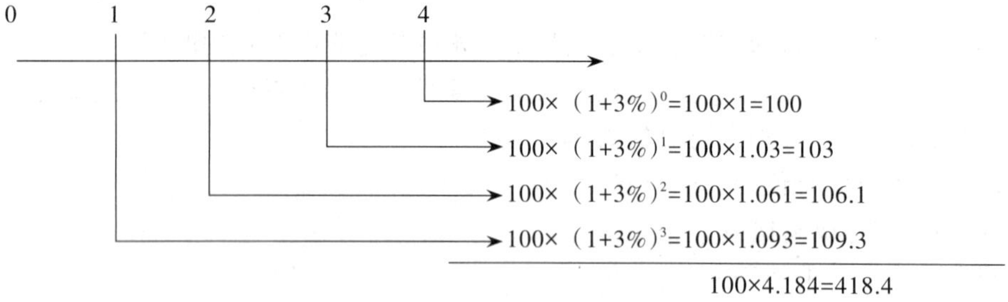

图1-5 普通年金终值计算示意图

从图1-5可知，第一期期末的100元，有3个计息期，其复利终值为109.3元；第二期期末的100元，有2个计息期，其复利终值为106.1元；第三期期末的100元，有1个计息期，其复利终值为103元；而第四期期末的100元，没有利息，其终值仍为100元。将以上四项加总得418.4元，即为整个期间的年金终值。

如果年金的期数很多，用上述方法计算终值显然相当烦琐。由于每年支付额相等，折算终值的系数又是有规律的，所以，可以找出简便的计算方法，表示为：

$$FV = PMT \times \frac{(1+i)^n - 1}{i}$$

式中：$\frac{(1+i)^n-1}{i}$为年金终值系数；PMT为年金。

因此，此公式可以简化为：

FV=年金×年金终值系数

（2）普通年金现值。

它是指一定时期内每期期末收付款项的复利现值之和，也就是为在每期期末取得相等金额的款项，现在需要投入的金额，可表示为：

$$PV = PMT \times \frac{1-(1+i)^{-n}}{i}$$

式中：$\frac{1-(1+i)^{-n}}{i}$为年金现值系数。

因此，公式可以简化为：

PV=年金×年金现值系数

（3）先付年金终值。

它是指一定时期内每期期初等额收付款项的复利终值之和。根据普通年金和先付年金的关系，先付年金的终值等于普通年金的终值乘以（1+i），其计算公式为：

$$FV = PMT \times \left[\frac{(1+i)^{n+1}-1}{i} - 1\right] = PMT \times \left[\frac{(1+i)^n-1}{i}\right] \times (1+i)$$

（4）先付年金现值。

它是指一定时期内每期期初收付款项的复利现值之和。

先付年金与普通年金的付款期数相同，但由于其付款的时间不同，先付年金现值比普通年金现值少折算一期利息。因此，先付年金的现值的计算公式为：

$$PV = PMT \times \left[\frac{1-(1+i)^{-(n-1)}}{i} + 1\right] = PMT \times \left[\frac{1-(1+i)^{-n}}{i}\right] \times (1+i)$$

（五）货币时间价值的计算方法

计算货币时间价值有许多方法，如利用货币时间价值系数表、EXCEL函数和财务计算器等。下面分别介绍：

1.查表法

查表法即利用货币时间价值系数表，在给定i（利率）与n（期数）的前提下，通过查找系数计算出相应的终值或现值。大部分理财书都附有复利终值系数表、复利现值系数表、年金终值系数表和年金现值系数表。

引用前文中王晓明得到奖金10万元的例子。这是一个已知现值求终值的典型例子，因距离退休还有10年，利率是2%，即n=10，i=2%，就可以查复利终值系数表（附录表1），该表第一行表示利率，第一列表示期数，相交的那一栏就是我们要查的系数1.2190。将系数代入公式，则：

复利终值=现值×复利终值系数

FV=100 000×1.2190=121 900（元）

121 900元就是王晓明退休时能得到的钱数。

【例1-2】王紫萌每年年末在银行存入5 000元人民币，计划三年后出国旅游，银行存款利率为4%，到第三年年末王紫萌能筹集的资金总额是多少元人民币？

这是求普通年金的终值。我们使用附录中的表3，查到的系数是3.122，则：

FV=5 000×3.122=15 610（元）

即第三年年末王紫萌能筹集的资金总额是15 610元。

同理，复利现值系数表（附录表2）、普通年金现值系数表（附录表4）也是这样应用的。

2.EXCEL函数法

EXCEL是大家熟悉的处理表格和进行图形分析的工具，其实它还具有强大的数据自动处理和计算功能。

EXCEL中的函数是一些预定义的公式，使用一些称为参数的特定数值按特定的顺序或结构进行计算。我们可以直接使用它对某个区域内的数值进行一系列运算。

EXCEL函数一共有11种，包括数据库函数、日期与时间函数、工程函数、财务函数、信息函数、逻辑函数、查找与引用函数、统计函数、文本函数、数学与三角函数和自定义函数。

现在我们介绍EXCEL财务函数中的两个函数：FV函数和PMT函数。

使用EXCEL财务函数的步骤是：

步骤1：打开EXCEL电子表格。

步骤2：在菜单中选择【公式】。

步骤3：选择【财务】。

步骤4：在下拉对话框选择需要取用的函数。

仍然使用王晓明得奖金10万元的例子，在EXCEL的FV函数对话框，输入对应的数值，可知王晓明10年后可以获得121 899.4元，输入方法见图1-6。

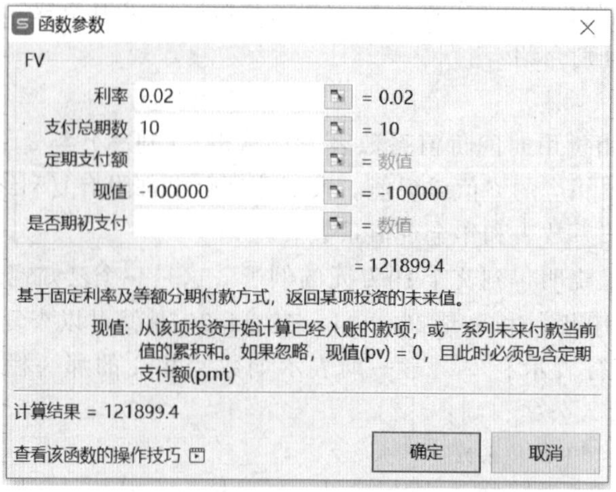

图1-6　EXCEL计算FV（影印）

输入时资金流入为“+”，流出为“-”。王晓明拿钱去投资，是资金的流出，在“现值”栏输入“-100 000”，FV的计算结果是“121 899.4”，表明10年后收取的本利和为121 899.4元，是资金的流入。

【例1-3】肖涛计划让女儿10年后出国留学，并打算为女儿准备200万元的留学费用，为了准备此笔费用，肖涛考虑采用每年定投方式投资某收入型基金，该基金年平均回报率约6%。肖涛想知道，每年要投资多少钱才能攒够这200万元留学费用？

在涉及年金项目时，如果是普通年金，“是否期初支付”（TYPE）可不填或填入0；如果是先付年金，则要填入1。在EXCEL的PMT函数对话框里输入对应的数值。肖涛未来需要200万元留学资金，未来10年，每年年末应投资151 736元，约为15.17万元（普通年金），如图1-7所示。

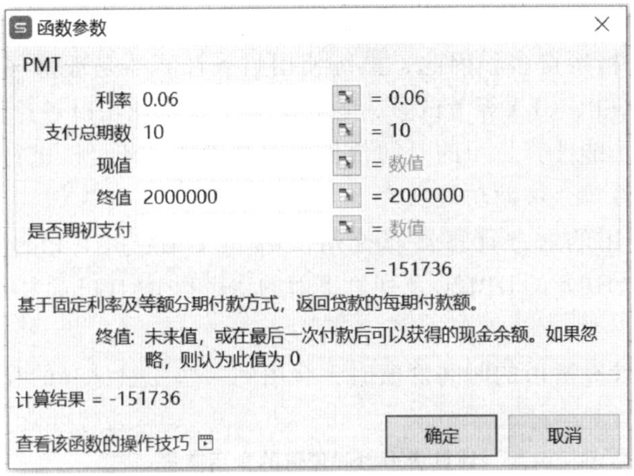

图1-7　EXCEL计算PMT（普通年金，影印）

如果是在每年的年初投资，则投资额应为143 147元，约为14.31万元，如图1-8所示。

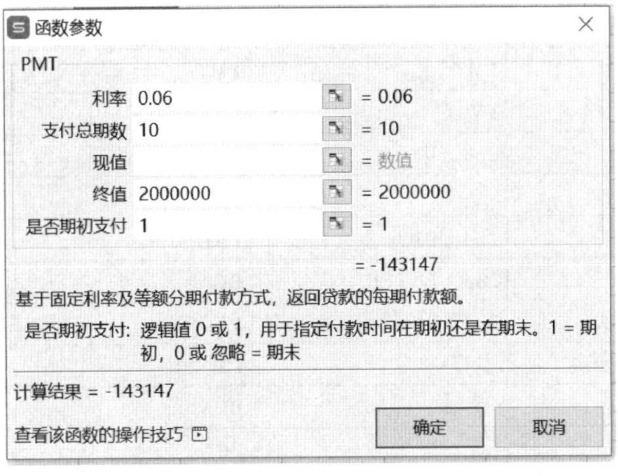

图1-8　EXCEL计算PMT（先付年金，影印）

该方法的便捷之处在于，如果手边没有电脑，在手机上也可以使用，只要手机下载了WPS办公软件（WPS表格与EXCEL提供了类似的公式和函数功能），就能方便地进行计算。具体方法是：打开手机WPS，创建一个新表格，插入“函数”，在“财务”中选择相应的符号即可按提示输入数值得到结果。

3.财务计算器的使用

在财务计算器和EXCEL财务函数广泛应用之前，查表法曾是计算货币时间价值的主要手段，随着电子工具的出现，查表法使用的已经很少了，除非需要快速估算某些数据。

与查表法相比，财务计算器更加精确。比如，查表法只能列出整期数和整数的利率，而财务计算器不受限制，可以算到小数点以下若干位；查表法一般用于计算现值、终值和年金，当需要计算投资报酬率时，只能用插补法估算，而财务计算器却可以精确地计算出投资报酬率；财务计算器还可以计算出每月的现金流量，计算结果比用查表法算出年金再除以12精确得多。因此，熟练使用财务计算器是理财规划师必备的技能之一，在参加AFP、CFP、CFA等考试时，均要求考生直接使用财务计算器作答。

财务计算器除了能计算货币的时间价值和现金流外，还可以进行复利计算、贷款计算、投资回报率计算等，可谓功能强大。

相关考试可使用的财务计算器有德州仪器（TI）的BAII Plus，卡西欧（CASIO）的FC100V与惠普（HP）的HP12C系列。下面的讲解以BAII Plus为例。

（1）常用变量

用财务计算器计算货币的时间价值时，会用到一些变量，有的我们已经介绍过，现汇总在表1-1中。

表1-1 **计算货币时间价值的常用变量**

变量	按键	显示	变量类型
付款期数	N	N	输入/计算型
年利率	I/Y	I/Y	输入/计算型
现值	PV	PV	输入/计算型
年金	PMT	PMT	输入/计算型
终值	FV	FV	输入/计算型
年付款次数	2nd，I/Y	P/Y	输入型
年计息期数	↓	C/Y	输入型
后付年金	2nd，PMT	END	设置型
先付年金	2nd，ENTER	BGN	设置型
第一笔付款所属期次	2nd，PV	P1	输入型
最后一笔付款所属期次	↓	P2	输入型
余额	↓	BLA	自动计算型
已付本金	↓	PRN	自动计算型
已付利息	↓	INT	自动计算型

其中最后一列的变量类型，输入型是指该变量需要输入内容，计算型是指由计算器计算出变量，也就是需要的计算结果；设置型是指该变量在计算器内部有默认值，但使用者可以更改。

当现金流是非均匀现金流时（即时间间隔相同但现金的流入流出值不同），使用的是如表1-2所示的工作表。

表1-2 **非均匀现金流计算变量**

变量	按键	显示	变量类型
初始现金流	CF	CF0	输入型
第n笔现金流流量	↓	CNN	输入型
第n笔现金流频数	↓	FNN	输入型
折现率	NPV	I	输入型
净现值	↓ CPT	NPV	计算型
净终值	↓ CPT	NFV	计算型
回收期	↓ CPT	PB	计算型
折现回收期	↓ CPT	DPB	计算型
内部报酬率	IRR，CPT	IRR	计算型
再投资回报率	↓	RI	输入型
修正内部报酬率	↓	MOD	自动计算型

（2）基本设定

①小数点的设置

小数的默认值是2位，一般需要设置成4位。

[2nd] [.] 显示 DEC=2.00 （表示调用FORMAT功能）

4 [ENTER] 显示 DEC=4.0000

[2nd] [CPT] 显示 0.0000

设置后将保持有效，不会因退出或重新开机而改变，除非再重新设置。

②先付年金的设置

财务计算器默认为普通年金，即后付年金。

[2nd] [PMT] 显示 END

[2nd] [ENTER] 显示 BGN

[2nd] [CPT] 显示 0.00

若开机时没有显示BGN，则表示已设置为普通年金。

③年付款次数的设置

财务计算器默认为1，如果要设置成年12次，则：

［2nd］［I/Y］　　显示 P/Y=1.00

12［ENTER］　　显示 P/Y=12.00

［2nd］［CPT］　　显示0.00

④ 年计息次数的设置

财务计算器默认为1，如果要设置成年12次，则：

［2nd］［I/Y］　　显示 P/Y=1.00

［↓］　　显示 C/Y=1.00

12［ENTER］　　显示 P/Y=12.00

［2nd］［CPT］　　显示0.00

（3）主要按键用法

①功能键

键盘上印的是主要功能键，如右上方的［ON/OFF］表示开/关机。

货币时间价值的五个变量也都属于主要功能键；次要功能键在主要功能键按键的上方，按2ND键（切换键）+主键调用，比如2ND+PMT表示调用BGN功能。

②日期键

在计算利息时，需要计算持有天数（存款或债券），当知道起止日期，就可以通过功能键DATE算出来，非常方便。

例如，要求计算2024年4月5日和2024年8月22日中间相隔几天，操作如下：

［2nd］［1］　　显示DT1=12-31-1990（月/日/年，为原始设定值）

4.0524［ENTER］　　显示DT1=4-05-2024

［↓］　　显示DT2=12-31-1990（为原始设定值）

8.2224［ENTER］　　显示DT2=8-22-2024

［↓］　　显示DBD=00

［CPT］　　显示DBD=139.00

这一结果，表示两个日期间隔139天。

③重新设定按键

A.数字重新输入按［CE/C］。

B.一般计算重新设置按［QUIT］，显示0.00。

C.PV、FV、N、I/Y、PMT重新设置按［CLR WORK］。

D.CF是输入现金流量计算NPV和IRR的功能键，重新设置时，须先进入CF后再按［CLR WORK］。

E.计算器重新设定，按［2nd］［+/-］［ENTER］，显示RST 0.00。

④现金流正负号

在计算货币时间价值时，要有正负号，否则N与I/Y会算不出来，出现ERROR。

现金流入为正号，流出为负号。输入负数时，先输入数字再按［+/–］，参见表1–3。

表1–3　**现金流正负号一览表**

现金流入（+）	现金流出（–）
赎回投资	投资
获得贷款	还贷款本息
保险期满的保险金	付房租与保费
赚取收入	整笔投资PV
负债额PV	定期定额投资PMT
理财目标FV	本利摊还额PMT
年金给付PMT	退休后年支出

输入时，先输数字，再按功能键；输出答案时，要先按指令键［CPT］，再按要求的那个变量。

（4）示例

①单笔现金流

1626年（距2020年已394年），荷属美洲新尼德兰省总督皮特用一些玻璃珠子和其他商品从当地的印第安人手中买下了曼哈顿岛。这些珠子和物品当时价值60盾，大约是24美元。

这笔交易一直被视为精明的荷兰商人的骄傲。

这笔钱如果按6%的年复利计算，到2020年应是多少钱？

计算的操作过程见表1–4。

表1–4　**操作示例一**

操 作	按 键	显 示
初始化	2nd，［+/–］，ENTER	RST 0.00
输入期数	394，N	N=394.00
输入利率	6，I/Y	I/Y=6.00
输入现值	24，［+/–］，PV	PV=–24.00
计算终值	CPT，FV	$FV=2.242447\times10^{11}$

②年金

何怡然准备做定投，每月投入700元，如果年利率为5.5%，按月复利计息，每月月初付款，20年后账户余额是多少？

计算的操作过程见表1-5。

表1-5 操作示例二

操作	按键	显示
初始化	2nd，[+/-]，ENTER	RST 0.00
付款次数设置	2nd，I/Y，12，ENTER	P/Y=12
先付年金的设置	2nd，PMT，2nd，ENTER	BGN
返回标准模式	2nd，CPT	0.00
期数	20，2nd，N，N	N=240.00
利率	5.5，I/Y	I/Y=5.50
现值	700，[+/-]，PMT	PMT=-700
计算终值	CPT，FV	FV=306 336.81

③净现值

彭瑞雪的企业欲更换一组设备，购买价格为21 100元，预计各年可省的费用分别为：第一年（4 000元），第二年（6 000元），第三年（7 000元），第四年（10 000元）。假定贴现率为7.5%。

该组设备是否值得进行更换呢？

计算的操作过程见表1-6。

表1-6 操作示例三

操作	按键	显示
初始化	2nd，[+/-]，ENTER	RST 0.00
选择现金流工作表	CF	CF0=0.00
输入第一笔现金流	↓，4 000，ENTER ↓	C01=4 000.00 F01=1.00
输入第二笔现金流	↓，6 000，ENTER ↓	C02=6 000.00 F02=1.00
输入第三笔现金流	↓，7 000，ENTER ↓	C03=7 000.00 F03=1.00
输入第四笔现金流	↓，10 000，ENTER ↓	C04=10 000.00 F04=1.00
利率（贴现率）	NPV 7.5，ENTER	I=0.00 I=7.50
计算	↓ CPT	NPV=22 035.66

由于净现值超过了原始成本21 100元，故可以推断，更换该组设备是值得的。

（六）复利计息频数

复利计息频数是指利息在一年中复利多少次。在前面的终值与现值的计算中，都是假定利息是每年支付一次的，因为在这样的假设下，最容易理解货币的时间价值。但是，在实际理财规划中，常出现计息是以半年、季度、月，甚至以天为期的情况。如果给出年利率，则相应的复利计息频数就是每年2次、4次、12次和360次。

计息期数和计息率均可按下列公式进行换算：

$$r=\frac{i}{m}$$

$$t=m\times n$$

式中：r为期利率；

i为年利率；

m为每年的计息次数；

n为年数；

t为换算后的计息期数。

【例1-4】存入银行1 000元，年利率为3%。分别计算按年、半年、季度、月计息的复利终值。

按年计息的复利终值FV1=1 000×（1+3%）=1 030（元）

按半年计息的复利终值FV2=1 000×［1+（3%/2）］^{2}=1 030.225（元）

按季度计息的复利终值FV3=1 000×［1+（3%/4）］^{4}=1 030.339（元）

按月计息的复利终值FV4=1 000×［1+（3%/12）］^{12}= 1 030.416（元）

从以上计算可以看出，按年计息复利终值为1 030元，按半年计息复利终值为1 030.225元，按季度计息复利终值为1 030.339元，按月计息复利终值为1 030.416元。

可见，现值相等时，一年中计息次数越多，其终值就越大；终值相等时，一年中计息次数越多，其现值越小。

第三节　个人理财规划的流程

个人理财规划的一般步骤包括：个人财务信息的收集和整理；了解个人的风险承受能力；设定个人或者家庭的理财目标；进行财务需求分析；制订、执行和调整理财计划等五大步骤。

一、个人财务信息的收集和整理

理财规划的首要工作是收集整理相关财务信息，这是进行理财规划的基础。对一个从未做过理财规划的人而言，财务信息的收集和整理并不是一项简单的工作。

（一）信息的收集

个人理财规划所需要的信息包括财务信息和非财务信息。

财务信息包括：家庭成员收入、支出的总额及构成；家庭主要实物资产和金融性资产的多少及构成、占比；家庭负债及结构；参加社保情况；是否有企业年金或职业年金；商业保险的种类和保额、期限等。

非财务信息包括：家庭人口数，主要的经济支柱和赡养的人数，家庭成员的职业、健康状况。如果是专业的理财规划师，还需要了解客户的性别、年龄、婚姻状况、工作安全程度及联系方式等。

以上信息的获得需要平时的关注和积累。

在家庭理财方面，有一个习惯值得推荐，那就是记流水账。流水账是根据收入和支出发生的顺序，用最简要的形式，一笔一笔地将其记录下来，便于以后查阅。

如果每天都对收入和支出进行详细记录，就能让你对家庭的总收入和总支出有个清晰的概念，进而总结出哪些消费是必需的，哪些消费是非必需的。

此外，应将存折、保险单、证券以及其他书面的凭证存放在特定的地方，切忌随手乱放。

（二）信息的整理

在收集了完整的个人财务信息和相关信息后，接下来要对这些零散的信息进行整理。可以仿照企业的财务报表，将个人的财务信息整理归类到资产负债表、收入支出表和预算表中。

资产负债表是一个家庭在某一时点上财务状况的记录，反映了家庭的财务实力、短期偿还债务的能力、资产结构和财务状况。

资产负债表包括三个部分：家庭资产反映家庭所拥有的财产的货币价值；家庭负债反映必须偿还的债务；家庭净资产（也称家庭净值）是资产和负债的差额，净资产是对家庭财富的一个度量。

编制家庭资产负债表有两个方面的作用：一是及时、准确地了解个人或家庭的财务状况；二是便于精确、客观地对自己未来的家庭资产进行规划。

收入支出表反映了一个家庭在一段时间内的财务活动状况，它使得家庭可以将实际发生的费用和购买支出与收入进行比较，从而采取必要的调整措施使收支平衡。它是理财规划中最重要的一个表格。当实际收入超过实际支出时，有盈余；而实际收入小于实际支出时，可能是因为有借贷；当两者相等时，收入支出平衡。从收入支出表可以判断一个家庭的存款能力、资产运营能力、偿还债务能力、生存（养老金）保障能力。

预算主要涉及未来预期的收入和支出，是根据过去一段时间收入和支出的统计来推算出家庭预算期的资金结余情况。如果资金不足，则应提前安排筹资，避免在需要资金时“饥不择食”；如果有盈余，则可以提前归还贷款或进行投资，以增加收益。

二、了解个人的风险承受能力

（一）风险承受能力和风险偏好

风险承受能力（Risk Tolerance），是指一个人或家庭能够承受的风险水平，也就是能承受多大的投资损失而不至于影响正常的生活。

风险承受能力是客观的，与个人资产状况、家庭情况、工作情况、财务目标、个性特征等有密切的关系。

风险偏好指的是对风险的好恶，反映了一种心态，不同的投资者对风险的态度是存在差异的，如果倾向于不确定性会给自己带来机会的话，就属于风险偏好型；如果认为不确定性会给自己带来不安，就属于风险厌恶型。

不同的人由于家庭财力、学识、投资经历、个人价值取向等因素的不同，其风险承受能力是不一样的；同一个人在不同的时期、不同的年龄阶段，对风险的承受能力也不相同。

按风险承受能力可将投资者划分为三类：保守型投资者、中庸型投资者和进取型投资者。

保守型投资者，其首要目标是保护本金不受损失和保持资产的流动性。对投资的态度是，希望投资收益极度稳定，不愿用高风险来换取收益，不太在意资金是否有较大增值。在个性上，本能地抗拒冒险，不抱碰运气的侥幸心理，通常不愿意承受投资波动对心理的煎熬，追求稳定。

中庸型投资者，其渴望较高的投资收益，但又不愿承受较大的风险；可以承受一定的投资波动，但是希望自己的投资风险小于市场的整体风险，因此希望投资收益长期、稳步地增长。在个性上，有较高的追求目标，而且对风险有清醒的认识，但通常不会采取激进的办法去达到目标，而总是在事情的两极之间找到相对妥协、均衡的方法。

进取型投资者，高度追求资金的增值，愿意接受可能出现的投资收益的大幅波动，以换取资金高成长的可能性。进取型投资者为了最大限度地获得资金增值，常常将大部分资金投入风险较高的品种上。在个性上，非常自信，追求极度的成功，常常不留后路以激励自己向前，不惜冒失败的风险。

（二）风险承受能力测试

个人风险承受能力是可以测定的。风险承受能力测试是制订理财规划方案及投资组合时非常重要的一个步骤，对理财规划中的各个具体规划起着重要的指导作用。

风险承受能力测试主要是对个人的年龄、财富、工作状况、教育程度、家庭状况、性别等方面的信息进行分析，从而大致确定其能够承受多大的风险。

一般而言，年龄是影响风险承受能力的首要因素，年龄越大，风险承受能力越弱；个人财富越多，风险承受能力越高；工作越稳定，收入越多，风险承受能力也越高；受教育程度越高，风险承受能力越高；未婚的人风险承受能力高于已婚的人；男性的风险承受能力高于女性。

本书附录中（表5）附有风险承受能力测试，供读者参考自测。

三、设定个人或者家庭的理财目标

理财规划目标指出了未来一定时期一个家庭奋斗的方向和任务，是通向财务安全和自由的重要起点。

个人或者家庭的财务目标可以分为短期目标、中期目标和长期目标。两年以下的为短期目标，两年到十年的为中期目标，十年以上的为长期目标。

个人或者家庭的财务目标也可以按生命周期分为单身期目标、家庭形成期目标、家庭成长期目标、家庭成熟期和家庭衰退期目标。由于个人所处的环境、目的、态度和需求各不相同，所以每个人的财务目标可能有很大不同。

理财规划目标的内容要非常清楚，应具备两个具体特征：一是目标结果可以用货币进行精确计算；二是有具体的实现期限。

比如，“我要在十年的时间内使财富达到一百万元”，这就是一个财务目标，而当某人讲“我想富有”时，只是表明一种财务愿望而非目标。

一般而言，设定个人或家庭目标必须符合下面几个原则：

（一）切实可行原则

目标的确立必须与家庭的经济状况与风险承受能力以及经济周期相适应，应该制定有机会实现的目标。

如果目标是“三年后达到比尔·盖茨的财富级别”，那么对绝大多数人来说，这只是一个遥不可及的幻想。同时，实现目标的过程中，家庭资金应比较宽松，不能卡得太紧，如果为了实现三年买套100万元的房子的目标，要把家庭收入的90%都拿来做储蓄，这样的目标就不合理、不可行。

（二）动态调整原则

目标不是一次订立后就一成不变的，而必须根据实施的情况、具体的环境背景，适时地做相应的调整，以达到最切合自身的实际要求的目的。最好每隔一段时间（如1年），就对原来所制定的目标进行一次修正。

（三）目标排序原则

由于财务资源的约束，目标不可能同时实现，必须将目标排出优先顺序，有所取舍，以确保理财重点并兼及其他，从而使家庭处于一种积极向上、稳步发展的状态。一些对于家庭来讲较重大的、需要较长时间实现的目标，如养老、购房、子女教育等，在规划中应该有必要的位置，不可轻视。

四、进行财务需求分析

需求分析是理财规划的核心工作，需要相应的金融专业理论知识和专业分析技能。一般是对各具体的规划和目标进行需求分析。

比如，现金规划就是为确定家庭紧急预备金而进行的财务预算；保险规划就是分析计算个人或家庭的保险需求缺口；投资规划就是分析投资组合的优劣；退休规划就是计算维持幸福的晚年生活从现在开始要做的财务储备。需求分析最终都要落在数据上，数据的准确与否直接影响到理财规划的科学性和可行性。

五、制定、执行和调整理财规划

在综合考虑每一具体规划的基础上，要运用掌握的专业知识，结合实际情况，形成整体的理财规划。其内容包括时间、具体步骤、匹配资金来源、使用的金融产品等。

一份书面的理财计划本身是没有意义的，只有通过执行计划才能使理财目标成为现实。但是，规划本身不是一成不变的，执行过程中当个人理财规划假设前提发生变化或者财务情况发生重大变化时，就要对个人理财规划进行调整，因此，个人理财规划的制定和执行是一个动态的过程。

第四节　理财规划师及其资格认证

一、理财规划师介绍

理财规划师（Financial Planner）是为客户提供全面理财规划的专业人士。按照原劳动和社会保障部制定的《理财规划师国家职业标准》，理财规划师是指运用理财规划的原理、技术和方法，针对个人、家庭以及中小企业、机构的理财目标，提供综合性理财咨询服务的人员。在2003年劳动和社会保障部公布的第五批53项职业标准中，理财规划师作为一种新认定的职业位列其中，并逐步为社会所熟悉。

理财规划师既可以服务于金融机构，如商业银行、保险公司、证券公司等，也可以独立执业，以第三方的身份为客户提供理财服务。在美国约有70%的理财规划师服务于金融机构，其余约30%独立执业，如成立事务所等。为不同机构服务的理财规划师其收入来源不同，独立执业的大多通过提供理财规划服务而收取一定的费用（像律师、会计师那样按小时收费），而在保险公司和证券公司工作的则以佣金收入为主（从销售的产品中得到）。我国的理财规划师大多是金融机构的工作人员，他们是拿薪水的员工，为客户提供个人理财规划服务是他们的工作，一般没有额外收入。1997年，美国理财师年薪的平均数是11万美元，相当于大公司的中层经理。2001年，在美国包括总统等职位在内的“工作职位评鉴”排名中，理财规划师位列第一。在国外，工作压力不大、待遇优厚、独立自主性高、市场需求量大，被认为是理财规划师的四大职业优势。

在欧美，个人理财服务市场已相当成熟。我国个人理财服务兴起的时间不长，但需求不断激增。随着中国经济的快速发展，中等收入人群和高净值阶层的迅速形成，使得越来越多的人开始注重财务安全、追求财务自由，对能够提供客观、全面理财服务的理财师的需求势必越来越大，因此，理财规划师在我国有着很好的职业前景。

二、理财规划师资格认证

目前，国内有关理财规划师的资格认证有许多种，下面主要介绍三种：

（一）CFP

1.CFP介绍

CFP（Certified Financial Planner）即国际金融理财师CFP™资格认证，又称注册理财规划师，是由国际金融理财标准委员会（FPSB）向那些经过规定的培训，通过了严格的专业考试，具有所要求的金融理财工作经验，并自愿遵守高标准的道德准则的专业人员发放的水平认证证书，也是国际金融领域最权威和最流行的一种个人理财职业资格。

CFP的资格认证发端于美国。1969年，美国金融咨询业的一些专业人士创立了首个金融理财专业协会——国际金融理财协会（IAFP）。

1985年，美国金融理财学院（College for Financial Planning）和CFP协会（ICFP）共同设立了国际CFP标准和实践委员会（IBCFP）。

1994年，IBCFP更名为美国CFP标准委员会（CFP Board of Standards）。

2004年，国际金融理财标准委员会成立，负责美国以外地区CFP商标的授权使用和管理。

国际金融理财标准委员会是一个总部设在美国的非营利组织，在全球范围内建立、维护和推广金融理财标准，即CFP认证体系。

CFP认证已有40多年的发展历史。国际金融理财标准委员会有27个成员组织，覆盖全球主要的经济发达国家与地区。

国际金融理财标准委员会允许当地唯一获得授权的组织参照美国CFP标准委员会的模式，向达到教育（Education）、考试（Examination）、从业经验（Experience）和职业道德（Ethics）四个方面严格要求（即“4E”标准）的当地金融理财师颁发CFP™资格证书。

2.CFP系列资格

CFP资格授予的对象是金融理财领域内的专业人员，包括理财经理、基金经理、财务总监、投资顾问、投资银行家、理财顾问等。CFP是系列资格，包括AFP、CFP、EFP和CPB四种。①

（1）AFP（Associate Financial Planner），金融理财师。国际金融理财标准委员会结合中国国情，在中国实施金融理财师两级认证制度，即金融理财师AFP™资格认证和国际金融理财师CFP™资格认证制度，这也是多数FPSB成员的普遍做法。AFP资格认证是CFP资格认证的第一阶段，申请人取得AFP资格认证后才能参加CFP资格考试和认证。在实行多级认证制度的国家，AFP和CFP持证人数之比大约为10∶1。与CFP资格认证一样，AFP资格认证由国际金融理财标准委员会统一签发。

（2）CFP（Certified Financial Planner），国际金融理财师。CFP是CFP资格认证体系的较高级。CFP资格证书是美国以及全世界公认的金融理财行业的权威等级证书。

（3）EFP（Executive Financial Planner™），金融理财管理师。EFP是从事金融理财管理达到国际金融理财标准委员会所制定的“4E”标准，并取得资格认证的专业人士。其工作职责是，对金融理财服务从业人员的理财活动进行专业指导、业务监督、风险控制和考核评价。EFP资格认证由FPSB统一签发，属于国际认证。

EFP资格认证培训共60学时，主要内容包括：金融理财原理、金融理财与法律、投资规划、个人税务与遗产筹划、退休规划与员工福利、金融理财管理、金融理财综合规划案例。EFP资格认证考试时间为3小时。申请资格认证的申请人须具备6年以上的全职金融工作经验和1年以上的金融理财管理相关的全职工作经历。

---

① CFP系列资格的标识：CFP、AFP、EFP、CPB。

（4）CPB（Certified Private Banker™），认证私人银行家。国际金融理财标准委员会2008年年初面向全球财富管理和私人银行领域的专业人士推出了高端国际资格认证，就是CPB，它被业内人士称为私人银行的顶级荣耀和财富管理行业的黄金标准。

达到FPSB认定的“4E”标准的CPB资格申请人，经认证可获得CPB资格认证证书。CPB资格认证证书由FPSB直接签发，证书有效期为2年，持证人必须根据《金融理财师继续教育管理办法》，满足FPSB规定的继续教育和职业道德的要求，方可保留其资格。

【知识拓展1-1】 “4E”认证标准

Education，即教育。申请人必须完成FPSB规定的核心金融理财课程及会员方规定的本土化相关课程，掌握金融理财规划的理论和实际操作知识。这些课程包括的内容十分广泛，主要有金融理财原理、投资规划、保险规划、员工福利、退休规划和税务筹划等。

Examination，即考试。申请人必须通过综合性的CFP系列认证考试以考查其对金融理财相关知识的实际应用能力。CFP考试除了考核申请人在教育培训阶段所学的理论知识之外，还要考查其运用所掌握的金融理财知识解决实际生活中复杂问题的能力。CFP系列认证考试涵盖了金融理财规划的各个方面，包括金融理财原理、投资规划、保险规划、员工福利、退休规划和税务筹划等。

Experience，即从业经验。申请人申报的从业经验由有资质的专业人士进行验证。申请人须具备在下列机构从事金融理财或与金融理财相关业务的从业经验：金融机构、会计师事务所、律师事务所以及国际金融理财标准认定的其他机构。

Ethics，即职业道德。申请人必须承诺遵守《金融理财师道德准则和专业责任》及《金融理财执业标准》。金融理财师必须接受所有与其职业和业务行为相关的调查和诉讼等，承诺公平、勤勉和正直地为客户提供服务，做到客观并符合客户需求。金融理财师必须以书面形式向客户说明薪酬支付方式以及利益冲突情况。

3.CFP在中国

现代国际金融理财标准（上海）有限公司（英文为FPSB China）是取得FPSB授权在中国进行国际金融理财师CFP™认证和CFP™商标管理的机构。FPSB China于2005年8月成为FPSB的准会员，2006年4月成为正式会员。FPSB China也是中国财富管理从业人员的自律组织，参照国际通行办法，FPSB China实行以非营利为目标的管理体制，维护CFP品牌在国际和国内的影响力。

（1）关于教育。

FPSB China选择和授权一些教育机构开展CFP/AFP/EFP/CPB认证培训，并由该教育机构颁发AFP/CFP/EFP/CPB认证培训合格证书。获得培训合格证书是参加考试的前提。

（2）关于考试。

考试采用统考、闭卷、机考的方式。目前全国设置了十大固定考区：北京、上海、广州、成都、沈阳、武汉、杭州、济南、南京、西安。2012年8月以后，考试频数大大增加，之前AFP每年3次、CFP每年2次，现在AFP约每周都有考试，CFP平均每个月有一次考试。

（3）关于从业经验。

FPSB认为，工作经验是为各种客户提供服务的金融理财师区别于他人的重要标志。跟随有经验的工作导师学习是获取专业经验的有效途径，其他方法也可以接受。《金融理财师工作经验标准》将工作经验分为独立的工作经验和有专业指导的工作经验。

FPSB China要求申请人须具备在金融机构、会计师事务所、律师事务所以及FPSB China认定的其他机构从事金融理财或与金融理财相关业务的从业经验，具体要求是：

①AFP认证。

申请人须满足以下全职工作经验或同等水平的兼职工作经验：

如果申请人有硕士学位，需要1年或1年以上全职工作经历。

如果申请人有学士学位，需要2年或2年以上全职工作经历。

如果申请人是大专毕业，需要3年或3年以上全职工作经历。

2 000小时的兼职工作经验相当于1年全职工作经验。

②CFP认证。

申请人须满足以下全职工作经验或同等水平的兼职工作经验：

如果申请人有硕士学位，需要2年或2年以上全职工作经历。

如果申请人有学士学位，需要3年或3年以上全职工作经历。

如果申请人是大专毕业，需要5年或5年以上全职工作经历。

2 000小时的兼职工作经验相当于1年全职工作经验。

③EFP认证。

申请人须有5年以上的金融工作经验，并含1年以上的金融理财管理相关的工作经历。

④CPB认证。

申请人须具有5年以上（含5年）的工作经历。

（4）关于职业道德。

FPSB规定了金融理财专业人士在日常的金融理财活动中应遵守的八大道德准则，即客户至上、正直诚信、客观公正、公平合理、专业精神、专业胜任、保守秘密和恪尽职守。要获得CFP资格认证，申请者必须同意严格遵守各国CFP协会发布的职业道德准则及个人财务规划执业准则。

FPSB官网数据显示，截至2022年12月底，全球获得CFP认证的专业人士达213 002人。截至2023年12月31日，中国大陆CFP系列有效持证人共计202 578人，其中AFP有效持证人共计162 031人，CFP有效持证人共计34 747人，EFP有效持证人共计631人，CPB有效持证人共计5 169人。

（二）理财规划师国家职业资格认证

理财规划师国家职业资格认证（ChFP，Chinese Financial Planning），是由人力资源和社会保障部颁发的职业资格证书。

2003年，原国家劳动和社会保障部正式推出理财规划师职业。2004年国家职业技能鉴定专家委员会理财规划师专业委员会成立。2005年11月，首批42人通过考试获得理财规划师国家职业资格。

理财规划师国家职业资格认证分为三个等级，即助理理财规划师（国家职业资格三级）、理财规划师（国家职业资格二级）、高级理财规划师（国家职业资格一级）。

【知识拓展1-2】 职业资格证书制度

职业资格证书制度是劳动就业职业资格证书制度的一项重要内容，也是一种特殊形式的国家考试制度。它是指按照国家制定的职业技能标准或任职资格条件，通过政府认定的考核鉴定机构，对劳动者的技能水平或职业资格进行客观公正、科学规范的评价和鉴定，对合格者授予相应的国家职业资格证书。职业资格是从事某一职业的前提条件，就如要从事教学工作必须先取得教师职业资格一样。该资格与职称是有区别的，职称涵盖了专业技术资格和专业技术职务的双重含义。从1994年开始，我国推行国家职业资格证书制度，包括准入类职业资格和水平评价类职业资格，由人力资源和社会保障部会同国务院有关主管部门设置。与此同时，各地方、各部门也自行设立确定了大量职业资格，对此，从2013年开始，国家陆续进行了清理，先后分7批取消了434项职业资格，占各级各部门设立的职业资格总数的70%以上。

准入类职业资格关系公共利益或涉及国家安全、公共安全、人身健康、生命财产安全，均有法律法规或国务院决定作为依据，如教师、消防注册工程师等；水平评价类职业资格具有较强的专业性和社会通用性，技术技能要求较高，行业管理和人才队伍建设确实需要，如计算机技术与软件专业技术资格、卫生专业技术资格等。

2021年12月，中华人民共和国人力资源和社会保障部发布了新的《国家职业资格目录》。目录共计72项职业资格，其中专业技术人员职业资格59项（其中，准入类33项、水平评价类26项）；技能人员职业资格13项。

在2017年9月发布的职业资格目录中，取消了“理财规划师”职业，所以，从2018年下半年起，官方不再组织理财规划师考试（即ChFP）。ChFP2018年5月19日举行了最后一次补考，即2017年没有通过的考生的补考，2018年开始ChFP不再是国家认证的考试，获得的是“执业资格”，而非职业资格。目前的国内认证机构或属于国际协会组织，或为国内民间机构组织。

2019年年底，国务院常务会议决定从2020年1月起，除消防员、安检员等七个工种依法调整为准入类职业资格外，将用一年时间分步有序地将其他水平评价类技能人员职业资格全部退出国家职业资格目录，不再由政府或其授权的单位认定发证；已发放的水平评价类技能人员职业资格证书继续有效。该做法旨在破除对技能人才成长的制约。

（三）银行业专业人员职业资格

在西方市场经济发达国家，银行业从业资格认证制度已有上百年的历史，成为发达国家长期拥有领先的核心战略竞争力和不竭的金融创新力在人力资源管理制度上的保障。2006年，中国银行业协会启动从业人员资格认证制度，提出通过资格标准、考试制度、资格审查和继续教育确立银行业从业人员的起点标准。当年11月，在全国11个城市组织了首次试点考试，126家金融机构的4 817名应考者参加了个人理财和风险管理两个科目的试点考试，其中1 834人通过了考试和资格审核，成为首批获证的银行业从业人员。

2013年12月23日，人力资源和社会保障部、中国银行业监督管理委员会联合发布《关于印发银行业专业人员职业资格制度暂行规定和银行业专业人员初级职业资格考试实施办法的通知》，决定将原银行业从业人员资格认证考试纳入全国专业技术人员职业资格证书制度统一规划，建立银行业专业人员职业资格制度，原“中国银行业从业人员资格认证考试”正式更名为“银行业专业人员职业资格（Qualification Certificate of Banking Professional）考试”，并于2014年3月1日起实施。

初级资格考试设有“银行业法律法规与综合能力”和“银行业专业实务”两个大科目，在“银行业专业实务”科目中下设“个人理财”“公司信贷”“个人贷款”“风险管理”“银行管理”五个专业类别。考生在报名时应根据实际工作需要选择相应的专业类别。考试实行2次为一个周期的滚动管理办法。考生须在主办方举办的连续两次考试中通过“银行业法律法规与综合能力”与“银行业专业实务”科目下任意一个专业类别方可取得相应级别的“银行业专业人员职业资格证书”。对参加“银行业专业实务”科目其他专业类别考试并合格的，其专业类别在职业资格证书中签注。

链接 1-1

共同富裕提出“正确财富观”命题

该项资格考试面向社会开放，取得国务院教育行政部门认可的大学专科以上学历或者学位者，都可以报名参加初级资格考试。银行业专业人员职业资格考试分为初、中、高三个等级。

【思政小课堂】 **“欲而不贪”的财富观**

孔子不反对追求财富，孔子认为“欲富恶贫”是人的一种共同的普遍的倾向，他考虑到了“欲富恶贫”的人性前提，承认人们追求财富的必然性和合理性。

孔子不反对个人通过合法途径获取正当利益，肯定财富“合益”的价值本义，但他更注重的是采用什么样的方式来获得财富。物质财富是满足人之生存、社会之延续所需的条件，但人们对财富的追求不是无限制的，必须受到伦理道德的制约，前提必须是追求正当的利益，即以是否符合“义”为前提，即“义以为上”“见利思义”“义然后取”，就是要以义驭利，在财富面前不能为所欲为，要讲德性、讲礼。

资料来源　韩涛．“欲而不贪”的财富观［Z］．北京日报客户端，2023-10-18.

本章小结

本章是对个人理财规划的总体概述，主要探讨了个人理财规划的含义和意义、个人理财规划的目标和内容，简单讲解了个人理财规划与人的生命周期、个人理财规划和人的个性特征之间的关系，以及货币的时间价值等基本原理；研究了个人理财规划的一般程序；介绍了主要的理财规划师的资格认证，并就常见的认识误区做了辨析。

1.个人理财规划是指个人或家庭根据其客观情况和财务资源及风险承受能力而制定的旨在实现人生各阶段目标的一系列互相协调的计划。

2.个人理财规划的微观意义在于：平衡现在和将来的收支；追求高品质的生活；抵御不测风险和灾害；赡养父母和抚养子女；从容应对晚年生活。其宏观意义在于：有助于金融创新和分散金融风险；推动社会和谐，促进经济稳定发展。

3.实现财务安全和追求财务自由是个人理财规划的目标，这两个目标的层次不同。

4.个人理财规划的内容包括：现金规划、教育规划、职业规划、税务规划、居住规划、保险规划、投资规划、退休规划和遗产规划等。

5.理财规划过程中，要遵循综合规划的原则、提早规划的原则、现金保障优先的原则、安全性的原则、量入为出的原则。要避免几个观念上的误区。

6.生命周期指的是一个家庭形成、发展直至消亡的运行过程。家庭生命周期大致分为五个阶段，即单身期、家庭形成期、家庭成长期、家庭成熟期和家庭衰退期。在不同的阶段，财务状况、理财的重点和目标均不相同。

7.理财价值观是价值观的一种，是选择个人理财方式的决定性因素。我们将具有中国文化特色的理财价值观分别命名为蚂蚁族、蟋蟀族、蜗牛族和慈乌族。

8.货币的时间价值，指在不考虑通货膨胀和风险性因素的情况下，资金在其周转使用过程中随着时间的变化而产生的价值，其实质是资金周转使用后带来的利润或实现的增值。

货币的时间价值计算有单利和复利两种衡量方法。这里，需要理解三个变量：现值、终值和年金。可以利用货币时间价值系数表、EXCEL函数和财务计算器等工具计算货币的时间价值。

9.个人理财规划的一般程序包括五个步骤：个人财务信息的收集和整理；了解个人的风险承受能力；设定个人或者家庭的财务目标；进行财务需求分析；制订、执行和调整财务计划等。

10.理财目标必须具备两个具体特征：一是目标结果可以用货币进行精确计算；二是有具体的实现期限。设定个人或家庭目标时必须切实可行，要动态调整，并对目标进行排序。

11.理财规划师是为客户提供全面理财规划的专业人士。CFP是一种国际资格认证。

复习思考

第一章
在线测试

一、基本概念

个人理财规划　财务安全　财务自由　生命周期理论　货币的时间价值　单利　复利　现值　终值　年金　普通年金　先付年金　递延年金　永续年金　复利现值　复利终值　理财规划师　CFP　AFP

二、填空题

1.个人理财规划的目标可以归结为两个层次：实现________和追求________。

2.货币的时间价值的计算有________和________两种衡量方法。

3.我国银行业的资格认证叫________。

4.作为理财目标，必须具备两个具体特征：一是目标结果可以用货币进行精确计算；二是________。

5.________是理财规划的核心工作，需要相应的金融专业理论知识和专业分析技能。

三、选择题

1.个人理财规划的原则包括（　　）。

A.综合规划　　B.提早规划　　C.现金保障优先

D.安全性　　E.量入为出

2.个人理财规划是指个人或家庭根据其客观情况和财务资源及风险承受能力而制定的旨在实现人生各阶段目标的（　　）。

A.单一计划　　B.独立计划

C.一系列互相协调计划　　D.中长期计划

E.短期计划

3.复利终值系数与复利现值系数的关系是（　　）。

A.二者之和为1　　B.二者互为倒数

C.二者绝对值相等　　D.没有关系

E.不确定

4.CFP认证的4E标准是（　　）。

A.Education　　B.Examination　　C.Express

D.Experience　　E.Ethics

四、问答题

1.个人理财规划有什么意义？

2.个人理财规划的目标是什么？包括哪些内容？

3.简述个人理财规划的原则。

4. 生命周期和理财价值观对个人理财规划会产生哪些影响？

五、分析题

李先生31岁，任某公司部门经理；妻子30岁，为外企职员，工作竞争激烈，不太稳定。他们的儿子两岁。家庭年工资税后收入为100 000元，年终奖金为30 000元；年支出64 000元，包括家庭日常生活开支、孝敬双方老人、年购置衣物及其他开销等。现有银行存款150 000元，股票市值50 000元，外汇10 000美元。拥有70平方米的产权住房一套，地理位置较好。无负债。如果李先生要做个人理财规划，试为其设计流程。

六、计算题（用不同的方法）

1. 现存入6 000元，若年复利6%，15年后该账户中的金额为多少？

2. 某公司需要一种设备，买价为3 000元，可用10年，若租，每年年初需付租金300元；利率为7%。问是租还是买？

3. 投资8 000元购买一辆车，未来的现金流情况为：第一年-8 000元，第二年3 200元，第三至五年5 000元，第六年4 500元；假设贴现率为15%。求NPV和IRR。

第二章　家庭财务报表和现金规划

◇学习目标

- 掌握家庭财务报表的编制和分析方法
- 熟悉现金规划的工具和融资工具
- 深刻领会建立家庭紧急预备金的意义和方法
- 了解现金和现金类资产的特点
- 了解现金规划的意义
- 了解银行储蓄的种类

开篇导读

生活中也许有人遇到过这样的境况，就是突然发生了紧急的事情需要一笔钱，比如家人生病了要做大手术，或者接二连三地收到了盛情难却的“红色炸弹”，或者处于变更工作的交替期没有收入来源……但尴尬的是，钱都存了定期或用于理财，一时半会儿取不出来。这个时候，现金规划的重要性就凸显出来了。

现金规划是一个家庭首先要做的规划，是保障家庭财务安全的基础。

第一节　家庭财务报表

在进行个人理财规划前，必须了解个人或家庭的财务状况，如有多少资产、多少负债？净资产是正还是负？在明确了财产范围、计价方法的基础上，还必须把所有的财务信息列示出来，以便比较分析。做这些并不困难，我们可以使用会计上的方法，借鉴企业财务的理念，编制家庭资产负债表、家庭收入支出表和家庭预算表等财务报表。

家庭财务与企业财务相比较，不仅简单，而且大多不必公开，一般不受会计准则或财务制度的约束，也没有计提减值准备、计提折旧的严格要求，所以，个人及家庭完全可以根据自己的需要来编制财务报表。一般地，个人理财规划至少要编制两个报表，即资产负债表和收入支出表。

一、家庭资产负债表

家庭资产负债表是一张静态报表，反映一个家庭在某一时点上的财务状况。通过资产负债表，不仅可以了解家庭现有资产和负债的情况，而且对分析家庭资产的流动性、盈利性和财务风险等有着十分重要的意义。资产负债表一般一年编制一次，反映年末家庭所拥有的资产和未偿还的债务。

家庭资产负债表可以做成一个左右结构的表格，主要包括家庭资产、家庭负债和资产净值（净资产）三部分内容，可用公式表示为：

资产总额=负债总额+净资产总额

等式的左边可以理解为各种资产，等式的右边是各种形式资产的资金来源，即举债或自己积累。

也就是说，所有的资产都是有来源的，而且所有的资金来源都会以某一种或多种资产的形式而存在，公式的两边永远相等。

（一）家庭资产的种类和内容

家庭资产是一个家庭所拥有的能以货币计量的财产、债权和其他权利，可从不同的角度来归类。

按资产的流动性，家庭资产可分为固定资产和流动资产。固定资产是指住房、汽车、家具等实物类资产；流动资产是指现金、存款、证券、基金以及投资收益形成的利润等。固定资产还可继续分为投资类固定资产、消费类固定资产。投资类固定资产如房地产、金银珠宝等，是可产生收益的实物；消费类固定资产是家庭生活所必需的生活用品，主要供家庭成员使用，一般不会产生收益，如自用住房、汽车、服装、计算机等。

家庭资产也可按资产的属性分类，即金融资产（财务资产）、实物资产、无形资产等。金融资产包括流动性资产和投资性资产；实物资产就是住房、汽车、家具、计算机、收藏品等；无形资产指专利、商标、版权等知识产权。

至于信誉、学识、社会地位等无形的东西，虽然也属于财富的一种，但无法对其以货币进行量化，所以不能将其纳入资产范畴。具体按哪种方法加以分类记录，可根据实际情况来选择。

为方便资产负债表的编制，本书中把家庭资产分为日常使用资产、财务资产和奢侈资产三种。

家庭资产清单见表2-1。

表2-1 **家庭资产清单**

日常使用资产	财务资产	奢侈资产
衣物 家具 书籍 家居用品 厨房用品 运动器械 汽车 电视、音响设备、计算机 照相、录像器材 自用住房	现金 金融机构存款 住房公积金 养老金 股票、债券、基金 期权、期货 用于出租的不动产 直接的商业投资	珠宝玉器 度假用房产 有价值的收藏品

1.日常使用资产

日常使用资产是家庭成员每天生活要使用的资产，包括家居用品、衣物、家具、汽车等。日常使用资产不会产生收入，随着被消费，它们的价值逐步降低。其中的房产很可能是用贷款购置的，无论贷款是否还清，都被认为已经归个人所有而被列入日常使用资产。

由于这部分资产在使用后价值递减，而且有些资产本身价值就不高，如普通厨具、衣物等，因此也并不是每一项日常使用资产都要列在资产负债表中。

2.财务资产

财务资产是指那些能够带来收益或者准备将来使用的资产，包括现金类资产和投资类资产，如银行存款、养老金、股票、国库券、住房公积金、房地产投资、理财产品、信托等。财务资产在个人理财规划中最为重要，因为它们是实现家庭理财目标的基础，直接决定着家庭理财目标能否实现和实现的时间。

3.奢侈资产

奢侈资产是指由家庭成员使用但不是家庭必需的资产，包括贵金属、珠宝玉器、有价值的收藏品以及家庭度假的房产等。奢侈资产可以提升家庭成员的生活质量，还能让家庭成员获得心理上的满足感。

奢侈资产与日常使用资产都属于实物资产，其划分与具体家庭的判定标准有关，如富裕家庭可能认为汽车是日常使用资产，而普通家庭则将其列入奢侈资产。如果一个家庭奢侈资产总价值较低，不妨将其并入日常使用资产。

奢侈资产与日常使用资产的主要不同之处在于，奢侈资产在变卖时价值较高；奢侈资产与财务资产的主要区别是能否带来现金流。

（二）家庭负债的种类和内容

家庭负债就是家庭背负的债务，包括所有家庭成员欠非家庭成员的债务，如各种贷款，包括住房抵押贷款、汽车贷款、信用卡贷款和其他消费贷款，还包括水电燃气费、通信费、学费、医疗费等应付款，以及向亲友借的钱等。使用信用卡时，在50~60天的免息期内是不需要支付利息的，性质上等同于水电费等应付款。负债是要偿还或支付相应利息的，所以负债会导致以后支出的增加。

根据到期时间的长短，可将家庭负债分为短期负债（流动负债）和长期负债（非流动负债）。一般家庭的收入周期和账单付款周期都是一个月，所以可以把一个月内到期的负债划为短期负债，把一个月以上或很多年内每个月要支付的负债划为长期负债，如按揭贷款、汽车贷款、消费贷款和助学贷款等。

另一种划分方法是以一年为限，一年内到期的负债划为短期负债，一年以上的负债划为长期负债。实际上，具体如何划分可以根据实际情况自行确定，按周、月、两月、季、年等划分都可以。

大家可参考表2-2，以知晓家庭可能的债务。

表2-2 **家庭负债清单**

短期负债	长期负债
电费	
水费	消费贷款
燃气费	助学贷款
燃油费	住房贷款
通信费	投资贷款
信用卡透支	租赁费用
保险金	抵押借款
当期必须支付的长期负债	

家庭负债也可按负债的内容划分种类，如贷款（住房贷款、汽车贷款、教育贷款、消费贷款等各种银行贷款）、债务（债务、应付账款）、税款（个人所得税、消费税等所有应纳税额）和应付款（短期应支付的账单，如应付房租、水电费、应付利息等）等。

（三）资产净值

家庭总资产减去总负债的余额即为资产净值，也称所有者权益，是目前该家庭所实际拥有的财富。

净值不断发生变化，资产负债表中的净值只是编制该表时的数据。

需要注意的是，净值并不能直接用于投资或消费，它仅表明资产超过负债的具体数额。

（四）家庭资产与负债的计值

在了解了家庭资产负债表所包含的主要内容后，还应对家庭资产和负债的价值作出合理的计量，否则将影响财务分析的准确性。

1.日常使用资产价值的确定

日常使用资产是家庭成员日常生活所需的资产，一般不会变卖。其中住房和汽车等金额较大的日常使用资产的价值应按照市场价值减去出售时的费用来计量。

目前，住房和汽车的二级市场很活跃，很容易找到相应的报价，但如果找不到报价，比如位于偏远山村的住房，就可以使用历史成本计价。

一些价值较低，又需经常更换的使用中资产（衣物、生活用品）一般不计入资产，如果认为有必要，就以重置成本计价，即新的条件下重新购买这一资产的价格。

【例2-1】魏岚有一套房产用于出售，当前的市场价值为120万元。应该以多少金额计入资产负债表？

能不能以120万元的价值计入资产负债表呢？

不能。因为卖出房产可能需要支付增值税、所得税等各种税费（如个人将购买不足两年的住房对外销售的，按照5%的征收率全额缴纳增值税；个人所得税则按照房产交易盈利部分的20%或者房款的1%来收取）。

2.财务资产的价值确定

家庭持有财务资产的目的是变现后取得收益，或者在将来的一定期间内取得持续的现金流入，一般不会关心这些资产取得时的历史成本，所关心的是这些资产在将来会为家庭带来多少现金的流入。因此，财务资产通常采用市场价值或者清算价值（清算价值是指市场价值扣除卖出这一资产需要支付的交易费用和税费后的价值）计价。

对于现金及现金等价物，根据原值计价，利息收益作为当年收入。

保险也是一种财务资产，对于纯保障型的保险，如财产保险，保费是纯粹的支出，不会带来收益，即使有赔付，也不会超过实际损失，这种保险的价值为零；对于具有储蓄性质的保险，即所缴保费到期返还的，如终身寿险，可用保单的现金价值来计值。

3.奢侈资产的价值确定

打算出售的奢侈资产按清算价值计量；不打算出售的奢侈资产，按市场价计值，如属于文物，可以参考文物古玩市场上的报价。

4.家庭负债的价值确定

对于流动负债，按照账单的数字来计值；对于长期负债，应当按照当期利率计算的所欠余额的当前价值计价，而不能按照历史价值或者历史价值扣除已还款后的价值计价，因为利率的变化可能使一笔贷款所需偿还的款项比原所欠的余额多或者少。

5.家庭净资产值的确定

直接用家庭资产减去家庭负债即可确定家庭净资产值。

表2-3就是一张家庭资产负债表。

表2-3　**家庭资产负债表**　单位：元

<table>
<tr><th colspan="2">资产</th><th>金额</th><th colspan="2">负债</th><th>金额</th></tr>
<tr><td rowspan="8">日常使用资产</td><td>住房</td><td></td><td rowspan="8">短期负债</td><td>电费</td><td></td></tr>
<tr><td>汽车</td><td></td><td>水费</td><td></td></tr>
<tr><td>电动车</td><td></td><td>燃气费</td><td></td></tr>
<tr><td>家具</td><td></td><td>燃油费</td><td></td></tr>
<tr><td>家电</td><td></td><td>通信费</td><td></td></tr>
<tr><td>衣物</td><td></td><td>信用卡</td><td></td></tr>
<tr><td>运动器械</td><td></td><td>保险金</td><td></td></tr>
<tr><td>其他</td><td></td><td>当期必须支付的长期负债</td><td></td></tr>
<tr><td rowspan="2">财务资产</td><td>现金</td><td></td><td rowspan="2">长期负债</td><td>消费贷款</td><td></td></tr>
<tr><td>存款</td><td></td><td>助学贷款</td><td></td></tr>
</table>

续表

资产		金额	负债		金额
财务资产	保险		长期负债	住房贷款	
	住房公积金			投资贷款	
	养老基金			租赁费用	
	股票			抵押借款	
	债券				
	基金				
	信托				
	金融衍生品				
	理财产品				
	外汇				
	直接的商业投资				
	其他				
奢侈资产	珠宝玉器				
	度假的房产				
	有价值的收藏品				
	贵金属				
资产总计			净资产（资产-负债）		

二、家庭收支表

与上述静态的资产负债表不同，家庭收支表反映了一个家庭在过去一段时间内的财务活动状况，是对家庭在某一时期收入和支出进行的归纳汇总，能反映家庭的收支情况和偿债能力，揭示了资产负债是如何形成的。由于家庭收支的记账方法采用收付实现制，而非权责发生制，所以家庭收支表也就是现金流量表。

家庭收支表可以做成一个上下结构的表格，由三部分组成：收入、支出和盈余（赤字）。如果家庭收支表为盈余将增加资产负债表中的净资产，反之则将减少净资产。

（一）家庭收入的种类和内容

收入即现金流收入，指家庭成员通过各种途径取得的货币、实物和劳务收入的总和。不同的家庭，收入项目是不一样的，一般包括工资和薪金所得、经营所得、投资所得及偶然所得等。目前大多数家庭的收入主要来源于工资和薪金所得（如果是退休人员，就是其领取的养老金）。表2–4是家庭收入项目的参考表。

表2–4 **家庭收入表**

1.工资和薪金所得：工资、奖金、补助、福利等 2.劳务报酬所得：佣金、设计费、咨询费等 3.经营所得：从事生产、经营活动取得的所得 4.投资所得：现金分红、租金收入、利息收入、其他投资收入 5.偶然所得：中奖、礼金等 6.转移性所得：失业保险所得、养老保险所得、赡养费、救济金、遗产所得、理赔金等
家庭总收入：（1+2+3+4+5+6）
减：直接支付的个人所得税和其他税金（不包括单位代扣代缴部分） 加：个人所得税返还
家庭净所得：

需要注意的是，只有税后收入才是家庭可支配的收入，因此收入表中记录的应是实际税后的工资薪金。

同时，收入表仅记录已经实现的收入或资本利得（或损失），没有实现的资本利得仅为期末资产或净资产的调整项目，不会显示在收入表中。购房的首付款属于资产，不是支出。

（二）家庭开支

开支是指资金的支付。可以将家庭开支分为日常开支和非日常开支两大部分。

1.日常开支

日常开支是指每天生活中重复的支出，也是一个家庭维持一定的生活水平必需的支出，包括衣食住行等方面的支出。

2.非日常开支

非日常开支包括两部分：

一是固定开支，也叫不能自行决定的开支，如各种贷款的偿还、保费的支付，这是一个家庭不能直接控制或不能省略的，每个月必须按约定的金额支付。

二是可变开支，也称可自行决定的开支，指家庭可以在短期内控制、有选择权而且不经常发生的开支，如高档消费或者花销较大的度假旅游，这类开支的数额相对较大而又非必需，是一个家庭最容易控制或改变的支出。

支出分类和内容取决于每个家庭的消费习惯，一些经常外出度假的家庭可能会把度假支出作为日常开支，一些不经常外出度假的家庭则把度假支出作为可变开支，只要清晰明了，足以反映资金的流动状况即可，并没有固定的要求。

表2–5归纳了一般家庭的日常开支项目。

表 2-5 **家庭日常开支清单参考表**

自用住房	家电家具购置费、水费、电费、燃气费、物业管理费、贷款本息的偿还等
健康和清洁	清洁用品、卫生用品、洗衣、医疗、理发、美容等开支
食品、烟酒	日常饮食、外出用餐等开支
衣物	
娱乐	旅游、有线电视、电影戏剧、书刊杂志、办理会籍、运动器材、健身、玩具等开支
交通	汽油费、维修费、保险费、停车费、牌照费、过路费、汽车贷款本息的偿还等开支 出租车费 公共交通支出 电动车/自行车维修费
通信	电话费、手机费、网络费等
教育	托儿费、学费，补习班、特长班开支
保险	
度假住房	
其他	礼金、捐赠支出

要了解个人或者家庭的日常支出，必须做好日常的记账事宜。开始的时候，可以记录得细致一些，这样可以更加清楚自己或者家庭的日常开支。个人或者家庭可以依据自己的习惯选择不同的记账方式，或者只按时间记录流水账（见表 2-6）或者分类后再记录流水账（见表 2-7）。

表 2-6 **20×4 年 9 月日常支出流水账** 单位：元

日期	收入项目	金额	支出项目	金额	备注
9月1日	工资	8 961	水电费	169	
			蔬菜	32	
			牛肉	56	
9月2日	⋮	⋮	⋮	⋮	
⋮					
合计					

表 2-7 20×4 年 9 月日常支出分类流水账 单位：元

收入	20×4 年 9 月 1 日	20×4 年 9 月 30 日
×××		
×××		
收入合计		
支出	20×4 年 9 月 1 日	20×4 年 9 月 30 日
1. 普通支出		
买菜		
大米白面		
×××		
2. 银行卡支出		
×××		
3. 教育支出		
孩子		
家长		
4. 父母赡养		
5. 保险		
6. 休闲娱乐		
旅游		
影视		
7. 财务支出		
利息		
手续费		
8. 其他		
支出合计		
收入-支出		

现在，有很多记账软件[①]可供使用，如鲨鱼记账、随手记、Timi 记账、喵喵记账等，已被大家广泛使用的支付宝和微信也有记账功能。使用记账软件，不仅方便、准确，而

① 记账软件可以分为非财务人员使用的和财务人员使用的两种，前者通常记的就是流水账和收支账，后者一般指的是会计软件和财务软件。

且能提供统计分析和理财建议，帮你更加合理地规划自己的资金使用，所以个人和家庭都有必要下载一款适合自己的记账App。图2-1显示的是“鲨鱼记账”的页面及功能特色。

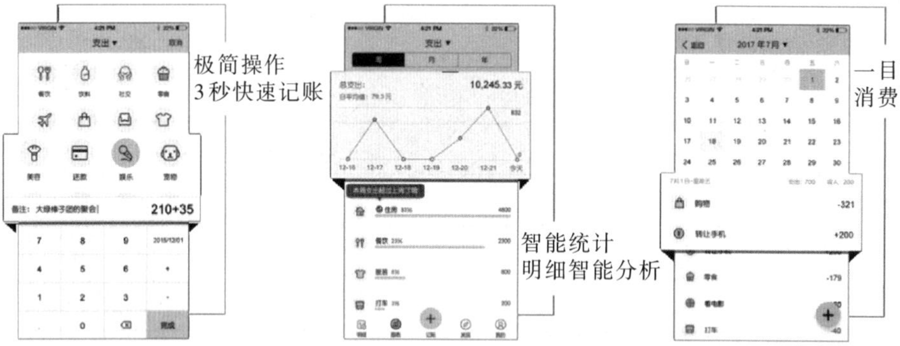

图2-1 鲨鱼记账的功能和特色（影印）

（三）盈余或亏损

链接2-1

大学生的记账心得

盈余，即净现金流量，是消费和偿还债务后的收支结余，可以用作现金储备和进一步的投资。

如果净现金流量为负，就是亏损了，就要考虑节省或推迟一部分日常开支，或提前提取定期储蓄存款，或从外部借款。

表2-8是一张完整的家庭收支表。

表2-8 **家庭收支表** 单位：元

项目	金额
家庭收入：	
1.工资和薪金所得	
2.劳务报酬所得	
3.经营所得	
4.投资收益	
5.偶然所得	
6.转移性所得	
7.其他	
减：应该缴纳的税款	
加：已缴纳税款的退还	
净所得：	
减：日常开支	

续表

项目	金额
自用住房	
健康和清洁	
食品、烟酒	
衣物	
娱乐	
交通	
通信	
教育	
保险	
度假住房	
其他	
减：固定开支	
住房贷款的偿还	
汽车贷款的偿还	
减：可变开支	
度假	
家具	
盈余或亏损（净现金流量）：	

三、家庭财务状况分析

编制家庭财务报表，旨在对家庭的财务状况进行分析，以清楚了解家庭资产有多少、负债有多少，资产负债的构成及比例是否合理，家庭的财务实力和偿还短期债务的能力怎样，家庭的收入支出及构成是否存在问题等。

家庭财务状况可从财务报表的结构和比率两个角度来分析。

（一）结构分析

1.资产负债表

（1）资产项目分析。

如前所述，家庭资产包括日常使用资产、财务资产和奢侈资产。

日常使用资产是一个家庭必不可少的，但除房产外，其余的日常使用资产不能带来增值收益，反而会随着消耗不断贬值，因此，这部分资产不能占比过高，只要能满足日常生活需要即可（占比也不能太低，否则会影响当前的生活质量）。

家庭资产中最值得规划的是财务资产，增加这部分资产可以带来更多的投资收入。

在做资产组合时应注意两点：

首先，要保有一定的现金资产（3～6个月），作为应付不时之需的准备金。

其次，要在安全性和盈利性之间进行科学合理的搭配：一是要考虑经济环境，如经济繁荣时高风险的资产可以多一些，经济不景气时应降低高风险资产的比重；二是要兼顾家庭所处的不同阶段，单身期和家庭形成期由于积累少、支出多，财务资产占比一般较低，随着家庭进入成长期，特别是进入成熟期后，财务资产达到峰值，而进入衰退期，有可能变现一些财务资产。

（2）负债项目分析。

一般家庭的短期债务是各种应付款，长期债务大都是住房贷款。适当的负债可以提高生活质量，如利用贷款提前购房购车，否则要等很长时间才能攒够所需资金，而利用贷款购房，如果房价上涨，还能获得资产的增值。但如果负债过多，会影响家庭财务安全，还款压力也大。而且，如果负债是用于购买财务资产，一旦投资报酬率低于贷款利率，财务杠杆将放大资产损失。单身期和家庭形成期的负债一般比较多，随年龄的增长，负债逐步减少，建议在退休前偿清所有债务。

（3）净资产分析。

资产减去负债即为净资产。

净资产应该为正数，其数额越大，说明家庭财富总量越多；如果为负数，说明资不抵债，财务状况不理想。

家庭净资产一般随年龄的增长而增加。如果某一年家庭的净资产大幅增加，其可能的原因是：节余增加、投资收益增加、资产增值、获得偶然所得或债务免除。

（4）综合分析。

分析资产负债表时，还要把资产、负债和净资产联系起来综合分析。根据公式：资产-负债=净资产，净资产的增加既可能是由于资产的增加也可能是由于负债的减少，即使净资产没有变化，资产和负债也会发生变化。

如用存款偿还债务，资产负债同时减少，净资产不变；借钱投资，资产负债同时增加；用现金购置资产，只改变资产的结构，净资产不变。

2.家庭收支表

（1）收入结构。

家庭不同的收入来源决定了家庭收入的稳定性和成长性，因此收入结构的分析十分重要。

工资薪金所得来源于职业收入或工作收入，通常较为稳定，但一旦失业或患病，就有可能使收入中断或减少；投资所得的多寡取决于投资基数及金融环境，有一定风险；至于经营所得，只有少数家庭才有，既与经营管理水平有关，又与宏观经济环境有密切联系。一个家庭只有不断增加收入途径，广开财源，才能保证财务安全，游刃有余地进行支出。

（2）支出结构。

首先，支出不可大于收入，否则将会动用以前的储蓄或发生负债；其次，应调整支出结构，在保证日常支出的基础上压缩非日常支出中的可变支出。日常支出虽然是维持生活所必需的，但也要防止不节制和浪费，这部分的花费习惯也会影响一个家庭的储蓄速度和规模。

（3）收支差额。

如果收支差额为盈余，就是一定时期的储蓄数额。收入大于支出才能保证有盈余。

（二）比率分析

各种比率从不同的方面反映了家庭的财务状况及相关信息，这对制定理财规划是十分重要的。

常见的分析比率有以下几种：

1.节余比例

其计算公式为：

节余比例=年节余÷年税后收入×100%

节余比例也称储蓄率，该指标说明了家庭的收入在抵销开支后的剩余程度，反映了一个家庭控制开支和提高净资产水平的能力。由于只有税后收入才是真正可支配的收入，所以，在计算节余比例时，应以税后收入作为计算标准。该比例因储蓄观念、社会福利水平、收入高低及家庭所处生命周期阶段的不同而不同。

在美国，受高消费低储蓄观念的影响，居民的储蓄率普遍较低，平均储蓄比率在5%～8%之间。

总体来看，社会福利水平高，社会保障充分，储蓄率则低；家庭收入水平高，储蓄率一般也高；成熟家庭与成长家庭相比，储蓄率相对要高。

我国储蓄率的参考值一般为30%左右，不能低于10%。

2.投资与净资产比率

其计算公式为：

投资与净资产比率=投资资产÷净资产×100%

投资与净资产比率是指家庭投资资产与净资产的比值。它反映了家庭通过投资提高净资产的能力。

投资与净资产比率不宜过高，过低也不合适，为保证净资产有较为合适的增长率，投资与净资产比率在50%左右为宜，这样既可保持适当的收益，又不会面临太高的风险。对于年轻的家庭，投资与净资产比率一般在20%～30%之间为宜。

投资资产是能带来投资收益的资产，包括金融资产和投资用不动产，如果房产是唯一的自住房，就不能算作投资资产。

3.净资产比率

其计算公式为：

净资产比率=净资产÷总资产×100%

该指标是净资产与总资产的比率，也叫净资产偿付比率或自有权益比率。它反映家庭的资产负债情况是否安全，偿债能力如何。该指标理论上的变化范围在0～1之间，通常应高于50%。太低，接近0，表明债务过多，一旦出现收入降低或利率提高，就会资不抵债；偏高，接近1，说明财务很安全，但同时也意味着没有合理利用负债的杠杆作用。

比如，某个家庭净资产的比率是95%，从数值上看，该家庭财务状况绝对安全，如果是退休家庭，就应该维持；如果是处于家庭形成期，则说明这个家庭过于保守，为了实现理财目标，应充分利用信用额度，通过负债优化财务结构。

年轻人的家庭可以适当降低净资产比率，老年家庭的净资产比率应该等于或接近1。

4.资产负债比率

其计算公式为：

资产负债比率=总负债÷总资产×100%

资产负债比率是家庭债务总额占家庭资产的比值，用来反映一个家庭的总资产中有多少是通过借贷形成的。

该指标和净资产比率都是说明综合偿债能力的指标，二者为互补关系，其和为1。净资产比率越高，财务越安全，而资产负债比率越低，财务越安全。

理论上该指标在0～1之间，一般将资产负债比率控制在50%以下，如果大于1，该家庭理论上已经破产。

5.负债收入比率

其计算公式为：

负债收入比率=月负债÷月税后收入×100%

该指标是家庭当期需支付的债务本息与同期收入的比值，用于反映家庭财务状况是否良好，侧重于考察家庭的短期偿债能力，即短期的债务清偿是否有保障，一般维持在40%以下比较合适。

6.流动性比率

其计算公式为：

流动性比率=流动性资产÷每月支出

流动性比率也叫流动性资产保障比值。该指标反映家庭的流动性资产可以支付未来几个月的支出，也就是说，当家庭突然失去收入来源时，凭手中现有的流动性资产可以维持几个月的开支。如果家庭收入稳定，流动性比率可以低些，如果收入不稳定，或者不可预料的支出很多，那么就应该保持较高的流动性。通常这个比值要大于3，在3～6之间比较合理。流动性资产主要是指现金、短期存款和货币基金等现金类资产。

以上指标归纳在表2-9中。

表2-9　　家庭主要财务指标

指标	公式	参考值
节余比例	年节余÷年税后收入	30%
投资与净资产比率	投资资产÷净资产	50%
净资产比率	净资产÷总资产	>50%
资产负债比率	总负债÷总资产	<50%
负债收入比率	月负债÷月税后收入	<40%
流动性比率	流动性资产÷每月支出	3～6

此外，还可以采用其他一些比率进行分析，以了解自己的财务状况。

例如，通过收入支出比率来衡量收入支出是否平衡；通过生活必需支出在总支出中的比重来间接衡量是否存在一些不必要的花费，是否存在可以节约支出的余地；通过资产增长率反映家庭财富的增长速度；通过年投资收入占年支出的比率，即财务自由度指标来衡量总体财务目标的实现程度，等等，这些比率的选择需要根据家庭的具体情况来确定。

四、家庭预算表

家庭预算表是根据过去一段时间收入和支出的统计，预计今后一段时间的收入和支出的报表，一般包括年度收支预算表和月度收支预算表。

月度预算的目标通常是日常生活开销，比较详细，年度预算的目标主要是家庭大件物品的购置和较大的家庭设施的改善或建设等。

编制预算表的作用在于：

一是可以科学地管理支出。通过将实际支出与计划支出进行比较，可以了解产生差异的原因，以采取有针对性的措施对支出加以调整。

二是可以检查家庭的流动性。所谓流动性，是指一个家庭能否在不借钱的状况下支付当期和近期的账单。通过预算调节家庭现金的流动性，可以避免出现不能支付当期债务的风险。

三是通过预算，有计划地积累资金，实现家庭短期或长期的财务目标。

编制预算表主要有三个步骤，即收入的估计、支出的估计以及形成预算。预算表一般至少有三个栏目，即收入与支出的预算数、实际发生数和差异数。

以下通过三个表格来直观地了解家庭预算（列举的是年度预算）。

表2-10是家庭年收入预算表。

表2-11是家庭年支出预算表。

表2-12是完整的家庭年度预算表。

表 2-10　　**家庭年收入预算表**　　单位：元

项目	预算收入金额	实际收入金额	差异
工薪收入			
劳务收入			
经营所得			
投资收入			
偶然收入			
其他			
合计			

表 2-11　　**家庭年支出预算表**　　单位：元

项目		预算支出金额	实际支出金额	差异
日常开支	住房			
	衣物			
	食品			
	娱乐			
	交通			
	通信			
	⋮			
固定开支	房贷			
	车贷			
	⋮			
可变开支	旅游度假			
	奢侈品			
	大额宴请聚餐			
	⋮			
合计				

表 2-12　　**家庭年度预算表**　　单位：元

项目	预算收入金额	实际收入金额	差异	项目	预算支出金额	实际支出金额	差异
工薪收入				日常开支			
劳务收入				固定开支			
经营所得				可变开支			
投资收入							
偶然收入							
其他				其他			
合计				合计			
总差异							

如果是年度预算，一般是在上年年末或当年年初制定，数字填入“预算收入”和“预算支出”栏目，这个是估计的数字，收入不要太乐观，支出要留有余地，如工薪收入一般按年增长率3%左右来预估就可以。

预算收入如果小于预算支出，在制定预算时就要进行调整，减少支出项目或节省项目的开支或增加收入来源的途径。

预算年度结束后，应将实际的收入和支出统计出来，填入“实际收入”和“实际支出”中，通过对比，了解家庭的理财效果以及形成差异的原因，同时为下个年度的预算提供依据。

第二节 现金规划

现金规划是对家庭日常的现金及现金类资产进行的管理，其目的是满足家庭日常的开支需要，应对临时性的意外支出，并提高现金类资产的收益，其核心是建立家庭紧急备用金。

一、现金的用途

（一）满足日常开支需要

现金可满足个人或家庭日常支付的需要，使所拥有的资产保持一定的流动性。一个家庭一般需要准备一到两个月的日常生活费。

（二）应付意外开支

当收入突然中断或支出突然增加等意外发生时，紧急备用金就会派上用场，否则可能会陷入财务困境。

因为房产等固定资产无法在短期内转化为可以使用的现金，而股票等证券资产如果临时变现，可能会蒙受很大的损失。

因此，必须为失业、疾病等意外的开支准备现金。

（三）预期需求

预期需求是针对特定计划需要的资金量。其应该是确定的。

如这个月需要支付买房首付款，那就需要把这部分钱提前留存出来；如果短期内有旅游购物计划，也需要把这部分钱准备好。

为了实现财务自由，必须将收入尽可能积累下来用以投资，这部分资金在投资之前也要先以现金类资产的形式存放。

二、现金持有方式

这里说的现金是指现金类的资产，除典型意义的现钞外，活期存款、短期定期存款、货币市场基金、银行短期理财产品、国债逆回购等都属于这一类。

（一）现钞

现钞即通常所说的现金，它是流动性最强的资产，可以随时用于任何支付。但持有现钞除了没有收益外（通货膨胀时还会贬值），还存在安全问题。

由于很多开支可以不使用现钞，如水费、电费、燃气费、电话费等，既可用银行卡支付，也能用移动设备支付，目前，能用现金支付的费用基本上都能用移动支付了，因此，现金的持有量可以降到最低。

（二）活期存款

活期存款可以有效避免手持现金带来的不安全问题，同时具有较强的流动性，可以在银行网点和ATM机上随时取款。但使用活期存款存在以下问题：

一是收益率较低，目前（2024年2月）活期存款基准年利率仅为0.35%；

二是银行卡有一定的成本，如年费、跨行查询和取款费、小额账户管理费等；

三是存在诈骗风险，如银行卡保管和使用不当，很容易受骗，损失账户中的资金。

【知识拓展2-1】 监管部门关于防范银行卡诈骗的提示

近年来，银行卡诈骗的案件逐渐增多，不仅使广大金融消费者的合法权益受到损害，而且使银行业金融机构的声誉严重受损。为此，监管部门提醒各发卡银行和持卡人注意防范。

1.网络银行诈骗

网络银行诈骗主要是指通过互联网等载体，骗取持卡人的账号和密码造成持卡人、发卡人损失的行为，其主要手段有以下两种，一是开设假银行网站或假购物网站，二是利用计算机病毒进行诈骗。

2.手机短信诈骗

手机短信诈骗是指不法分子利用短信群发器向不特定的社会群体发送诸如“客户银行卡已被复制，为避免盗刷，请即刻拨打××××××××电话，与银联部门联系”“客户银行卡于×××刷卡消费×××元成功，如有疑问，请立即拨打××××××××电话，与银联部门联系”等信息，骗取持卡人的账号和密码。

3.伪卡欺诈

伪卡欺诈也称克隆卡欺诈，是指不法分子利用偷窥、录像、测录磁卡信息、安装假刷卡设备等手段窃取客户的银行卡号和密码，然后仿制出伪卡，再利用伪卡消费或取现。

4.在ATM上骗卡

在ATM上骗卡是指不法分子在自动取款机上做手脚，设法使取款人的银行卡插入ATM机后被“吞没”，然后利用各种手段骗取其密码。当客户离开后，犯罪嫌疑人迅速上前将被“吞没”的银行卡从ATM机中拉出，将资金盗走。

5.以办理银行信用卡为名实施诈骗

以办理银行信用卡为名实施诈骗是指不法分子在媒体上刊登广告，宣称可以为个人、团体办理银行信用卡进行无抵押信用贷款，从而收取手续费，诈骗成功后携款逃匿。

监管部门提示：广大持卡人要妥善保管好个人的银行卡及密码；对来历不明的短

信或电话保持警惕，任何情形下都不要轻易向他人透露账户信息，更不能通过ATM机向不明账户进行转账；如果接到可疑电话、短信、邮件、通知，可直接拨打发卡行统一的客户服务电话进行确认；办理银行卡应前往有关银行网点柜台办理。

（三）3个月定期存款

3个月定期存款是一种短期的定期存款，其期限不长，可以避免急需用款导致的快到期的定期存款因提前支取而损失大量利息。

目前我国金融机构3个月定期存款的基准利率为1.10%，比活期存款要高很多。

（四）货币市场基金

货币市场基金，简称货币基金，是指投资于货币市场上短期有价证券（国库券、商业票据、银行定期存单、银行承兑汇票、政府短期债券、企业债券等）的一种基金。

货币基金均为开放式基金，通常被视为无风险或低风险投资工具，适合短期投资生息以备不时之需，具有流动性强、投资成本低、收益较高和安全性高的特征。

投资者可以根据需要随时转让基金单位；转让所得资金一般可在1～2个工作日到账。

货币基金通常不收取申购、赎回费用，并且其管理费用也较低，为基金资产净值的0.25%～1%（传统的基金年管理费率为1%～2.5%）；其收益率高于一年期定期存款利率，同时货币基金收益一般按日分配、按月支付，不论投资期限长短，投资者都能获得投资期间的较高收益，这与定期存款不到存期支取就必须按活期计息相比，优越性是显而易见的；货币基金资产主要投资于短期货币工具，这些投资工具安全性非常好，因此投资风险也非常低。

蚂蚁金服2013年6月推出的目前规模最大的货币基金——余额宝（对接天弘基金旗下的余额宝货币基金），特点是操作简便、低门槛、零手续费、可随取随用。除理财功能外，余额宝还可直接用于购物、转账、缴费、还款等消费支付，是移动互联网时代的现金管理工具。可以说，余额宝的使用，拉近了我们与无现金社会的距离。

腾讯理财通、京东小金库，银行系类货基产品如朝朝盈、工薪宝等也都属于同种性质的产品。

（五）银行短期理财产品

银行短期理财产品分为30天期、60天期、90天期等类型，投资期限比较灵活，可以和货币基金相搭配进行组合投资，增加备用金的弹性空间。

（六）国债逆回购

国债逆回购是买卖双方在成交的同时约定未来某一时间以某一价格再行反向成交的一种金融工具，也就是说，个人通过国债回购市场把自己的资金借出去，获得固定的利息收益；而回购方，即借款人用自己的国债作为抵押获得这笔借款，到期后还本付息。

国债逆回购的安全性好，风险较低，收益率高，尤其在月底、年底资金面紧张时，国债逆回购的收益会出现飙升的情况，而且操作方便，直接在开立的账户中一键操作，到期资金自动到账，有很强的流动性；手续费低；期限上，有1～4天、7天、14天、28天、91天和182天等多种期限可以选择。

（七）现金类资产的综合持有

根据个人的具体情况，可以按照不同比例分别持有以上几种现金类资产。

现金类资产的综合持有原则是：即期的需求可以用手头的现金或移动支付工具来满足，而未预期的或将来的需求则可以通过各种类型的储蓄或短期工具来实现。

【知识拓展2-2】 国债逆回购代码及手续费

深圳证券交易所国债逆回购代码：

1天，131810；2天，131811；3天，131800；4天，131809；7天，131801；14天，131802；28天，131803；91天，131805；182天，131806。

上海证券交易所国债逆回购代码：

1天，204001；2天，204002；3天，204003；4天，204004；7天，204007；14天，204014；28天，204028；91天，204091；182天，204182。

上海证券交易所和深圳证券交易所的国债逆回购手续费是一样的，1~4天的手续费都是每笔交易金额的即0.001%，7天的为0.005%，14天的为0.01%，28天的为0.02%，28天以上的为0.03%。

需要注意的是，在卖出逆回购的时候，上海证券交易所需要输入100的整数倍（100代表10万元），深圳证券交易所只需要输入10的倍数（10代表1 000元）。

三、现金类资产的特点

现金类资产是在短时间内能转化为现金的资产，但并不是所有短期内能变现的资产都可以列作现金类资产。

现金类资产要满足以下几方面的条件：

第一，流动性强。

流动性是指资产的变现能力。现金类资产是很快要使用或随时要使用的资产，当需要时，必须能在很短时间内转化为现金，因此，现金类资产的流动性要求很高，而房产等固定资产就不能作为现金类资产。

第二，安全性高。

现金类资产本身就是应急需要的，或者是为进一步投资做准备，不是为了增值。因此，现金类资产必须保证安全。

股票的流动性虽然强，能在很短时间内变现，但其价格上下波动剧烈，安全性不高，不能作为现金类资产。

第三，收益性低。

与流动性和安全性相比，现金类资产的收益性要求不是很高，只要在保证流动性和安全性的前提下有一定收益即可。

四、建立紧急备用金

（一）紧急备用金的必要性

建立紧急备用金主要是出于收入突然中断或大额意外支出方面的考虑，是现金规划的核心所在。收入中断，可能是由于失业，也可能由于疾病或意外伤残。

裁员、企业倒闭或者其他原因都可能导致失业，但是失业之后许多日常支出还要发生，如按月归还住房贷款，甚至还会有一些大的支出。失业之后能否马上再找到工作，要视当事人的具体情况而定，有的人马上能再就业，但也有的人可能一年半载都处于失业状态。

计划经济时代的"铁饭碗"打破后，以前的隐性失业显性化，例如，从2002年至2016年，我国城镇登记失业率一直维持在4%～4.1%的区间，2019年降至3.62%，可见，失业不再是"别人"的事，为失业准备紧急备用金成为理财规划必须考虑的问题。

图2-2①显示了2012—2022年我国城镇登记的失业人数及登记失业率。

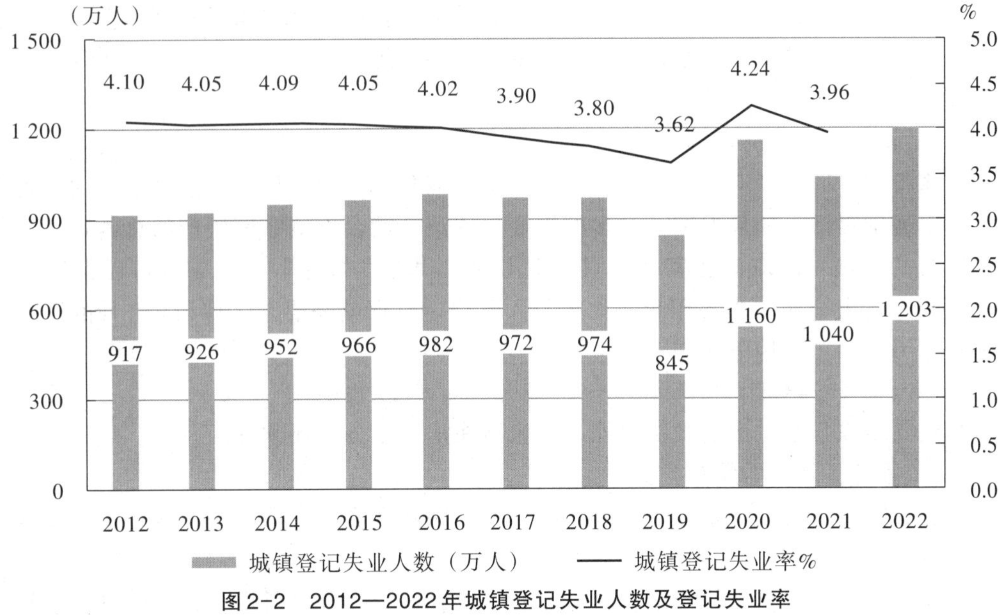

图2-2 2012—2022年城镇登记失业人数及登记失业率

【知识拓展2-3】 调查失业率与登记失业率的区别

数据来源不同。前者的失业人口数据来自于劳动力调查；而后者的失业人口数据来自于政府就业管理部门的行政记录。

失业人口的指标定义不同。前者采用国际劳工组织的失业标准；后者是指16岁至退休年龄内，没有工作而想工作，并在就业服务机构进行了失业登记的人员。

统计范围不同。前者按照常住人口统计（既包括城镇本地人，也包括外来的常住

① 根据国家统计局各年《中国统计年鉴》整理，其中2023年的统计年鉴中并没有公布2022年的城镇登记失业率，仅给出2022年年末城镇调查失业率为5.5%，比2021年多出0.4个百分点。

人口）；后者是本地非农户籍的人员。

2022年末全国城镇调查失业率为5.5%（人力资源和社会保障部2019年首次公布调查失业率），全年全国城镇调查失业率平均值为5.6%。

收入中断，可能是由于意外或者疾病导致暂时无法工作（有时收入没有中断，但大幅减少了），这时，如果没有备用金，就要变现投资，不仅会损失大量的收益，而且会改变家庭计划。有备用金就可以防止这类损失的出现，保证投资规划的正常运作。

即使并没有失业或者收入中断，有时因为自己或者家人需要紧急医疗或者因为自然灾害、遭遇意外导致财产损失需要重建或重购支出时，突发的巨额支出也很可能超过当期收入水平，此时同样需要有一笔备用金来应付突发状况。

有时意外的系统性风险也会使一些人的收入中断或减少。2020年年初暴发的新冠肺炎疫情就是典型事例，这次疫情，使我国经济在1—2月份几乎停摆，许多企业直到3月份才陆续复工，尤其是零售业、餐饮业、旅游业、会展业等均遭受重创，在这些行业从业人员的收入自然受到影响。据统计，2020年3月隐性失业人口一度达到7 611万人，失业加上隐性失业人口总计达1.022亿人。

（二）紧急备用金的数额

紧急备用金的数额应该为多少？少了达不到应急的作用，但也不能过多，因为备用金收益率通常很低，如果保留了过多的现金类资产，就会影响家庭资产的总收益率。紧急备用金的数额一般应该在家庭月固定支出的3～6倍。如果收入稳定，可以保留2～3个月的固定支出金额作为备用金；如果收入不稳定，那就需要至少保留6个月的固定支出金额作为备用金。用公式表示就是：

流动性比值（流动性资产保障比值）=可变现资产÷月固定支出

固定支出除日常生活费开销以外，还包括住房贷款分期还款等。

（三）紧急备用金的储存方式

算出了需要预留多少紧急备用金，第二个问题随之而来，那就是，紧急备用金以什么形式储存呢？

首先，满足日常支出的资金，随时需要支取，可少部分保留现金，其余放在余额宝或者在银行存活期存款。

其次，应付意外开支的资金，是在需要时必须立即支出的，可以购买随时赎回、实时到账的货币基金或者银行理财产品。

最后，对于为预期需求准备的资金，如果离预计支出的时间还有1个月以上，可以做国债逆回购，或者进行3个月的短期存款；如果离预计支出的时间不足1个月，就购买货币基金或者短期银行理财产品。

五、现金规划的融资工具

现金规划的核心是准备紧急备用金，一旦紧急备用金不足时，有没有短期的融资工具可以缓解燃眉之急呢？答案是肯定的。

目前，适用于现金规划的融资工具主要包括信用卡融资、质押贷款和典当融资等。

（一）信用卡融资

信用卡起源于20世纪初的美国。当时，美国的一些商店、餐饮店为扩大销售、方便顾客，推出了“信用卡”，起初的信用卡形式类似一种金属徽章，后来才演变成为用塑料制成的卡片，持卡人可以赊购货物或消费，事后付款，这是现代信用卡的萌芽。20世纪六七十年代，信用卡在整个西方普及，并逐步为众多的发展中国家所接受和青睐。目前，信用卡已成为许多国家普遍采用的支付方式。

信用卡在我国已有40年的历史。1979年10月，中国银行广东省分行与香港东亚银行签订协议，为后者代办“东美VISA信用卡”在内地的取现业务，信用卡业务由此在内地出现。1985年3月，中国银行珠海分行发行了我国第一张信用卡——中银卡，标志着信用卡在我国诞生。截至2022年年末，全国银行卡在用发卡数量94.78亿张，同比增长2.50%，其中，借记卡在用发卡数量为86.80亿张，同比增长2.76%；信用卡和借贷合一卡在用发卡数量共计7.98亿张，同比下降0.28%。借记卡在用发卡数量占银行卡在用发卡数量的91.58%。全国人均持有银行卡6.71张，人均持有信用卡和借贷合一卡0.57张。

链接2-2

中国工商银行银行卡种类

具有融资功能的并不是全部的银行卡，只是指其中的贷记卡、准贷记卡与借贷合一卡。

贷记卡是指发卡银行给予持卡人一定的信用额度，持卡人可在信用额度内先消费、后还款的银行卡。贷记卡是真正意义上的信用卡，具有信用消费、转账结算、存取现金等功能。

准贷记卡是指持卡人须先按发卡银行的要求交存一定金额的备用金，当备用金账户余额不足支付时，可在发卡银行规定的信用额度内透支的银行卡。其与贷记卡的区别体现在：存入准贷记卡的资金是有利息的，但不享受免息还款期。由于准贷记卡必须先存入备用金，融资功能比较弱，因此，现金规划的融资工具主要指贷记卡，下文中的“信用卡”均指贷记卡和借贷合一卡。

借贷合一卡是集借记卡和贷记卡功能于一体的新型银行卡，由中国银行于2009年推出，覆盖了长城人民币信用卡和长城电子借记卡的所有功能，既可在信用额度内进行透支消费，享受最长56天的免息还款期，又拥有贷记卡账户和借记卡账户之间的自动关联还款功能。

1.信用卡的融资方式

信用卡的融资方式有免息透支、免息分期付款、调高临时额度、预借现金和现金分期等。

（1）免息透支。

“先消费，后还款”是信用卡的典型特征，不仅可以透支，还可以享受一定的免息还款期。

持卡人可以在还款到期日一次还款，也可以免息分期还款，这种循环信用让持卡人的资金周转更加灵活。至于免息的期限，各银行的规定有所不同，并针对不同层次的客户制订了差异化方案，设置了不同时长的免息期，一般从20天到50天不等，要想充分享受免息期，一定要在消费前弄清楚银行的账单日和还款日，计算好还款时间。

国内商业银行信用卡的授信额度一般是5 000元起，最高额度没有固定数值，根据持卡人的收入情况、个人信用、资产情况，以及不同的等级由发卡行确定，一般普通卡的最高额度为5万元。

表2-13是国内14家主要商业银行信用卡的账单日和还款日（会有调整，可以查询各银行的官方网站）。

表2-13　**各银行信用卡账单日和还款日明细表**

发卡银行	免息期	账单日	最后还款日
中国工商银行	25～56天	每月1日至19日系统随机生成，持卡人每年可申请更改一次	账单日后第25天
中国建设银行	20～50天	每月的2日、5日、7日、10日、12日、15日、17日、19日、22日、23日、24日、25日、26日、27日系统随机生成，持卡人每年可申请更改一次	账单日后第20天
中国农业银行	25～56天	每月的10日、13日、17日、20日、23日、27日系统随机生成，不可以更改	账单日后第25天
中国银行	20～50天	每月的1日至28日系统随机生成，不可以更改	账单日后第20天
招商银行	18～48天	每月的5日、10日、15日、17日、20日、25日系统随机生成，持卡人每半年可申请更改一次	账单日后第18天
广发银行	20～56天	一般为申请人的生日，29日、30日、31日除外，由系统随机配置为4日至28日，不可以更改	账单日后第20天或第26天
兴业银行	20～50天	每月的2日、8日、11日、13日、18日、21日、23日系统随机生成，持卡人每半年可申请更改一次	账单日后第20天
中信银行	19～49天	每月1日至20日系统随机生成，不可以更改	账单日后第19天
浦发银行	20～50天	每月的4日、6日、7日、10日、12日、13日、14日、18日、21日、24日、26日系统随机生成，持卡人每年可以申请更改一次	账单日后第20天

续表

发卡银行	免息期	账单日	最后还款日
交通银行	25~56天	每月的1日至27日系统随机生成，持卡人在卡片有效期内只能申请更改一次账单日	账单日后第25天
中国民生银行	20~51天	每月的1日、3日、6日、9日、13日、16日、21日、26日、28日，持卡人每年可申请更改一次	账单日后第20天
中国光大银行	20~50天	每月的1日、5日、8日、15日、18日、22日、25日系统随机生成，不可以更改	账单日后第20天
平安银行	18~48天	每月的3日、5日、7日、10日、13日、15日、17日、20日、22日、25日系统随机生成，持卡人每半年可申请更改一次	账单日后第18天
华夏银行	25~56天	每月的3日、15日、25日、28日系统随机生成，持卡人每年可以申请更改一次	账单日后第25天

信用卡对账单上有四个日期：交易日、记账日（与交易日同或不同）、账单日、到期还款日。

交易日就是信用卡刷卡交易的当天。

记账日是银行将透支消费情况记录到持卡人账户的日期，记账日不一定和交易日相同，一般银行是交易日当晚甚至次日凌晨记录入账，所以记账日可能是交易日的当天，也可能是交易日次日甚至几日后的某日。

账单日是银行将上个月持卡人的消费情况汇总并生成对账单的日期，各银行、各信用卡的账单日都可能不同（持卡人可以拨打银行的客服电话更改，大部分银行都是支持更改的，不过对更改次数有限制）。

到期还款日是持卡人最后还款的日期，大部分银行的到期还款日都是账单日后的第20天，持卡人在到期日可以按照最低还款额偿还（不影响个人信用），银行按天收取利息，也可以偿还账单上的全部应还款，这样账单中所有的消费（不包含取现）都是免息的。

同理，以招商银行信用卡为例，假设某持卡人账单日为每月的5日，最后还款日是当月23日。如持卡人在1月4日消费，当天银行入账，账单日为1月5日，到期还款日为1月23日，免息期是18天；如果在1月6日消费，当天入账，账单日为2月5日，到期还款日为2月23日，免息期就是49天。可见，要享受长的免息期就应在账单日之后的几天消费，且越靠近账单日，免息期越长。

（2）免息分期付款。

免息分期付款是指信用卡持卡人消费后，可以平均分解成若干期来偿还，没有利息，但需要支付手续费。银行会根据持卡人的申请，将消费资金和手续费分期通过持卡人信用卡账户扣收，持卡人按照每月入账金额进行偿还。

免息分期付款的一种形式是“消费分期”，持卡人在刷卡消费以后，如果单笔消费金额达到银行规定的最低消费额，便可以向银行申请把该笔消费拆分为几次还款，分期还款的期数和手续费的标准是不同的。需要注意的是，虽然信用卡分期可以缓解还款压力，但是免息分期付款也不是免费的，一旦分期成功，就算之后提前还款，也需要支付剩余的手续费。

免息分期付款的另一种形式是“账单分期”，这种分期不受指定商场和指定商品的限制，持卡人刷卡消费后，只需在到期还款日之前拨打银行信用卡中心的电话或者登录个人网银申请即可，一般情况下只要没有不良信用记录，都可以获得批准。

（3）调高临时额度。

每个信用卡的持卡人都有一个信用额度，这是银行根据个人提供的有效收入和担保为其核定的可以透支的最大限额，也是信用卡可以使用的最高金额。当持卡人因出国旅游、装修新居、结婚、子女留学等，在一定时间内的消费需要超出信用额度时，可以提前申请调高临时信用额度，银行会根据持卡人的用卡记录确定是否提高。调高的临时信用额度一般在30天内有效，到期后信用额度将自动恢复为原来的额度。

（4）预借现金。

信用卡预借现金业务包括现金提取、现金转账和现金充值。

现金提取，是指持卡人通过柜面和自动柜员机（ATM）等自助机具，以现钞形式获得信用卡预借现金额度内的资金。

现金转账，是指持卡人将信用卡预借现金额度内资金划转到本人银行结算账户。

现金充值，是指持卡人将信用卡预借现金额度内资金划转到本人在非银行支付机构开立的支付账户。

持卡人通过ATM等自助机具办理现金提取业务是有限额的，一般信用卡的取现额度为总额度的50%，且每卡每日的取现额度也是有限制的。不同的银行规定不同的额度，一般每卡每日累计不得超过人民币2 000元；持卡人通过柜面办理现金提取业务、通过各类渠道办理现金转账业务的每卡每日限额，由发卡机构与持卡人通过协议约定；发卡机构可自主确定是否提供现金充值服务，并与持卡人协议约定每卡每日限额。发卡机构不得将持卡人信用卡预借现金额度内资金划转至其他信用卡，以及非持卡人的银行结算账户或支付账户。

预借现金不享受免息还款期待遇，自银行记账日起按日0.05%计收利息至清偿日止。银行记账日为此笔预借现金交易发生日，发卡行按月计收复利，另收取1%～2.5%的手续费。

（5）现金分期。

现金分期又称取现分期，由信用卡持卡人申请，或者发卡行主动邀请持卡人进行申请，将持卡人信用卡中额度转换为现金，转入指定借记卡（本行或他行），并分成指定的月份期数进行归还的一种分期方式。

现金分期的最低金额各银行不同，如有的是500元、600元，有的是2 000元，一般最高不超过信用卡整体额度的50%。持卡人可通过营业网点、网上银行或手机银行等渠道申请办理现金分期。与免息分期付款一样，现金分期也是免息不免费，需要支付分期手续费。

2.信用卡融资的偿还

利用信用卡透支消费后，持卡人可以选择两种还款方式：全额还款和最低还款额还款。

全额还款是在到期还款日前偿还所有贷款；最低还款额还款是在到期还款日前偿还最低还款额（最低还款额待遇的条件和标准由发卡机构自主确定，2017年以前为当月欠款的10%）。但如果选择了最低还款额方式，则不再享受免息还款期待遇，未偿还部分自记账日起需要支付透支利息。

使用信用卡融资时应注意的是：信用卡透支按月计收复利。2021年之前，对信用卡透支利率实行上限和下限管理，透支利率上限为日利率0.05%，透支利率下限为日利率0.05%的0.7倍（即0.035%～0.05%之间）。2020年12月31日，中国人民银行发布新规，自2021年1月1日起，信用卡透支利率由发卡机构与持卡人自主协商确定，取消原有的信用卡透支利率上限和下限管理。在到期还款日前未偿还最低还款额的，除支付透支利息外，对未还部分还要支付违约金，具体比例由发卡行根据个人信用、消费账单状况等标准制定，不额外收取利息。如果发卡行向持卡人提供了超过授信额度的服务，银行不收取超限费。

（二）银行贷款

从商业银行取得贷款，是各种贷款方式中最可靠、获取资金最多的一种，而且银行资金实力雄厚、网点众多、结算方式方便快捷。目前，各银行推出的个人贷款中比较适合个人或家庭的是质押贷款和信用贷款。

1.质押贷款

质押贷款是银行向客户发放的以合法有效的质押品为担保的人民币贷款。质押物、办理渠道、贷款额度和贷款期限等各家银行的规定都不一样。

例如，中国工商银行的个人质押贷款规定（2024年1月）是：定期存款、理财产品、基金、保险、债券、贵金属等可作为质押物；可通过网上银行或手机银行自助办理贷款申请、合同打印、线上提款、线上归还等贷款全流程；贷款额度单笔最低500元，全线上办理方式的单户最高为30万元。线上线下结合办理按用途限定最高额度，其中：消费用途单户最高200万元，经营用途单户最高1 000万元。贷款期限最短为8天，最长可达1年，在此区间内可以选择任意天数。贷款利率不得低于相应期限贷款市场报价利率（LPR）。

中国银行则按质押物的不同，推出两款个人质押贷款，分别是个人存单质押贷款和国债质押贷款。

2.信用贷款

信用贷款指银行向符合特定条件的借款人发放的用于个人合法合规用途的无担保无抵押的人民币贷款。例如，中银E贷（个人网络消费循环贷款）就是中国银行利用互联网和大数据技术，为特定客户（优质代发薪客户、财富私行客户、房贷客户、部分地区缴存公积金/社保/税务客户）提供的一种全流程在线信用消费贷款。目前（2024年1月）其贷款金额最高可达20万元；有效期为12个月；额度期限内借款人可循环使用该额度，额度到期后可重新激活额度；贷款可以用于家装、购车、教育、医疗等个人合法合理的消费支出，不得用于购房及偿还住房抵押贷款，不得用于股票、债券、期货、金融衍生品和资产管理产品等投资，不得用于固定资产、股本权益性投资，不得将贷款资金投向任何国家政策、法律法规和监管规定禁止银行消费贷款流入的领域；贷款按照实际用款天数按日计息；可以采用到期一次性还本付息、按月付息到期还本等还款方式。

建行“快贷”也属于信用贷款，目前其贷款金额在1 000～200 000元之间；贷款期限最长1年，可循环使用；额度有效期内可随时支用、随时还款；贷款可自主提现，还可在国内电商网站购物及在商户POS刷卡消费；根据实际使用天数按日计息。

（三）保单质押融资

所谓保单质押融资，是保单所有者以保单作为质押物，按照保单现金价值的一定比例获得短期资金的一种融资方式。

目前保单质押融资有两种情况：

一种是投保人把保单质押给保险公司，直接从保险公司取得贷款，如果借款人到期不能履行债务，当贷款本息达到退保金额时，保险公司终止其保险合同；

另一种是投保人将保单质押给银行，由银行贷款给借款人，当借款人到期不能履行债务时，银行可依据合同凭保单由保险公司偿还贷款本息。

需要注意的是，质押保单本身必须具有现金价值，否则不能作为质押物。对于哪一种保单可以用于质押，保险条款是有规定的。比如，医疗保险和意外伤害保险，其保险合同属于损失补偿性合同，与财产保险一样，不能作为质押物；而具有储蓄功能的养老保险、投资分红型保险及年金保险等人寿保险合同，只要投保人缴纳保费超过1年，保单就具有了一定的现金价值，保单持有人可以要求保险公司返还部分现金价值。

保单质押贷款的期限较短，一般不超过6个月。最高贷款余额不超过保单现金价值的一定比例，各个保险公司对这个比例有不同的规定，一般在70%左右；银行则要求相对宽松，贷款额可达到保单价值的90%。期满后贷款一定要及时归还，一旦借款本息超过保单现金价值，保单将永久失效。

以死亡为给付保险金条件的保险单，未经被保险人书面同意，不得转让或者质押。

（四）典当融资

1.典当的概念及作用

根据商务部、公安部2005年2月9日发布的《典当管理办法》，典当是指“当户将其动产、财产权利作为当物质押或者将其房地产作为当物抵押给典当行，交付一定比例费用，取得当金，并在约定期限内支付当金利息、偿还当金、赎回当物的行为”。

典当行作为国家特许从事放款业务的特殊融资机构，典行贷款与作为主流融资渠道的银行贷款相比，其市场定位在于：针对中小企业和个人，解决短期资金需要，发挥辅助作用。典当行能在短时间内为融资者提供资金，这使典当成为现金规划的融资工具。

2.典当融资的特点

现实生活中，典当融资的常见方式是以实物为抵押，以实物所有权转移的形式取得临时性贷款，即典当贷款。

与银行贷款相比，典当贷款不仅成本高（贷款利息、手续费、保管费等），而且贷款规模小，仅适合短期、临时的融资，但典当贷款也有银行贷款无法比拟的优势：

首先，典当行只注重当物是否货真价实，几乎不关注借款人本身的资信，而这却是银行最为关心的。同时，典当行一般接受的抵押物、质押物的范围比银行广，包括金银饰品、古玩珠宝、家用电器、机动车辆、生活资料、生产资料、商品房产、有价证券等。

其次，典当物品的起点低，千元、百元的物品都可以当。

再次，典当贷款手续十分简便。对货真价实的当物，典当的手续可以十分简便，当物当场付款，大多立等可取；对需要鉴定、试验的当物，典当行则会争取以最快的速度来为出当人解决问题。即使是不动产抵押，也比银行要便捷许多。

最后，典当行不跟踪贷款的用途，融到的钱使用起来十分自由。而客户向银行借款时，贷款的用途则不能超越银行指定的范围。

链接 2-3

个人存单质押贷款

六、银行储蓄品种及其组合

对许多家庭来说，现金规划离不开银行的储蓄，下面就各种储蓄加以简单介绍。

（一）储蓄品种

1.活期储蓄

活期储蓄是指无固定存期、可随时存取、存取金额不限的一种比较灵活的储蓄方式。人民币1元起存，港币、美元、日元和欧元等起存金额为不低于1美元的等值外币。个人活期存款按季结息，按结息日挂牌活期利率计息，每季末月的20日为结息日。未到结息日清户时，按清户日挂牌公告的活期利率计息到清户前一日止。

储蓄机构发给储户一个存折（又称存款簿，是用来记录银行账户交易的纸制小簿子，像支票簿般大小或护照大小，老年人用得较多）或借记卡，凭折（卡）随时存取，办理手续简便。

活期储蓄还可以使用“一本通”，这是银行为客户提供的一种综合性、多币种的活期储蓄，既可以存取人民币，也可以存取外币，具有人民币和外币活期储蓄的全部基本功能；可以通存通兑（在开户行的同城营业网点存款取款），也可以作为水电费、通信费等日常费用的缴费账户。

活期储蓄适用于所有人，其资金运用灵活性较高，但利率较低。

2.定活两便储蓄

这种储蓄是一种事先不约定存期，一次性存入，一次性支取的储蓄存款。其起存金额低，人民币50元即可起存。既有活期之便，又有定期之利，利息按实际存期长短计算，存期越长利率越高。具体规定如下：

存期不足3个月的，按支取日挂牌的活期储蓄利率计付利息；存期3个月以上（含3个月），不满半年的，整个存期按支取日挂牌公告的整存整取定期存款3个月利率打六折计息；存期半年以上（含半年）不满1年的，整个存期按支取日挂牌公告的整存整取定期存款6个月期利率打六折计息；存期在1年以上（含1年）的，无论存期多长，整个存期一律按支取日挂牌公告的整存整取定期存款1年期利率打六折计息。

这种储蓄存款方式比较适合那些有较大额度的结余，但在不久的将来需随时全额支取使用的人。

3.整存整取

整存整取即“定期储蓄”或人们常说的“死期”，是一种由储户选择存款期限，整笔存入，到期提取本息的储蓄形式。整存整取存款的起存金额为人民币50元，利息按存入时的约定利率计算，利随本清。中国人民银行颁布的存款基准利率（2015年10月24日）表中，人民币的定期存期有五档，分别为3个月、6个月、1年、2年、3年。现行小额外币的定期存款期限分别为1个月、3个月、6个月、1年和2年。

自2014年11月22日起，中国人民银行不再公布金融机构人民币5年期定期存款基准利率。

储户可以根据本人意愿在办理定期存款时约定到期自动转存。当储户在需要资金周转而整存整取存款未到期时，可部分提前支取一次，但提前支取部分将按支取当日挂牌活期存款利率计息。

整存整取的形式最常见的有银行卡（卡存）、存单和存折三类。如果使用存单形式，就是“定期存单”，在各银行联网的营业网点可实现通存通兑和到期自动转存。除整存整取外，个人通知存款和定活两便储蓄也可以采用存单的形式。

与活期储蓄类似，整存整取也有“一本通”，是在一个存折上办理多种货币和多种存期的储蓄存款方式。

不论是人民币还是外币定期存款，一个存折就可打理。例如，中国银行的“定期一本通”不仅包括人民币各种期限的整存整取定期存款，还包括多达14种外币的各种期限的整存整取定期存款，这些外币是英镑（GBP）、美元（USD）、港币（HKD）、瑞士法郎（SF）、日元（JPY）、欧元（EUR）、加拿大元（CAD）、澳大利亚元（AUD）、新加坡元（SGD）、澳门元（MOP）、新西兰元（NZD）、丹麦克朗（DKK）、挪威克朗（NOK）以及瑞典克朗（SEK），并且外币现钞、现汇存款皆可办理，每本定期一本通存折共可容纳60笔定期存款。

整存整取的利率是同期限存款中最高的，但流动性较差，适合追求高利息收益并能承担一定流动性风险的人。

4.零存整取

零存整取是一种事先约定金额，逐月按约定金额存入，到期一次性支取本息的定期储蓄。零存整取可以积零成整，能起到强制储蓄的作用。

零存整取起存金额较低，人民币5元即可起存。存期可以选择1年或3年。金额由储户自定，但每月必须以固定金额存入；若中途漏存，应在次月补齐，未补齐者则视同违约，违约后将不再接受续存及补存，到期支取时按实存金额和实际存期计息。

这种储蓄方式比较适合刚参加工作、需逐步积累每月结余的那些人。

【例2-2】多张存单胜过零存整取。

在计划经济年代，许多人发了工资的第一件事就是到银行零存整取，不但能攒下钱，存款收益还比较高。如今，人们的收入来源多样化了，存款种类也越来越多，从理财的角度看，零存整取可以用多张存单来代替。

根据中国银行2023年12月22日的存款利率表，1年期整存整取的利率是1.45%，而1年期零存整取的年利率为1.15%，可见，同样的存款天数和金额，多张存单法比零存整取的利息收益率高。

此外，零存整取提前支取的损失较大。如果因用钱需要提前支取零存整取存款，即使已经存了11个月，也只能按活期计息。

而按多张存单法每月存入了一张定期存单，需要支取时可根据用钱多少，选择已经到期或存入时间不长的存单办理提前支取，这样造成的利息损失会比一次性支取零存整取存款小得多。

另外，零存整取每月存入的额度是固定的，不能中途更改。这适合过去拿固定工资的时代，如今家庭收入除工资外，还会有奖金、分红以及个人兼职等可变收入，如果仍然按月存储固定额度，就会影响理财的收益。而采取多张定期存单的方式则随时可存，有多少存多少，比零存整取更为灵活。

5.整存零取

整存零取是一种事先约定存期，整数金额一次存入，分期平均支取本金，到期支取利息的定期储蓄。这种储蓄人民币1 000元即可起存。存期分为1年和3年，取款间隔可选择1个月、3个月、半年，可记名，预留印鉴或密码，可挂失。

这种储蓄方式比较适合那些有整笔较大款项收入，且需要在一定时期内分期陆续支取使用的人。

6.存本取息

存本取息是一种一次存入本金，分次支取利息，到期支取本金的定期储蓄。它的起存金额较高，一般为人民币5 000元，存期分为1年、3年和5年。可记名挂失。一般每月、每季度或每半年取息一次，不得提前支取利息，如到取息日而未取息，以后可随时取息，但不纳入本金计算利息。

这种储蓄方式比较适合于有款项在一定时期内不需动用，只需定期支取利息以作生活零用的人。

7.个人通知存款

这是一种不约定存期，支取时需提前通知银行，约定支取日期和金额方能支取的存款。

个人通知存款不论实际存期多长，都按存款人提前通知的期限长短划分为1天通知存款和7天通知存款两个品种。

1天通知存款必须提前1天通知支取存款；7天通知存款则必须提前7天通知支取存款。通知存款的本金一次存入，起存金额5万元，可一次或分次支取。但分次支取后账户余额不能低于最低起存金额，当低于最低起存金额时银行将予以清户，转为活期存款。

个人通知存款利率收益较活期存款高，根据中国银行2023年12月22日公布的人民币存款利率表，1天个人通知存款利率为0.25%，7天个人通知存款利率为0.80%。

个人通知存款是大额资金管理的极佳方式，适合于拥有大额款项，在短期内需支取该款项，或需分期多次支取，或短期内不确定取款日期的人。

8.个人支票储蓄存款

这种存款是以活期储蓄存款作保证，以支票作支付凭证，办理支现和转账结算，集储蓄与消费于一体的存款。储户凭有效身份证件开户，与银行签订“个人使用支票协议书”后购买支票，凭支票取现或转账。存款期限同活期储蓄，账户余额不得低于所签发支票总额。

此种存款存取方便，支付安全快捷，尤其适合个体工商户。

9.教育储蓄

教育储蓄是指为接受非义务教育积蓄资金，实行优惠利率，分次存入，到期一次支取本息的专项定期储蓄品种。开户对象为小学四年级（含四年级）以上在校学生。存期分为1年、3年、6年。教育储蓄50元起存，每户本金最高限额为2万元。凭学校提供的正在接受非义务教育的学生身份证明一次支取本金和利息时，可以享受利率优惠，并免征储蓄存款利息所得税。详见第四章第三节。

10.定活通

定活通指银行自动每月将签约客户活期账户的闲置资金转为定期存款，当活期账户因刷卡消费或转账取现资金不足时，定期存款将自动转为活期存款的一种储蓄形式。

【例2-3】郑女士是某大型央企的中层管理人员，也是家庭财务主管。过去，由于工作繁忙，没有时间打理工资账户，每半年才会集中将工资转为定期存款，大量的资金都闲置在活期账户中。

现在，通过办理定活通，银行计算机系统将在每月固定日期检查工资账户，当工资账户资金超出指定金额时，系统自动将超出的金额转存为定期存款。当郑女士因为消费或取现而卡上余额不足时，定期存款将自动转为活期存款。

可见，定活通是高效管理现金的一种工具，可以满足定期存款收益与活期存款便利的双重需要，适合于像郑女士这种无暇打理工资账户的人。

（二）储蓄组合

储蓄这种传统的理财方式尽管简单，但如果能利用好其中的规则，就可以在不影响资金使用的情况下，将资金收益最大化。由于同一时期各商业银行的利率有一定的差异，也可以“货比三家”，综合考虑选择银行。

1.滚动储蓄法

滚动储蓄法又称连月存储法、12张存单法。即每月存入固定的金额，所有存单期限相同，但到期日分别相差1个月。这种储蓄方法能最大限度地发挥储蓄的灵活性，一旦急需，可支取到期或近期存入的存单，减少利息损失。

2.存单四分储蓄法

有时，款项在一年内可能急用，但每次用钱的具体金额、时间不能确定。在这种情况下，如果想获取“高利”，又避免动用全部存款，就可以存成四张定期存单，金额一个比一个大，呈金字塔状，如1 000元、2 000元、3 000元和4 000元，存成4张1年期的定期存单。一旦需用，就按照所需的金额提取相应的那张存单即可。

3.阶梯存储法

阶梯存储法也是一种分开储蓄的理财方法，操作方式是将资金分成若干份，分别存成1年期、3年期、5年期的定期存款。1年之后，将到期的那张存单再存为3年期的，其余的以此类推。3年后，手中所持有的3张存单全都成了3年期的，而实际上，资金到期只相隔一年。因为每一年都会有一笔资金到期。这种方式适用于加息的情况。转存不仅不会造成利息损失，还能在转存后享受新的利率政策。

4.利滚利储蓄法

利滚利储蓄法是存本取息储蓄和零存整取储蓄二者有机结合的一种储蓄方法。具体操作方法是：先存成存本取息的储蓄，一个月后取出第一个月的利息，再用这第一个月利息开一个零存整取储蓄户。以后，每月把利息取出后，都存到这个零存整取储蓄户，这样，就产生了“利滚利”的效果。

5.交替储蓄法

交替储蓄法的具体方法是：把资金平均分成两份，分别存成半年和1年的定期存款。

半年后，把到期的那一笔存款改存成1年定期，并将两份1年期存款都设定成自动转存。这样交替储蓄，循环时间为半年，在每个半年时间到期后需要用钱时，都会有到期的存单可以支取。

（三）商业银行的储蓄原则

《中华人民共和国商业银行法》第29条规定：“商业银行办理个人储蓄存款业务，应当遵循存款自愿、取款自由、存款有息、为存款人保密的原则。”

对个人储蓄存款，商业银行有权拒绝任何单位或者个人查询、冻结、扣划，但法律另有规定的除外（法律规定有权查询、冻结、扣划的单位，有公安、检察、法院、海关、国家安全机关、税务机关等为数不多的几个部门）。

【知识拓展2-4】 我国利率市场化重要事件

表2-14整理了我国利率市场化的重要事件。

表2-14 我国利率市场化的重要事件

阶段	时间	事件
利率市场化改革的提出及基本思路	1993年	国务院发布的《关于金融体制改革的决定》提出，中国利率市场化的长远目标是：建立以市场资金为基础，以中央银行基准利率为调控核心，由市场资金供求决定各种利率水平的市场利率体系和市场利率管理体系
	2003年	根据中国共产党十六届三中全会《中共中央关于完善社会主义市场经济体制若干问题的决定》的指导精神，中国人民银行确立了利率市场化的基本思路：先放开货币市场和债券市场的利率，再逐步推进存、贷款利率市场化
货币市场及债券市场的利率自由化	1996年6月	中国人民银行放开了银行间同业拆借利率
	1997年6月	中国人民银行放开了银行间债券回购利率
	1998年8月	国家开发银行在银行间债券市场首次进行了市场化发债
	1999年10月	采用市场招标形式发行国债
贷款利率市场化	1998年10月	中国人民银行将金融机构（不含农村信用社）对小企业的贷款利率最高上浮幅度由10%提高到20%；农村信用社贷款利率最高上浮幅度由40%提高到50%
	1999年4月	中国人民银行规定各金融机构(不含农村信用社)县以下(不含县城)营业机构贷款利率最高上浮幅度扩大到30%，最低下浮幅度10%不变；农村信用社贷款利率浮动幅度不变
	2003年8月	中国人民银行允许试点地区农村信用社的贷款利率上浮不超过贷款基准利率的2倍
	2004年1月	中国人民银行将商业银行、城市信用社贷款利率浮动区间扩大到［0.9，1.7］，农村信用社贷款利率浮动区间扩大到［0.9，2］
	2004年10月	中国人民银行取消了贷款利率上限，下浮幅度为基准利率的0.9倍
	2006年8月	中国人民银行决定将商业性个人住房贷款利率的下限由贷款基准利率的0.9倍变动为0.85倍，其他商业性贷款利率下限保持0.9倍不变
	2012年7月	中国人民银行将贷款利率浮动区间的下限调整为基准利率的0.7倍
	2013年7月	中国人民银行取消贷款利率的下限，贷款利率实现自由化
	2019年8月	中国人民银行改革完善贷款市场报价利率（LPR）机制

续表

阶段	时间	事件
贷款利率市场化	2019年10月	新发放商住房贷款利率以最近一个月相应期限的LPR为定价基准加点形成
	2020年3月	中国人民银行启动存量浮动利率贷款定价基础转换
存款利率市场化	1999年10月	中国人民银行批准中资商业银行法人对中资保险（放心保）公司法人试办由双方协商确定利率的大额定期存款（最低起存金额3 000万元，期限在5年以上，不含5年）
	2000年9月	中国人民银行放开300万美元（含300万美元）以上的大额外币存款利率
	2002年	协议存款试点范围扩大到全国社会保障基金理事会和已完成养老保险个人账户基金改革试点的省级社会保险经办机构
	2003年7月	中国人民银行放开了英镑、瑞士法郎、加拿大元的外币小额存款利率管制
	2003年11月	国家邮政局邮政储汇局获准与商业银行和农村信用社开办邮政储蓄协议存款；中国人民银行对美元、日元、港币、欧元小额存款利率实行上限管理
	2004年10月	中国人民银行放开人民币存款利率下限管理
	2012年6月	中国人民银行将金融机构存款利率浮动区间的上限调整为基准利率的1.1倍
	2014年11月	中国人民银行将金融机构存款利率浮动区间的上限调整为基准利率的1.2倍，并放开5年期定期存款利率
	2015年3月	中国人民银行将金融机构存款利率浮动区间的上限调整为基准利率的1.3倍
	2020年4月	中共中央、国务院提出："稳妥推进存贷款基准利率与市场利率并轨"
	2021年6月	中国人民银行指导利率自律机制，优化存款利率自律上限形成方式，由存款基准利率乘以一定倍数形成，改为加上一定基点确定

资料来源 易纲．中国改革开放三十年的利率市场化进程［J］．金融研究，2009（1）：1-14．内容有改动。

【思政小课堂】 **警惕非法"校园贷"**

校园贷是指对在校学生发放的各类贷款，常见的有校园消费贷款、培训贷、刷单贷、美容贷等。"骗子会打着低利息、低门槛的幌子进行引诱。借贷平台宣传贷款无利息，但其实是在偷换概念，在贷款办理后，将利息换成所谓的手续费、违约金、迟延履约金、保证金等，各项费用加在一起，高出国家规定的银行同期利率数十倍。"

一旦陷入校园贷，再想脱身就难上加难。它就像深渊，从你迈开脚的那一刻起，就坠入谷底，即使拼命往上爬，仍是暗无天日。校园贷，就是用自己的虚荣心，“贷”来一个负债累累的青春。

如何警惕多种形式的“校园贷”诈骗？下面这三点要牢记。

第一，头脑要清醒。不良“校园贷”惯用通过“零利息”“超便捷”“零风险”等谎言诱骗学生。一定要擦亮眼睛、想清后果，不要轻信贪图其所谓的“方便、快捷”。一定要明白不存在只有你知道、别人不知道的“发财秘诀”。

第二，花钱要理性。大学生已经是成年人了，要有自强自立精神，要有自律能力。不要去攀比用什么手机、用什么电脑，也不要攀比穿什么名牌、吃什么大餐，而是要合理安排生活支出，量入为出、理性消费，把时间和精力用在知识学习和本领提高上。

链接2-4

远离非法“校园贷”不负青春不负“债”

第三，借钱走“正道”。那些急需用钱创业或试图参加培训班学一技之长的学生，更应该慎之又慎。在创业方面，大学生既要尽力而为，更要量力而行；既要勾勒美好蓝图，更要评估各种风险；既要有一腔热情，更要三思而后行。即使有强烈创业意愿，也要多征求老师、家长、学长、专业人士的意见。非得贷款的话，一定要选择安全系数高、信用口碑好的国家正规金融机构的借贷产品。

资料来源 佚名.远离“校园贷” 不负“青春债”[EB/OL].[2024-07-17]. https://cwc.hebmu.edu.cn/a/2022/06/22/49BB03C5BA1D42DE8274594536C7D43F.html.

本章小结

本章是对现金及现金类资产的规划。首先介绍了家庭财务报表，重点分析了资产负债表和家庭收支表的结构、项目，这是分析家庭财务状况的重要依据之一，在这个基础上才能对家庭的财务状况有个总体的认识，并根据需要制订出科学的有针对性的理财方案。

1.家庭资产负债表是一个家庭在某一时点上财务状况的反映，包括家庭资产、家庭负债和资产净值，用公式表示就是：资产总额=负债总额+净资产总额。

2.家庭资产是一个家庭所拥有的以货币计量的财产、债权和其他权利。家庭资产可从不同的角度来归类，我们在此把家庭资产分为日常使用资产、财务资产和奢侈资产三种。家庭负债是指家庭的债务，包括所有家庭成员欠非家庭成员的债务，分为短期负债（流动负债）和长期负债。

3.家庭收支表反映了一个家庭在过去一段时间内的财务活动状况，是对家庭在某一时期收入和支出进行的归纳汇总，由收入、支出和盈余（赤字）三部分组成。收入即现金流收入，指家庭成员通过各种途径取得的货币、实物和劳务收入；支出是指资金的支付，可将家庭支出分为日常开支和非日常开支两大部分。

4.家庭财务状况分析可从财务报表的结构和比率两个方面来进行。常见的比率有：

节余比例、投资与净资产比率、净资产比率、资产负债比率、负债收入比率和流动性比值等。

5.家庭预算表是根据过去一段时间收入和支出的统计，预计今后一段时间的收入和支出的报表。编制预算表主要包括三个步骤：收入的估计、支出的估计以及形成预算。

6.现金规划是对家庭日常的现金及现金类资产进行的管理，其目的是满足家庭日常的开支需要，应对临时性的意外需求，并提高现金类资产的收益，其核心是建立家庭紧急备用金。

7.现金类资产是在短时间内能转化为现金的资产，具有流动性强、安全性高和收益性低的特点。

8.信用卡、银行贷款、保单质押和典当贷款是现金规划可以考虑的融资工具。

9.银行储蓄种类有活期储蓄、定活两便储蓄、整存整取、零存整取、整存零取、存本取息、个人通知存款、个人支票储蓄存款、教育储蓄和定活通等。采取储蓄组合的方式，可以更好地打理银行存款。

复习思考

一、基本概念

家庭资产负债表　日常使用资产　财务资产　家庭负债　家庭收支表　日常开支　非日常开支　节余比例　投资与净资产比率　净资产比率　资产负债比率　负债收入比率　流动性比值　家庭预算表　现金规划　信用卡　银行质押贷款　银行信用贷款　保单质押融资　典当融资　活期储蓄　定活两便储蓄　整存整取　零存整取　整存零取　存本取息　个人通知存款　个人支票储蓄存款　教育储蓄　定活通

第二章
在线测试

二、填空题

1.家庭资产负债表是一张静态报表，是一个家庭在某一________财务状况的反映，主要包括________、________和________三部分内容。

2.财务资产通常采用________或者________来计价。

3.节余比例为年节余占年税后收入的比率，参考值一般为________左右，不能低于10%。

4.一般认为紧急备用金的数量是家庭月固定支出的________倍。如果收入稳定，可以保持2～3个月的固定支出金额作为备用金。

5.个人活期存款按________结息，按结息日挂牌活期利率计息，每季末月的________日为结息日。

三、选择题

1.银行存款、养老金、股票、国库券属于家庭（　　）。

A.无形资产　　B.日常使用资产　　C.财务资产
D.奢侈资产　　E.消费类资产

2.家庭现金的持有方式可以是（　　）。

A.现钞　　B.活期存款　　C.货币市场基金
D.股票　　E.国债逆回购

3.信用卡的融资方式有（　　）。

A.免息透支　　B.消费分期　　C.调高临时额度
D.预借现金　　E.账单分期

4.整存整取即定期储蓄，中国人民银行公布的期限有（　　）。

A.3个月　　B.6个月　　C.1年
D.2年　　E.3年

5.按存款人提前通知的期限的长短，通知存款划分为（　　）。

A.1天通知存款　　B.2天通知存款　　C.3天通知存款
D.5天通知存款　　E.7天通知存款

四、问答题

1.个人和家庭为什么要做现金规划?

2.个人和家庭要怎么建立紧急备用金?

五、分析题

陈家兴今年34岁，现就职于大连某日资企业，是中层管理者，10年前毕业于某著名财经高校工商管理专业，硕士研究生。妻子今年30岁，毕业于某师范大学，是一所中学的英语教师，工作稳定。女儿甜甜今年3岁，在就近的一所公办幼儿园入托。夫妻二人平时都喜爱健身，健康状况良好，无家族遗传病史，在附近的健身房各自办了年卡。在理财方面，家里大部分的资金以存款形式持有，空闲时陈家兴会炒股票，至今已有6年的股龄。

双方的父母住在大连市区，均已退休，每月有固定的退休金，身体和精神状况都很好。因此，在赡养老人方面暂时没有太大的压力。每年春节前后，陈家兴和妻子都会带孩子和双方老人出去旅游几天。

陈家兴每月的税后工资为14 855元，年终奖（税后）30 000元左右；妻子每月税后工资为6 305元。家庭每个月的生活支出约为4 000元，女儿甜甜每个月支出约为2 400元。

目前拥有一套位于高新园区的80平方米的产权房，于几年前购置，总价867 680元，首付30%，共计260 304元（当时银行的贷款利率为6.55%，争取到了九折优惠，为5.9%），以等额本息的方式还贷，贷款期限10年，每月还款6 731.5元，下月还款后尚余320 746.77元贷款未还，该房现市值约1 410 000元。

自有私家车一辆，价值230 000元，平均每月用车支出为2 500元；活期存款账户余额，105 000元，定期存款账户余额，373 500元。目前还持有市场价值约为330 000元的股票，并且投资了价值51 000元的黄金。二人的工作单位分别为他们购买了社会保险，即“五险一金”。家庭的其他支出（旅游、休闲娱乐等）约为每年15 000元。

他们的短期目标非常明确，就是换房换车，长期目标是将孩子培养成才，并老有所养，晚年悠闲富足、独立有尊严。

1.请编制陈家兴的家庭资产负债表和家庭收支表，并分析其财务状况。

2.请为陈家兴做现金规划。

第三章　职业规划

◇学习目标

- 认识职业规划的意义
- 了解不同职业生涯阶段的特点和任务
- 清楚产业、行业和职业的划分
- 掌握职业规划的影响因素
- 学会职业规划的具体流程并能对自己的职业生涯加以规划

开篇导读

三伯是一个地道的农民，平日寡言少语。令我对他刮目相看的，是他教育孩子时常会说一句朴素而又寓意深刻的话，这句话就是：你要有一样拿得出手的技能。

三伯有两个儿子。大儿子初中毕业后，三伯让他从师学瓦匠。学了一年，大儿子嫌那砌砖抹灰的活儿既脏又累，不想干了，提出要改学理发。三伯将他臭骂了一顿，教训他说："干什么不苦？干什么干好了不能干出大名堂？行行出状元呢，你今天学这明天学那，到头来一样也拿不出手，'艺多不养家'哩。你给我沉住气，认认真真学好一样本事，这辈子就够了。"三伯逼着他又学了一年瓦匠，打下一定基础后，再花钱送他去跟一位姓康的师傅专门学习砌土灶的技术，康师傅在这方面有一手绝活。现在，康师傅已故，三伯的大儿子接替他成了方圆百里砌土灶的行家，每天拿着瓦刀忙得不可开交，日子过得十分殷实。

小儿子呢，念完高中没考上大学，三伯送他到小酒坊去学酿酒。学了一段时间，小儿子就觉得技术已学到家了，想自个儿也开间小酒坊。三伯对他说："三两天就能学会一门手艺？做梦吧！告诉你，你得老老实实给我学，直到手艺拿得出手为止。"不久，三伯借了一万多元钱，把小儿子送到一家学院自费学习酿酒。后来，小儿子到一家酒厂当了技术员。现在，十年过去了，小儿子已成为那家蒸蒸日上的酒厂的技术权威和生产副厂长了。

想一想三伯的教子哲学，还真有几分道理。人生在世，安身立命，养家糊口，你必须有一样拿得出手的技能；不学无术，得过且过，没有掌握半点拿得出的本事肯定不行；虽好学肯干，但目标分散，没有规划，用心不专，这样本事虽多，却大都水平一般，没有一样拿得出手，肯定是不行的。成功的职业生涯规划的秘诀，浓缩起来其实就是三伯的这句精辟之言：你要有一样拿得出手的技能！①

① 资料来源　胡守文．你要有一样拿得出手［J］．农民科技培训，2004（6）．

第一节 认识职业

理财已经成为现代人不可忽略的技能，但是，或许很多人还没有意识到，理财与职业规划也是息息相关的。由于职业是大多数人收入的主要来源，规划好职业，也就相当于理好了财。身在不同职业阶段的职业人士都必须学会把自己的职业规划与理财紧密结合起来，这样才能在工作中实现理想的“滋润”生活。

一、职业的作用

对大多数人来说，职业是获得收入的主要来源，通过从事一份具体的职业，获得收入，维持生活、养育子女、赡养老人，是职业最基本的作用。

那么，是不是一个人衣食无忧，就可以不工作了呢？美国社会学家怀兹曾进行过这样一项调查：当你拥有一笔不必工作也能维持生计的遗产时，你会不会脱离职业人的行列？结果发现，竟然有80%的人回答，即使自己生活富裕，仍然愿意继续工作。

显然，职业除了谋生的功能外，还具有更为重要的意义，那就是实现自我价值。职业活动是个体运用知识发展智力和发挥才能的最主要途径，美国著名实业家约翰·洛克菲勒就说过：“工作是一个施展自己才能的舞台。我们寒窗苦读得来的知识，我们的应变力，我们的决断力，我们的适应力，我们的协调能力，都将在这样的一个舞台上得到展示。除了工作，没有哪项活动能提供如此高度的充实自我、表达自我的机会，工作的质量往往决定生活的质量。”可见，职业可以帮助我们充实自我、提升自我，获取成就感，得到他人尊敬，赢得声望，从而实现人生的价值和意义。一旦离开了这个平台，不仅失去了生存的保障，精神也会极度空虚无味，导致生存没有质量，生活没有意义，也得不到社会的认可。

同时，工作也是社会义务。人们的职业构成了社会分工劳动体系的一部分，在客观上为社会、为他人服务，即通常所说的“我为人人，人人为我”。

二、职业生涯阶段

职业生涯就是一个人的职业经历，也是一个人一生中职业、职位的变迁及工作理想的实现过程，它开始于任职前的职业学习和培训，终止于退休。如果一个人活了80年，那么会有将近一半的时间是在职场上度过的。科学地将职业生涯划分为不同的阶段，有利于明确每个阶段的特征和任务，以便做好规划，更好地从事自己的职业。对职业生涯阶段的划分，不同的专家学者有不同的观点，有的提出三阶段论，有的提出四阶段论，也有提出五阶段、六阶段论的。

职业生涯发展理论专家金斯伯格将人的职业生涯划分为三个阶段，即幻想期（11岁以前）、尝试期（11~18岁）和实现期（18岁以后）。

职业生涯发展研究领域的权威人物萨珀将人的职业生涯发展划分为五个阶段，即成长阶段（0~14岁）、探索阶段（15~24岁）、创业阶段（25~44岁）、维持阶段（45~64岁）和衰退阶段（65岁以上）。探索阶段又分试探期、转变期、尝试和初步承诺期；创业阶段又分为建立期和稳定期。

美国学者利文森将职业生涯划分为六个阶段，即拔根期（12～21岁）、成年期（22～28岁）、过渡期（29～31岁）、安定期（32～38岁）、潜伏的中年危机期（39～42岁）和成熟期（43～59岁）。

我国古语“三十而立，四十而不惑，五十而知天命，六十而耳顺，七十而从心所欲，不逾矩”也是职业生涯划分的一种表达形式。

综上所述，我们可以对一般的职业生涯进行大致的划分：职业准备期、职业选择期、就业初期——职业适应期、就业中期——职业稳定期、就业后期——职业能力衰退期、职业结束期。

（一）职业准备期

这一时期包括从事职业技能学习的时期和等待就业机会的时期。这一时期的主要任务是接受教育和培训，以掌握未来职业所需要的知识与技能。根据自己的特点和兴趣，在这一时期应该有一个初步的择业方向，比如，学习金融专业的学生更多地会将职业定位在金融业，并要查找相关职业的信息，寻找实习和兼职的机会。

（二）职业选择期

在这一时期，人们根据社会需要、自己的能力和愿望作出职业选择。这个时期一般处于职业准备期与就业期之间；有时也处于两个就业期之间，就业后再次选择职业时就是这种情形。

（三）就业初期——职业适应期

人们获得第一份工作，走上职业岗位。此时的主要任务是了解、熟悉组织，接受组织文化，融入工作群体，尽快取得成员资格，成为一名称职的成员。基本符合岗位要求的人，能够顺利适应某一职业；稍差的，可以通过训练与个人努力而增强能力，从而完成职业适应；自身职业能力与岗位要求差距较大者，需要重新进行职业选择，或者延长职业适应期。

（四）就业中期——职业稳定期

这一时期人的职业发展将达到一个高峰，由于阅历、经验的增加，一些人逐渐在某领域脱颖而出，成为该领域的管理者和专家，职业操作纯熟，业绩突出。由于人在中年，所担负的社会义务中又增添了保障家庭成员正常生活水平的内容，因此，成年人往往稳定在某种职业、某一固定岗位上。

职业稳定期也是容易发生危机的时期，有的人会发现工作压力骤增，薪资停滞不前，职业发展遭遇瓶颈，为谋求更好的职位，寻找更适合自己的企业和岗位，很多人在这期间会选择跳槽。

（五）就业后期——职业能力衰退期

这一时期由于人的生理条件的限制，其职业能力开始减退。此间主要的任务一是学会接受权力、责任、地位的下降；二是基于竞争力和进取心的下降，要学会接受和发展新的角色；三是评估自己的职业生涯，着手退休事宜。

（六）职业结束期

由于年老或其他原因结束职业生涯时，人便迎来了职业结束期。由于不再工作，要适应角色、生活方式和生活标准的变化；要保持自我价值观，运用自己积累的经验和智慧，寻找新的满足源。

三、产业、行业和职业

了解职业是正确选择职业的基础，而现在很多人对于产业、行业和职业的概念不是很清楚，这往往会导致自身的职业规划、职业选择和职业发展的偏颇，因此，我们要搞清楚什么是产业、行业和职业。

（一）产业

产业是由社会劳动分工而独立出来的、专门从事某一类别生产经营活动的单位总和。费希尔（A. G. B. Fisher，英国经济学家、新西兰奥塔哥大学教授）最早于1935年提出了三次产业的划分方法。费希尔认为，人类经济活动的发展有三个阶段：在第一个阶段即初级生产阶段，人类主要从事农业和畜牧业；第二个阶段开始于英国工业革命，以机器大工业的迅速发展为标志，纺织、钢铁及机器等制造业迅速崛起和发展；第三阶段开始于20世纪初，大量资本和劳动力流入非物质生产部门，包括商业、旅游、运输、贸易、娱乐、文化、教育、科研和政府的活动中。费歇尔称处于第一阶段的产业称为第一产业，称处于第二发展阶段的产业为第二产业，称处于第三发展阶段的产业为第三产业。

三次产业的分类方法，是目前研究产业经济和产业结构的一种重要分类方法，也是许多国家进行国民经济统计时常用的一种方法。

我国对三次产业分类方法的引入是在20世纪80年代中期。国家统计局在2013年又进行了重新划分，并在2018年进行了修订。我国目前对三次产业的划分是：

第一产业是指农、林、牧、渔业（不含农、林、牧、渔专业及辅助性活动）。

第二产业是指采矿业（不含开采辅助活动），制造业（不含金属制品、机械和设备修理业），电力、热力、燃气及水生产和供应业，建筑业。

第三产业即服务业，是指除第一产业、第二产业以外的其他行业。具体包括：农、林、牧、渔专业及辅助性活动；开采专业及辅助性活动；金属制品、机械和设备修理业；批发和零售业；交通运输、仓储和邮政业；住宿和餐饮业；信息传输、软件和信息技术服务业；金融业；房地产业；租赁和商务服务业；科学研究和技术服务；水利、环境和公共设施管理业；居民服务、修理和其他服务业；教育；卫生和社会工作；文化、体育和娱乐业；公共管理、社会保障和社会组织；国际组织。

由于第三产业所包含的行业多、范围广，所以通常又将第三产业再分为两个大的部门和四个层次。

两大部门是流通部门和服务部门。

四个层次中具体涵盖的内容如下：

第一个层次是流通部门，包括批发和零售业；交通运输业；仓储和邮政业；住宿和餐饮业等。

第二个层次是为生产和生活服务的部门，主要包括金融业；房地产业；租赁和商务服务，信息传输、软件和信息技术服务；等等。

第三个层次是为提高科学文化水平和居民素质服务的各个行业部门，主要包括科学研究和技术服务，教育；卫生和社会工作；文化、体育和娱乐业；等等。

第四个层次是为社会公共需要服务的部门。

（二）行业

根据国家质量监督检验检疫总局和国家标准化管理委员会2017年发布的《国民经济行业分类》中的定义，行业是指从事相同性质的经济活动的所有单位的集合。这是根据单位所使用的加工原料、所生产的物品或提供的服务不同来表示的社会分工类别。每一个产业包括许多行业，如餐饮业、金融业、交通运输业等。

1.国际分类

国民经济行业分类是划分全社会经济活动的基础性分类，目前国际上涉及经济活动的分类标准主要有以下三项。

（1）国际标准行业分类（ISIC）。

国际标准行业分类由联合国经济和社会事务部统计司制定，是生产性经济活动的国际基准分类，目前国际上采用的是2006年发布的ISIC修订本第4版。ISIC按照生产要素的投入、生产工艺、生产技术、产出特点及产出用途等因素，将经济活动划分为21个门类、88个大类、238个中类和419个小类。该分类是按照国际可比的标准化方法开展数据收集、整理和分析的重要工具。

（2）欧盟产业分类体系（NACE）。

欧盟产业分类体系由欧盟统计局制定，目前采用的是2006年修订发布的NACE2.0版本，包含21个门类、88个大类、272个中类、615个小类。

（3）北美产业分类体系（NAICS）。

北美产业分类体系由美国、加拿大和墨西哥联合建立，该分类将经济活动划分为五个层次，前四层为统一分类，第五层为三个国家各自设定的细分类。北美产业分类体系每5年修订一次，最新的2017年版分类中包含20个门类、99个大类、312个中类、713个小类，美国的细类1 069个。

2.我国《国民经济行业分类》

我国的行业分类是依据ISIC的基本原则建立的，于1984年首次发布，分别于1994年、2002年、2011年和2017年进行了4次修订。最新标准（GB/T 4754-2017）由国家统计局起草，国家质量监督检验检疫总局、国家标准化管理委员会批准发布，并于2017年10月1日起实施。

新行业分类共有20个门类、97个大类、473个中类、1 380个小类。与2011年版比较，门类没有变化，大类增加了1个（土地管理业），中类增加了41个，小类增加了286个。增加的类别主要体现了新产业、新业态、新商业模式，如金融业门类中增加了小额贷款公司服务、消费金融公司服务、网络借贷服务、创业投资基金、天使投资。

仍以金融业为例。金融业的门类代码是J，有四个大类，分别是货币金融服务（代码66）、资本市场服务（代码67）、保险业（代码68）、其他金融业（代码69）。货币银行服务（662）是货币金融服务的一个中类，下面包括五个小类：商业银行服务（6621）、政策性银行服务（6622）、信用合作社服务（6623）、农村资金互助社服务（6624）、其他货币银行服务（6629）。

图3-1是国民经济行业分类标准的代码结构图。书后面附录中的表6列明了金融行业的分类和代码。

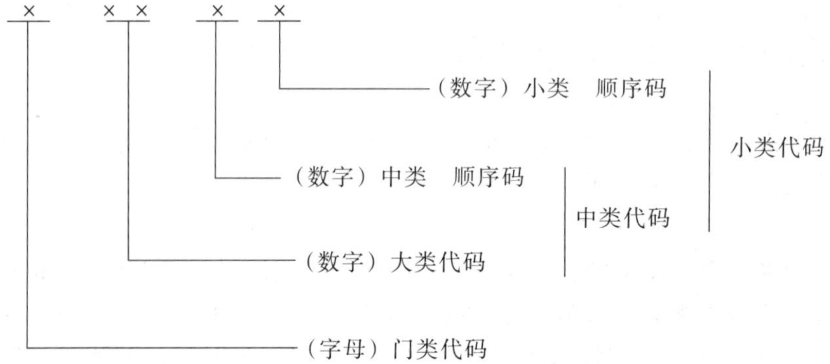

图3-1 国民经济行业分类标准的代码结构

可见，行业划分的着眼点是生产力的技术特点这一微观领域，而产业划分的着眼点则是生产力布局这一宏观领域。

（三）职业

职业是指人们在社会生活中所从事的以获得物质报酬作为自己主要生活来源并能满足自己精神需求的、在社会分工中具有专门技能的工作。

职业与行业之间相互交叉，一种职业主要存在于某一行业之中，而不同的行业可以含有相同的职业。

各种职业之间存在着密切的联系，它们共同推动着一个国家国民经济的正常运转，整个国民经济的分工体系正是由产业到行业再到职业这三个层次组成的。

四、职业分类

按一定的规则和标准把特征相同或相似的社会职业，归纳到一定类别系统中去的过程叫职业分类。

发达国家都非常重视职业分类问题的研究，这不仅是形成产业结构概念和进行产业结构、产业组织及产业政策研究的前提，同时也是对劳动者及其劳动进行分类管理、分级管理及系统管理的需要。

【知识拓展3-1】 **加拿大职业分类体系**

加拿大职业分类体系形成于1971年，该年由加拿大移民与就业部编辑出版了《加拿大职业分类词典》（简称CCDO），后于1992年完成修订工作。根据职业特点，加拿大把职业划分为九大行业；每一行业都按照职业对知识、技能和能力的要求，划分为两个层次，即管理层和技术层；在技术层，依据不同职业对知识、技能和能力及职责范围的不同要求，划分为若干个技能水平；在每一技能水平里，包含数目不等的职业；在每一职业里，又包含一定数量的工作岗位。

职业可有许多种分类方法：

1.脑力劳动职业和体力劳动职业

这是最常见的分类，即所谓的白领和蓝领之别。

脑力劳动职业者（即所谓的白领）主要是指从事专业性和技术性工作的人，如行政管理人员、销售人员、办公室人员。

体力劳动职业者（即所谓的白领）主要是指产业工人，他们靠付出自己的体力来获取报酬，如建筑工人、钢铁工人、纺织女工、家电制造工人、水电管道维修工、装修工人、卡车司机等。

2.美国霍兰德职业分类

美国霍兰德职业分类将职业分为实际型（R，手工、技术工作）、研究型（I，科学研究、实验工作）、艺术型（A，艺术创作）、社会型（S，教育、社会福利工作）、企业型（E，管理、销售工作）和常规型（C，办公室工作，会计、审计、秘书、统计、档案管理等）六类。

3.国际标准职业分类

国际标准职业分类（International Standard Classification of Occupations，简称ISCO）是国际劳工组织（ILO）为给各国提供统一准则而制定的职业分类标准。

早在1923年的第一届国际劳工统计学家会议上，人们就讨论了制定职业分类国际标准的必要性；1949年，这一项目正式启动；1958年，《国际标准职业分类》初版发行，之后又经过了1968年、1988年、2008年的三次修订，形成了目前的最新版本——《国际标准职业分类（2008）》。

《国际标准职业分类》对职业分类体系做了详尽的描述，其结构共分四个层次：大类（Major Group）、中类（Sub-Major Group）、小类（Minor Group）和细类（Unit Group）。

表3-1将2008年与1988年两个版本的大类名称进行了对比。

表3-1 ISCO-08与ISCO-88大类名称对比表

1988年职业大类	2008年职业大类
1.立法者、高级官员和管理者	1.管理者
2.专业人员	2.专业人员
3.技术和辅助专业人员	3.技术和辅助专业人员
4.职员	4.办事人员
5.服务人员、商店与市场销售人员	5.服务与销售人员
6.农业与渔业技工	6.农业、林业和渔业技工
7.工艺与相关行业工	7.工艺与相关行业工
8.工厂、机械操作与装配工	8.工厂、机械操作与装配工
9.初级职业	9.初级职业
0.武装军人	0.武装军人

【知识拓展3-2】 职业规划理论——霍兰德职业选择理论

约翰·霍兰德（John Holland）是美国约翰·霍普金斯大学的心理学教授，美国著名的职业指导专家。

他于1959年提出了具有广泛社会影响的人业互择理论。

这一理论首先根据劳动者的心理素质和择业倾向，将劳动者划分为六种基本类型（如图3-2所示），相应的职业也划分为六种类型，即所谓的六角形理论。

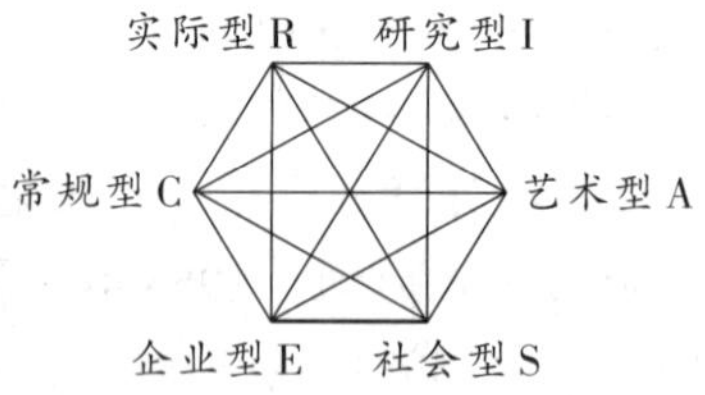

图3-2 六种基本类型

霍兰德职业选择理论，实质在于劳动者与职业的相互适应。霍兰德认为，同一类型的职业兴趣与职业环境互相结合，便达到了适应状态。劳动者找到适宜的职业岗位，其才干与积极性才能得到充分发挥。

通过测试，可以找到个人的职业代码。如果一个代码为ASI的人，在艺术型、社会型、研究型三方面得分较高，那么可以断定他最适合做的是艺术家、画家、记者等。

资料来源 张艳红，曲丽．选对职业——我的职业我做主［M］．北京：清华大学出版社，2011.

4. 我国的职业分类

为适应经济发展和科技进步的需要，推进职业资格证书制度的建设和劳动力市场的发展，加强职业教育培训事业，促进我国人力资源能力建设，由原劳动部会同当时的国家统计局、国家技术监督局等50个部门于1995年开始编制《中华人民共和国职业分类大典》（简称《职业分类大典》），历时四年，1999年年初通过审定，1999年5月正式颁布，这是我国第一部对职业进行科学分类的权威性文献和工具书。

由于经济社会的不断发展，社会职业结构变化很快，从2010年开始我国启动了对《职业分类大典》的修订工作，2015年7月29日，国家职业分类大典修订工作委员会召开全体会议，审议、表决、通过并颁布了新修订的2015版《职业分类大典》。随着我国进入新发展阶段，国家经济实力、科技实力、综合国力跃上新的台阶，新技术、新产业、新业态发展迅猛，行业发展变革引发社会职业结构较大规模变迁。

为适应新时代我国人力资源管理的需要，2021年4月，人力资源和社会保障部会同国家市场监督管理总局、国家统计局启动了《职业分类大典》修订工作，并于2022年9月28日正式发布了《中华人民共和国职业分类大典（2022年版）》。

《中华人民共和国职业分类大典（2022年版）》将民宿管家、家庭教育指导师、研学旅行指导师、工业机器人操作员和运维人员、农业数字化技术员和农业经理人等也纳入其中，首次增加“数字职业”标识（标识为S），共标识数字职业97个，沿用2015年版大典做法，标注了绿色职业133个（标注为L）。

2022版大典中，既是绿色职业又是数字职业的有23个（标注为L/S）。经调整，与2015版大典相比，在保持八大类不变的情况下，2022版大典净增158个新职业，职业数达1 639个。

表3-2是《中华人民共和国职业分类大典（2022年版）》各类职业数量简表。

表3-2 **《中华人民共和国职业分类大典（2022年版）》各类职业数量简表**

类别	名称	中类	小类	细类（职业）
第一大类	党的机关、国家机关、群众团体和社会组织、企事业单位负责人	6	16	25
第二大类	专业技术人员	11	125	492
第三大类	办事人员和有关人员	4	12	36
第四大类	社会生产服务和生活服务人员	15	96	356
第五大类	农、林、牧、渔业生产及辅助人员	6	24	54
第六大类	生产制造及有关人员	32	172	671
第七大类	军队人员	4	4	4
第八大类	不便分类的其他从业人员	1	1	1
合计		79	450	1 639

简单地举例说明一下：

例如，教师属于第二大类——专业技术人员，中类是教学人员，小类有高等教育教师、中等职业教育教师、中小学教育教师、幼儿教育教师、特殊教育教师和其他教学人员。细类则是具体地对职业人员加以定义。

再如，金融机构的柜员属于第四大类——社会生产服务和生活服务人员，中类是金融服务人员，小类有银行服务人员、证券服务人员、期货服务人员、保险服务人员、典当服务人员、信托服务人员和其他的金融服务人员。

【知识拓展3-3】 工作和职业

为了满足ISCO-08的需要，国际标准职业分类修订大会进一步澄清了两个基本概念：工作和职业。“工作（Job）”是“某人为雇主（或自雇）而被动（或主动）承担的任务和职责的总和”。“职业（Occupation）”是“主要任务和职责高度相似的工作的总和”。

作为个人来说，可能会更换工作，而这些工作极有可能属于同一职业。一般来说，涉及专业技术的劳动力，其职业转换的可能性较小，但是更换工作的可能性较大，新兴的信息技术、网络游戏等产业尤其如此。

作为国际通行做法和职业分类动态调整机制的重要内容，我国建立了新职业信息发布制度，并于2004年首次发布新职业。

新职业是在向社会公开征集的基础上，经专家评审、公示征求意见后，按程序遴选确定的。新职业客观反映了经济社会的最新发展，以及人们在追求高质量生活过程中产生的新需求，很多新职业有比较大的吸引力，正在成为年轻人就业的新方向、新指引。

从宏观上看，发布新职业信息，使国家职业分类体系更加科学完善，可以更好地服务于国民经济的信息统计、人力资源开发管理、职业教育培训和人才评价工作，为国家制定相关产业的发展政策、开展就业人口结构变化和劳动力供求状况的研究分析、制定人力资源市场政策提供了科学依据。

从微观上看，《职业分类大典》规范了用人单位的岗位设置、人员招录、员工培训等工作，使从业人员的职业发展规划更加明晰，有利于促进其提升职业能力和素养，也紧跟时代的步伐，为毕业生们提供了更多的职业选择。

【知识拓展3-4】 人力资源和社会保障部发布的74个新职业

表3-3列出了2019年—2022年人力资源和社会保障部发布的74个新职业。

表3-3 **2019年—2022年人力资源和社会保障部发布的74个新职业**

时间	2019年4月	2020年3月	2020年7月	2021年3月	2022年6月
新职业数量	13	16	9	18	18

续表

时间	2019年4月	2020年3月	2020年7月	2021年3月	2022年6月
新职业类型	1. 人工智能工程技术人员 2. 物联网工程技术人员 3. 大数据工程技术人员 4. 云计算工程技术人员 5. 数字化管理师 6. 建筑信息模型技术员 7. 电子竞技运营师 8. 电子竞技员 9. 无人机驾驶员 10. 农业经理人 11. 物联网安装调试员 12. 工业机器人系统操作员 13. 工业机器人系统运维员	1. 智能制造工程技术人员 2. 工业互联网工程技术人员 3. 虚拟现实工程技术人员 4. 连锁经营管理师 5. 供应链管理师 6. 网约配送员 7. 人工智能训练师 8. 电气电子产品环保检测员 9. 全媒体运营师 10. 健康照护师 11. 呼吸治疗师 12. 出生缺陷防控咨询师 13. 康复辅助技术咨询师 14. 无人机装调检修工 15. 铁路综合维修工 16. 装配式建筑施工员	1. 区块链工程技术人员 2. 城市管理网格员 3. 互联网营销师 4. 信息安全测试员 5. 区块链应用操作员 6. 在线学习服务师 7. 社群健康助理员 8. 老年人能力评估师 9. 增材制造设备操作	1. 集成电路工程技术人员 2. 企业合规师 3. 公司金融顾问 4. 易货师 5. 二手车经纪人 6. 汽车救援员 7. 调饮师 8. 食品安全管理师 9. 服务机器人应用技术员 10. 电子数据取证分析师 11. 职业培训师 12. 密码技术应用员 13. 建筑幕墙设计师 14. 碳排放管理员 15. 管廊运维员 16. 酒体设计师 17. 智能硬件装调员 18. 工业视觉系统运维员	1. 机器人工程技术人员 2. 增材制造工程技术人员 3. 数据安全工程技术人员 4. 退役军人事务员 5. 数字化解决方案设计师 6. 数据库运行管理员 7. 信息系统适配验证师 8. 数字孪生应用技术员 9. 商务数据分析师 10. 碳汇计量评估师 11. 建筑节能减排咨询师 12. 综合能源服务员 13. 家庭教育指导师 14. 研学旅行指导师 15. 民宿管家 16. 农业数字化技术员 17. 煤提质工 18. 城市轨道交通检修工
主要集中产业	高新技术产业	高新技术产业、新兴产业和现代服务业	高新技术产业、现代服务业	现代服务业、绿色产业	现代服务业、绿色产业

资料来源　根据人力资源和社会保障部官网资料整理。

第二节 职业规划及其影响因素

一、职业规划及流程

（一）什么是职业规划

职业规划指一个人对职业生涯过程的妥善安排，是在对个人主客观条件进行测定、分析、总结、研究的基础上，确定其最佳的职业奋斗目标，并为实现这一目标作出行之有效的安排。

职业规划是个人财务规划的重要组成部分。我们通常把3年以内的职业规划称为短期规划，把3～5年的职业规划称为中期规划，把5～10年的职业规划称为长期规划，把贯穿一生的职业规划称为人生规划。

对职业生涯的不同阶段进行合理有效的设计和管理，有助于避免不必要的弯路，帮助个人实现自己的目标，更重要的是有助于个体真正了解自己，认识内、外部环境的优势、限制，发掘自我潜能，增强个人实力。尤其是在市场竞争激烈和遇到组织机构变革的时候，我们既要掌握个人的竞争优势，更要配合周围环境变化的趋势。有一个良好的职业生涯规划，才能把握稍纵即逝的机会，提升应对竞争的能力，实现预定的目标。

（二）职业规划的流程

不论是短期的还是长期的职业规划，都可以分为自我评估、确定目标、组织措施和定期评估四个步骤：

1. 自我评估

在整个职业规划的流程中，正确的自我评估是规划的基础，也是最为核心的环节。

首先，一个人要了解自身条件，包括知识、技能、爱好、家庭等。一个本科毕业生与一个博士毕业生的就业定位和社会认可度不同，职业生涯规划也相应会有差别。某项技能特别突出的人，如果这项技能可以为其带来收入，做职业生涯规划时就应当将其作为一个重要因素加以考虑。

其次，要了解自己的性格。选择职业要考虑个体的性格，尽量选择适合个人性格特点的工作。性格认知在一般情况下很难自我实现，而是需要借助相关的测评工具，比如卡特尔16pf测试量表、约翰·霍兰德职业倾向设计、MBTI职业性格类型测试等，通过这些测评工具，反映被测试人员的心理素质、职业倾向等性格特点。

最后，要形成职业环境的认知。应充分认识职业所处的社会环境、经济环境和法律环境，预测可能的发展前景。

【知识拓展3-5】　MBTI职业性格测试

1921年，瑞士心理学家荣格发表了他的心理学类型学说。他设计了一套性格差异理论，认为性格差异同时会决定并限制一个人的判断。他把这种差异分为内向型/外向型、直觉型/感受型和思考型/感觉型。同时，他认为这些差异是与生俱来的，在一个人的一生中相对固定。荣格把感知和判断列为人脑的两大基本功能，认为前者帮助我们从外部世界获取信息，后者则使我们以特定的方式作出决定。它们在大脑活动中的作用受到个人生活方式和精力的制约，从而对人的外部行为和态度产生各不相同的影响。正是在这个意义上，性格被视为人的一种天性。

20世纪40年代，美国的伊莎贝尔·迈尔斯和凯瑟琳·布里格斯在荣格的心理学类型理论的基础上提出了一套个性测验模型，并把这套理论模型以她们的名字命名，叫作Myers-Briggs类型指标，即MBTI。

MBTI从能量的来源方向、信息收集的方式、做决定时的偏好，以及生活态度四个维度对人格进行了考量，其中每一维度又分两个倾向，一共组成16种性格类型。

2.确定目标

职业规划的目标应该达到下面的标准，否则职业规划就失去意义而流于形式。

（1）具体。

具体是指在制定目标时要明确，如把“成为一家注册资本100万元以上企业的总经理”作为目标就比把“进入公司管理层”作为目标更为具体准确。

（2）可衡量。

因为只有能量化的目标才可以进行客观的测量和考核，没有可衡量的目标就不具备约束性。

（3）挑战性。

目标应该高于自己目前的状况和能力，这样才能促使个人不断进步与提高。

（4）现实。

目标应该立足于现实，一步一步地实现，如果目标遥不可及，会让人感到疲惫，从而失去动力。

（5）时限性。

对每一个目标的达成设定时限是对目标的实现负责，使自己有实实在在的紧迫感。

可用一张简表（见表3-4）对职业规划进行概括。

表3-4 **职业生涯规划表**

姓名		性别		年龄	
政治面貌		所在单位			
职业选择					
个人经历	教育经历				

续表

个人经历	工作经历	
	培训经历	
自我评估	自身条件分析	
	性格分析	
	职业环境分析	
职业生涯目标	长期目标	
	中期目标	
	短期目标	
短期计划与措施		评估
中期计划与措施		评估
长期规划与措施		评估

3.组织措施

树立目标以后，要结合自身情况进行SWOT（Strengths，Weaknesses，Opportunities和Threats）分析，了解个人在实现目标中的优势、劣势、机会和存在的威胁，然后制订实施方案。

4.定期评估

在进入了具体实施阶段以后，就要注意定期地将实施结果与预定目标进行评估对照，对于未达成的目标进行经验总结，找出存在的问题和障碍，调整职业规划或改变实施措施。

二、影响个人职业生涯的因素

每个人的职业生涯都会受到各种不同因素的影响，我们将这些因素归纳为个人因素和社会因素两大类，这两大因素互相关联、互相作用，任何因素的改变都可能影响职业生涯的发展及结果。

（一）个人因素

个人因素在一个人的职业生涯中起着基础作用，它包含能力、性格、兴趣、受教育程度等；健康、年龄和性别也属于个人因素。

1.能力

能力是顺利完成某种职业活动所必需的，也是影响活动效率的个性心理特征。能力的强弱决定了人们活动效率的高低。任何一种职业都要求从业者必须具备相应的能力，所以能力是职业适应性的首要的和基本的制约因素。通常可以把能力分为一般能力和特殊能力。

一般职业能力是人们从事不同的职业活动都必须具备的共同能力，适用于广泛的活动范围，符合多种活动的要求，并保证人们能够比较轻松和有效地掌握知识。观察能力、留意能力、记忆能力、思维能力、想象能力、操纵能力都是一般能力。一般能力的综合体就是通常说的智力。智力水平在一般人群中呈正态分布，即两头小，中间大。智商为100左右的人约占46%，在130以上和70以下的人都少于3%。

要顺利完成某项工作，除了要具有一定的一般能力外，还要具有该项工作所要求的特殊能力。特殊能力指从事某项专门活动所必须具备的能力，它只在相关职业领域内发生作用，如数学能力、音乐能力、空间想象能力、动作协调能力、语言表达能力，等等。

只有根据自己的能力来确定自己的职业方向和领域，才有可能胜任工作，也才有可能取得职业的成功。好高骛远、不求实际，只能适得其反。

2.性格和兴趣

（1）性格。

性格是人对现实的态度和行为方式中比较稳定的心理特征的总和，在职业发展上，性格比能力重要，因为如果一个人能力不足，可以通过培训提高，但一个人的性格与职业或岗位不吻合，要改变起来就困难了。

（2）兴趣。

兴趣是指一个人积极探究某种事物及爱好某种活动的心理倾向。根据兴趣的目的不同可将兴趣分为直接兴趣和间接兴趣。

直接兴趣是指对活动过程的兴趣，如有的人喜欢制作各种模型，在制作过程中全神贯注，表现出浓厚的兴致。

间接兴趣主要指对活动过程所产生的结果的兴趣，如有的人喜欢绘画，每当完成一幅画，他都会对自己取得的成果表现出极大的兴趣。

直接兴趣和间接兴趣是相互联系、相互促进的。

兴趣是职业选择的重要依据，因为兴趣是一种强大的精神力量，可以提升职业能力，当一个人对某种职业发生兴趣时，他就能努力发挥积极性，去积极思考，大胆探索；同时，兴趣也是保证职业稳定、成功的重要因素，在其他条件相似的情况下，从事自己感兴趣的职业不但自己感到满意，而且能够使单位感到满意，并由此确保工作的长期性和稳定性。

兴趣还可以提高工作效率，据研究，如果一个人对某一工作有兴趣，能发挥他才能的80%～90%，并且长时间保持高效率不感到疲劳。而对工作没有兴趣的人，只能发挥其全部才能的20%～30%，且容易精疲力尽。

3.受教育程度

教育是人们从事职业活动的一个基本条件。教育的目的，是赋予人知识，使人得到较强的职业能力及其他能力。

不论在经济发达国家还是在发展中国家，在教育和职业关系方面，都遵循了正相关的规律。其中高等教育对个人社会地位的获得所起的作用日益凸显。具有高等学历不仅有利于最初的职业选择，而且有利于以后的职业转换。因此，受教育程度成为影响职业选择以及收入水平的重要因素。

表3-5是美国20世纪90年代末，根据受教育程度（学历）不同而划分的就业人员的预期终身收入。

表3-5 **学历与收入的关系**

学历	预期终身收入（美元）
高中以下	608 810
高中毕业	820 870
大学肄业	992 890
大学毕业	1 420 850

教育之所以有助于人们获取较高的职业地位和较高的社会地位，一方面是由于科技的发展使越来越多的职业，特别是那些报酬高的职业需要受教育程度较高的人来从事；另一方面是由于现代人力资源管理制度需要建立在一套既适应社会发展的需要又能提供均等机会的客观标准之上，而教育正是具有这种功能的一项客观标准。

（二）社会因素

社会因素在人的职业生涯中起着很重要的作用，社会因素包括环境、人口、经济基础和上层建筑等，内容非常广泛，涉及人们生活的各个方面。

1.社会发展水平

社会发展水平，尤其是经济发展水平直接决定了社会所能提供的劳动岗位的数量和质量。

在经济发展水平高的地区，个人职业选择的机会比较多，有利于个人职业的发展；反之，在经济落后的地区，个人职业选择的机会相对较少，个人职业生涯也会受到限制。

例如，西部地区与沿海比较来讲，人们可能更愿意到沿海地区就业，因为经过40多年的改革开放，沿海地区无论是经济发展水平还是市场化程度，都可以给人们提供更大的发展空间。而当国家进行西部大开发，当地经济得到了快速发展之时，西部地区同样也会吸引许多人前往就业。

2.技术进步

自20世纪90年代起，我国制造业和服务业领域机械化、自动化和电子化程度大大提高，这一过程也是一个“机器淘汰人力”的过程，降低了对体力劳动者、手工劳动者的需求。

随着大数据、人工智能时代的来临，一些职业或工作岗位将逐步被机器人所取代。2017年，BBC（英国广播公司）基于剑桥大学的数据体系，分析了365种职业未来被淘汰的概率，其中“电话推销员”被机器人取代的概率为99%；打字员、会计、保险业务员、银行职员、接线员、前台接待员、客服人员被机器人取代的概率在90%以上。而演员、艺人、翻译、理发师被机器人取代的概率在30%～40%之间；程序员、记者、保姆、艺术家、律师、法官、建筑师、公关人员被机器人取代的概率在1%～10%之间；心理医生、教师、酒店管理者被机器人取代的概率均在1%以下。

3.人口数量和结构

20世纪80年代下半期，我国每年出生的人口上升到2 300万以上（1986年为2 374万，1987年为2 508万，1988年为2 445万，1989年为2 396万，1990年为2 374万，人口出生率情况参见图3-3[①]），20年后，他们进入了劳动力就业市场，而此时我国每年新增的工作岗位平均只有1 100万～1 200万个，显然，新增劳动人口与就业岗位的差距较大，就业和职业选择的难度无疑相对增大。

自2016年以来，我国的人口出生率（指在一定时期内一定地区的出生人数与同期内平均人数或期中人数之比，用千分率表示）一直在下降，人口自然增长率（在一定时期内人口自然增加数，即出生人数减死亡人数与该时期内平均人数或期中人数之比，用千分率表示）在2022年和2023年是负数，分别是-0.6‰和-1.48‰。

---

① 数据来源 根据中国统计年鉴整理。

虽然人口正在减少，但这并不意味着就业机会也随之增多。事实上，人口数量与就业并非简单的线性关系，就业市场的变化受到多种因素的影响。

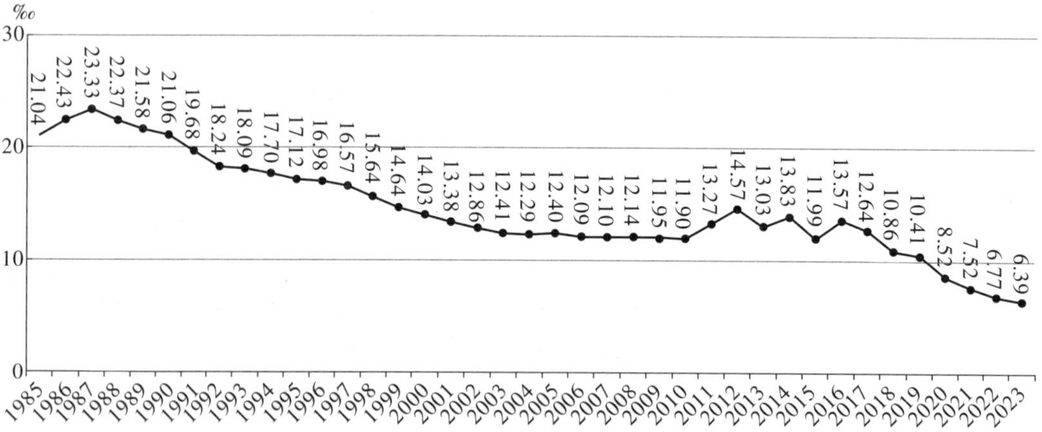

图3-3 1985—2023年我国的人口出生率（‰）

从结构上看，中国常住人口城镇化率在1978年为17.92%，到2023年时为66.16%，40多年提升超48%，城镇化水平的提升，对新增岗位的需求很大，供需矛盾仍会长期存在。

我国人口趋于老龄化，老年人数量的增加提高了对旅游服务、健康医疗服务以及退休设施设备的需求，相关职业岗位的需求必然上升。

4.职业的社会声望

职业的社会声望也是影响职业选择的重要因素之一。一个职业的社会地位越高，人们就越愿意选择它。有调查研究表明，在包括科研人员、工程师、大学教师、企业家、医生等在内的多种职业岗位中，国家机关、党群组织、企事业单位负责人等职业岗位被列在首选位置，这就不难解释为什么自公务员公开招考以来，报考人数一直居高不下了。

图3-4[①]显示了2009—2024年我国公务员考试过审人数的情况。

5.文化环境

社会文化环境是影响人们行为、欲望的基本因素。它主要包括教育水平、教育条件和社会文化设施等。

在良好的社会文化氛围中，个人会受到良好教育环境的熏陶，能力得以培养提升，从而可以为职业生涯打下良好的基础。

三、职业的申请和转换

（一）职业申请

1.获得就业经验

求职的人最担心的问题就是缺乏工作经验，有工作经验的求职者无疑更具竞争力，许多用人单位也倾向于选择有工作经验的人。那么，怎样获得就业经验呢？要获得相关的工作经验实际上有许多途径，如：

① 数据来源 根据公开资料整理。

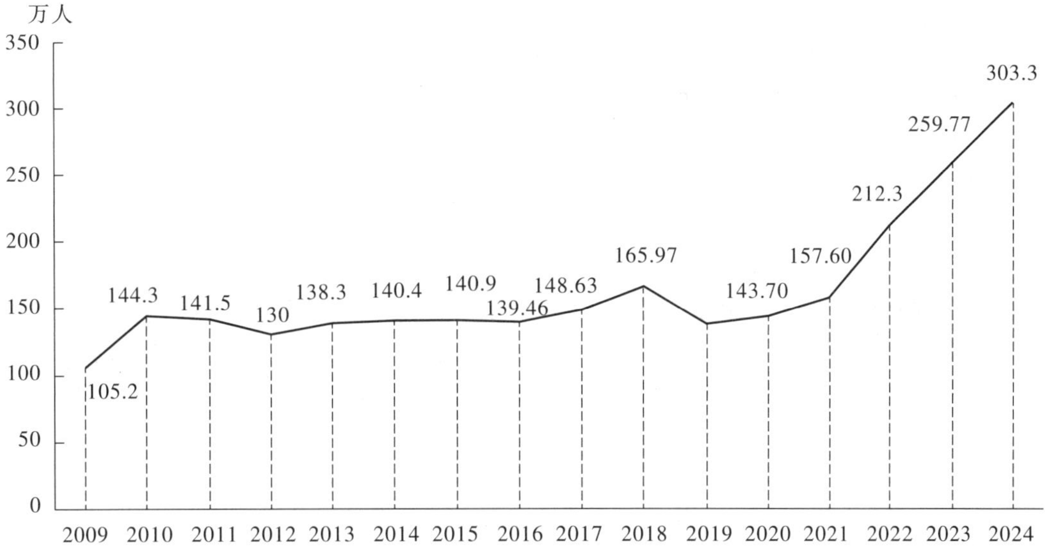

图3-4 2009—2024年公务员考试过审人数

（1）兼职。

兼职既能提供经验，又有助于兼职者了解自己是否对某个职业领域有兴趣，这对那些正在改行，而且需要不同行业领域经验的人非常有用。

对于在校的大学生，做兼职要有所选择，并非越多越好，要让这个兼职对自己今后的事业有帮助，并且不影响学业。比较合适大学生的兼职有：家教、图书馆管理员、促销员、校对翻译、小时工和导游等。

（2）志愿工作。

参与志愿工作，除有机会为社会出力，尽一份公民责任和义务外，对培养适应其他工作环境的能力也十分有益。因为参与志愿工作可以亲身接触社会，加深对社会的认识；同时，志愿工作可以培养自己的组织及领导能力，学到新知识、增强自信心及学会与人相处。

（3）实习。

参与实习不仅仅是对所学专业的实地应用，使得书本知识转化为自己的能力，还可以直接得到就业的有关经验，检验自己的兴趣爱好，以便对自己所选择的专业和职业进行重新审视，如果喜欢又胜任，以后找工作就可以把它作为目标职业；反之，就要寻找新的职业方向。

（4）校园活动。

校园活动常常被排除在工作经验之外。但实际上，人们可以通过校园的各类活动获得宝贵的职业技能，如参加学生会或社团，作为某组织的主席或成员对人员及活动进行管理、组织以及协调；在课堂、校园公开演讲；积极参与课堂讨论；通过管理个人财物或为学生会、社团管理资金等，获得理财经验；参与假期的社会实践等。

2.职业信息来源

信息来源渠道越广，信息的数量就越多，职业选择的余地也就越大。因而，拓宽职业信息获取的渠道是求职择业的基础。一般来说，能够比较有效地获取职业信息的渠道有以下几种：

（1）图书馆。

在大多数图书馆，都能查到非常广泛的职业信息。

（2）大众媒体和互联网。

大多数报纸都有求职和职业趋势的文章与专栏；电视以及电台也提供就业的经济和社会等方面的有用信息；互联网不仅实现了跨越时空界限、打破单向选择的传统人才交流格局，而且提供了各种招聘信息，以及简历撰写、面试、职业规划等方面的信息。

（3）就业指导机构。

就业指导机构包括学校的毕业生就业办公室或就业指导中心、各级政府主管部门的就业指导机构，以及社会上的就业指导服务机构。这些机构大多通过网络、媒体、人才市场等形式发布就业信息，提供的就业信息广、可靠性强，是获取就业信息的重要渠道。

（4）各级、各类“人才交流会”“供需见面会”。

各地方、学校或用人单位举办的规模不等、形式多样的“双向选择”“供需见面”活动或招聘会，尤其是以学校为主体举办的招聘活动，往往具有时间集中、信息量大、专业对口、针对性强、双方了解更直接的特点，是毕业生获取招聘信息、成功择业的难得的机会。

（5）人才服务中心和中介机构。

人才服务中心一般是由各地人事主管部门指导的，运用市场机制配置人才资源、开展人才交流、实行人才社会化管理和中介服务的组织机构，具体情况各地不一样，有很多是人事部门与其他部门合办的。人才服务中介则是纯商业化运作的服务性机构。

（6）社会关系。

家长、亲友、学校的教师或导师、校友等也是重要的信息源，一些用人单位并不排斥录用经人介绍和推荐进来的求职者，认为这样录用的员工比较可靠。

除了以上提到的几种信息获得渠道外，还可以通过在有关专业报刊上刊登广告，或者直接向意向公司投递求职信件和个人简历，或者查阅电话簿后电话联系用人单位和亲自拜访等方法来取得有用的就业信息。

职业信息的来源参见表3-6。

3.职业申请

在对以上各种人才需求信息进行分析、比较的基础上，要确定应聘的单位，同时做好各种准备工作。

表3-6 职业信息的来源

来源	具体信息来源渠道
图书馆	政府材料 产业研究 职业情报手册
大众媒体和互联网	报刊文章 电视和电台新闻 专业出版物 互联网资讯
就业指导机构	交流会 招聘会 就业指导
校园	讲座 招聘会
社会关系	亲戚、朋友、同事 校友 教师

（1）材料上的准备。

材料包括个人信息、等级证书、成绩及成果鉴定这三大类材料。

个人信息，主要包括个人简历（中英文）、毕业证、身份证、学位证、自荐信（或是求职信）、校方推荐表、个人彩色证件照片。

等级证书，主要是指外语、计算机、会计、金融、人力资源、行政管理等的证书；获得的各种奖励、荣誉称号证书，各种奖学金以及各类竞赛的证书等。

成绩及成果鉴定方面的材料，主要包括学习成绩单（高校教务处填写盖章的原件）、科研成果证明、发表过的文章及出版的著作，参加各类社会活动、学术活动和社会实践取得的鉴定资料等等。

（2）有关用人单位的背景材料的准备。

应了解用人单位的情况，以便求职者做到知己知彼。

（3）知识上的准备。

要预习相关的专业知识，以备业务水平或综合素质的笔试。

（4）面试准备。

一是要考虑面试时可能提出的问题，如个人情况，包括兴趣爱好以及优缺点分析等。

二是要清楚对招聘单位的看法，如对公司现状和发展前景的看法，对公司的发展建议。

三是要明晰应聘动机，为什么要到应聘单位工作。

四是要对未来的工作有想法，包括了解自己对专业知识的掌握程度，对是否胜任工作和如何开展某项工作等有把握。

（二）职业转换

有些人一辈子只从事一种职业，其好处是可以深度积累经验和技能，成为“专家”“能手”。这与所学专业有关，如学医的人就比学管理、学语言的人更有可能“从一而终”；也与文化环境有关，有这样的说法，美国人一辈子在不同的企业从事相同的职业，日本人一辈子在相同的企业从事不同的职业。但不论在何时何地，总有人由于种种原因需要转换职业或行业，在美国，一个人一生平均要有七次这样的变动。在我国，改革开放前，在职人员流动很少，和日本相似；现在，“跳槽”已经成为普遍现象，尤其是年轻一族，可以在不同的企业从事不同的职业。那么，在什么情况下应该考虑转换职业呢？

1.人生的三个职业转换阶段

日本的猎头公司普遍认为人生有三个转换职业的最佳时期，即所谓的“转职适龄期”，这三个时期是：

第一阶段：25～30岁。这个时期正是自我独立、精力充沛、年轻有为的阶段，许多公司都需要这样的人才。这个时期可以大胆地到那些没有接触过的行业去尝试。

第二阶段：35岁前后。这个时期可以从事管理职位，但是只能在经验许可的行业内转职。

第三阶段：40～50岁，其中又分为45岁以前和45岁以后两阶段。45岁以前是充分显示个人能力的年龄段，而且企业也有多种多样的岗位需求，选择的范围和可能性都很大。对于一生只有一次转换职业的人来说，这是最佳时期。45岁以后也被称为过激时期，对有能力者而言，外企的部长、高级职务应为其目标。在这个阶段转换的职业不应与过去的职业有太大的差异。

2.工作变换和职业转换

职业转换可以分为以下两种情况：

（1）工作的变换。

工作的变换或者说换个单位，这主要是为了在同一职业领域内获得更好的发展。一个人跳槽可能是被动的，如对自己目前的工作不满意；也可能是主动的，如面对更好的工作条件的吸引或者要寻求更大的挑战与更高的报酬。一般来说，当出现下列情况时，就表明应该考虑变换工作了。

①在现有的工作中缺乏动力。

②工作导致身体疾病和精神紧张。

③持续地对工作评价不高。

④缺乏与同事的沟通。

⑤与上司的关系紧张。

⑥薪水和职位进展没有上升的空间和机会。

⑦继续工作下去技能上很难有提高。

⑧在竞争中落后。

⑨公司的改组或变动使自己的成长计划受到阻碍。

⑩有了更高的眼界与新的理想。

在上述问题出现时，跳槽也未必是唯一的解决方案，也可以先尝试内部的转岗或者和公司管理者共同探讨自己对职业发展的困惑。

变换工作需当机立断，不要犹豫不决，以免错失良机。一旦作出决定，就要尽快进行相应的准备（至少需要2个月的时间）。跳槽不仅仅是简单地换一个工作，而是职业生涯中的一个重要环节，应该利用这样的契机加深对自己的认识和了解，加深对自己职业目标的评估。

（2）转换职业。

这种动作要比纯粹的变换工作来得大。职业的转换，要求你放弃一个熟悉的领域，在新的领域里从头做起。要注意的是，最好在同一个行业转换，轻易不要转行。比如，一位计算机教师要转成一位软件工程师会容易得多，因为两者都属于同一个行业领域。如果一定要改行的话，也要有一定的内在连续性，如原来从事建筑施工的到房地产公司做了工程管理，原来做教师的改做培训师，原来在国际物流企业工作的改去做贸易等，这些都是比较可行的，也是转换成本较低的，这样也有利于保持职业资源的不断增值。

总之，在职业发展的道路上，跳槽把握得好，会丰富一个人的职业经历，拓宽职业视野，实现职业生涯的增值。

【知识拓展3-6】 对跳槽者的提醒

1.查阅与目前公司签订的劳动合同，明确自己是否受到违约金或竞业禁止等条款影响、离职手续办理的难易程度等。

2.尽可能收集新公司的信息以及可能要求自己提供的资料，做到有备无患。

3.准备一份职业化的简历。

4.向原公司递交辞职信，建议在拿到录取通知书（Offer Letter）以后再递交。

5.做好工作交接，体面地撤退，为原来的公司留下一份人情和好印象。

【思政小课堂】 马克思《青年在选择职业时的考虑》节选

1835年8月12日，就读于特里尔中学的马克思完成了他的中学毕业考试作文《青年在选择职业时的考虑》。当时只有17岁的马克思对自己的人生、未来进行了深入的思考、规划和设计。以下为该作文的最后部分：

“在选择职业时，我们应该遵循的主要指针是人类的幸福和我们自身的完美。不应认为，这两种利益是敌对的，互相冲突的，一种利益必须消灭另一种的；人类的天性本来就是这样的：人们只有为同时代人的完美、为他们的幸福而工作，才能使自己也达到完美。

“如果一个人只为自己劳动，他也许能够成为著名学者、大哲人、卓越诗人，然而他永远不能成为完美无瑕的伟大人物。

“历史承认那些为共同目标劳动因而自己变得高尚的人是伟大人物；经验赞美那些为大多数人带来幸福的人是最幸福的人。

“如果我们选择了最能为人类福利而劳动的职业，那么，重担就不能把我们压倒，因为这是为大家而献身。那时我们所感到的就不是可怜的、有限的、自私的乐趣，我们的幸福将属于千百万人，我们的事业将默默地、但是永恒发挥作用地存在下去，而面对我们的骨灰，高尚的人们将洒下热泪。”

链接3-1

青年在选择职业时的考虑

资料来源　马克思.青年在选择职业时的考虑［M］//马克思恩格斯全集：第40卷.中共中央马克思恩格斯列宁斯大林著作编译局，编译.北京：人民出版社，1982：7.

本章小结

1.职业的作用有三：一是获得收入以维持生活、养育子女、赡养老人之需，这是职业最基本的作用；二是实现自我价值；三是为社会尽义务。

2.职业生涯是一个人的职业经历，是一生中职业、职位的变迁及工作理想的实现过程。职业生涯可以分为六个时期，就是职业准备期、职业选择期、就业初期——职业适应期、就业中期——职业稳定期、就业后期——职业能力衰退期、职业结束期。

3.产业是由社会劳动分工而独立出来的、专门从事某一类别生产经营活动的单位的总和。

行业是指从事相同性质的经济活动的所有单位的集合，是根据单位所加工的原料、所生产的物品或所提供的服务不同来表示的社会分工类别。

职业是指人们在社会生活中所从事的以获得物质报酬作为自己主要生活来源并能满足自己精神需求的、在社会分工中具有专门技能的工作。

4.职业规划指一个人对职业生涯过程的妥善安排，是在对个人主客观条件进行测定、分析、总结、研究的基础上，确定其最佳的职业奋斗目标，并为实现这一目标作出行之有效的安排。做职业规划需要的四个步骤是：自我评估、确定目标、组织措施和定期评估。

5.职业生涯会受到个人因素和社会因素的影响，前者包含能力、性格、兴趣、教育等；后者包括经济发展、环境、人口等。

6.人们可以通过兼职、志愿工作、实习和校园活动等获得就业经验；通过图书馆、大众媒体和互联网、就业指导机构等渠道获得职业信息，在申请工作前要做好充分的准备。

7.在职业生涯中，要考虑有无必要变换工作和转换职业。

复习思考

一、基本概念

职业生涯 职业规划 产业 行业 职业 霍兰德职业选择理论

二、填空题

第三章
在线测试

1.________是由社会劳动分工而独立出来的、专门从事某一类别生产经营活动的单位的总和。

2.由于第三产业所包含的行业多、范围广，所以又将第三产业再分为________和________两大部门。

3.2022年新版《中华人民共和国职业分类大典》中的职业分类结构为________个大类。

4.职业生涯都会受到各种不同因素的影响，我们将其归纳为________和________，这两大因素互相关联、互相作用。

5.________是顺利完成某种活动所必需的，是直接影响活动效率的个性心理特征。

三、选择题

1.职业生涯的阶段有多种划分方法，我们的划分是（　　）。

A.职业准备期　　B.职业选择期　　C.就业初期

D.就业中期　　E.就业后期和结束期

2.下列哪些属于第二产业？（　　）

A.采矿业　　B.制造业　　C.建筑业

D.交通运输业　　E.金融业

3.金融业的门类代码是J，包括的大类分别是（　　）。

A.货币金融服务　　B.资本市场服务　　C.保险业

D.其他金融业　　E.证券业

4.职业规划的目标应该达到（　　）标准，否则职业规划就容易流于形式。

A.具体　　B.可衡量　　C.挑战性

D.现实　　E.时限性

5.个人因素在人的职业生涯中起着基础作用，它包含（　　）。

A.能力　　B.性格　　C.兴趣

D.人口结构　　E.教育

四、问答题

1.怎样划分职业生涯阶段？每个阶段有什么特点？

2.影响职业生涯成长的因素有哪些？

3. 如何获得就业经验？

4. 申请工作时应该如何做准备？

五、分析题

为自己做一个十年期的职业规划。

第四章　教育规划

◇学习目标

- 了解教育规划的重要性和原则
- 熟悉教育金的来源
- 掌握教育规划的流程，估算教育费用
- 为具体的教育规划匹配合适的工具

开篇导读

闫宏与妻子有一个10岁的孩子，与中国大多数的父母一样，他们希望给孩子最好的生活，让孩子接受最好的教育。

现在教育费用高昂，如果算上各种补课费、择校费、住宿费、生活费等，可能会大大超出家庭的预算。他们预计孩子17岁上大学，并想让孩子大学毕业后到澳大利亚读研究生。

闫宏考虑的问题是：到底需要多少资金？是否有缺口？投资多少收益的产品比较合算？

目前赴澳大利亚留学两年的费用为8万澳元左右，预计学费每年上涨3%。闫宏与妻子收入中等，孩子在国内读大学的费用没有问题，但对出国留学的开支，必须提前规划。那么，他们应该怎样规划，才能保证孩子出国计划的实现呢？

假定通货膨胀率与收入增长率相同，投资报酬率为5%。

目前的汇率为[①]1澳元=4.6848元人民币，假定汇率不变，则11年后留学费用总额为：

FV（n=11，i=3%，PV=8×4.6848）=51.88（万元）

在5%的投资报酬率下，假定汇率不变，则每年需要储备的金额为：

PMT（n=11，i=5%，FV=51.88）=3.65（万元）

就是说，每月需要拿出3 041.67元（36 500÷12）进行投资回报率为5%的投资，就可以将孩子未来的赴澳留学资金预备出来。

闫宏与妻子每月拿出3 000元，基本上不会对生活产生太大的影响，所以此方案具有可行性。

但问题是，这5%的投资回报如何获得？是买债券还是买股票？还需不需要保险的配合？而闫宏与妻子的这个规划是否存在漏洞？还有哪些因素没有考虑到呢？

---

① 时间点为2024年2月4日。

第一节　教育规划的必要性及原则

凡是能增加人们的知识、提高人们的技能、影响人们的思想品德的活动，都属广义的教育范畴。而狭义的教育，主要指学校教育，是有目的、有计划、有组织地对受教育者的身心施加影响，把他们培养成为一定社会所需要的人的活动。

教育规划包括所有教育支出方面的规划，属于广义的范畴。

从对象上看，教育规划包括自身教育规划和子女教育规划。前者是指对自己的教育规划，后者是指为子女将来接受良好教育而进行的计划和投资。

各种教育规划，使用的技术和手段相差并不大。由于子女成长过程中家庭需要负担大量的教育经费，对其进行财务规划的必要性大，所以，本章讨论的教育规划主要是指子女的教育规划。

一、子女教育规划的必要性

（一）良好的教育对于个人意义重大

百年大计，教育为本。

教育是立国之本，一个国家有没有发展潜力看的是教育，这个国家富不富强看的也是教育。

对个人而言，教育可以获取知识、掌握技巧、改变命运，为未来的幸福生活奠定基础。接受良好的教育，已成为人们生存发展的第一需要和终身受益的财富。在市场经济条件下，劳动者收入与受教育程度成正比例关系。

有数据显示，文化程度越高，薪资水平越高，收入增长的潜力也较大，教育在一定程度上具有社会分配与社会分层的功能。很多人希望通过接受更高水平的教育来获得政治、经济、文化与社会利益，改变、改善自己或子女现有的生活状态，所以，子女教育规划是一种刚性需求。

（二）教育费用逐年增加

为了减轻老百姓的经济负担，我国从2007年开始，全面免除了城乡义务教育阶段的学杂费，家庭的教育负担有所减轻。但随着社会经济的快速发展以及社会竞争的日益激烈，人们对知识的渴望更加强烈，对增强自身竞争能力也产生了更加迫切的需要，这使得人们越来越重视教育投入，教育开支占家庭总支出的比重越来越大。

《2017中国家庭教育消费白皮书》显示，中国家庭的教育支出占家庭年支出的50%以上，51.24%的家长认为孩子的教育支出比家庭其他消费更重要。

《2021年中国家庭教育支出分析报告》显示，2021年我国家庭教育消费支出为1 654.6亿元。教育支出尤其是高等教育阶段或出国留学阶段的花费，属于阶段性的高额支出，如果不提前规划，届时的收入很可能难以应对这一负担。

通常，我们用“教育负担比”来衡量教育开支对家庭生活的影响：

教育负担比=子女教育费用÷家庭税后收入

一般认为，教育负担比高于30%，就应尽早进行准备。

（三）教育金弹性低

教育支出是一项在固定时间内必需的支出。

首先，没有时间弹性。子女到了一定的年龄就要上学（如6岁左右上小学，18岁左右上大学），不能延期。不像居住规划和退休规划，若财力不足可延后几年再买房，若储备的养老金不够也可以延后几年退休。大学的本科学历已经逐渐演变成踏入社会的基本门槛，也成为大多数父母希望提供给子女的基本教育。

其次，没有费用弹性。若退休规划的财力不足，可以降低退休后的生活水准，购房的财力不足，选择偏远一点、房价较低的区位也能对付。但子女教育各阶段的基本学费相对固定，这些费用对每一个学生都是相同的，不会因为家庭经济条件而有所差异，除特殊情况外，也不会有减免。

再次，额外费用差距大。在子女教育方面，最后需要花多少钱，比起退休规划与居住规划来更难掌握。子女的资质不同，整个教育过程中的相关花费差距很大，日本趋势专家大前研一曾说：投资孩子的资金，往往与孩子的资质成反比。因此，子女教育金要准备多少必须看孩子的资质。有的需要家教、补习，有的甚至需要陪读等，这些不是父母可以事先控制的。艾瑞咨询发布的《2017年中国中产阶级家庭教育观念白皮书》显示，91.1%的中产阶级家长不满足于基本教育开销，而是倾向于在子女的教育方面进行额外的经济投入，有21.1%的家长表示在子女教育投入上可以不计代价。

最后，子女教育支出持续的时间长、金额高，需要家庭自己筹集资金。对一般家庭而言，子女教育每年支出的金额不高，但持续将近20年，总金额可能比购房支出还多，所以要准备足够的教育金。退休规划和居住规划虽然也是长期的规划，但退休规划有个人养老金账户，购房有住房公积金，均为社会统筹与个人账户相结合，而子女教育金没有这种强制性地从工资里直接划扣的储蓄账户，完全靠家庭自己来筹集。

可见，子女的教育是一个长期的、投入巨大的系统工程，必须纳入家庭理财的长远规划之中，教育规划是家庭理财的“必修课”。

（四）教育支出是一种投资

用于子女教育的支出并不是一种简单的消费性支出，而是一种生产性投资。人们在教育上的消费支出是期望在获取知识、增长见识、学习经验的过程中逐步积累起丰富的经验、知识和阅历，期待将来赚取更多的资金，实现资金增值。

由于教育在劳动力再生产中具有重要的地位和作用，不少经济学家都曾试图论证教育支出是一种生产性投资，而不仅仅是消费性支出。从英国古典经济学家亚当·斯密开始，到19世纪的英国经济学家马歇尔，再到20世纪的美国经济学家舒尔茨等都积极地开展过论证。

1959年，舒尔茨发表了论文《人力投资—— 一个经济学家的观点》，阐述了他的人力资本理论：全面的资本概念应包括物力资本和人力资本。人力资本是对人的能力（包括体力和智力）的过去投资的现行价值，是通过人力投资形成的。人力资本的主要成分是教育资本，它提高了人们的生产能力，是经济增长的源泉，也是真正解决贫困问题的有效途径。用单纯增加物质资本和劳动力数量来促进生产发展，不如通过教育提高人的能力、发展科学技术来促进生产发展更为迅速。1963年，舒尔茨运用美国1929—1957年的统计资料，计算出各级教育投资的平均收益率为17.3%，教育对国民经济增长的贡献为33%。舒尔茨的人力资本理论和实证研究得到了世界各国学者的认同，舒尔茨也因此荣获了1979年诺贝尔经济学奖。

以上这些研究说明，用于教育的支出并不是一种消费支出，而是一种投资，即教育投资。它将增进子女的知识和技能，使子女未来获得较强的职业适应性、较多的就业机会、较高的收入等，这些都是教育投资的收益。

二、子女教育规划的原则

虽然每个人对子女教育设定的目标并不相同，自身情况也有所区别，但教育规划所遵循的原则是一致的。

（一）目标合理

父母的期望与子女的兴趣能力可能会有差距，而且子女在人生的不同阶段的兴趣爱好也并不相同，因此，设定教育目标时，要充分考虑孩子本身的特点，并结合家庭实际经济情况、风险承受能力，既不能好高骛远、拔苗助长，也不能降低标准，更不能盲目仿效他人。

比如，学士、硕士或博士所需的费用是不同的，民办学校、公立学校的费用相差也很大，在国内读大学和出国读大学的费用更不能同日而语等。

（二）提前规划

由于教育金没有时间与费用的弹性，且每个子女的资质也无法事先掌握，加上孩子的教育金远非单纯的学费那么简单，还包括饮食、交通、服装、娱乐和医疗费用等，所以，应该尽早规划。

孩子读大学的时期，也正是父母接近退休的时期，此时必须遵循提前规划原则，否则很可能因供子女上大学而降低退休后的生活水准。

（三）从宽原则

由于子女的兴趣爱好随时可能发生转变，高等教育的学费也在不断增加，若考虑通货膨胀因素，子女教育费用是一笔巨额的支出，因此要从宽掌握。有的人宁可多准备，届时将多余的部分充作自己的养老金。

（四）稳健投资

教育金虽然是越多越好，但切不可因筹资的迫切而选择高风险的投资工具，因为本金遭受损失对未来子女教育的不利影响会更大。

根据收益与风险配比原则，任何可能获得高收益的投资都将伴随着高风险，所以，投资还是要坚持稳健性原则。

第二节　教育支出的资金来源

教育支出最主要的资金来源是家庭自身的收入和资产。稳定的收入和充足的资产是教育支出可靠的资金保证。

对于工薪阶层来说，税后可支配的收入总量可能不大，也不可能将税后收入全部用于教育，还必须考虑衣食住行等其他方面的支出，尤其对于贫困家庭，更需要了解其他教育资金来源，如政府资助、奖学金、贷款、子女勤工俭学或兼职等。

一、政府的教育资助

教育公平是社会公平的重要基础，促进教育公平是国家的基本教育政策。党和国家高度重视家庭经济困难的学生上学难的问题，近些年，国家有关部门密集出台相关资助政策、落实资助措施，已建立起覆盖学前教育至研究生教育的学生资助政策体系，从制度上保证不让一个学生因家庭经济困难而失学。

这类教育资助通常有着严格的申请条件，以下进行逐一介绍：

（一）高等教育本专科生阶段资助政策

在本专科生的教育阶段，设有国家奖助学金、国家助学贷款、学费补偿贷款代偿、校内奖助学金、勤工助学、困难补助、伙食补贴、学费减免、“绿色通道”等多种方式的混合资助体系。

1.国家奖学金

国家奖学金用于奖励特别优秀的全日制普通高校本专科（含高职、第二学士学位）在校生，每年奖励本专科学生5万名，每生每年8 000元。

2.国家励志奖学金

国家励志奖学金用于奖励资助品学兼优、家庭经济困难的全日制普通高校本专科（含高职、第二学士学位）在校生。资助面约为全国全日制普通高校本专科（含高职、第二学士学位）在校学生总数的3%，每生每年5 000元。同一学年内，国家励志奖学金和国家奖学金不能同时获得。

3.国家助学金

国家助学金用于资助家庭经济困难的全日制普通高校本专科（含预科、高职、第二学士学位）学生，资助面约为全国全日制普通高校本专科在校学生总数的20%，平均资助标准为每生每年3 300元，具体标准由高校在每生每年2 000～4 500元范围内自主决定，可分设2～3档。同一学年内，申请并获得国家助学金的学生，可同时申请并获得国家奖学金或国家励志奖学金。试行免费教育的教育部直属师范院校师范类专业学生，不再同时获得国家助学金。

4.国家助学贷款

国家助学贷款是由政府主导，金融机构向高校家庭经济困难学生提供的不需要担保或抵押的信用助学贷款，帮助解决学生在校期间的学费、住宿费和生活费的不足。2023

年秋季学期起，全日制普通本专科学生（含第二学士学位、高职学生、预科生）每人每年申请贷款额度不超过16 000元，贷款期限最长不超过20年，利率执行中国人民银行同期公布的同档次基准利率，不上浮。贷款学生在校期间的贷款利息全部由财政贴息，毕业后的利息由学生支付，并按约定偿还本金。

申请国家助学贷款有两种模式：

一是校园地国家助学贷款，即通过就读学校向经办银行申请。

二是生源地信用助学贷款，即通过户籍所在县（市、区）的学生资助管理机构提出申请（有的地区直接到相关金融机构申请）。

5.赴基层单位就业学费补偿国家助学贷款代偿

国家中央各部门所属全日制普通高等学校应届毕业生，自愿到中西部地区和艰苦边远地区基层单位就业、服务期达到3年以上（含3年）的，实施学费补偿或国家助学贷款代偿。补偿代偿金额根据毕业生在校期间每年实际缴纳的学费或获得的国家助学贷款额确定，每生每年不高于8 000元。每年补偿或代偿总额的1/3，分3年补偿代偿完毕。地方高校毕业生学费补偿贷款代偿由各地参照中央政策制定执行。

6.应征入伍服义务兵役学费补偿国家助学贷款代偿及学费减免

对应征入伍服义务兵役的高等学校在校生及毕业生，在入伍时对其在校期间缴纳的学费实行一次性补偿或获得的国家助学贷款实行代偿；应征入伍服义务兵役前正在高等学校就读的学生（含按国家招生规定录取的高等学校新生），服役期间按国家有关规定保留学籍或入学资格、退役后自愿复学或入学的，国家实行学费减免。补偿代偿金额根据学生在校期间每年实际缴纳的学费或获得的国家助学贷款额确定，退役复学学费减免金额按照实际收取的学费确定，每生每年均不高于8 000元。

7.直招士官学费补偿贷款代偿

对直接招收为士官的高等学校学生（含应届、往届毕业生），入伍时对其在校期间缴纳的学费实行一次性补偿或对其获得的国家助学贷款实行代偿，补偿代偿金额根据毕业生在校期间每年实际缴纳的学费或获得的国家助学贷款额确定，每生每年不高于8 000元。

8.师范生免费教育

北京师范大学、华东师范大学、东北师范大学、华中师范大学、陕西师范大学和西南大学六所教育部直属师范大学实行师范生免费教育，学生在校学习期间，免除学费、免缴住宿费，并补助生活费。

地方师范院校师范生资助由各地自行实施。享受师范生免费教育的学生可以申请国家奖学金，但不能申请国家励志奖学金和国家助学金。

9.退役士兵教育资助

国家对退役一年以上、考入全日制普通高等学校（包括全日制普通本科学校、全日制普通高等专科学校和全日制普通高等职业学校）的自主就业退役士兵给予教育资助。

资助的内容包括三方面：一是学费资助；二是家庭经济困难退役士兵学生生活费资

助；三是其他奖助学金资助。

学费资助标准，按省级人民政府制定的学费标准，原则上退役士兵学生应交多少学费中央财政就资助多少，每学年每生最高不超过8 000元。生活费及其他奖助学金资助标准，按国家现行高校学生资助政策的有关规定执行。

10.新生入学资助项目

从2012年起，国家对中西部地区启动高校家庭经济困难新生入学资助项目，用于解决学生家庭至录取学校间的路费及入校后的短期生活费，省（自治区、直辖市）内院校录取的新生每人资助500元，省（自治区、直辖市）外院校录取的新生每人资助1 000元。

11.勤工助学

学校设置校内勤工助学岗位，并为学生提供校外勤工助学机会，家庭经济困难的学生优先考虑。学生参加勤工助学原则上每周不超过8小时，每月不超过40小时，劳动报酬原则上不低于当地政府或有关部门制定的最低工资标准或居民最低生活保障标准。

12.校内资助

学校利用从事业收入中提取的资助资金以及社会团体、企事业单位和个人捐助资金等，设立校内奖学金、助学金、困难补助、伙食补贴、校内无息借款、减免学费等，对困难学生提供帮助。

13.绿色通道

为切实保证贫困家庭学生顺利入学，教育部规定各公办普通高等学校都必须建立“绿色通道”制度，即对被录取入学、无法缴纳学费的家庭经济困难的新生，先办理入学手续，然后再根据学生的实际情况，分别采取不同的办法予以资助。

（二）高等教育研究生阶段资助政策

在研究生教育阶段，我国设有国家奖助学金、“三助”岗位津贴、国家助学贷款、学费补偿贷款代偿等资助体系。

1.国家奖学金

国家奖学金用于奖励特别优秀的研究生，每年奖励4.5万名。其中，硕士生3.5万名，每生每年2万元；博士生1万名，每生每年3万元。

2.学业奖学金

学业奖学金是为激励研究生勤奋学习、潜心科研、勇于创新、积极进取而设立的奖学金。中央高校根据研究生收费标准、学业成绩、科研成果、社会服务以及家庭经济状况等因素，确定研究生学业奖学金的覆盖面、等级、奖励标准和评定办法（可分档设定奖励标准）。研究生学业奖学金标准不得超过同阶段研究生国家奖学金标准的60%。地方高校研究生学业奖学金政策由各地参照中央政策制定执行。

3.国家助学金

国家助学金用于资助全国普通高等学校纳入全国研究生招生计划的所有全日制研究生（有固定工资收入的除外）的基本生活支出。硕士研究生资助标准不低于每生每年6 000元，博士研究生资助标准不低于每生每年10 000元。

4.“三助”岗位津贴

高等学校利用教育拨款、科研经费、学费收入、社会捐助等资金，设置研究生“三助”（助研、助教、助管）岗位，并提供“三助”津贴。原则上，助研津贴主要通过科研项目经费中的劳务费及科研间接费列支，助教津贴和助管津贴所需资金由高等学校承担。研究生“三助”津贴标准由高校依据国家有关规定，结合当地物价水平等因素合理确定。

5.国家助学贷款

研究生申请国家助学贷款的条件、程序及其他有关规定，与高校本专科生国家助学贷款基本相同。原则上，研究生助学贷款以校园地国家助学贷款为主，2023年秋季学期起，每学年每生贷款金额不超过2万元。

6.赴基层单位就业学费补偿国家助学贷款代偿

应届毕业研究生赴基层单位就业申请学费补偿国家助学贷款代偿的条件、程序及相关规定，与本专科毕业生基本相同。研究生补偿代偿金额每生每年不高于12 000元。

7.应征入伍服义务兵役学费补偿国家助学贷款代偿及学费减免

研究生应征入伍服义务兵役申请学费补偿国家助学贷款代偿及学费减免的条件、程序及相关规定，与本专科生基本相同。研究生补偿代偿或学费减免金额每生每年不高于12 000元。

8.直招士官学费补偿贷款代偿

对直接招收为士官的研究生，其申请学费补偿贷款代偿的条件、程序及相关规定，与本专科生基本相同。

研究生补偿代偿金额每生每年不高于12 000元。

9.退役士兵教育资助

对退役一年以上、考入普通高等学校并纳入全国全日制研究生招生计划的自主就业退役士兵，国家也给予教育资助。资助内容与本专科生基本相同。学费资助标准每学年每生最高不超过12 000元。

（三）中等职业教育学生资助政策

对中等职业教育，国家建立了以免学费、国家助学金为主，学校和社会资助及顶岗实习等为补充的学生资助政策体系。

1.免学费

国家对中等职业学校全日制正式学籍一、二、三年级的在校生中所有农村（含县镇）学生、城市涉农专业学生和家庭经济困难学生、民族地区学校就读学生、艺术类戏曲表演专业学生免除学费（其他艺术类相关表演专业学生除外）。

对民办中等职业学校符合免学费条件的学生，按照当地相同类型同专业公办中等职业学校免学费标准给予补助。学费标准高出公办学校免学费标准的部分由学生家庭负担；低于公办学校免学费标准的部分，按照民办学校实际学费标准予以补助。

2. 国家助学金

国家助学金的资助对象为全日制正式学籍一、二年级在校涉农专业学生和非涉农专业家庭经济困难学生，资助标准为每生每年2 000元，具体标准由各地结合实际在1 000 ~ 3 000元范围内确定，可以分为2 ~ 3档。

家庭经济困难学生比例按区域确定，六盘山区等11个连片特困地区和西藏、四省涉藏州县、新疆南疆四地州中等职业学校农村学生（不含县城）全部纳入享受助学金的范围。

地方出台的中等职业教育免学费政策和助学金政策，范围大于或相关标准高于国家标准的，可按照本地的办法继续实施。

3. 顶岗实习

顶岗实习是指安排中等职业学校三年级学生到企业等单位进行实习，获得一定报酬，用于支付学习和生活费用。

4. 奖学金

地方政府、相关行业、企业要安排专项资金设立中职学生奖学金。

5. 学校免学费等

中等职业学校每年安排一定的经费，用于国家免学费政策之外的学费减免、勤工助学、校内奖学金和特殊困难补助等。

6. 其他资助

国家鼓励和支持社会团体、企事业单位以及个人资助中职学校家庭经济困难的学生。

（四）普通高中教育学生资助政策

普通高中不是义务教育，国家针对经济困难的学生建立了以政府为主导、社会力量积极参与的资助政策体系。

1. 免除学杂费

从2016年秋季学期起，免除公办普通高中建档立卡家庭经济困难学生，包括非建档立卡家庭经济困难残疾学生、农村低保学生、农村特困救助供养学生的学杂费，对民办学校符合条件的学生，按照当地同类型公办学校标准给予补助。

2. 国家助学金

国家助学金用于资助普通高中在校生中家庭经济困难的学生，资助面约占全国普通高中在校生总数的20%，平均资助标准为每生每年2 000元，具体标准由各地结合实际分档确定。

3. 学校资助

学校从事业收入中提取一定比例的经费，用于减免学费、设立校内奖助学金和特殊困难补助等支出。

4. 社会资助

积极引导和鼓励企业、社会团体及个人等面向普通高中设立奖学金、助学金。

（五）义务教育学生资助政策

国家全面免除城乡义务教育阶段学生学杂费，对农村学生和城市家庭经济困难学生免费提供教科书，对农村学生免费配发学习用工具书，对家庭经济困难的寄宿生提供生活补助，实施营养改善计划。

（六）学前教育资助政策

按照“地方先行、中央补助”的原则，各地建立学前教育资助政策体系。

1.政府资助

地方政府对经县级以上教育行政部门审批设立的普惠性幼儿园在园家庭经济困难的儿童、孤儿和残疾儿童予以资助。中央财政根据地方出台的资助政策、经费投入及实施效果等因素，予以奖补。

2.幼儿园资助

幼儿园从事业收入中提取一定比例的经费，用于减免收费、提供特殊困难补助等，具体比例由各地自行确定。

3.社会资助

各地建立和完善相关优惠政策，积极引导和鼓励社会团体、企事业单位及个人等捐资，帮助家庭经济困难的儿童、孤儿和残疾儿童接受普惠性学前教育。

二、贷款

除国家助学贷款外，学生贷款和一般性商业助学贷款也是学费的来源途径。

（一）学生贷款

学生贷款是指学生所在学校为那些无力解决在校学习期间生活费的全日制本专科在校学生提供的无息贷款。

学生贷款审定机构应由学生管理部门、财务部门、教师和学生等方面代表组成。

目前，在各高校的实际运作中，学生贷款的具体审定工作通常由学校学生处牵头负责。如果贷款的学生违约不能如期归还所借贷款，其担保人要承担全部还款责任，并缴纳一定数额的违约金。目前各高校学生贷款实际额度一般每年在1 000元以上。

学生偿还贷款的形式主要有以下几种：

（1）学生毕业前，一次或分次还清。

（2）学生毕业后，由其所在的工作单位将全部贷款一次垫还给发放贷款的部门。

（3）毕业生见习期满后，在2～5年内由所在单位从其工资中逐月扣还。

（4）毕业生工作的所在单位，可视其工作表现，决定减免垫还的贷款。

（5）贷款学生因触犯国家法律、校纪，而被学校开除学籍、勒令退学或学生自动退学的，应由学生家长负责归还全部贷款。

（二）一般性商业助学贷款

一般性商业助学贷款是指各金融机构以信贷原则为指导，对高校学生、学生家长或其监护人办理的，只能用于学生的学杂费、生活费以及其他与学习有关的费用，以支持学生完成学业为目的的一种商业性贷款形式。这种助学贷款近年来得到快速发展，是对国家资助政策的有益补充。申请商业性助学贷款的条件是：必须有符合条件的担保，贷款人为当地居民。

学生贷款、国家助学贷款、一般性商业助学贷款这几种贷款形式在贷款对象、申请条件、贷款额度等方面不尽相同，其详细区别可见表4-1。

表4-1 学生贷款、国家助学贷款和一般性商业助学贷款的区别

项目	学生贷款	国家助学贷款	一般性商业助学贷款
贷款经办机构	学生所在学校	政府按隶属关系委托助学贷款管理中心通过招投标方式确定国家助学贷款经办银行	开办此项业务的商业银行
贷款对象	无力解决在校学习期间生活费的全日制本专科学生，但不包括获得专业奖学金的学生	无力支付学费、住宿费和生活费的全日制本专科学生（含高职和第二学士学位学生）、研究生	年满18周岁，具有完全民事行为能力的在校大学生、研究生
贷款利息	无息	在校期间的贷款利息全部由财政补贴，毕业后全部自付	按法定贷款利率执行
贷款担保	采用信用担保的形式，由学生家长担保	无担保信用贷款	采用保证、抵押、质押担保等形式；担保人可以为法人也可以为自然人
学校介入程度	完全由学校负责	学校负责协助经办银行办理	学校一般只负责证明借款学生的学生身份及其在校表现
贷款额度	贷款数额=基本学习生活费用-奖学金（额度较小）	2023年秋季学期起，全日制普通本专科学生（含第二学士学位、高职学生、预科生）贷款数额每人每学年最高不超过1.6万元，全日制研究生每人每年申请贷款额度由不超过2万元	一般在2 000元～50万元之间（额度较大）
贷款期限	最长为毕业后6年内	毕业后视就业情况，在1～2年内开始还贷，6年内还清，最长不过20年	一般最短为6个月，各商业银行对最长期限的规定不同
贷款减免偿还措施	有	无	无

（三）社会奖学金

一些企业或机构会提供奖学金给相关专业的在校学生。

（四）勤工俭学或兼职

大学生可以通过半工半读来负担一部分教育费用，在接受教育的同时也可以积累一

定的社会经验。但大学的学业要求很高，学生很难有多余的时间和精力来从事一份收入稳定的工作，实际上学习期间的工作机会并不多。因此，在做教育规划时，一般不会把子女未来可能通过兼职获得的收入考虑在内。

第三节　子女教育规划的流程

显然，子女教育规划不单单只是“攒钱”就可以解决的，作为一项时间跨度大、涉及子女一生及后代的重大工程，教育规划是有科学流程的，一般包括确立子女培养目标，根据目标估算教育支出，计算目前应该准备的整笔投资及储蓄组合，以及选择教育规划工具几个环节。

子女教育规划的流程可参见图4-1。

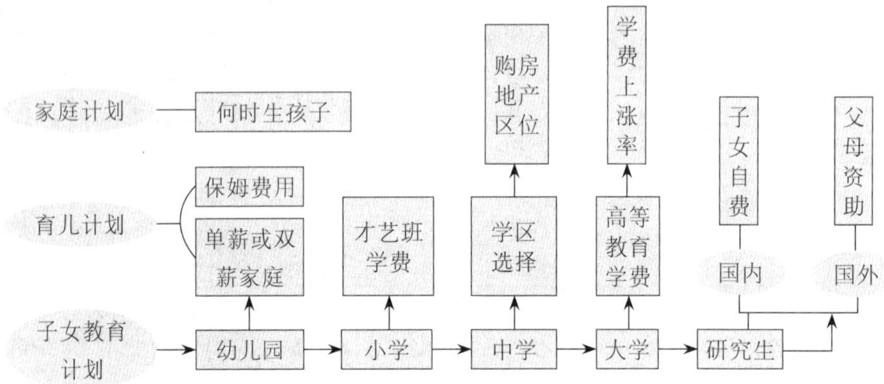

图4-1　子女教育规划流程图

一、确立子女培养目标

2018年9月，智课教育联合新浪教育发布了《中国家长教育焦虑指数调查报告》，报告称，有68%的中国家长为孩子的教育问题而焦虑，而这一数据在2021年上升为70%。造成这种结果的很大一部分原因是父母们没有很好地确定子女的培养目标，从而不知道如何去培养孩子，在各种课外班之间奔波，耗时耗财。子女很可能不仅没有学到实质性的内容，也没有养成好的学习习惯，对如何做人做事更是不得要领，而这些却是子女终身受用的财富。

因此，在确定子女的培养目标时，以下几点是要考虑的：

（一）确定接受教育的程度

我国现行的教育制度是九年义务教育，就是小学和初中的九年不收学费和杂费，由国家建立义务教育经费的保障机制，保证这一制度的实施。进一步的教育是高中、大学本科、硕士研究生和博士研究生教育。由于大学本科教育已经成为社会上对学历的基本要求，是跨入职场的门槛，尤其是初次就业时，学历决定了一个人大致能从事哪个范围内和层次的工作，所以一般家庭在进行教育规划时最低的预期就是大学本科。

硕士和博士属于较高层次的人才，竞争优势更大，发展机会也更多，如果子女的学习能力较强，这是较为理想的教育层次。

（二）特长

据《现代汉语词典》的解释，特长是指个人特别擅长的技能或特有的工作经验。从教育规划的角度看，特长指子女在音乐、体育、绘画、舞蹈、乐器等方面优于普通人的技能。如果孩子有某方面的天赋或兴趣，就可以有意识地加以培养，当然，教育费用也要因之增加许多。

有特长，不仅能陶冶性情，有更多的机会展示自己，也会更具竞争力，包括高考，如“科技特长生”在高考录取时就可享受降低一定分数提档的“优惠”[①]。

（三）出国留学

据统计，从1978年到2019年年底，我国各类出国留学人员累计达656.06万人，其中165.62万人正在国外进行相关阶段的学习或研究；490.44万人已完成学业，423.17万人在完成学业后选择回国发展，占已完成学业群体的86.28%。出国留学生数在2019年达到历史最高值70.35万人，2020年因全球疫情影响，我国出国留学人数骤减至45.09万人，在2022年回升至约66.21万人。我国出国留学生以自费留学为主，2001年以后，自费出国留学比例都在85%以上，多数年份都超过90%。

一些国家，如英国、澳大利亚、新西兰、新加坡和法国等的大学看准了中国人的出国留学热，纷纷到中国举办留学宣讲会，吸引中国更多的家庭将自己的子女送出国去留学。

子女出国留学本是一件好事，但有的家庭在此问题上存在误解，以为只要子女出国留学就会有好的前途。其实并不是所有的人都适合出国留学，如果将并不适合出国留学的子女送出去，不仅浪费了大好时光，也白白扔掉了金钱。在资金有保障的前提下，如果子女满足以下条件，家长可以考虑送子女出国留学：

首先，有明确的留学目的，子女自身想成为一个国际化的人才，志向远大、有抱负，主观上想去留学，并在去之前已经做好吃苦的准备。

其次，学习能力强和语言基础好，有自己的学习方法与技巧，能举一反三，能自我发现问题和解决问题，而不是一味地死记硬背，同时语言基础好，能够运用自如。

最后，具有独立的生活能力。孩子要有生活的自理能力和自控能力，自控能力更加重要。

链接4-1

到了国外，你需要具备的心理素质

二、估算教育费用及其增长率

首先，要了解当前实现教育规划目标所需要的费用，一般按学前教育、小学、初中、高中、大学、研究生和出国留学几个阶段来估算。然后，综合经济增长、通货膨胀等因素预测教育费用的增长率，估算出未来所需要的教育费用和当前的现值。

---

① 高考加分在近些年的操作中，一直曝出违规乱象，严重影响了高考的公平性。就此，教育部已提出了压缩特长生招生规模的政策，到2020年之前，各类特长生加分基本取消，这是促进教育公平的重要举措。

2017年年底，北京大学中国教育财政科学研究所发布了国内首个专门针对家庭教育支出的大型调查——“2017年中国教育财政家庭调查”的结果。其调查内容包括0~3岁幼儿早教、3~6岁幼儿入园情况、6~16岁以及16岁以上在校生的在读情况、入学选择、家庭教育支出和政府补贴。调查范围覆盖了我国除西藏、新疆和港澳台地区外的29个省份、363个县市，共涉及40 011户的127 012个家庭成员，其中农村12 732户，城镇27 279户。调查显示，我国家庭教育支出水平存在较大的城乡和地区差异，其中，一线城市和东北地区最高，三四线城市仅为一线城市的一半。

表4-2为从学前到高中阶段家庭基础教育支出统计表。

表4-2 **家庭基础教育支出统计表** 单位：元

阶段	城市	农村	平均
学前阶段	8 105	3 155	6 556
小学阶段	8 573	2 758	6 583
初中阶段	11 000	4 466	8 991
高中阶段	18 200	12 200	16 900
平均	11 000	10 100	8 143

资料来源 北京大学中国教育财政科学研究所. 2017年中国教育财政家庭调查报告［R］. 2017.

知识拓展4-1 孩子教育，中国父母到底花了多少钱

一个家庭把孩子从小培养到大学毕业要花多少钱？这恐怕是很多人一时难以计算和回答的问题。

连续七八年，北京大学中国教育财政科学研究所的魏易一直在围绕这件事做研究。家庭调查是了解家庭私人教育投入、获得足够信息量的最佳选择。北京大学中国教育财政科学研究所与西南财经大学中国家庭金融调查与研究中心合作开展了“中国教育财政家庭调查”，调查了除西藏、新疆和港澳台之外的全国其他省份的4万多户家庭。调查内容包括教育机会、校内校外教育支出以及获得的政府资助（学费减免、奖助学金等）。

调查发现，2018—2019学年，全国家庭教育支出平均为1.13万元，家庭在每一个孩子身上平均花费8 139元。城镇家庭教育支出平均为1.42万元，是农村家庭（8 205元）的1.7倍。

一个孩子从学前三年到大学本科毕业，一个家庭的教育支出在23.3万元左右。其中家庭支出水平最低的20%家庭花费约18万元，家庭支出水平中等的20%家庭花费约22.4万元，而家庭支出水平最高的20%家庭花费约42.4万元。

这项研究里的家庭教育支出，校内部分包括学费、校服费、伙食费、考试费、住宿费、体检费等，校外部分包括校外实习费用、兴趣班费用、在线教育产品服务费等。

2021年7月，“双减”政策落地。魏易带领团队成员通过某消费评价网站统计了2018—2019年度的课外补习机构，2023年再次回溯反查，发现其中88%的中小学学科类辅导机构已经停止运营了。

他们对于学生的调查数据显示，2019年校外学科补习率为24%，2022年降到17%。同时发现，“双减”之后的家庭教育投入，对低收入、高收入家庭没有太大影响，尤其是对高收入群体的校外培训支出没有影响，有变化的是中等收入家庭。可以说，低收入家庭面临多维度挑战。

魏易发现，中国大部分中等收入及以下家庭“很舍得”将支出用于子女教育。他们初步估计了家庭教育支出占家庭总支出的比例，全国家庭教育支出占比为14.9%，农村为15.8%，城镇为14.1%。分地区来看，东北部地区家庭教育支出的占比（18.8%）明显高于其他地区；其次是中部和西部地区，分别为15.7%和14.4%；而东部地区最低，为14%。

资料来源 李新玲.孩子教育，中国父母到底花了多少钱［N］.中国青年报，2024-02-28（05）.

（一）学前教育

学前教育属于非义务教育，幼儿园按照规定，可向家长收取保育教育费（即“保教费”）、住宿费（仅对夜间住宿幼儿）、伙食费（仅对就餐幼儿）。公办幼儿园保教费、住宿费属行政事业性收费，实行政府定价。民办幼儿园的保教费、住宿费属经营服务性收费，具体标准由幼儿园根据保育教育和住宿成本合理确定，报当地教育、价格部门备案后执行。

表4-3为大连市公办幼儿园2023年的保育教育费收费标准。

表4-3 **大连市公办幼儿园收费标准** 单位：元/月·孩

等级	城区保教费标准	农村保教费标准
五星级	800	540
四星级	780	460
三星级	700	390
二星级	610	310
一星级	520	230

资料来源 大连市教育局《关于调整我市公办幼儿园保育教育费标准的通知》（大发改价格字〔2022〕73号）。

按照表4-3的标准，如果按4年时间计算，学龄前儿童进入城市公立幼儿园需要3.84万元左右的费用，进入民办幼儿园则需要更多（只是幼儿园的费用）。

根据北京大学中国教育财政科学研究所的调查报告，学前阶段子女的家庭生均园内支出占生均教育总支出的88.8%，园外支出占生均教育总支出的11.2%，以此为据，则大连城区公办幼儿园学前教育的费用支出在4.32万元左右。

（二）义务教育

我国义务教育包括小学教育和初中教育共九年。

目前九年义务教育已全面普及，我国从2017年开始对城乡义务教育学生全部实行“两免一补”政策（指“免除学杂费、免费提供教科书和对家庭经济困难寄宿生补助生活费”。之前，城市免费提供教科书只是针对低保家庭的学生，调整后，所有义务教育学生一律免费）。

这个阶段的费用支出主要用于学习用品、课外阅读书籍、教辅书籍以及各类培训班费用。小学每年的教育支出为2 000元左右，初中为3 000元左右，九年一共20 000元左右。如果参加的才艺班、校外补习班多的话，金额要远远高于这些。

（三）高中教育

高中教育阶段就开始收学费了，对此，全国各省份的收费标准不一，教育部也没有制定全国统一的高中收费标准。所以，不同省份的高中学费是不一样的。例如，辽宁省将普通高中的学费分为四档，即省级示范高中，城市每生每学年1 400元，农村（指县、县级市、郊区）每生每学年1 200元；一般高中，城市每生每学年1 200元，农村每生每学年1 000元。这个标准为最高标准，可根据当地实际情况下浮。

除学费外，还有教材费、交通费、补课费、制服费等，特别是高三的花费尤其多。新浪在2017中国教育盛典现场发布了《2017中国家庭教育消费白皮书》，根据其中的数据，在参与调查的用户中，43%的家庭子女高三这一年的花费超2万元，其中8%的用户家庭子女高三这一年的花费更是高达5万元以上。这些钱主要用在了三方面：

一是用于高考辅导。48%的家庭花费1万元以下，52%的家庭花费1万元以上，其中更有20%的家庭花费在2万元以上。

二是用于自主招生服务。在参加调研的用户中，21%的参加自主招生的用户产生了付费行为，其中37%的用户付费超1万元。

三是用于志愿填报。志愿填报花费又主要集中在三个方面：买书、买卡、找专家。在付费的用户群体中，有36.3%的用户选择了找专家一对一报志愿，44.6%的用户选择了购买填报志愿的数据卡，63.2%的用户购买了填报志愿的相关书籍，其中，在购买“专家一对一”报志愿服务的用户中，40%的用户付费5 000元以上，其中12%更是付费高达1万元以上。

一般认为，高中阶段的合理教育花费在30 000元左右。

（四）本科教育

本科教育阶段是教育支出最多的阶段，也是家庭子女教育规划最核心的部分。

一本院校一年的学费一般在4 000 ~ 7 000元之间，各学校、地区和专业略有差异。一般是学校越好，学费越低；一本院校的学费低于二本学校，本科院校的学费低于专科学校；一些重点大学学费一般在5 000 ~ 5 500元；东部地区及部分中部地区偏高，比如浙江、广东、福建、江苏等地的学费较高，一般在5 500~7 500元；东北三省学费较低，大部分在5 000元以内；中西部地区的一本院校学费也较低，比如新疆、青海的学费基本在3 500~4 000元之间；一些专业如农学、园林等，其学费享受补贴，比如2023年南京林业大学公布的林学、园艺学专业的学费仅2 750元；但有些专业的学费比较高，比如艺术类专业。

一些特殊情况下的规定：

国家公费师范生学费全免；一些国家定向培养的人才学费也是全免；几乎所有大学的中外合作办学的相关专业学费都很高，大部分要几万元。

如果是军校，在读期间不仅不收学费，还会按照规定发放每月生活补贴，享受公费医疗，不用交伙食费。

由于这个阶段许多子女是第一次离开父母，生活费等开销可以清晰地计算，所以大学教育阶段的教育费用包括了生活费。

大学期间的住宿费每年在750 ~ 1 200元之间，书费约400元/年；生活费约1 000元/月。如果再加上恋爱、聚餐、旅游、添置衣物、交通等方面的费用，一个本科生四年读下来总费用在8万 ~ 10万元是比较正常的。

（五）研究生教育

自2014年秋季学期起，国家取消了公费研究生政策，向所有纳入国家招生计划的新入学的研究生收取学费。

硕士研究生分学术硕士和专业硕士，学制和学费是不同的。一般学术硕士学制三年，学费为每人每年8 000元。专业硕士学制两年，学费各学校各专业不同，比如南开大学，学费最低的是8 000元/年（化学工程和材料专业），最高为48 000元/年（金融和保险专业）；东北财经大学的专业硕士学费从10 000元/年到30 000元/年不等；复旦大学专业硕士的学费低的每年为38 000元，高的每年要20多万元。研究生阶段的住宿费与本科生一样，一般为1 200元/年，加上其他费用，该阶段的教育支出一般也得10万左右。如果是非全日制，则费用更高。

（六）出国留学

出国留学的费用除学费外，还有生活费及出国前准备阶段的费用，所需不菲。博士阶段一般都会申请奖学金，其他阶段的留学生基本都需要自费。

阶段不同，学费不一，各学科的学费也有差别。有的学生可能还要先要读一年或半年的预科。

表4–4是部分国家不同阶段的留学费用。

留学阶段的生活费用，在美国的一线城市（纽约、旧金山、华盛顿等），每年为10 000 ~ 20 000美元，二三线城市每年为8 000 ~ 10 000美元；英国伦敦地区每年为12 000 ~ 15 000英镑；澳大利亚悉尼、墨尔本每年为20 000澳元左右；东京地区每个月为6 000 ~ 7 000元人民币，其他地区每个月为4 000 ~ 6 000元人民币。此外，还需要准备交通费、保险费等费用。

表4-4 **出国留学费用一览表（部分国家）** 单位：当地货币/年

国家	高中	本科	研究生
美国	20 000 ~ 60 000	40 000 ~ 80 000	商科：60 000 ~ 90 000 理工：15 000 ~ 60 000 艺术：15 000 ~ 75 000
加拿大	公立：11 000 ~ 14 000 私立：14 000 ~ 55 000	12 000 ~ 35 000	8 000 ~ 40 000
澳大利亚	公立：12 000 ~ 16 000 私立：18 000 ~ 30 000	33 000 ~ 60 000	31 000 ~ 46 000
日本	公立：一般60万左右 私立：90万 ~ 160万	国立：82万 公立：91万 私立：86万 ~ 150万	公立：83万 ~ 140万 私立：197万 ~ 400万
英国	公立：16 000 ~ 20 000 私立：32 000 ~ 48 000	理科：13 000 ~ 25 000 文科：11 000 ~ 20 000 医科：20 000 ~ 35 000	理科：25 000 ~ 40 000 文科：19 300 ~ 29 000 医科：29 000 ~ 37 500 商科：26 000 ~ 40 000 MBA：20 000 ~ 53 000

资料来源 根据相关网站资料整理。

另外，留学准备阶段的费用也要考虑在内，主要包括考试费（如托福或雅思）、外语培训费、院校申请费等。

需要注意的是，根据目前的情况计算出来的学费还不能作为进行教育规划的最终数据，因为随着经济的增长，物价也在增长，必须对学费的增长率加以预测。国家统计局的统计年鉴可以提供相应的数据。

据统计，我国高校历年的教育费用平均增长率是5.96%。教育费用与物价是联系在一起的，由于人们对教育的重视程度越来越高，因此，教育费用的增长速度要高于通货膨胀的速度，可以结合一国的通货膨胀率，适当加上几个百分点作为教育费用的预期增长率。

三、计算目前应该准备的整笔投资及储蓄组合

这首先要看目前的家庭资产中有多少可配置到子女教育金上来，设定有可能达到的长期平均投资报酬率，再选择合适的投资工具来达成目标。

四、选择教育规划的工具

任何一种规划都有相对应的工具，教育规划亦如此。以下先详细介绍教育规划的专门工具，再列举一般的工具。

（一）专门的教育规划工具

1.教育储蓄

教育储蓄是指个人为其子女接受非义务教育的需要而每月按固定金额存入银行，到期一次性支取本息的一种特殊的零存整取的定期储蓄，开户对象为在校小学四年级（含四年级）以上的学生。在非义务教育的三个学习阶段（全日制高中/中专、大专和大学本科、硕士和博士研究生）可分别享受一次2万元教育储蓄的免税优惠。

教育储蓄的存期分1年、3年和6年，50元起存，每户本金最高限额为2万元。1年期、3年期教育储蓄按开户日同期同档次整存整取定期储蓄存款利率计息；6年期按开户日3年期整存整取定期储蓄存款利率计息。在存期内遇利率调整，仍按开户日利率计息。开户时储户须与银行约定每次固定存入的金额，分次存入，中途如有漏存，应在次月补齐，未补存者按零存整取定期储蓄存款的有关规定办理。

教育储蓄的主要优点是无风险、收益稳定，且较活期存款回报率高。

但是，教育储蓄也有很大的局限性。首先，办理教育储蓄的范围比较小，只有小学四年级以上的学生才能办理。按银行规定，支取教育储蓄款必须开具非义务教育的入学证明，否则不能享受利率优惠。其次，规模小，教育储蓄的存款最高为2万元，三个阶段加起来才6万元，因此，仅凭教育储蓄肯定无法满足孩子教育金的准备。同时，由于教育储蓄按开户日利率计息，如在升息前存入，且选择的存期太长，就不能分享到升息的好处。

因此，教育储蓄只能成为家长为孩子准备教育金的一种方式，而不能完全依靠这一工具。

2.教育保险

教育保险又称教育金保险，是以准备孩子的教育费用为目的的保险，本质上是储蓄性险种。按保障期限，教育保险主要分为非终身型和终身型两种。

非终身型教育保险针对教育阶段来返还，一般是在进入高中或大学这两个重要时间节点开始返还资金，到孩子大学毕业或创业阶段再一次性返还，属于真正“专款专用”的规划工具。终身型教育保险通常会考虑到一个人一生的变化，一般是几年一返还，孩子小的时候可以用作教育金，年老时可以转换为养老金。

与教育储蓄相比，教育保险的范围要广些，且具有强制储蓄和保障功能，有的还能分红。

教育保险的投保年龄从0周岁（指出生满28天且已健康出院的婴儿）到17周岁；有些保险公司的教育金保险的投保年龄为出生满30天至14周岁。教育保险没有上限，保多少都行，除了提供教育金，有的教育保险还将婚嫁金纳入了保障范围。

强制储蓄指买了保险以后，父母必须每年存入约定金额，从而保证储蓄计划一定能够完成。

保障功能是指一旦父母出现大病或意外身故、高残等风险，保险公司会免去剩余应缴保费，而保单中孩子原应享有的一切权益不变。这一条款对孩子来说非常重要。也正因如此，它与银行储蓄就有了本质的区别。

虽然如此，教育保险也不宜多买，适合孩子的需要就够了，因为保额越高，保费也越多。一旦投保，中途想退出的话，往往只能拿到较低的现金价值，相对而言变现能力较低、资金流动性较差，且和其他保险相比，教育保险以为孩子准备教育金、存钱为主，保障功能稍弱。表4-5是招商信诺人寿保险有限公司一款名为“招商信诺珍爱未来B款少儿教育年金”的保险产品计划。

表4-5　　招商信诺珍爱未来B款少儿教育年金保险产品计划保障详情

投保人年龄：20～60周岁	被保人年龄：出生满60天～9周岁
保障金额：最低1万元	保障期限：至25周岁保单周年日
缴费年限：5年/10年	缴费方式：年交/月交

保障内容	保障金额	保障范围
教育年金	7×10%基本保险金额	被保险人18周岁、19周岁、20周岁、21周岁、22周岁、23周岁、24周岁的每一个保单周年日，按主合同的基本保险金额的10%领取教育年金。共计70%主险保额
满期保险金	50%基本保险金额	被保险人25周岁的保单周年日仍然生存，可领取50%主险保额的满期保险金
身故保险金	100%主险已交保费	如果被保险人身故，将向受益人给付100%主险已付保费
危重疾病保险金（附加险1）	最高30万元	如果被保险人因意外或在等待期后因非意外原因导致初次发生合同保障的危重疾病，将获赔危重疾病保险金，保障期间仍然可领取教育金
特定疾病保险金（附加险2）	最高30万元	如果被保险人因意外或在等待期后因非意外原因导致初次发生合同保障的少儿特定疾病，将获赔少儿特定疾病保险金，保障期间仍然可领取教育金
住院津贴（附加险3）	最高150元/天，90天/年，累计最高赔付600天	本附加合同所提供的保障在世界各地全天24小时适用。如果被保险人因意外或保障疾病住院，可按本附加合同规定领取每日住院津贴保险金
保费豁免（附加险4）	免交剩余保费	投保人在等待期后初次发生合同保障的重大疾病，或身故，免交主险和其他附险剩余保费，保障利益不变

资料来源　招商信诺人寿保险有限公司网站。

3.教育信托

信托是一种由他人进行财产管理、运用或处分的财产管理制度。教育信托是指父母（委托人）以子女（受益人）的教育为目的，与受托人（信托公司）签订信托契约，依委托人指示，一次或定期将资金转入信托专户，由受托人代为投资运用，并约定在某个特定时间，将信托财产定期或不定期转移给子女。

设立子女教育信托具有多方面的积极意义：

首先，财产受信托法作为保障，具有独立性，不受父母债权人的追索，也不受信托公司债权人的追索，可以避免因家庭财务危机而对孩子的学习生活造成不良影响，实现风险隔离，从而解除父母的后顾之忧，保证子女将来凭以完成学业，这是设立信托的最大优势。

其次，专业理财管理。受托人一般都是具有雄厚实力的信托机构，其成熟丰富的理财投资经验可以使信托财产得到最好的规划与配置，以保证子女将来的学业和生活，由于是分年赠与财产，可以合法节税。

我国的教育信托起步较晚，根据公开资料，西藏信托、百瑞信托和新时代信托三家公司是最早推出教育类消费信托产品的机构，先后在2015—2016年推出了“西藏信托——普乐3号”、“百瑞恒益323号教育消费信托”和“启航1号海外游学消费信托”，产品的具体情况如表4-6所示。

表4-6 国内教育类消费信托产品

产品名称	受托人	期限	消费权益	现金收益	产品规模
西藏信托——普乐3号	西藏信托	2年	提供留学管家服务	根据信托本金和赎回日期分16档，对应不同的预期收益率	3 000万元
百瑞恒益323号教育消费信托	百瑞信托	1年	伊顿公学等暑期研修班	A.选择消费权益：认购100万元对应的年化现金收益率为3.5%，认购300万元对应的年化现金收益率为5% B.不选择消费权益：认购100万元对应的年化现金收益率为6%，认购300万元对应的年化现金收益率为6.5%	不超过1亿元
启航1号海外游学消费信托	新时代信托	1年	价值4.5万元“英国名校唐纳德寄宿中学夏令营”3周游学	A.选择消费权益：认购60万元，信托本金 B.不选择消费权益：认购60万元	2 100万元，以最终募集为准

三款教育信托产品在期限上与其他资金类信托类似，为期1～2年；规模在千万元以上；在消费权益方面，服务内容多为海外留学服务或者暑期游学；在现金收益方面，

基本上是保本低收益型，若不选择消费权益可以达到普通资金信托产品的收益；在消费权益的提供方面，分别借助了同人为和教育咨询、必益教育和英孚教育等外部机构提供的教育服务。

（二）传统的教育规划工具

除上述专门用于教育规划的工具外，一些传统的投资工具也可用于教育规划，如储蓄、人寿保险、政府债券、基金等，以下做一简单介绍：

1.储蓄

储蓄就是把钱存到银行，当子女接受教育需用时，就提取出来。

在传统教育投资规划工具中，这是比较稳定的一种。但采用储蓄的方式要求家长自觉地进行定期储蓄，这对于大多数人来说有一定的难度，尤其是在有其他的需求时，人们常常会挪用储蓄，而且，如果家长不幸去世，则子女教育规划就会受到影响。

2.人寿保险

人寿保险也是教育规划的工具之一。例如，某人购买了一份保额为10万元的人寿保单，就可以保证其子女在读大学时有10万元的资金来支付学费了。这期间，如果家长健在，则需要按期交纳保费；如果家长中途不幸去世，则其子女可以提前获得保险金。鉴于此，人寿保险被认为是保障程度最高的教育规划工具，因为无论家长是否健在，其子女都能获得足够的教育费用。

3.政府债券

政府债券由政府发行，其信用高、风险较低，二级市场也十分发达，流通和转让极其方便。此外，大多数国家都规定购买国债可享受利息收入的税收减免，我国也是如此。政府债券因其收益的安全性与稳定性成为子女教育规划可供选择的主要投资工具之一。

4.股票和公司债券

股票和公司债券更多地依赖所投资企业经营业绩的好坏，股票不但受上市公司经营业绩的影响，还受股市大环境的影响。此外，股票和公司债券受宏观经济政策（如财政政策和货币政策等）的影响较大，一旦赶上利率提高，债券价格就会受到非常大的冲击，股市也会受到很大影响。

由于风险高，教育规划并不鼓励采用这种投资工具。但如果教育规划长于7年，当事人承受风险能力强，且对这两种投资工具有很好的驾驭能力，这些工具也可以使用，其相对较高的回报率可以帮助家庭较早完成教育规划。但在整个投资组合中，这种类型的投资所占的比重不应过大。

5.大额存单

大额存单又称大额可转让存单，是银行发行的一种固定面额、固定期限、可以在金融市场上转让流通的银行定期存款凭证。

固定面额，是指存单的面额有法律的限定，不得任意变更；固定期限，是指大额存单有法定的期限档次，如期限为1个月、3个月、6个月、9个月、1年、18个月、2年、

3年、5年等，不得提前支取，不分段计息，而且到期后一次还本付息，不计付逾期利息；可以转让，是指对存单所有者来说，购买存单既可得到定期存款的利息收入，又使资金保持了一定的流动性。

6.基金

基金是指通过公开发行基金单位的方式，集中投资者的资金，由基金托管人托管，由基金管理人管理和运用资金，从事股票、债券等金融工具的投资。

根据投资对象不同，基金可分成不同类型，每种类型的收益和风险特征都不一样，因此在进行基金投资时，应根据自己的具体情况，确定投资哪种类型的基金。

货币型基金通常被视为没有风险，且没有申购和赎回费用，适合短期投资，其缺点是收益率相对较低。债券型基金通常收益居中，但受债券市场价格波动的影响，有一定的风险，但风险不是很大。同时，债券型基金有申购和赎回费用，所以要尽量延长投资周期，降低费用。偏股型基金风险相对较大，直接受证券市场的影响，可能的收益率也最高，有申购和赎回费用，适合长期投资。

购买基金有两种方式，即单笔投资和定期定额投资。定期定额投资就是所谓的“定投”，指在固定的时间（如每月5日或每周的周一）以固定的金额（如1 000元）投资到指定的开放式基金中，类似于银行的零存整取。定投能积少成多，平摊投资成本，降低整体风险，因为无论市场价格如何变化总能获得一个比较低的平均成本，具有抹平基金净值的高峰和低谷、消除市场波动性的功能。只要选择的基金整体增长，投资者就会获得一个相对平均的收益，不必再为入市时机而苦恼。

定期定额投资有个升级版叫“基智定投”，即定期不定额。这种定投方式依然是每周或者每月定期投资，但投入的金额不固定，要跟踪指数均线，在市场指数低于指数均线水平时增加投入金额，在市场指数高于指数均线水平时减少投入金额，以摊平长期申购成本，降低投资风险。定期不定额理论上的收益会高于定期定额，但实际操作比较复杂，比如后续资金的保证、参照指标的选择，如果想买的是中小盘基金却选择了中证500指数，就是南辕北辙了。

五、教育规划示例

假设2024年张昊42岁，其子14岁，张昊计划两年后送儿子去澳大利亚读高中直到硕士毕业。张昊家庭经济实力较强，已准备了200万元的出国留学费用，且全家都有较充足的保险保障（案例中列出的时间点均为年末）。

经过留学咨询机构的估算，张昊之子赴澳大利亚读书的费用预计为：高中三年，每年约35万元；本科4年，每年约40万元；硕士2年，每年约45万元。考虑到通货膨胀率，按平均3%的费用增长率计划将来的教育费用。张昊之子留学费用一览表参见表4-7。

1.对已有教育资金的安排

张昊已为儿子准备了200万元的出国留学费用，这笔钱可以作为子女出国前5年的教育费用。考虑到两年后就要出国，对这200万元应该进行保守的储蓄投资。将现有的200万元分为5笔定期存款，3笔37万元，2笔44.5万元，存期分别为2年、3年、4年、

5年和6年，2024年1月存款利率分别为2年1.65%，3年1.95%和5年2.00%，（4年期利率按3年期存款利率计算，6年期利率按5年期存款利率计算）则每笔存款到期时分别为38.22万元、39.16万元、39.89万元、48.95万元和49.84万元。从儿子出国那年起，每年支取快到期的那笔存款。

表4-7 **张昊之子留学费用一览表**

留学阶段	高中			本科				硕士研究生	
年份	2026	2027	2028	2029	2030	2031	2032	2033	2034
PV（万元）	35	35	35	40	40	40	40	45	45
FV（万元）	37.13	38.25	39.39	46.37	47.76	49.19	50.67	58.71	60.48

2.对不足的教育资金的安排

已有的200万元只能满足前5年的费用，本科后两年和硕士两年需要另行筹备。

假定收益率为5%，2031年需要的教育费用现值为：

PV=49.19+50.67/（1+5%）+58.71/（1+5%）^{2}+60.48/（1+5%）^{3}=202.95（万元）

因为7年内要积累202.95万元资金，所以每年需要追加的资金为：

PMT=（i=5%，n=7，FV=202.95）=24.93（万元）

3.投资安排

若要达到5%的收益率，可安排银行存款60%、债券10%、基金25%、股票5%，即每年以14.96万元、2.49万元、6.23万元和1.25万元分别投资于银行存款、债券、基金和股票。

现在回过头来看一下“开篇导读”的例子。按照闫宏的思路，下一步就应该选择教育规划的工具了。每年拿出24.93万元（平均每月拿出1.57万元）就可以攒够孩子出国留学费用的前提是必须投资于收益率达到5%的金融工具。

选择存款、货币市场基金、短期债券等低风险产品是难以实现目标的，股票的风险高，政府债券的收益率低，教育保险的起步晚了，教育信托的资金不够，由于要每月结余1.57万元，最适合的方式只能是定投。

不妨选择“目标盈定投”一类的产品，其特色是，若达到目标收益率时自动赎回锁定盈利。锁定本轮盈利后，自动滚动执行目标盈定投的下一轮定投周期，实现无缝衔接、循环投资。

【思政小课堂】 **国家资助为学生筑梦保驾护航**

教育部全国学生资助管理中心提醒广大新生，升学路上请不用担忧经济问题，国家学生资助政策助你顺利入学、完成学业、逐梦前行。

“入学后，组合式资助使你就学无忧。”该中心相关负责人介绍，学校会根据学生的家庭经济情况，确定相应的资助方式和资助标准。国家助学金、勤工助学帮学生解决学习生活费用问题，临时困难补助帮他们应对突发情况。优秀的家庭经济困难学生可以参评国家励志奖学金，成绩特别优异的学生将有机会获得国家奖学金。如果学生应征入伍服义务兵役或被招收为军士（原士官），还可以享受学费补偿、国家助学贷款代偿或学费减免，标准为每生每年最高不超过12 000元，超出标准部分不予补偿、代偿或减免。如果学生自愿到中西部地区、艰苦边远地区和老工业基地县以下（不含县级）基层单位就业、服务期在3年以上（含3年）的，补偿学费或代偿用于学费的国家助学贷款（包括本金及其全部偿还之前产生的利息），每生每年不超过12 000元。

记者了解到，国家在高等教育本专科阶段建立起国家奖学金、国家励志奖学金、国家助学金、国家助学贷款等多种形式有机结合的高校学生资助政策体系。

另外，高校学生在学有余力的前提下，可以利用课余时间参加高校组织的勤工助学活动，通过劳动取得合法报酬，改善学习和生活条件等。

据介绍，国家助学贷款作为我国高校资助政策体系的重要内容，是促进教育公平的一项重要措施。1999年实施至今，已累计发放助学贷款4 000多亿元，共资助家庭经济困难学生2 000多万名。

资料来源 晋浩天.国家资助为学生筑梦保驾护航［N］.光明日报，2023-09-05（13）.

本章小结

本章的内容是子女教育规划，主要讲解教育规划的必要性及原则、教育支出的资金来源和子女教育规划的流程。进行教育规划时，一般涉及确立子女培养目标、根据此目标估算教育费用及其增长率、选择教育规划的工具等几个环节。

1.狭义的教育规划是为子女将来的教育费用进行的计划和投资。

2.之所以要进行教育规划，是因为良好的教育对于个人意义重大；子女教育支出弹性低，而且作为一种投资，教育费用在逐年增加，所以，子女的教育是一个长期的、投入巨大的系统工程，必须加以规划。

3.教育规划所应遵循的原则是：目标要合理；应提前规划；量上要从宽；投资要稳健。

4.教育支出最主要的资金来源是家庭自身的收入和资产，其他教育资金来源主要包括政府资助、奖学金、贷款等。

5.教育规划有专门的工具，如教育储蓄、教育保险和教育信托，一些传统的投资工具也可用于教育，如储蓄、股票、债券、基金等。

复习思考

一、基本概念

国家助学贷款　学生贷款　教育储蓄　教育保险　教育信托

第四章
在线测试

二、填空题

1.教育支出既是一种________，也是一种________。

2.教育支出最主要的资金来源是家庭自身的________和________。

3.________是指各金融机构以信贷原则为指导，对高校学生、学生家长或其监护人办理的，以支持学生完成学业为目的的一种贷款。

4.义务教育包括小学教育和初中教育共九年，目前我国九年义务教育已________。

5.教育储蓄50元起存，每户本金最高限额为________万元。

三、选择题

1.教育负担比=子女教育费用÷家庭税后收入，一般认为警戒线是（　　）。

A.20%　　B.30%　　C.40%

D.50%　　E.60%

2.教育金的特征不包括（　　）。

A.没有时间弹性　　B.没有费用弹性　　C.额外费用差距小

D. 支出持续的时间长　　E.金额高

3.在本专科教育阶段，国家设有（　　）、困难补助、伙食补贴、学费减免、“绿色通道”等多种方式的混合资助体系。

A.国家奖助学金　　B.国家助学贷款　　C.学费补偿贷款代偿

D.校内奖助学金　　E.勤工助学

4.与教育储蓄相比，教育保险范围广，具有（　　）功能，有的还能分红。

A.强制储蓄　　B.无利息　　C.风险高

D.金额无限制　　E.保障

5.教育信托中的委托人和受益人分别是（　　）和（　　）。

A.信托公司　　B.父母　　C.银行

D.子女　　E.政府

四、问答题

1.子女教育规划应遵循哪些原则？

2.简述教育金的特点。

3.子女教育规划的专用工具有哪些？

4.如何对子女的教育金进行规划？

五、分析题

曾凡凯今年34岁，近日喜得二子。曾凡凯是个很细心的人，他在高兴之余马上想到了两个孩子的教育问题。曾凡凯的长子5岁，上幼儿园后，他意识到教育费用是一笔相当大的开支。妻子31岁，是私立学校的教师，尤其重视孩子的教育，希望两个孩子高中毕业后出国留学。

曾凡凯月收入2万元，妻子月收入1万元。夫妻二人共同购买了一套价值150万元的房子，还有90万元商业贷款未还清，月还款额6 560元。曾凡凯一家月生活支出8 000元。目前，有银行存款20万元，无其他投资。夫妻二人均有社保，未购买商业保险。

他们认为，孩子在高中之前的教育费用足以应付，但对出国留学心中没底，重点想对两个孩子出国留学的费用进行规划。请在分析这个家庭资产状况基础上，为他们作出两个孩子出国留学的教育规划。

第五章 居住规划

◇学习目标

- 了解居住规划的意义和流程，知晓租房和买房的优劣
- 用年成本法和净现值法对买房和租房加以比较
- 掌握购房负担能力的测算
- 熟悉买房的融资方式、贷款的种类及偿还方式

开篇导读

衣食住行是人的基本需求，尤其是住房，给人稳定的感觉，有了自己的房子，才感觉真正有了一个属于自己的家。在越大的城市买房压力越大，到底赚多少钱才能供得起一套房？这是许多刚踏入社会的年轻人都要考虑的问题。张迪和女朋友刚参加工作不久，月均收入5 000元左右，他们在想，如果共同承担房贷，是否应该购房？购房后会不会影响正常的生活？

他们初步估算了一下，按两人的月收入5 000元计算，每月的收入一共是1万元。同事中的“过来人”曾告诫他们，每月房贷不能超过总收入的30%，这样每月的房贷就是3 000元。按20年计算，共需要72万元（0.3×12×20）的购房贷款；如果首付最低30%，该房的总房价约为103万元（72÷70%）；按100平方米面积房屋计算，每平方米应是10 300元。可见，月薪5 000元的小两口在共同承担房贷，且解决30%首付问题的情况下，可以承担的合理房屋总价约为103万元，每平方米售价应为1万元左右，那么在市场上寻找这个价位或低于这个价位的房子就可以了。

他们的想法可行吗？买房还要考虑哪些因素？应该怎样科学地进行买房规划？

第一节 居住规划及其流程

一、什么是居住规划

根据住房支出的目的不同，住房支出可以分为住房消费和住房投资两类（如图5-1所示）。

住房消费，是指为取得住房提供的庇护、休息和生活空间而进行的消费；住房投资，是指将住房看成投资工具，通过住房价格上升来应对通货膨胀、获得收益或通过开

发、出租等形式进行的营利性活动。前者进行的规划称为“居住规划”；后者是出于营利目的的商业活动，属于投资，我们将在“投资规划”中介绍。

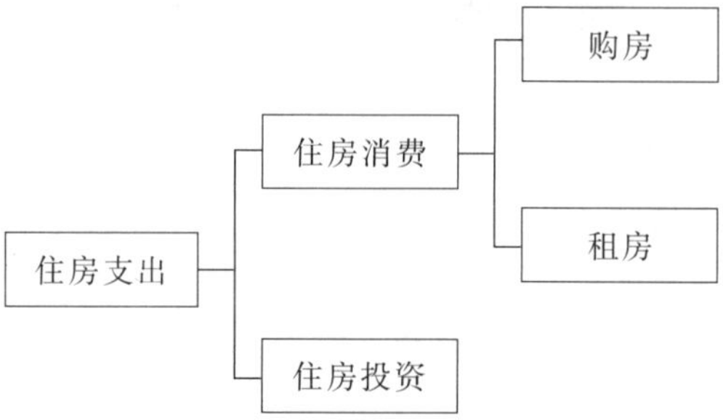

图5-1　住房支出的分类

从个人消费的角度看，住房消费实现的形式可以是租房也可以是买房，因此，居住规划是个人或家庭对买房、租房、换房、卖房和建房的规划。通过规划，使个人或家庭在保证财务安全的基础上，以最经济的方法实现住有所居。

党的十九大报告和党的二十大报告中均提出，要加快建立多主体供给、多渠道保障、租购并举的住房制度，坚持“房子是用来住的、不是用来炒的”定位，让全体人民住有所居。

可见，居住规划不仅是个人或家庭的大事，也是政府所关心的最重要的民生工程之一。

二、为什么要进行居住规划

买房子是人生大事，为了拥有自己的住房，许多人竭尽所能，甚至八方集资，毕竟买房子需要的资金是很大的数目，首付的筹备与贷款的偿还，对一个家庭的现金流及以后的生活水平的影响可以延续到十几年甚至几十年，如果不加以规划，就很难实现预定的买房目标。

1.购房需要大笔资金

买房子的钱是需要积攒的，没有一个具体可行的居住规划，钱就会被随意花掉，而且人生的目标不仅仅只是买房，结婚、生子、教育、养老等都需要钱，在想买房的时候如果遇到其他需要花钱的事，即在两项或多项目标冲突的情况下，若没有足够的钱同时满足需要，买房往往就会成为次要目标，重新规划买房又需要几年时间，到那个时候房价可能又上涨了很多。

如果做了居住规划，每月提留部分储蓄作为买房基金，在买房时就可能支付较多的首付，相对减轻未来的贷款负担，使每月分期摊还本息的金额降低，也可以让原有的投资不会因为开始偿还贷款而中断。

2.购房规划的时间较短

“住”是基本需求，进入社会之后，就要解决房子问题，要么买房要么租房。租房的达成相对较为简单，而买房规划不像教育规划或者退休规划那样可长达10年甚至二三十年，而是一般在5年左右，因此短期内资金压力较重。

居住规划可以帮助一个家庭订立前几年存首期、买房后还贷款的储蓄目标，强迫储蓄，不至于买房后由于每月的按揭使生活捉襟见肘。

3.购房并不是一次到位

很少有人在一个房子里度过一生，而是随生涯阶段的改变逐渐升级换代，从小房换到大房，这就是所谓的“房产生涯规划”。成家前或新婚族的首次买房，以一室一厅的户型为主，使用3~5年。当子女出生时便可考虑换一套三室两厅的户型，注重中小学区的地理位置与周边环境，至少住10年。人到中年，如果能力足够，可以考虑以居住环境与休闲娱乐为主的二次换房或直接购买另一套房产。到退休后，子女已独立，又可换回较小面积但可兼顾医疗、日常购物、休闲、景观的老年人比较多的小区的住宅，将节余的部分资金供退休以后“住”以外的生活需求。如果好高骛远想一次就买大房子居住，不仅要等待很多年才能筹备到购房款项，而且也没有必要。

4.避免终生做房奴

目前，大多数家庭买房时都需要利用银行贷款，应以较保守的态度来衡量自己的贷款负担能力，因为总会有一些意料之外的费用会侵蚀你的支付能力。一些家庭倾其所有付了首付款，以后的日子就是在紧巴巴中艰难度过。下面案例中的当事人就是在买房时超出了自己的负担能力，不仅影响了家庭的生活质量，精神上的压力也很大。所以，为避免“每天都在被房子折磨”，不如及早进行居住规划。

【例5-1】张志勇今年32岁，结婚的时候暂时租房住，每个月的税后工资为1万元，妻子刘小楠每个月的税后工资为6 000元。2022年他们的第一个孩子出生，由于张志勇有购房资格（其所在城市需要购房资格方可购房），所以两人通过双方父母资助的80万元（双方父母的所有积蓄）和两个人好不容易攒的20万元交了100万元的首付，同时贷款200万元在所在的一线城市买了一套一室一厅的房子。现在已经还款两年，孩子由张志勇母亲照顾，所以省去了保姆费用。张志勇列出了一个月收入支出的清单：

夫妻两人税后工资共计16 000元

月供约11 000元

孩子费用（包括玩具、衣物、奶粉）3 000元

两人各1 000元生活费（外出应酬、公交费、餐饮）

亲友红白喜事近1 000元

夫妻二人及张志勇母亲的衣物、日用品1 000元

这只是其中一个月的清单，每月还有一些变化。夫妻二人每天都要省吃俭用，由于入不敷出，每个月都需要双方父母额外资助，而给夫妻二人的额外资助也都是父母省出来的。这才过了两年，想想剩下的20多年，张志勇“每天都在被房子折磨着”，非常苦恼！

贷款买房和租房可以享受税收抵免。根据自2019年1月1日起实施的《个人所得税专项附加扣除操作办法（试行）》，住房贷款利息和住房租金作为专项附加扣除，可以在税前抵扣。

合理科学的居住规划，既能满足不同时期的居住需求，又不会背上沉重的债务负担；既能满足居住的需求，其他的生活需求也不受影响；既能使家庭财务平稳，又能使生活水平不断提升。

那么，我们应该如何做好居住规划呢？是买房还是租房？假如要按揭买房，应该选择怎样的贷款和还款方式呢？假如要换房，又该怎么办理呢？下面的介绍将会解答这些问题。

三、居住规划的流程

作为消费性支出，居住规划要解决的是“住”的问题，因此，首先要对买房还是租房作出决策，如果买房，就要先衡量负担能力，确定目标，然后再着手落实资金问题，如办理相关按揭的手续，并按期偿还，直至全部贷款本息偿还完毕，撤销抵押。首次买房的目标实现了，若干年后可能需要换房或二次购房，完成房产生涯的规划。

图5-2是居住规划的流程图，从中可以看出，居住规划并不仅仅是买房子，需要考虑许多因素，最重要的是要在充分了解自己财务状况的情况下作出规划。

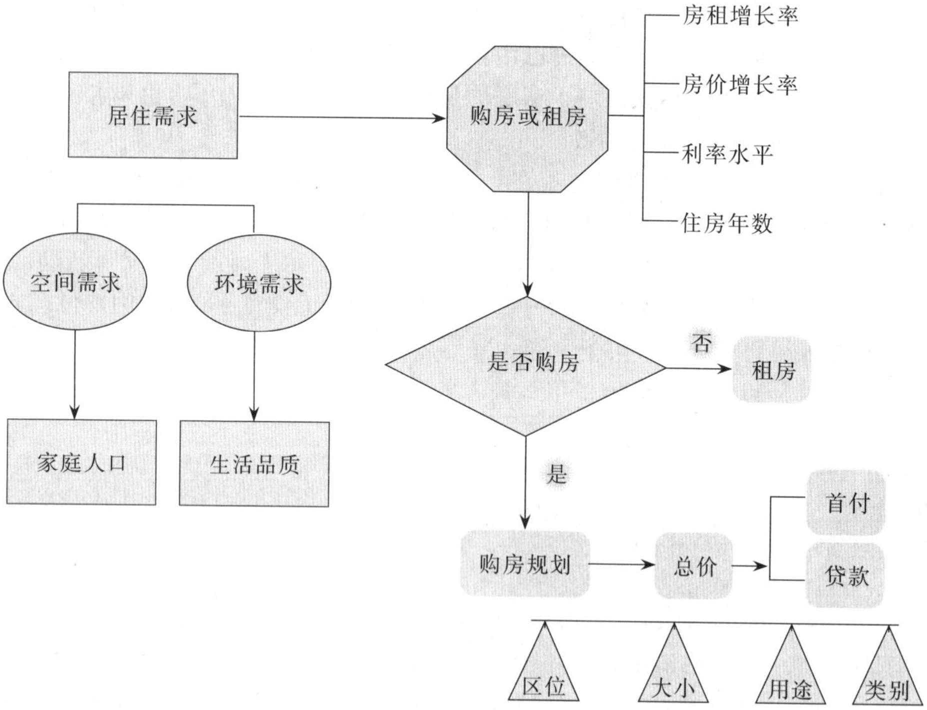

图5-2 居住规划流程图

第二节 买房、租房和换房

从效用上看，如果不考虑精神方面的因素，买房与租房均能满足居住的需要，买还是租，既要从理论上分析，也要从“量”上加以比较。

一、买房与租房的比较

（一）买房的优缺点

1.买房的优点

（1）获得经济利益。

随着我国经济的发展，城镇化进程不断加快，根据国家统计局的数据，截至2023年年末，我国城镇常住人口93 267万人，城镇人口占总人口比重，即常住人口城镇化率为66.16%，比2022年提高了0.94个百分点。

而发达国家的城镇化率一般在80%左右。显然，中国城镇化还有一定的空间，这就意味着城镇化将继续支撑房价。土地是稀缺资源，不可再生，可开发的土地有限，房屋和土地本身的经济价值也越来越高。所以，只要新增人口数量不断增加，住房的价格一般也是随之上涨的。

有关资料显示，西方发达国家住房价格平均每10年上涨150%，租金平均每年上涨10%。1890年到2022年，美国的房地产市场中房价上升的年份有103年，房价下降的年份有29年，从涨跌年份占比看，上涨年份占78%，下跌年份占22%，上涨年份数是下跌年份数的3.5倍，涨多跌少特征非常明显。此外，把数据换算成年均变动幅度，美国这132年的房价年均增幅为3.4%，稍高出美国同期2.9%通胀率。

住房的高价值性、使用的长期性和保值增值性，使得住房在一个家庭中，不仅是最昂贵的消费品，也是价值最大且不断增值的资产，其他家庭高档消费品就不具备这一特点，家电、高档家具、轿车等，其价值只能随着时间的推移而降低。

（2）抵御通货膨胀。

由于房子是典型的实物资产，所以一定程度上可以避免通货膨胀的侵蚀。

（3）带来归属感和安全感。

买房后就拥有了产权，可以自主装修、处理和使用，享受个性化生活，加之中国人的传统观念认为，只有买得的自有住房才算是自己的家，租房不算，所以买房后的幸福感、归属感、自豪感要远远高于租房。

（4）享受税收抵扣。

根据《个人所得税专项附加扣除暂行办法》第五章和第六章的规定，无论是买房（首套）还是租房，从2019年1月1日起，都可享受税收减免，具体规定如下：

纳税人本人或者配偶单独或者共同使用商业银行或者住房公积金个人住房贷款为本人或者其配偶购买中国境内住房，发生的首套住房贷款利息支出，在实际发生贷款利息的年度，按照每月1 000元的标准定额扣除，扣除期限最长不超过240个月。纳税人只能享受一次首套住房贷款的利息扣除。

纳税人在主要工作城市没有自有住房而发生的住房租金支出，可以按照以下标准定额扣除：直辖市、省会（首府）城市、计划单列市以及国务院确定的其他城市，扣除标准为每月1 500元；除第一项所列城市以外，市辖区户籍人口超过100万的城市，扣除标准为每月1 100元；市辖区户籍人口不超过100万的城市，扣除标准为每月800元。

纳税人的配偶在纳税人的主要工作城市有自有住房的，视同纳税人在主要工作城市有自有住房。

2.买房的缺点

买房的负担重，在财力不足的情况下勉强买房，会成为“房奴”，直接影响当前和今后的生活质量，也会影响到其他财务规划的实现，如上文中的张志勇就是一个很典型的例子。

当利率提高时月供支出随之增加，当房价下跌时会带来财产的损失和精神上的沮丧；而且房屋的流动性差，出售时需要时间，一般不容易立即出手，加之房屋是不动产，具有固定性，买房后就不可能随意地经常改变住处，不能轻易地去外地居住；买房后，要负担所有的物业、维修等费用，生活成本会增加。

（二）租房的优缺点

1.需要租房的情形

在每个人的一生中，都可能有租房的经历。因此，租房也是个人理财规划的一个重要的环节。租房的原因多种多样，比如刚参加工作、工作地点不固定、经济实力不足等。

（1）刚刚参加工作。

刚工作的人收入较低，如果在这个时候买房，不仅会将父母多年的积蓄扫荡一空，而且还会让自己过早地承担起还贷压力；同时，由于年轻人各方面的不确定因素多，存在各种变数，因此选择租房比较合适。

（2）工作地点不固定。

如果家庭成员因为工作关系经常被派遣到其他城市工作，这时也不宜买房，可以先租房，等到安定下来的时候再实施买房计划不迟。

（3）经济实力不足。

当积蓄不多时，首付款可能就消耗掉了多年的积蓄，此时买房会使家庭财务更加缺乏弹性，难以应付生活中的紧急开支。所以在没有经济实力买房的情况下，租房不失为一种明智的选择。

2.租房的优点

租房的主要优点是灵活性强、负担轻和初始成本较低。

（1）灵活性强。

灵活性强是指租房者不必局限在一地，可以按照自己的需要，随时到其他地方去工作和生活。

比如，因房租上升而不想租住了，想换一套更大的房子，要换一个工作地点甚至到另一个城市去发展。凡此种种，租来的房子都不会成为行动的障碍。但如果拥有了一套产权房，就会涉及如何处理房产等各种问题。

（2）负担轻。

负担轻是指租房者对房屋的责任小，他们没有维护和修理住房的义务，其主要责任就是负担房租和水电燃气等费用。而买房者的责任则涉及归还住房贷款、维护与修缮等。

(3) 初始成本低。

初始成本低是指虽然租户需交纳一段时间的押金（如一个月或三个月），但是押金的数额比买房的首付要少得多，因而租房者的财务压力也较轻。

3.租房的缺点

租房也存在缺点，所付出的租金购买的只是暂时的使用权，没有所有权会使人缺乏安定感和稳定感；从财务方面来考虑，租房者不能从房产的升值中获得好处，而从长期来看，房产的价格一般是逐渐上涨的；此外，租房者对租金的涨跌没有发言权，只能接受特定时期的市场价格，且易产生法律纠纷；在租来的房子里居住，不能按照自己的兴趣和爱好装修，会有客居的感觉。

二、买房与租房的决策方法

以上所述都是基于理论上的比较，能否从财务角度加以分析呢？答案是肯定的，我们可以用年成本法或净现值法来计算买房与租房的资金负担，从而作出决策。

（一）年成本法

年成本法即比较买房与租房的年成本，成本低的更为划算。

买房的成本是首付款占用的资金成本与支付的住房贷款利息（不考虑物业费等使用成本和维修费等维护成本），而租房的成本是租金以及押金的机会成本，用公式表示如下：

买房年成本=年利息支出+首付款的机会成本

租房年成本=年租金+押金的机会成本

【例5-2】杨东帆看中了一间100平方米、位于大连某区的某大厦六楼的房屋，屋主可租可售。租的话房租每月3 000元，押金为一个月的房租；买的话总价125万元，可获得100万元利率6%的贷款，首付款25万元。假设押金与首付的机会成本均为3%，对杨东帆租房与买房的成本分析如下：

租房年成本：3 000×12+3 000×3%=36 090（元）

买房年成本：250 000×3%+1 000 000×6%=67 500（元）

经上面的计算发现，租房比买房的年成本低67 500−36 090=31 410（元），每月少支付2 617.5元，租房比较划算。但年成本法是基于当前状况的一个比较，没有考虑到与房价、租金有关的其他因素的变化，如房租的调整、房价的变化、利率的高低及维护成本等，所以尚不能简单地把上面的计算结果作为决策的依据，只能作为参考。

(1) 房租的调整。

买房后成本固定，而租房的租金会经常调整。

(2) 房价的变化。

如果房价在未来看涨，那么即使目前算起来买房年居住成本高一点，未来出售房屋的资本利得也足以弥补居住期间的成本差异。因此，如果房价上涨，买房比较划算；反之，租房比较经济。

就上例而言，

租房的年居住成本率=36 090÷1 250 000×100%=2.89%

购房的年居住成本率=67 500÷1 250 000×100%=5.4%

二者相差2.51%，如果房价的涨幅保持在每年2.51%以上，则可以买房。

（3）利率的高低。

利率越低买房的成本越低，所以利率下调时买房会相对划算；反之租房相对划算。

此外，房屋的持有成本也要考虑进去，比如物业费、维修费、北方的采暖费等，房屋使用越久，维修成本越高。

（二）净现值法

净现值法是将一个固定的居住期间的租房及买房的现金流量还原至现值，比较两者的现值，支付的现金流越小越好。

【例5-3】马朝霞看中了一处房产，每年租金5万元，购买总价为100万元。假设5年后售房所得为125万元，而马朝霞准备在此住5年，以存款利率3%为机会成本，假设所有现金流均期末发生，用净现值法判断应租房还是应买房。

租房的净现金流=年租金5万元×年金现值系数（n=5，i=3%）

=-5×4.579（附录表4）

=-22.9（万元）

买房的净现金流=5年后售房所得×复利现值系数（n=5，i=3%）-购房现值

=125×0.8626（附录表2）-100

=7.8（万元）

由于租房的净现金流高于买房的净现金流，因此买房比租房划算。但这个例子很简单，没有考虑租金的增长率，没有兼顾到贷款，如果贷款买房，每年都会有现金流支出。这个例子也没有考虑到维修成本，而这部分支出也是逐年提高的。如果把这几个因素都考虑进去，计算上稍复杂一些，但基本原理是一样的。

【例5-4】还是继续引用上面杨东帆的例子。杨东帆看中了一间100平方米、位于大连某区的某大厦六楼的房屋，屋主可租可售。租的话房租每月3 000元，押金为一个月的房租；买的话总价125万元，可获得100万元利率6%的贷款，首付款25万元。假设押金与首付的机会成本均为3%，第一年的维修成本为5 000元，此后每年增加1 000元，月租金每年增加500元。杨东帆获得的贷款期限是20年，打算在这住5年。5年后至少按130万元的价格出售。下面我们来计算一下租房与购房的净现值（NPV）。

（1）租房NPV的计算

若在每年期初一次性支付本年租金，则：

CF0=押金+第一年租金=-3 000-3 000×12=-39 000（元）

CF1=第二年租金=（-3 000-500）×12=-42 000（元）

CF2=第三年租金=（-3 000-2×500）×12=-48 000（元）

CF3=第四年租金=（-3 000-3×500）×12=-54 000（元）

CF4=第五年租金=（-3 000-4×500）×12=-60 000（元）

CF5=取回押金=3 000元

I/YR=3%，NPV=-225 160.35（元）

（2）购房NPV的计算

首付款必须在第一年期初支付，若每年在期末一次性支付本年的房贷本息，并假设维修成本也在期末支付，则：

CF0=首付款=-250 000（元）

每年房贷本利摊还PMT=（i=6%，n=20，PV=1 000 000）=-87 184.56（元）

5年后房贷余额PV=（i=6%，n=15，PMT=87 184.56）=846 758.15（元）

CF1=第一年房贷本利摊还+第一年维护成本=-87 184.56-5 000=-92 184.56（元）

CF2=第二年房贷本利摊还+第二年维护成本=-87 184.56-6 000=-93 184.56（元）

CF3=第三年房贷本利摊还+第三年维护成本=-87 184.56-7 000=-94 184.56（元）

CF4=第四年房贷本利摊还+第四年维护成本=-87 184.56-8 000=-95 184.56（元）

CF5=第五年房贷本利摊还+第五年维护成本+第五年年底房屋出售额-第五年年底房贷余额

=-87 184.56-9 000+1 300 000-846 758.15=357 057.29（元）

I/YR=3%，假设5年后房屋售价1 300 000元，NPV=-290 096.67（元）

购房支出的净现值是290 096.67元，而租房支出的净现值是225 160.35元，租房支出净现值比购房低，这说明租房更划算。

以上过程见表5-1。

表5-1 **租房与购房NPV计算表**

项目	租房	购房			
		首付/售价	贷款	维护成本	净现金流
期初CF0	-39 000	-250 000			-250 000
第一年CF1	-42 000		-87 184.56	-5 000	-92 184.56
第二年CF2	-48 000		-87 184.56	-6 000	-93 184.56
第三年CF3	-54 000		-87 184.56	-7 000	-94 184.56
第四年CF4	-60 000		-87 184.56	-8 000	-95 184.56
第五年CF5	3 000	1 300 000	-933 942.71	-9 000	357 057.29
利率=3%	-225 160.35				-290 096.67
利率=4%	-220 591.59				-296 412.19
利率=5%	-216 196.22				-302 220.97
利率=6%	-211 965.76				-307 560.77

通过不同房价和机会成本（利率）下租房与购房NPV的比较（见表5-2）我们会发现，5年后售价越高、利率越低，买房就越划算。

可以思考一下，如果首付不是25万元，而是50万元；如果5年后房子可售150万元，情形又如何呢？如果10年后再卖房呢？

表5-2　　不同房价和机会成本（利率）下租房与购房NPV的比较

	售房价格	利率=3%	利率=4%	利率=5%	利率=6%
购房NPV	1 150 000	−419 487.98	−419 701.26	−419 749.89	−419 649.50
	1 200 000	−376 357.54	−378 604.90	−380 573.59	−382 286.59
	1 300 000	−290 096.67	−296 412.19	−302 220.97	−307 560.77
	1 400 000	−203 835.79	−214 219.48	−223 868.35	−232 834.96
租房NPV		−225 160.35	−220 591.59	−216 196.22	−211 965.76

其实，使用净现值法时，居住年数的长短影响甚大。一般的原则是，在一个地方住得愈久，用净现值法得出买房比租房划算的机会愈大。

三、换房

对房屋的需求会随着人的生涯阶段的改变而逐渐变化，换房规划可以看作对房产的使用年限进行的规划。当人们对居住环境提出了较高的要求，但经济上又不允许直接购买第二套房子或者大户型房子时，就衍生了换房需求，也就是人们所说的与“刚需”对应的“改善”型需求。

通常认为，人们至少有三个阶段可能需要换房：

一是子女出生。单身或新婚时，以小户型住房为主，子女出生后，尤其是到了接受教育的阶段，往往需要换大一点的房子。这时除了考虑户型大小外，还要注重教育条件和周边环境等因素。

二是人至中年。如果经济实力允许，可以结合居住环境、休闲娱乐等方面考虑第二次换房。

三是退休。这时子女已经独立，可考虑医疗保健齐全、居住环境较好的小户型，修身养性，颐养天年。

（一）测算换房能力

若客观上有换房的需求，但有没有换房的能力呢？可以测算一下。换房是否可行，一方面取决于能否付得出换房所必须支付的首付款（主要看旧房能卖多少钱），另一方面也取决于未来有无能力偿还换房后的贷款。

可用下面的公式来测算：

换房所需首付款=新房的首付款−旧房的出售残值

=（新房总价−新房贷款）−（旧房售价−旧房贷款）

【例5-5】杜秋蕊现年40岁，她看中了一套价值100万元的新房。杜秋蕊的旧房当前市价50万元，尚有20万元贷款没有还清。如果购买新房，杜秋蕊打算55岁之前还清贷款。银行要求最高贷款成数是七成，贷款利率6%。杜秋蕊应该怎样进行换房规划？

先看看杜秋蕊换房必须支付的首付款是多少。

换房所需首付款=新房的首付款-旧房的出售残值

=（100-100×0.7）-（50-20）

=0

计算结果是0，也就是出售旧房的款项正好够支付换房的首付款。

再看一下杜秋蕊换房后每年应偿还的贷款额是多少。

贷款总额是70万元，由于杜秋蕊现在40岁，离55岁退休还有15年，即贷款期限为15年。

PMT（i=6%，n=15，PV=70）=-7.21（万元）

如果杜秋蕊不换房，每年应偿还的贷款额是：

PMT（i=6%，n=15，PV=20）=-2.06（万元）

可见，换房后杜秋蕊的房贷压力倍增（每年增加了5.15万元，平均每月增加近4 300元）。如果首次买房时已把手头现金用尽，每月房屋贷款额又付得很辛苦的话，基本上是没有加价换房的能力了。但如果杜秋蕊未来收入增长得很快，则也可以考虑换房。

（二）换房的步骤

换房涉及两个操作：旧房出售和新房购入。先买房还是先卖房呢？二者各有利弊。

1.先卖后买

这是比较中规中矩的做法，即先将旧房出售，再买新房。

先卖后买的优点是：

先卖房，资金充足，因为卖掉旧房的收入可以作为购房款，换房者能从容地选择自己满意的新房，若是只有一套房，卖出后名下便没有房子了，再买时算首套房，此时贷款买房，公积金贷款和商业贷款对首套房的首付款要求和利率都比较低。

在有些限购的城市，不允许外地人（户口不在当地）购买第二套住宅，那么这些人在换房时，就必须先把自己的住宅卖掉，才有资格再次购买。

先卖后买的缺点是：

卖房后需要租房居住，增加了租房成本；如果房价上涨很快，看好的房子价格更高，甚至没有能力购买。

可以考虑将旧房卖给投资者，这类人购房不是为了住，而是用来投资营利，这样换房者可以回租，在旧房子里继续住下去，直到自己买好新房。不过要合理控制租房时间，否则租金成本会增加。

如果没有碰到投资者，换房者可以到自己心仪的区域内租房。这样做的好处一是可以更好地考察当地的市场行情，二是买房之后便于装修管理。

二手房成交周期相对较长，办理商业贷款的时间也较长，因此，如果购房者想要换房，应当提前2～3个月卖房，然后再买房，这样才能保证有足够的资金换房。

2.先买后卖

先买后卖，即先将新房买下来再操作旧房的出售流程。

先买后卖的优点是：

将好的房源先买下，避免房价上涨或竞争激烈被别人买走；卖房后可以直接搬家，实现无缝对接，不用租房过渡。

先买后卖也有缺点：

一是资金问题。先买房再卖房，需要在一定的时间内筹集首付款，若旧房出售不顺利，无法按期支付首付款，就可能造成违约或者需要通过其他途径融资。

二是新房贷款需支付的首付款和利息多。新买的房子若被认定为二套房，则首付比例和贷款利率都会较高。

三是旧房交易成本增加。若在新房网签之后卖掉旧房，则旧房就不属于唯一住房，卖房时产生的交易税费会增加，即买家需支付的买房成本增加，势必影响旧房对外出售。

为解决资金问题，可以依靠父母、亲戚朋友的资助，还可以利用旧房进行抵押以获得短期贷款。

第三节　居住规划目标和负担能力的衡量

一、居住规划目标

任何理财规划的目标都必须是量化的，居住规划也不例外。

居住规划目标要包括计划购房的时间、面积和房价三大具体要素，比如“三年以后购买130平方米左右，价格为20 000元/平方米的房子”，而不是“我希望过几年换套大点的房子，让家人住得舒适些”。

二、衡量买房的负担能力

如果决定买房，首先要衡量一下自己的负担能力，也就是按目前的实际情况和未来收入的变化，能否实现居住规划的目标。

买房负担能力的衡量，可以使用不同的方法，最常使用的方法就是按每月能够负担的费用来计算可以负担的最高房价，或者按欲购买的房屋价格来计算每月需要负担的费用。

（一）估算最高房价

买房的资金来源要么是贷款，要么是全款的自有资金。由于房款金额比较大，大多数人都要利用银行贷款。

如果贷款买房，可负担的总房价的计算公式为：

可负担总价=可负担首付款+可负担贷款

“可负担首付款”，必须满足银行按揭首付比例的要求，比如30%，在此基础上，可按能力大小选择更高的比例，如40%、50%或更多。

首付款支付的越多，还款的压力就越小。

可作为购房首付款的资金包括两部分，一是已经积攒的购房基金，二是每个月收入中提取的专门用于购房的资金，即：

可负担首付款 = 购房基金在未来购房时的终值 + 从现在到购房期间的年收入在购房时的终值 × 收入中可用于首付的比例上限

= 购房基金的额度 × 复利终值系数（n = 离购房的年数，r = 投资报酬率）+ 每年可供购房的储蓄 × 年金终值系数（n = 离购房的年数，r = 投资报酬率）

“可负担贷款”，取决于贷款期间的收入状况，收入增长率越高，用于还贷的比例就越高。可用公式表示如下：

可负担贷款=以未来购房时年收入为年金的年金现值×收入中可负担贷款的比例上限

=每年可供购房的储蓄×年金现值系数（n=贷款年限，r=房贷利率）

需要注意的是，买房不像超市购物，说买就买，一般都得提前计划，需要积攒三年五载才能出手。

如图5-3所示，现在开始计划（A），5年后买房（B），即支付首付款并办理银行贷款。入住后的20年内逐年还本付息（BC两点间）。

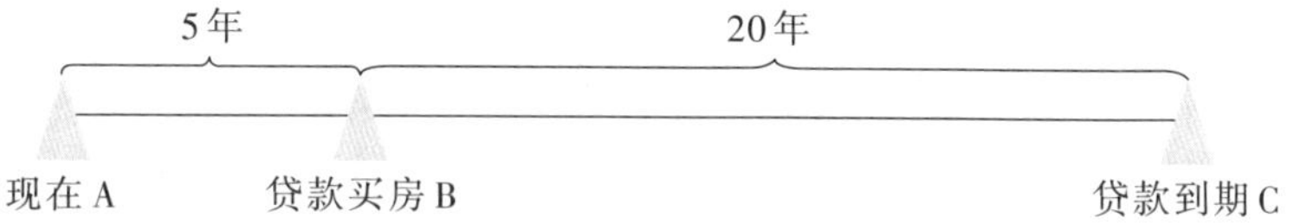

图5-3 居住规划的时间图

【例5-6】耿媛媛在辽宁大连工作，目前年收入为12万元，现已有3万元的储蓄，40%的收入用于购房，其打算5年后购房。假设投资报酬率为10%，贷款年限为20年，利率为6%，收入增长率等于通货膨胀率。则我们可以计算出耿媛媛能负担的房价：

首付部分=12×40%×6.105+3×1.6105=34.1355（万元）

贷款部分=12×40%×11.469（n=20，r=6%）=55.0512（万元）

可负担总价=首付（34.1355）+贷款（55.0512）=89.1867（万元）

式中：6.105为年金终值系数，查附录中的表3可得；1.6105为复利终值系数，查附录中的表1可得；11.469为年金现值系数，查附录中的表4可得。

至于买多大面积的房子，取决于家庭人口数及对空间舒适度的需求。如果想一次性购买较大的房屋，所需平方米数可能超过100。假设耿媛媛准备买100平方米的房子，则可负担的房屋单价为：

可负担房屋单价=可负担房屋总价÷需求房屋面积

=891 867÷100

=8 918.67

≈8 919（元/平方米）

按2024年年初的行情，大连市内四区平均房价为1.25万元/平方米，耿媛媛基本没有可能买到之前测算出来的可负担房屋单价的房子，只能要么买小面积的，要么租房。

显然，购房面积的大小取决于资金与还贷能力，以及购房时家庭成员的多少。面积越大，总价越高，首付越多，月供越多，负担越重，不仅影响生活质量，也影响精神状态。

其实，在考虑空间需求时，不必盲目求大，房屋的主要功能是满足人们居住的需要，如果房子太大，利用率就不高。正如前面提到过的，有些人希望买面积大的房子一劳永逸，而实际上人们在一套房子里住一辈子的可能性很小，每隔一二十年更换一次住房的情况比较普遍。

（二）估算每月负担

所谓每月负担，是在买房价格一定的条件下，计算每月需要支付给贷款银行的本息额。

每月的贷款本息额=PMT（i，n，PV，FV，type）

如果想购买100平方米的房屋，假设目前市场上的价格是10 000元/平方米～13 000元/平方米，则购买100平方米房屋所需要的费用为100万~130万元。假设按七成按揭，买100万元的房屋需要贷款70万元，利率6%，贷款期限20年，每月需要摊还的本息额为：

PMT（i=6%/12，n=20×12，PV=700 000）=−5 015.02（元）

如果是买130万元的房子，则需要贷款91万元，每月需要偿还的本息额为：

PMT（i=6%/12，n=20×12，PV=910 000）=−6 519.52（元）

如果每月除了应付日常生活外还能节余7 000元左右，就可以买13 000元/平方米的房子；而当每月收入节余只有5 000元左右时，就只能负担10 000元/平方米的房子了。

（三）选择房子

1.房子的种类

房子的种类繁多，从居住规划的角度看，主要有以下几种分类方法：

（1）按性质可分为商品房和保障性住房。

商品房，是指由房地产开发企业开发建设并出售、出租的房屋。

保障性住房，是指政府为中低收入住房困难家庭所提供的限定标准、限定价格或租金的住房。

保障性住房主要有以下几种类型：

一是廉租房。廉租房是政府或机构拥有的，以租金补贴或实物配租、租金减免的方式，向符合城镇居民最低生活保障标准且住房困难的家庭提供的社会保障性质的住房，这种住房只租不售。

二是公租房。公租房即公共租赁房，是指通过政府或政府委托的机构，按照市场租价向中低收入的住房困难家庭提供可租赁的住房，同时，政府对承租家庭按月支付相应标准的租房补贴。其目的是解决家庭收入高于享受廉租房标准而又无力购买经济适用房的低收入家庭的住房困难问题，以及解决新就业职工等“夹心层”群体住房困难问题。

三是经济适用房。这种住房由国家统一下达计划，用地一般实行行政划拨的方式，免收土地出让金，减半征收各项费用，以政府指导价出售给有一定支付能力的低收入住房困难的家庭。这类低收入家庭有一定的支付能力或者有预期的支付能力，购买经济适用住房后拥有有限产权。

四是定向安置房。定向安置房指政府进行城市道路建设和其他公共设施建设项目时，对被拆迁住户进行安置所建的房屋，安置的对象是城市居民被拆迁户，以及被征地、拆迁房屋的农户。

对于保障房，在套型结构和建筑面积上有规定，如廉租住房套型建筑面积控制在50平方米以内，公共租赁住房套型建筑面积控制在60平方米以内，以套型建筑面积40平方米左右的小户型为主；经济适用房套型建筑面积控制在60平方米以内，等等。

（2）按取得时间可分为期房和现房。

期房，指开发商从取得预售许可证开始直至取得房地产权证期间的商品房，消费者在这一阶段购买房子时签订的是预售合同。

现房，指开发商所开发的整体已经竣工、通过验收，并办妥所售房屋的房地产权证的商品房，消费者签订商品房买卖合同后，立即可以办理入住并取得产权证。只有拥有不动产权证书（房产证和土地使用证合二为一）的房屋才能被称为现房。

（3）按户型的建筑形式可分为平层房、错层房、跃层房和复式房。

平层，也叫单平面层户型，是指所有的住宅功能（包括客厅、卧室、厨房、卫生间等）均位于同一平面上的户型。

平层是应用最广的房屋户型。其最大的优势在于所有功能都在同一平面，属于无障碍户型。其缺点是室内空间不够丰富，建筑外形比较单调。

错层，指的是一套住宅不处于同一平面，即房内的客厅、卧室、厨房、卫生间和阳台处于几个高度不同的平面上，一般用30～60厘米的高度差（3～7步楼梯）进行空间隔断。

跃层，是指套内空间跨越两层楼及以上的户型，各层之间相对独立。不同的区域可以分布在不同的平面层上，避免卧室受干扰，但楼梯会占用户内面积。

复式，只有一层，但层高要高于普通住宅。

一般复式层高3.3米左右（普通层高2.8～2.9米），复式房型实际是在中间区隔出一个夹层，把这个夹层设计成卧室或书房等私密性房间。这种户型室内空间使用率极高，买一层可以当两层用。

（4）按住宅建筑标准分为普通住宅和非普通住宅。

普通住宅，是指按一般民用住宅建筑标准建造的居住用房屋。

非普通住宅，其标准可以从三点去区分：

第一，住宅小区建筑容积率[①]在1.0以下（不含1.0）；

第二，单套建筑面积在144平方米以上（不含144平方米）；

第三，实际成交价格高于同级别土地住房平均交易价格的1.2倍。只要符合其中的

---

① 建筑容积率简称容积率，又称建筑面积毛密度，是指项目规划建设用地范围内全部建筑面积与规划建设用地面积之比，即容积率=地上总建筑面积÷规划用地面积。从居住者角度看，容积率越高的小区，居住舒适度越低；反之，舒适度越高。

一个，即为非普通住宅。

普通住宅和非普通住宅的税费不同，后者要高于前者。

2.房子的区位

不同区位间的房子不仅单价差距很大，居住环境也相差甚远。

买房子时要考虑的区位因素包括：离上班地点或子女就学地点的远近；是否邻近地铁站；附近是否有不利设施，如公墓、电视发射塔、垃圾场等；是否有发生自然灾害的风险，如处于山坡地、低洼地等。

第四节　居住规划的融资

大多数人买房子都要从银行贷款，那么，有哪些贷款方式可供选择，又怎样归还呢？

一、贷款种类

目前有三种个人住房贷款，一是商业性的住房贷款，二是政策性的住房公积金贷款，三是组合贷款。

（一）商业贷款

【知识拓展5-1】　贷款购房三要素——房价、贷款额、贷款期限

贷款购房的房价应在家庭年收入的6倍以下。

贷款期限宜在8～15年之间。

住房贷款的月还款额应该不超过月收入的1/3，即33%。

所有贷款的月还款额应该不超过月收入的2/5，即40%。

【例5-7】小王及妻子税前月收入合计2.6万元，家庭储蓄40万元，目前每月需要偿还1 000元的汽车贷款（期限3年）。小王拟购买一套180万元的房屋，购房其他相关费用为房款的5%，银行贷款利率为6%。经过权衡，小王支付了首付款20%（36万元），其余80%（144万元）从银行贷款，采用等额本息还款法，贷款期限为15年。则每月的本利摊还额是：

PMT（i=6%/12，n=15×12，PV=1 440 000）=-12 151.54（元）

房屋月供占税前月总收入比=12 151.6÷26 000×100%=46.7%

房屋加上汽车月供的总额占税前月总收入比=（12 151.6+1 000）÷26 000=50.6%

可见，选择15年的住房贷款会给小王带来家庭财务困难，必须重新规划。那么，选择的贷款期限应该是多少年才能处于安全区域呢？

个人住房商业贷款，即按揭，是指具有完全民事行为能力的自然人购买住房时，以其购买的产权房（或者银行认可的其他担保方式）为抵押向银行申请的贷款。目前，我国各商业银行均开办个人住房的商业性贷款业务。

（二）公积金贷款

个人住房公积金贷款，是指住房公积金管理中心以住房公积金为资金来源，向住房公积金缴存职工发放的，定向用于在本行政区域内购买、建造、翻建、大修自住普通住房的政策性专项贷款。

贷款业务由住房公积金管理中心及其办事处，以及住房公积金管理委员会委托的银行（代办银行）办理。

（三）组合贷款

个人住房组合贷款，是指符合个人住房商业性贷款条件的借款人又同时缴存了住房公积金的，在办理个人住房商业贷款的同时还可以申请个人住房公积金贷款，即借款人以所购本地城镇自住住房（或其他银行认可的担保方式）作为抵押，同时向银行申请个人住房公积金贷款和个人住房商业性贷款。

二、贷款条件

（一）商业贷款的条件

贷款的条件在不同的时期会有区别，但同一时期各银行的条件大致相同。

中国工商银行2024年2月对借款人规定的条件是：具有合法有效的身份证明（居民身份证、户口本或其他有效身份证明）及婚姻状况证明；具有良好的信用记录和还款意愿；具有稳定的收入来源和按时足额偿还贷款本息的能力；具有所购住房的商品房销（预）售合同或意向书；具有支付所购房屋首期购房款的能力；在工行开立个人结算账户；能够提供工行认可的有效担保；符合工行规定的其他条件。

（二）住房公积金贷款的条件

住房公积金贷款的具体政策由各地区的住房公积金管理中心制定，因此，各地住房公积金贷款的条件、期限、金额等都各不相同，借款人在申请时要到当地的住房公积金管理中心或网站查询相关政策。

上海公积金管理中心的规定（2023年5月1日起施行）如下：

贷款条件：符合国家及本市房地产调控政策规定的条件；具有完全民事行为能力；已支付不低于规定比例的首付款资金；当前连续足额缴存住房公积金达到规定期限（6个月），且没有未终止的住房公积金提取约定（包括但不限于住房公积金提取还贷约定、住房公积金提取支付租金约定及其他住房消费提取约定等）；具有良好的信用记录与还款意愿；具有稳定合法的经济收入来源和偿还贷款本息的能力，且借款人家庭没有尚未还清的住房公积金债务或者可能影响公积金贷款偿还的其他债务；必须是购买、建造、翻建、大修本市住房的产权人并能够提供购买、建造、翻建、大修的相关合同或者证明文件、身份证明、首付款证明及符合规定的其他材料；贷款用途为购房的，所购买的房屋必须为本市具有所有权的自住住房；能够提供市公积金管理中心认可的担保方式；符合市公积金管委会规定的其他条件；共同借款人应当为借款人的配偶、父母、子女；公积金贷款支持购买本市首套自住住房或者第二套改善型自住住房的缴存职工家庭，市公积金中心不得向购买第三套及以上住房的缴存职工家庭发放公积金贷款。

借款申请人不予贷款的情况：中国人民银行征信中心个人信用报告中的信贷交易行为存在当前逾期尚未偿还的；最近5年存在连续6期（含）或累计超过12期（含）的逾期记录；被纳入失信被执行人名单的；存在提供虚假资料、虚假承诺等情形的；最近3年内因以伪造合同、出具虚假证明、编造虚假租赁等手段骗提套取住房公积金被纳入市公积金管理中心个人严重失信行为名单的，或者最近5年内因以欺骗手段违法获得住房公积金贷款被纳入市公积金管理中心个人严重失信行为名单的；存在其他可能影响公积金贷款安全情形的。

（三）组合贷款的条件

组合贷款的借款人必须同时具备商业贷款和公积金贷款的条件。

三、担保方式

不论是商业贷款、公积金贷款还是组合贷款，均要求借款人提供担保，除住房抵押外，还有权利质押和第三方保证等形式，借款人可以根据情况选择其中的一种。

（一）住房抵押

住房抵押即以住房作为贷款的担保。

借款人用其购房契约作为抵押从银行借款，若购房者不能按照购房期限还本付息，银行可将房屋出售以抵消贷款。

贷款银行可接受的抵押物既可以是借款人所购买的住房，也可以是借款人自己已拥有产权的住房。

如果借款人以所购住房作抵押，按贷款银行的规定，一般不需要对抵押物进行评估；如果以已有的产权房作抵押，则需要经过银行指定的评估机构进行评估，借款人为此需要支付一笔评估费用，评估费用是按照政府规定的房地产评估收费标准收费的。

以住房作贷款担保，借贷双方要按有关法律规定到房地产管理机关办理抵押物登记手续，抵押登记费用由借款人承担。

（二）权利质押

贷款银行以借款人或第三人符合条件的动产或权利作为贷款担保向银行申请住房贷款就是权利质押。

银行可接受的质押物是特定的有价证券和存单。有价证券包括国库券、金融债券和银行认可的企业债券；存单特指人民币定期储蓄存单。

借款人申请质押担保贷款，质押权利凭证所载金额必须超过贷款额度，具体比例由银行确定；债券要经过银行鉴定，证明真实有效，方可用于质押；人民币定期储蓄存单要有开户银行的鉴定证明及免挂失证明。

借款人在与银行签订贷款质押合同的同时，要将有价证券、存单等质押物交由贷款银行保管，并由贷款银行承担保管责任。如果借款人要求公证，双方可以到公证机关办理公证手续，公证费用由借款人承担。

选择质押担保贷款方式，要求居民家庭有足额的金融资产，依靠这些金融资产完全可以满足购房消费的需要，只是购房时难以变现或因变现会带来一定损失而不想变现。因此，质押担保方式较少使用。

（三）保证

保证即以第三方的保证作为贷款的担保。此种方式需要借款人提供贷款银行认可的保证人。

如果选择这种担保方式，要了解银行认可的第三方法人保证人须具备的条件。贷款银行一般都会规定：保证人必须为企业法人，提供的是不可撤销的连带责任保证，等等。

能否获得保证担保取决于以下两个方面：

（1）第三方法人是否愿意做这种承担连带责任的保证人；

（2）第三方法人的保证人资格是否会被银行认可。

对大多数购房借款人来说，这种贷款比较难以获得。

四、贷款期限和额度

（一）贷款期限

商业贷款的贷款期限一般从5年到30年不等，各家银行的规定有所不同。

有的银行规定，借款人年龄与贷款期限之和不得超过70年或75年。两个（含）以上共同借款人借款的，可按照年龄较小的借款人确定贷款期限。

公积金贷款与个人住房商业贷款类似，为期均是1～30年，且贷款期限加主借款人年龄不得超过规定年龄（男职工为65周岁，女职工为60周岁）。

（二）贷款额度

商业贷款的单笔贷款额度一般最高不超过所购住房价值的一定比例，如70%，即按揭的成数为七成。

公积金贷款对首付和最高额度也有规定。例如，大连住房公积金管理中心在2023年4月发布的《关于调整个人住房公积金贷款有关政策的通知》（大房金管发〔2023〕1号）中规定：借款人办理首套房贷款，建筑面积90平方米（含）以下的，首付款比例不低于房屋价值的20%；90平方米以上的，首付款比例不低于房屋价值的30%。借款人办理二套房贷款的，首付款比例不低于房屋价值的30%。

大连住房公积金管理中心在2022年7月发布的《关于调整个人住房公积金最高贷款额度的通知》中规定的最高贷款额度为：中山区、西岗区、沙河口区、甘井子区、高新技术产业园区单人最高贷款额度为45万元，双人80万元；其他区域单人40万元，双人67万元。

影响贷款额度的因素主要有：公积金缴存基数、缴存比例、账户余额、借款人年龄、所购房屋情况、商贷剩余本金等。

五、贷款利率

（一）商业贷款利率

一般首套个人住房贷款利率不低于相应期限贷款市场报价利率（LPR，Loan Prime Rate），二套房贷款利率不低于相应期限贷款市场报价利率加一定的基点，如60点。

长期以来，我国商业贷款的浮动贷款利率都是在中国人民银行公布的同期同档次基准利率的基础上，在规定的范围内浮动，表示为“贷款基准利率×倍数”。例如，7折的倍数就是0.7，上浮0.1倍的倍数就是1.1。

为深化利率市场化改革，中国人民银行决定改革完善贷款市场报价利率形成机制，报价方式改为按照公开市场操作利率加点形成（中国人民银行〔2019〕第15号公告）。其中，公开市场操作利率主要指中期借贷便利利率，加点幅度则主要取决于各行自身资金成本、市场供求、风险溢价等因素，由全国银行间同业拆借中心计算得出，为银行贷款提供定价参考。

目前，LPR包括1年期和5年期以上两个品种。

2024年1月22日，LPR的报价银行名单从原来的18家扩容至20家，每月20日（遇节假日顺延）9时前，各报价行以0.05个百分点为步长，向全国银行间同业拆借中心提交报价，全国银行间同业拆借中心去掉最高和最低报价后进行算术平均，并以0.05%的整数倍就近取整计算得出LPR，于当日9时15分公布，公众可在全国银行间同业拆借中心和中国人民银行网站查询。

2019年8月20日，中国人民银行授权全国银行间同业拆借中心首次公布新机制下的LPR，1年期LPR为4.25%，5年期以上LPR为4.85%。

目前，大部分新发放的贷款已将LPR作为定价基准，对存量浮动利率贷款于2020年3月1日起启动了定价基准的转换。

【知识拓展5-2】 按照基准利率定价与按照LPR定价两种方式有何不同？

一是两种定价方式的“锚”不同，即参照值不同。

基准利率定价方式下，贷款利率锚定中国人民银行公布的同期同档次基准利率；LPR定价方式下，贷款利率锚定全国银行间同业拆借中心公布的相应期限的LPR。锚定值不同决定了贷款发放时点及重定价时点的定价基准不同。实际贷款利率是在锚定的定价基准的基础上浮动确定的。

二是两种定价基准的市场化程度不同。

基准利率由中国人民银行不定期调整并公布，目前最新的贷款基准利率是中国人民银行2015年10月公布的；LPR由全国银行间同业拆借中心于每月20日（遇节假日顺延）公布，相比贷款基准利率，LPR的市场化程度更高，更能反映市场供求的变化情况。

三是两种定价方式的浮动方式不同。

基准利率定价方式下，一般按比例来浮动，比如基准利率上浮10%；LPR定价方式下，按照点数来浮动，比如LPR加40个基点。

对于浮动利率贷款，贷款发放以后，将按照合同约定的重定价周期进行重定价。例如，贷款发放日是2023年11月1日，如果合同约定的重定价周期是1年，那么在每年的11月1日会按照全国银行间同业拆借中心最新公布的相应期限的LPR，结合合同约定的加点数值对贷款实际执行利率进行调整。如遇调整当月不存在与贷款发放日对应的日期，则以该月最后一日为对应日。除重定价日以外，LPR的变动对贷款利率没有影响。

对于固定利率贷款，在整个贷款期间，贷款的实际执行利率保持固定不变，不会随LPR的调整而变化。

（二）公积金贷款利率

公积金贷款利率也由中国人民银行统一规定，但比商业贷款的利率低。

金融机构人民币贷款基准利率表（2015年10月24日）见表5-3。

表5-3 金融机构人民币贷款基准利率表（2015年10月24日）

项目	利率（%）
一、短期贷款	
1年以内（含1年）	4.35
二、中长期贷款	
1~5年（含5年）	4.75
5年以上	4.90

个人住房公积金贷款利率表（2023年4月13日）见表5-4。

表5-4 个人住房公积金贷款利率表（2023年4月13日）

项目	利率（%）
一、首套房贷款	
1~5年（含5年）	2.6
6~30年	3.1
二、二套房贷款	
1~5年（含5年）	3.025
6~30年	3.575

公积金贷款利率依然使用基准利率定价的方法。

公积金贷款的贷款期在一年以内的，如遇法定利率调整，继续执行合同利率，即不对利率进行调整。

贷款期在一年以上的，遇法定利率调整，从下一年年初开始，按相应期限档次的利率执行新的利率。

六、贷款的偿还

贷款必须在规定的期限内偿还，最常见的偿还方式有一次性还本付息、等额本金还款法和等额本息还款法。

除此之外，各银行还纷纷推出多种形式的个性化还款方式，如等额递增（减）还款法、按期付息还本法、本金归还计划法等。

（一）一次性还本付息

贷款期限在1年之内（含1年）的，还款方式一般采取一次性还本付息，即一次还清期初的贷款本金加上整个贷款期内的利息的总额。

到期一次还本付息额的计算公式为：

如果贷款期满1年，

到期一次还本付息额=贷款本金×（1+年利率（%））

如果贷款期不满1年，

到期一次还本付息额=贷款本金×（1+月利率（‰）×贷款期（月））

式中：

月利率=年利率÷12

【例5-8】张静的商业性个人住房贷款总额为10万元，贷款期为7个月，年利率为4.35%，到期一次性还本付息额是多少？

到期一次性还本付息额=100 000×（1+4.35%÷12×7）

=102 537.50（元）

（二）等额本金还款法，简称等本金法

等额本金还款法是一种计算非常简便、实用性很强的还款方式。

其基本原理是在还款期内按期等额归还贷款本金，并同时还清当期未归还的本金所产生的利息。

等额本金还款可以是按月还款，也可以是按季还款。

假设是按月偿还，计算公式为：

每月还款额=贷款本金÷还款期数+（贷款本金-累计已还本金）×月利率

公式分两部分，前半部分“贷款本金÷还款期数”，是每期要归还的本金数，这个数字在还款期内是不变的，即每一个还款期都是一样的；后半部分的“（贷款本金-累计已还本金）×月利率”，是当期未归还的本金所产生的利息。

【例5-9】范洪梅的住房商业贷款总额为20万元，贷款期为10年，如采取按季等额本金还款法，假设年名义利率为i=5.88%，试算每个季度的还款额。

首先计算每季等额归还的本金数：200 000÷（10×4）=5 000（元）

再计算每一个还款期应还的利息：

第一个季度的利息是全部本金的利息，即：

200 000×（5.88%÷4）=2 940（元）

则第一个季度的还款额为：

本金 5 000+利息 2 940=7 940（元）

第二个季度的利息为：

（200 000−5 000）×（5.88%÷4）=2 866.50（元）

则第二个季度的还款额为：

5 000+2 866.5=7 866.50（元）

……

以此类推。

最后一个季度的利息为：

（200 000−5 000×39）×（5.88%÷4）=73.50（元）

则最后一个季度的还款额为：

5 000+73.5=5 073.5（元）

上述过程我们可以用表5-5来展示。

当然，计算方法有很多，上面的示例是为了说明这种还款方式的原理。我们还可以用财务计算器、银行提供的贷款计算器等来计算。

表5-5 等额本金还款法本金和利息一览表

期间	季本金	季利息	季本利和
1	5 000.00	2 940.00	7 940.00
2	5 000.00	2 866.50	7 866.50
3	5 000.00	2 793.00	7 793.00
4	5 000.00	2 719.50	7 719.50
5	5 000.00	2 646.00	7 646.00
6	5 000.00	2 572.50	7 572.50
7	5 000.00	2 499.00	7 499.00
8	5 000.00	2 425.50	7 425.50
9	5 000.00	2 352.00	7 352.00
10	5 000.00	2 278.50	7 278.50
⋮	⋮	⋮	⋮
40	5 000.00	73.50	5 073.50
总计	200 000.00	60 270.00	260 270.00

可见，该种还款方式一开始还款额较高，随着本金的不断归还，未归还本金的利息越来越少，每个季度的还款额逐渐减少。

这种方式较适合于已经有一定的积蓄，但预期收入可能逐渐减少的家庭，如中老年家庭。该方式自1999年1月推出，被国内各商业银行逐渐采用和推广。

（三）等额本息还款法，简称等本息法

个人购房抵押贷款的期限一般都在一年以上，除了等额本金还款法以外，还有一种还款方式是等额本息还款法，即从借用贷款的第二个月起，每月以相等的额度平均摊还贷款的本金和利息。

每月还款额的计算公式如下：

$$每月还款额=\frac{贷款本金 \times 月利率}{1-(1+月利率)^{-还款期数}}$$

【例5-10】马朝霞的个人住房贷款总额为20万元，贷款期为5年，还款方式为等额本息，假设年名义利率为5.7%，按年归还。本金和利息一览表（按年归还）见表5-6。

表5-6　等额本息还款法本金和利息一览表（按年归还）

期间	每期还款额	每期付利息	每期还本金	贷款余额
0				200 000.00
1	47 092.45	11 400.00	35 692.45	164 307.55
2	47 092.45	9 365.53	37 726.92	126 580.64
3	47 092.45	7 215.10	39 877.35	86 703.29
4	47 092.45	4 942.09	42 150.36	44 552.93
5	47 092.45	2 539.52	44 552.93	0

其中第二列每期还款额可用上面的公式计算，也可用EXCEL财务函数或财务计算器来计算。

第一种方法：公式计算。

$$每年还款额=\frac{贷款本金 \times 年利率}{1-(1+年利率)^{-还款期数}}=\frac{20\,0000 \times 5.7\%}{1-(1+5.7\%)^{-5}}=47\,092.45（元）$$

第二种方法：使用EXCEL函数计算，如图5-4所示。

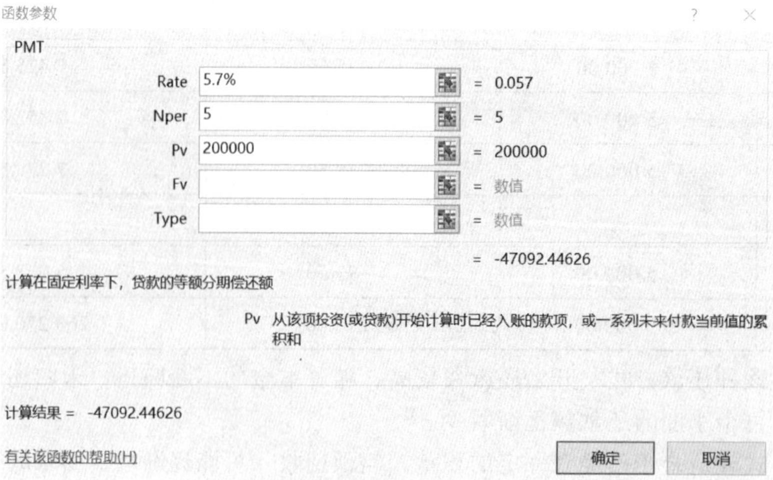

图5-4　每期还款额的计算（影印）

可见，等本息还款法每月偿还总额固定，但越往后期本金偿还的部分越多，利息偿还的部分越少。

由于每期还款额固定，大部分的借款人都选择此种方式。该种方法适用于收入稳定的家庭，如公务员、教师家庭等。

（四）等本金和等本息的比较

下面通过一个具体的例子将等本金和等本息做一比较。

【例5-11】李尤近期办理了购房贷款，计算下来需要贷款50万元，并需要在20年内按月还清，假设银行的利率为4.9%，具体还款方式有等本金和等本息可供选择。下面的计算可以帮她作出还款方式的选择决策。

1.选择等本金

月利率=4.9%÷12=0.40833%

月归还本金=500 000÷240=2 083.33（元）

第一个月利息=500 000×0.40833%=2 041.67（元）

以后每个月利息减少额=2 083.33×0.40833%=8.51（元）

每月的利息是以等差数列减少，所以到期合计支付的利息可以用等差数列的求和公式计算出来。

$$到期支付利息总额=\frac{240\times(2\ 041.67+8.51)}{2}=246\ 021.60（元）$$

到期合计本息=246 021.60+500 000=746 021.60（元）

2.选择等本息

月利率=4.9%÷12=0.40833%，每月还款额=3 272.21（元）

到期支付利息总额=785 330.40-500 000=285 330.40（元）

到期合计本息=3 272.21×240=785 330.40（元）

表5-7将等本金和等本息还款方式的优缺点做了比较。

表5-7 **等本金和等本息还款法的比较**

还款方式	优点	缺点
等本金	还款负担逐渐减轻，而且所负担的全部利息较低	初期的还款负担较重
等本息	还款负担不变，易于管理	所缴利息比等额本金高，由于初期还本金较少，利息负担较重

（五）等额递增（减）还款法

该方法是将还款期划分为几个阶段，每个阶段内还款额相同，下一阶段的还款额按固定金额递增或递减。

等额递增还款法适用于目前收入较低、未来收入较高的人，如刚参加工作的人群；等额递减还款法而递减适用于目前收入较高，未来收入将减少的人。

（六）按期付息还本法

按期付息还本法即自主决定按月、季度或年等时间间隔还款。按期付息还本法实际上是贷款人按照不同财务状况，把每个月要还的钱凑成几个月一起还。

例如，15年期的一笔贷款，采用等额本息还款，每月还款额假定为2 000元，如果采用按期付息还本法，申请人就可以选择每两个月还4 000元。

从某种程度来说，它是等额本息还款方式的变体。这种还款方式具有较大的灵活性，适用于收入不稳定人群。

采用这种还款方式是要与银行协商的，银行同意后就可以为贷款本金和利息的归还制订一个不同的还款时间单位的还款方案。

（七）本金归还计划法

这种方式是等额本金还款方式的变体。

举例来说，一笔贷款15年期，采用等额本金还款方式，首月本金为1 200元左右，利息为900元左右。借款人可以把利息和本金分开还，利息仍然按月和季度还款，数额递减。按照规定，贷款人最少一次要还10个月的本金，即12 000元。下一次偿还本金的间隔期限不能超过一年。

此种还款方式是银行专为不是按月取得收入的人群，如网络作家、艺术家、设计师等制定的。

七、提前还款和延长还款

（一）提前还款

提前还款指借款人具有偿还能力时，主动向贷款银行提出部分或全部偿还贷款的行为。之所以提前还款，其原因可能是借款人在贷款时对自身的偿还能力估计不足；也有可能是借款人在贷款时根据成本效益原则使用较大的贷款额度，而将自有资金投入其他高利润的项目，贷款后投资项目收益发生变化，借款人因调整投资组合而提前偿还贷款；或者借款人在贷款一段时间后收入增加，财务状况改善，有能力提前还款。

提前还款的方式有如下几种：

一是全部提前还款，即将剩余的全部贷款一次性还清，此时不用还利息，但已还的利息不退。

二是部分提前还款，月供不变，缩短还款期。

三是部分提前还款，月供减少，还款期不变。

四是部分提前还款，月供减少，缩短还款期。

五是部分提前还款，增加月供，缩短还款期。

那么，如何还贷更经济呢？

如果选择的是商业贷款和公积金构成的组合贷款，由于公积金贷款利率比商业贷款低，所以购房者要提前归还贷款利率较高的商业贷款。

如果是纯商业贷款，由于提前还贷时已支付的利息是不退还的，而同样贷了一段时间后，等额本息还款法所要支付的利息高于等额本金还款法，所以购房者如果在一开始就想要提前还款，贷款期限又不是很长，最好选择等额本金还款法。

提前偿还贷款，特别是提前偿还部分贷款，需要调整原借款合同中约定的借款期限、贷款余额等内容，在操作上有一定的复杂性，应注意以下几点：

首先，银行对提前还贷的次数和金额有限制。随着银行竞争的加剧，一些银行已不再限制提前还贷次数，但对提前还贷的起点金额仍然有各自的规定。

其次，允许提前还贷的时间不同。原则上必须在借款合同签订一年以后，经银行同意，才能以书面申请提前归还部分或全部贷款。不过有的银行在贷款发放后可以按照合同的规定随时提前还款。

再次，提前还款的前提是借款人以前的贷款不拖欠，以前欠息、当期利息及违约金已还清，如果有拖欠本金、利息及违约金情况，应先归还拖欠款及当期利息。

最后，还完款项后，要及时办理抵押权的注销登记，凭银行开出的还款凭证以及本人身份证，拿到不动产权证书，此时提前还款才算是真正完成了。

银行对提前还贷的政策一直在调整，同一家银行在不同时期的政策也不一样，提前还贷时要了解贷款合同中的具体规定。

（二）延长还款

借款人如财务紧张无力还款或由于其他原因不能按时如数还贷，可向银行提出延长贷款申请。

需要延长贷款时借款人应提前向银行提出书面申请，借款人申请延期只限一次，原借款期与延长期之和不得超过30年。

第五节　各种费用对居住规划的影响

买房和换房过程中会涉及许多税费，在做购房或换房规划时，应该将这些税费加入期初费用一起考虑，如装修费、中介费、评估费、契税、印花税、增值税、抵押登记费、共同维护基金等。

一、税

买房和换房涉及的税主要有契税、印花税、增值税和个人所得税等。

（一）契税

契税是指在中华人民共和国境内转移土地、房屋权属过程中，承受的单位和个人所要缴纳的一种税。

新房的契税，按照房屋的成交价格来计算，即成交价格乘以对应的契税税率；二手房的契税，大多数情况下按照房屋的评估价来计算。

根据财政部、国家税务总局以及住房和城乡建设部三部门联合下发的《关于调整房地产交易环节契税、营业税优惠政策的通知》（自2016年2月22日起实施），对于缴纳契税有如下的规定：

（1）对个人购买家庭唯一住房（家庭成员范围包括购房人、配偶以及未成年子女)，面积为90平方米及以下的，减按1%的税率征收契税；面积为90平方米以上的，减按1.5%的税率征收契税。

(2)对个人购买家庭第二套改善性住房(指已拥有一套住房的家庭购买的家庭第二套住房)，面积为90平方米及以下的，减按1%的税率征收契税；面积为90平方米以上的，减按2%的税率征收契税。

北京市、上海市、广州市和深圳市的首套房契税政策同上；二套房和非普通住宅契税为3%。

(二)印花税

印花税是对合同、凭证、书据、账簿及权利许可证等文件征收的税种。纳税人通过在文件上加贴印花税票，或者盖章来履行纳税义务。

从2008年11月1日起，我国对个人销售或购买住房暂免征收印花税(原比例为0.05%)。

(三)增值税和增值税附加税费

增值税是指国家对房产的增值所收的税。

如果是做换房规划，就涉及增值税，由卖房者缴纳。

我国现行的规定是：个人将购买不足两年的住房对外销售的，按照5%的征收率全额缴纳增值税；个人将购买两年以上(含两年)的住房对外销售的，免征增值税。

需要注意的是，上述政策适用于北京市、上海市、广州市和深圳市之外的地区。在北上广深四个城市，个人将购买不足两年的住房对外销售的，按照5%的征收率全额缴纳增值税；将购买两年以上(含两年)的非普通住房对外销售的，以销售收入减去购买住房价款后的差额按照5%的征收率缴纳增值税；个人将购买两年以上(含两年)的普通住房对外销售的，免征增值税。

增值税附加税费是附加税的一种，基于增值税而产生，按照增值税税额的一定比例来征收。

其纳税义务人与独立税相同，但是税率另有规定，是以增值税的存在和征收为前提和依据的。

增值税附加税费通常包括城市维护建设税、教育费附加、地方教育附加等。目前，个人房产交易的增值税附加税费为：

城市维护建设税=增值税税额×7%

教育费附加=增值税税额×3%

地方教育附加=增值税税额×2%

(四)个人所得税

卖出房屋的所得，属于个人所得税法中的“财产转让所得”，“以转让财产的收入额减除财产原值和合理费用后的余额，为应纳税所得额”。

其适用比例税率，税率为20%。

此税应由卖方缴纳，但实际交易中大多数售房方都选择净收价，即买卖双方的税都应由买方承担。

如果是普通住宅，按总价的1%或总价减成本的20%征收个人所得税；受赠或继承所得按总价的20%征收个人所得税。

个人转让自用5年以上并且是唯一的家庭生活用房取得的所得，可以免征个人所得税。以下情形的房屋产权无偿赠与，对当事双方不征收个人所得税：

（1）房屋产权所有人将房屋产权无偿赠与配偶、父母、子女、祖父母、外祖父母、孙子女、外孙子女、兄弟姐妹；

（2）房屋产权所有人将房屋产权无偿赠与对其承担直接抚养或者赡养义务的抚养人或者赡养人；

（3）房屋产权所有人死亡，依法取得房屋产权的法定继承人、遗嘱继承人或者受遗赠人。

二、费

（一）装修费

市场上出售的新房一种是毛坯房，另一种是精装房。

如果购买毛坯房就必须进行装修，装修费是最大的一笔期初费用。因个人的喜好与预算的不同，装修费差异很大。

房屋经过装修，可以打造出一个温馨的家居环境，给人温馨和舒适的“家”的感觉。

精装修每平方米大概需要1 700～2 000元；大众化装修每平方米需要1 200～1 300元；一般化装修，每平方米投入900～1 000元即可；如果按每平方米500～600元的投入进行装修，就属于简易装修了。

如果是买精装修的房子，就不需要装修了，省却了许多麻烦，但这样的房子价格较高，而且装修风格往往是固定的，很难做到量身定制。

（二）中介费

通过中介公司买房换房要支付中介费，中介费是购房者在进行二手房交易时支付给中介公司的服务费。

目前的中介费率以成交价为基准，买卖双方都需支付（买和卖的标准不同）。

中介费一般在房屋成交价格的1%～2%，不过目前在全国范围内中介服务费的收费标准并没有一个统一的规定，一般是按照行业标准或行业习惯来收取。

代理项目不同，房地产中介服务费的收费标准也不一样。

房屋租赁的中介费，不论成交的租赁期限长短，均按照半个月至一个月的成交租金标准来收取，双方协商一次性收取。

而房屋买卖中介费的收费标准一般按成交价格总额的0.5%～2.5%收取。对于实行独家代理的，收费标准一般由委托方与房地产中介机构协商决定，可以适当地提高标准，但最高一般不超过成交价的3%。

假设买二手房有2%的中介费，卖旧房有1%的中介费，通过中介买100万元的二手房要支付2万元（100×2%）的中介费；如果出售60万元旧房另购100万元二手房均通过中介公司的话，要支付2.6万元（60×1%+100×2%）的中介费用。如果卖出旧房后买的是新房，就不需要支付中介费。

如果自己买房换房，虽可省下中介费，但相对要投入很多时间和精力。

（三）评估费

办理房屋抵押贷款时，需要专业的评估机构对房屋价值进行评估，银行根据评估价值决定放款金额。

是否需要评估，各银行的规定不同，一般二手房、高档公寓和别墅需要评估，新建房大多不需要评估。申请公积金贷款时，银行也会要求对房屋价值进行评估。

不同的评估机构有不同的收费标准，不同地区也有差异，多按成交价的一定比率收取，如0.5%或5‰。由买方支付给评估机构。

（四）共同维护基金

共同维护基金也叫专项维修资金，是专门用于住宅共用部分、共用设施设备保修期满后的维修和更新、改造的资金，一般按购房总价的2%～3%收取，也有按照每平方米几十元来收取的。

该费用是在成立了业主委员会后一次性收取，由业主委员会管理。

（五）其他

其包括权属登记费，即房屋产权登记费80元；房屋所有权工本费；抵押登记费100元。有时还会发生律师费、公证费。

总之，在整个买房过程中，除贷款利息外，比较大的支出有首付款、物业费、契税和维修基金。

综合起来，买房时的税费占总房价的10%～15%左右，换房时的税费占总房价的20%左右，是一笔不小的花销。

在居住规划中，应与首付款一起计入期初开销中。

房子入住后，还要缴纳物业费、采暖费（北方）等，这些均会对家庭现金流产生持续性的影响。

【思政小课堂】　让人人都有房子住——国家发布重磅文件

随着城市化进程的加快和人口的增长，房地产市场的供需矛盾日益突出，导致了房价的居高不下，许多普通人买不起或住不上自己心仪的房子。

为了解决这一问题，国家一直在进行各种政策的调整和改革，试图平衡市场的秩序和民众的需求。

2023年8月25日，国务院发布《关于规划建设保障性住房的指导意见》（国发〔2023〕14号，简称14号文），这是继《国务院办公厅关于全面推进城镇老旧小区改造工作的指导意见》（国办发〔2020〕23号），国家在住房改革领域发布的又一份重要文件。

（1）文件明确了保障性住房的目标和原则。

文件指出，保障性住房的目标是“让人人都有房子住”，即满足不同群体和层次的基本居住需求，保障城乡居民的合法权益，促进社会公平、和谐。

文件强调，保障性住房的原则是“政府主导、市场运作、多元供给、租购并举”，即政府要发挥主导作用，制定政策和规划，提供土地和资金，加强监管和评估；市场要发挥运作作用，参与建设和运营，提高效率和质量，增加选择和竞争。

多元供给要发挥补充作用，鼓励各类主体参与，提升供应量和结构，满足多样化需求；租购并举要发挥平衡作用，完善租赁市场体系，提高租赁服务水平，促进租赁消费。

（2）文件细化了保障性住房的分类和标准。

文件指出，保障性住房分为两大类，即公共租赁住房和共有产权住房。

公共租赁住房是指由政府或其授权的机构以低于市场价格出租给符合条件的家庭或个人的住房，包括廉租住房、公租住房、棚户区改造安置房等。

共有产权住房是指由政府或其授权的机构与符合条件的家庭或个人共同出资购买并共同拥有产权的住房，包括限价商品房、自住型商品房、人才公寓等。

文件规定了各类保障性住房的申请条件、面积标准、价格水平、使用期限等具体细则。

（3）文件部署了保障性住房的建设和管理。

文件指出，保障性住房的建设要按照“因地制宜、因需而建”的原则，结合各地区的实际情况和需求特点，制定合理的规划和目标，优化土地供应和配置，提高建设质量和效率。

文件强调，保障性住房的管理要按照“公开透明、规范有序”的原则，建立健全相关的制度和机制，加强信息公开和审核把关，防止违规违纪现象。

文件还提出了一些具体的措施和建议，如推进保障性住房与普通商品住房相融合、推进保障性住房与社会福利相衔接、推进保障性住房与智慧城市相配套等。

这份文件体现了国家对于解决人民群众最关心、最直接、最现实的利益问题——住房问题的高度重视和决心，也体现了国家对于实现社会主义现代化建设的战略目标的坚定信心和能力，将有助于调整和优化住房供给结构，增加保障性住房的供应量和质量，满足不同群体和层次的居住需求，保障城乡居民的合法权益，促进社会公平与和谐，也将有助于调控和稳定房地产市场，抑制房价过快上涨，遏制投机炒作，防范金融风险，释放消费潜力，推动经济转型升级。

资料来源 财经明白说．让人人都有房子住？国家发布重磅文件，新房改方案曝光了！［EB/OL］．（2023-10-30）［2024-07-19］．https：//baijiahao.baidu.com/s？id=1781168844925845031&wfr=spider&for=pc.

本章小结

本章研究的是用来“住”的房子的规划，着重从消费角度来探讨居住规划的意义、目标和流程。

由于买房和租房都能实现“住”的目的，比较买房和租房的优劣，选择是买房抑或租房就成为必要。从“房产生涯”来看，换房也是居住规划的一个方面。同时，要明确居住规划的目标，衡量买房的负担能力。鉴于大多数人都要通过贷款买房，本章介绍了贷款的种类、条件、担保方式、期限和利率、偿还方式等。

1.居住规划是个人或家庭对买房、租房、换房、卖房和建房的规划。

2.之所以要做居住规划，是因为购房需要大笔资金；购房规划的时间较短，但买房并不需要一次到位，为避免一生都在还贷，终生做房奴，必须认真加以规划。另外，贷款买房和租房都有机会享受税收抵免的好处。

3.买房的投资额大、价值高，若升值就能获得经济利益；可以抵御通货膨胀；有归属感和安全感；拥有产权，可以自主装修、处置和使用，还能抵扣税款。但买房的负担重，在财力不足的情况下买房会成为“房奴”，直接影响当前和今后的生活质量，也会影响到其他财务规划的实现，且房子的流动性差；另外，买房后要负担所有的物业、维修等费用，生活成本增加。

4.租房的优点包括灵活、负担轻、初始成本较低等。租房的缺点是：只有使用权，缺乏安定感和稳定感；从财务方面来考虑，不能从房产的升值中获得好处，对租金的涨跌没有发言权；不能按照自己的兴趣和爱好装修。

5.买房与租房的决策。可以用年成本法和净现值法来判断。年成本法即比较买房与租房的年成本，成本低的较为划算。净现值法是考虑在一个固定的居住期间内，将租房及买房的现金流量还原至现值，比较两者的现值，现值越小越好。

6.衡量买房的负担能力，最常使用的就是按每月能够负担的费用来计算可以负担的最高房价，也可以按欲购买的房屋价格来计算每月需要负担的费用。

7.房子的选择。

一是选择房子的种类，二是选择房子的区位。

房子按性质可分为商品房和保障性住房；按取得时间可分为期房和现房；按户型的建筑形式可分为平层房、错层房、跃层房和复式房；按住宅建筑标准可分为普通住宅和非普通住宅。不同区位间的房子不仅单价差距很大，居住环境也千差万别，要考虑离上班地点远近、交通是否方便等。

8.贷款种类。一是商业性的住房贷款，二是政策性的公积金贷款，三是组合贷款。

个人住房商业贷款，即按揭，指贷款银行以产权为抵押向购房者发放的贷款。

个人住房公积金贷款，是指住房公积金管理中心以住房公积金为资金来源，向住房公积金缴存职工发放的政策性专项贷款。

个人住房组合贷款则是上述二者的组合。

9. 不论是商业贷款、公积金贷款还是组合贷款，均要求借款人提供抵押，除常用的住房抵押外，还有权利质押和第三方保证，借款人可以根据情况选择其中的一种。

10. 贷款最常见的偿还方式有一次性还本付息、等额本金还款法和等额本息还款法。除此之外，个性化的还款方式还包括等额递增（减）还款、按期付息还本、本金归还计划等。

11. 当借款人具有偿还能力时，可向贷款银行申请部分或全部提前偿还；借款人如出现财务紧张情况或由于其他原因不能按时如数还贷，也可向银行申请延长贷款。

12. 换房规划可以看作对房产的使用年限进行的规划。

有无换房能力一方面取决于能否付得出换房所必须支付的首付款（主要看旧房能卖多少钱），另一方面取决于未来有无能力偿还换房后的贷款。

换房涉及两步：旧房出售和新房购入。

先买还是先卖，会产生不同的影响。

13. 在买房和换房过程中涉及许多税费，在规划时应该将装修费、中介费、评估费、契税、印花税、增值税、抵押登记费、共同维护基金等加入期初费用一起来考虑。

复习思考

一、基本概念

居住规划　成本法　净现值法　商品房　保障性住房　廉租房　公租房　经济适用住房　普通住宅　非普通住宅　商业性住房贷款　公积金贷款　组合贷款　一次性还本付息　等额本金还款法　等额本息还款法　等额递增（减）还款法　按期付息还本　本金归还计划

第五章
在线测试

二、填空题

1. 根据住房支出的目的不同，住房支出可以分为________和________两类。

2. 居住规划目标包括计划购房的________、________和________三大要素。

3. 普通住宅的个人所得税按总价的________或（总价-成本）的________缴纳。

4. 不能简单地把年成本法的计算结果当成买房或租房的决策依据，还要把________、________、________，以及房屋的持有成本考虑进去。

5. 贷款的报价方式是按照公开市场操作利率加点形成，即________。

三、选择题

1. 增值税附加税费包括（　　）。

A. 城建税　　B. 教育费附加　　C. 土地增值税

D. 所得税　　E. 地方教育附加

2. 还款负担逐渐减轻，而且所负担的全部利息较低的是（　　）偿还法。

A. 等本息　　B. 等本金　　C. 一次性

D.等额递增　　　　　　E.等额递减

3.住房贷款包括（　　）。

A.等本息贷款　　　　　B.组合贷款　　　　　C.商业贷款

D.公积金贷款　　　　　E.等本金贷款

4.银行可接受的质押物包括（　　）。

A.股票　　　　　　　　B.国库券　　　　　　C.汇票

D.金融债券　　　　　　E.银行认可的企业债券

5.属于非普通住宅标准的有（　　）。

A.住宅小区建筑容积率在1.0以下

B.住宅小区建筑容积率在1.0以上

C.单套建筑面积在144平方米以上

D.单套建筑面积在144平方米以下

E.实际成交价格高于同级别土地住房平均交易价格的1.2倍

四、问答题

1.买房与租房各有哪些优点和缺点？

2.个人住房贷款的种类有哪些？

五、分析题

1.申家季购买了120万元的一套新房，首付36万元，按揭84万元，年利率4.9%，期限是20年。如果采用等额本息还款法，每月的还款额是多少？第一个月所还利息和本金分别是多少？一共需要还多少利息？

2.23岁的张盈今年毕业，计划工作8年后购买价值为100万元的房子，居住10年后再换180万元的房子。假设投资报酬率是8%，七成贷款20年，贷款年利率为4.9%，换房时旧房按原价出售。请计算首次购房需要的储蓄额，首次购房和换房需要的贷款年供额是多少？

第六章　个人所得税规划

◇学习目标

- 理解个人所得税规划的含义、意义和原则
- 了解个人所得税规划与偷税、避税的区别
- 熟悉税法中关于个人所得税征税范围和计税方法的规定
- 掌握个人所得税规划的常用方法
- 熟悉个人所得税的征税对象和应纳税额的计算

开篇导读

每逢中秋节都会出现一场热议，这就是“月饼税”。单位发月饼要征税？各界对此争议颇多。一个月薪6 000元的公司职员，价值300元的月饼被计入工资计税后，大概要为这一盒月饼缴9元的“月饼税”。而月收入在8 000元的白领，原本只需缴90元的个税，但因为这盒300元的月饼，就要按照10%的比例缴纳120元的个税，其中为这盒月饼掏了30元。

月饼作为一种福利，对其征税能否站得住脚？是否与个税法中的福利费免缴个税相违背？收“月饼税”算不算重复征税？

第一节　个人所得税规划的意义和性质

一、个人所得税规划的含义

个人所得税是指国家对个人（自然人）取得的应税所得征收的一种税。该税种始于1799年的英国，现已成为世界各国普遍征收的一个税种。因个人所得税具有“聚财”和调节收入分配的功能而被喻为“社会稳定器”。

1980年9月10日，第五届全国人民代表大会第三次会议通过了《中华人民共和国个人所得税法》（简称《个人所得税法》），我国居民正式进入个人所得税的纳税时代。自1980年个人所得税开征以来，税收收入连年大幅增长，特别是1994年税制改革后，目前已成为国内税收中的重要税种，在部分地区已跃居地方税收收入的第二位，成为地方财政收入的主要来源。

数据显示，1994年，我国仅征收个人所得税73亿元，到2002年突破千亿元，2016年突破万亿元。1994—2018年，个人所得税收入占GDP的比重由0.15%上升至1.54%，

占税收收入的比重由1.4%上升至8.9%，成为第三大税种。2019年全面实施新的个人所得税法后，个人所得税收入下降，退居为第四大税种。2022年个人所得税收入14 923亿元，创历史新高，占税收收入的8.96%。图6-1展示了我国2009—2022年个人所得税的收入情况。

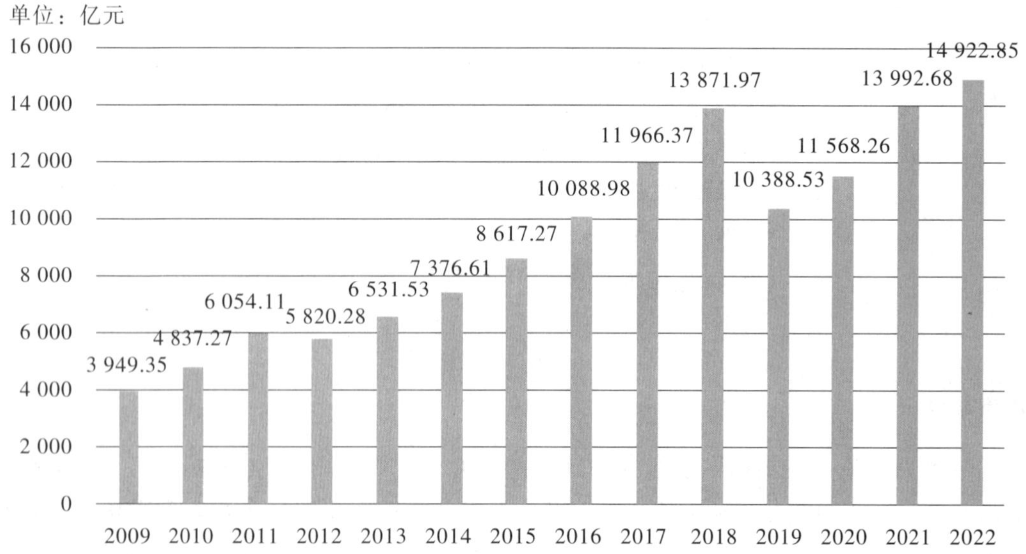

图6-1 2009—2022年个人所得税收入

资料来源 国家统计局各年度数据。

【知识拓展6-1】 **我国个人所得税的演进**

1950年1月，政务院发布了新中国税制建设的纲领性文件——《全国税政实施要则》，其中涉及了对个人所得税的征收，但由于种种原因，一直没有开征。1978年，我国实行改革开放政策，税制建设也进入了一个新的发展阶段。为适应改革开放的需要，我国相继开征了对外籍个人征收的个人所得税、对国内居民征收的城乡个体工商户所得税和个人收入调节税。

1994年，我国将上述三税修订合一，颁布实施了新的个人所得税法，初步建立起符合我国实际的个人所得税制度。

1999年8月30日，第九届全国人大常委会第十一次会议通过了《关于修改〈中华人民共和国个人所得税法〉的决定》，把个人所得税法中“储蓄存款利息”免税项目删去，并授权国务院恢复开征了储蓄存款利息个人所得税（2008年10月9日起，为配合国家宏观政策调控需要，该税暂免征收）。

2000年9月，财政部、国家税务总局根据国务院有关通知精神，制定了《关于个人独资企业和合伙企业投资者征收个人所得税的规定》（财税〔2000〕91号），明确从2000年1月1日起，对个人独资企业和合伙企业停征企业所得税，对其投资者的生产经营所得征收个人所得税，从而解决了对个人独资企业和合伙企业投资者的双重征税问题。同时，2005年和2007年，国家两次上调工资薪金所得费用扣除标准，进一步减轻了中低收入阶层的税负。

2011年，个人所得税免征额从2 000元提高到3 500元，同时，将个人所得税第一级税率由5%修改为3%，九级超额累进税率修改为七级，取消15%和40%两档税率，扩大3%和10%两个低档税率的适用范围。

自2019年1月1日起，实施新的《中华人民共和国个人所得税法》。新个税法增加了综合所得的概念，对综合所得按年计算所得税；扩大了减除费用的扣除范围，综合所得的费用扣除额由原来的月3 500元扩大为年6万元；设立了专项附加扣除；扩大了低档税率级距；增加了公益捐赠的扣除和反避税条款。

纳税是公民的法定义务，但纳税人总是希望尽可能减少税负支出。所谓税收规划，是指纳税义务人于纳税行为发生前，在法律允许的范围内，通过对纳税主体的经营、投资、理财等经济活动的事先筹划和安排，充分利用税法提供的优惠和差别待遇，以减轻税负，达到整体税后利润最大化的过程。总之，税收规划的主体是纳税义务人，这种规划与偷税漏税不同，具有科学性、合法性，是在税收法律允许的范围内的，符合国家的税收政策导向，其最终的目的是获得税收利益。税收规划与投资规划、退休规划和遗产规划一样，是整个理财规划过程中的一个基本组成部分。

税收规划源于1935年英国的“税务局长诉温斯特大公”案。当时参与此案的英国上议院议员汤姆林爵士对税收规划做了这样的表述：“任何一个人都有权安排自己的事业。如果依据法律所做的某些安排可以少缴税，那就不能强迫他多缴税收。”这一观点得到了法律界的认同。经过半个多世纪的发展，税收规划的定义得以逐步形成，即“在法律规定许可的范围内，通过对经营、投资、理财活动的事先筹划和安排，尽可能取得节税（Tax Savings）的经济利益。”

二、个人所得税规划的意义

（一）减轻税负

根据国家统计局公布的数字，我国居民人均可支配收入①一直处于增长中，2022年，全国居民人均可支配收入36 883元，比上年名义增长5.0%，扣除价格因素，实际增长2.9%。其中，城镇居民人均可支配收入49 283元，增长（以下如无特别说明，均为同比“名义增长”）3.9%，扣除价格因素，实际增长1.9%；农村居民人均可支配收入20 133元，增长6.3%，扣除价格因素，实际增长4.2%。收入增加后，纳税人个人所得税缴纳的数额也会随之增加。尤其是白领、金领阶层，每年要缴纳大量的个人所得

① 居民可支配收入是指居民可用于最终消费支出和储蓄的总和，即居民可用于自由支配的收入，既包括现金收入，也包括实物收入。按照收入的来源，可支配收入包括工资性收入、经营净收入、财产净收入和转移净收入。居民消费支出是指居民用于满足家庭日常生活消费需要的全部支出，既包括现金消费支出，也包括实物消费支出。消费支出包括食品烟酒、衣着、居住、生活用品及服务、交通通信、教育文化娱乐、医疗保健以及其他用品及服务八大类。

税，税负的增加使得他们的收入减少，合理、合法地减少税负便成为自然而然的愿望和行为。图6-2为2014—2023年我国居民人均可支配收入及其增长速度的情况。

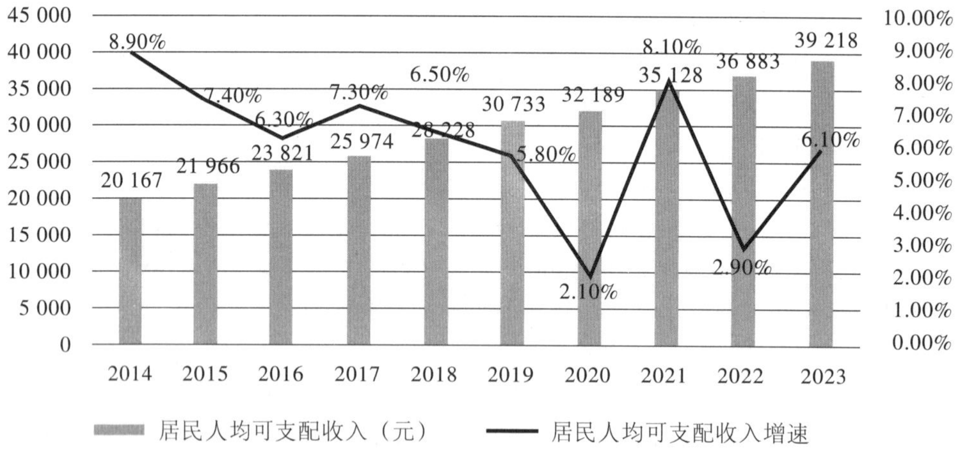

图6-2　2014—2023年居民人均可支配收入（元）及增长速度（%）

资料来源　国家统计局各年度数据。

要减轻税收负担，这是所得税规划最根本的目标。

税收的无偿性决定了纳税人所缴纳的个人所得税是资金的净流出，是经济利益的损失。作为自然人纳税人，他首先是自然人，然后才是纳税人。作为自然人必然要追求自身经济利益最大化，寻求自身效用的最大满足往往是第一位的，因此，进行纳税规划以减轻税收负担，具有一定的需求和合理性。纳税人通过税收规划，选择税负较轻的方案，减少现金流出，增加可支配资金，这无疑有利于纳税人个体的发展。

（二）充分利用税法提供的空间

各国关于个人所得税的规定是不同的，但是税收作为国家调节收入手段的基本作用是一样的，对于不同的人在不同的地方取得的不同来源的收入存在着不同的征税规定，还存在着对个人所得税的一些优惠政策和相应的减免规定，这就为个人所得税规划提供了一定的空间，可以根据税法的规定，进行适当的变通，制订适合实际情况的纳税方案。

（三）有利于纳税人增强纳税意识

纳税人进行税收规划的目的是在合法的前提下少缴或缓缴税款，为达此目的，纳税人必须学习财税政策、税法和其他相关法规。中国市场经济的健全过程是税法体系不断健全的过程，税法的健全伴随着税法的日益复杂，如果对税法研究得不透，既有可能漏税，也有可能多缴税。因此，税收规划有利于纳税人增强纳税意识，自觉抵制偷税、逃税等违法行为。

（四）有利于完善税制

个人所得税规划虽然不是利用税制的漏洞来减轻税收负担，但也是纳税人对税收制度和政策的一种反馈，一定程度上暴露了现有税收法规的缺陷，利用这种反馈，国家可以对现有税法进行修正，以完善税收法规。

三、个人税收规划与避税、偷税

要有效开展税收规划，必须明确税收规划与避税、偷税的界限。

（一）偷税

按我国税收征管法的解释，纳税人只要具有下述行为之一，即可认定其为偷税：纳税人伪造、变造、隐匿、擅自销毁账簿、记账凭证，不缴或者少缴应纳税款的；纳税人在账簿上多列支出或者不列、少列收入，不缴或者少缴应纳税款的；纳税人经税务机关通知申报而拒不申报或者进行虚假的纳税申报，不缴或者少缴应纳税款的。对纳税人偷税的，由税务机关追缴其不缴或少缴的税款、滞纳金，并处不缴或少缴的税款百分之五十以上五倍以下的罚款；构成犯罪的，依法追究刑事责任。

我国刑法（第201条）也有类似的规定："纳税人采取欺骗、隐瞒手段进行虚假纳税申报或者不申报，逃避缴纳税款数额较大并且占应纳税额百分之十以上的，处三年以下有期徒刑或者拘役，并处罚金；数额巨大并且占应纳税额百分之三十以上的，处三年以上七年以下有期徒刑，并处罚金。"

可见，偷税是指纳税人以欺骗隐瞒的手段逃避应该承担的纳税义务，这种行为违反了税收征管法，情节严重的构成犯罪。

（二）避税

避税是指纳税人利用税法的漏洞，少纳税或不纳税的一种行为。避税虽然没有直接违反税法，但是违背了税收的立法精神，从而损害了国家和社会的利益。避税最常见、最一般的手法是利用"避税港"（指一些无税收负担或税负极低的特别区域）虚设经营机构或场所转移收入、利润，以及利用关联企业的交易通过转移定价转移收入、利润。由于通常意义上的避税行为有悖税法精神，也可以说是对税法的歪曲或滥用，是一种不正当的行为，故世界上多数国家对这种行为采取不接受或拒绝的态度。

（三）税收规划

税收规划是纳税人在遵守法律条文和不违背立法精神的前提下，通过对自身经营行为的调整，寻求最佳纳税方案的一种行为，就其目的和结果而言，常被称为节税，其特征是用合法的策略减少纳税义务。这些表述说明，税收规划是对税收政策的积极利用，符合税法精神，从形式到内容是完全合法的，反映了国家税收政策的意图，是税收法律予以保护和鼓励的。

总之，从国家财政角度来看，虽然偷税、避税、税收规划都会减少国家的税收收入，但导致减少的因素具有根本不同的性质。从理论上说，偷税是一种公然的违法行为且具有事后性。避税和税收规划都具有事前有目的的谋划、安排的特征，但两者的合法性存在差别：避税虽然不违法但与税法的立法宗旨相悖，避税获得的利益不是税收立法者所期望的；税收规划则完全合法，是符合政府的政策导向和顺应立法意图的。它们三者之间的关系如图6-3所示。

纳税人税负最小化
- 非法行为：偷税
- 合法行为
  - 不正当行为：避税
  - 正当行为：税收规划

图6-3 偷税、避税和税收规划的关系

下面举两个例子来说明：

例如，有些国家对酒水征收较高的税收，有的人便采取少喝酒多喝水的方法，以达到少纳税的目的，这种行为符合税收政策导向的意图，因此，它是一种正当避税，即税收规划。

又如，某些国家对遗产征收较高的税收，有的人就在生前尽可能地把财产分割出去，这种行为不符合国家政策导向的意图，因此是一种不正当避税。

为加强税收征管，我国2019年实施的新个税法增加了反避税条款（以前反避税只在企业所得税里有规定），主要涉及关联方不符合独立交易原则、无合理经营需要不分红、不合理商业目的获取税收收益三项。

（四）个人所得税规划的原则

个人所得税规划不是在毫无原则的条件下进行的，个人在做个人所得税规划的时候，应该遵循以下原则。

1.合法原则

个人所得税规划只能在法律许可的范围内进行。我国税收征管法明确规定："对纳税人偷税的，由税务机关追缴其不缴或者少缴的税款、滞纳金，并处不缴或者少缴的税款50%以上5倍以下的罚款；构成犯罪的，依法追究刑事责任。"所以，无论出于何种原因，规划的前提就是合法，所有的违法行为都不可能称之为税收规划。

2.合理原则

在税收规划中，还要遵循合理性原则，要符合包括税收政策在内的各项国家政策精神。

（1）充分考虑应纳税额的影响因素。个人所得税的应纳税额由应纳税所得额和计税税率决定，因此，要降低税负，就得从这两个方面入手来合理、合法地降低应纳税额。

现行个人所得税的计税依据是个人的应纳税所得额，它是个人的收入扣除成本、费用后的余额，个人的成本、费用又有不同的规定；在税率适用上，有比例税率、累进税率，有加成的，也有减征的、优惠的，这就给个人所得税规划留下了广阔的空间。我们可以通过科学、合理的设计，相应地减少应纳税所得额，使之适用较低的税率，从而达到节税的目的。

（2）充分运用税法中对税收优惠的规定。正确和充分地利用税收优惠政策是进行个人所得税规划的一个重要内容。税收优惠是国家为了实现税收的调节功能而在税法中设立的基本条款。纳税人在进行税收规划时，可以充分利用这些优惠政策和规定，享受节税的效益。

3.税后财务利益最大化原则

个人所得税规划最主要的目的，归根到底是使纳税人的可支配财务利益最大化，即税后财务利益最大化。除降低税负外，滞延纳税时间（有别于违反税法规定的欠税行为）也是财务利益最大化的一项内容。纳税期限的推后，也许可以减轻税收负担（如避免高边际税率），也许可以降低资本成本（如减少利息支出），不管哪一种，其结果都是税收支付的节约。

4.考虑纳税义务人的权利和义务原则

根据我国法律，纳税义务人享有以下权利：延期申报权、延期纳税权、依法申请减税免税权、多缴税款申请退还权、索取完税凭证权、申请行政复议和提起诉讼权等，并承担依法办理税务登记的义务、纳税申报义务、按时纳税的义务等。

第二节 个人所得税基本知识

一、纳税义务人和扣缴义务人

（一）纳税义务人

纳税义务人，是税法中规定的直接负有纳税义务的单位和个人。《个人所得税法》第一条中对纳税义务人的具体规定是：在中国境内有住所，或者无住所而一个纳税年度内在中国境内居住累计满183天的个人，为居民个人。居民个人从中国境内和境外取得的所得，依照本法规定缴纳个人所得税。在中国境内无住所又不居住，或者无住所而一个纳税年度内在中国境内居住累计不满183天的个人，为非居民个人。非居民个人从中国境内取得的所得，依照本法规定缴纳个人所得税。纳税年度，自公历1月1日起至12月31日止。

可见，税法依据有无住所和居住时间将纳税人划分为居民纳税义务人、非居民纳税义务人，分别承担不同的纳税义务。

居民纳税义务人：负有无限纳税义务，“无限”是指不论是来源于境内，还是境外的所得都要缴纳个人所得税。

非居民纳税义务人：负有有限纳税义务，仅就其来源于中国境内的所得，向中国缴纳个人所得税。

知识拓展6-2　　个人所得税法的境内有住所指什么

税法上所称“住所”是一个特定概念，不等同于实物意义上的住房。按照个人所得税法实施条例第二条规定，在境内有住所的个人，是指因户籍、家庭、经济利益关系而在境内习惯性居住的个人。习惯性居住是判定纳税人是居民个人还是非居民个人的一个法律意义上的标准，并不是指实际的居住地或者在某一个特定时期内的居住地。

对于因学习、工作、探亲、旅游等原因而在境外居住，在这些原因消除后仍然回到中国境内居住的个人，则中国为该纳税人的习惯性居住地，即该个人属于在中国境内有住所。

对于境外个人仅因学习、工作、探亲、旅游等原因而在中国境内居住，待上述原因消除后该境外个人仍然回到境外居住的，其习惯性居住地不在境内，即使该境外个人在境内购买住房，也不会被认定为境内有住所的个人。

（二）扣缴义务人

扣缴义务人，是向个人支付所得的单位或者个人，其在每次向纳税人支付有关所得款项时，要代为扣缴税款。如单位向居民个人支付工资、薪金所得，作为扣缴义务人的单位就要按照累计预扣预缴法计算预扣预缴税款，并按月办理扣缴申报。

二、个人所得的征税对象和形式

（一）个人所得的征税对象

征税对象又称课税对象，是税法规定的征税的目的物，法律术语称为课税客体。我国《个人所得税法》第二条中明确列举了九项应纳税的个人所得：

1.工资、薪金所得

工资、薪金所得是指个人因任职或者受雇而取得的工资、薪金、奖金、年终加薪、劳动分红、津贴、补贴以及与任职或者受雇有关的其他所得。

对于一些不属于工资、薪金性质的补贴、津贴或者不属于纳税人本人工资、薪金所得项目的收入不予征税，如托儿补助费、差旅费津贴、误餐补助等。其中，误餐补助是指按照财政部规定，个人因公在城区、郊区工作，不能在工作单位或返回就餐的，根据实际误餐顿数，按规定的标准领取的误餐费。单位以误餐补助名义发给职工的补助、津贴不能包括在内。

2.劳务报酬所得

劳务报酬所得是指个人从事劳务取得的所得，包括从事设计、装潢、安装、制图、化验、测试、医疗、法律、会计、咨询、讲学、翻译、审稿、书画、雕刻、影视、录音、录像、演出、表演、广告、展览、技术服务、介绍服务、经纪服务、代办服务以及其他劳务取得的所得。

3.稿酬所得

稿酬所得指个人因其作品以图书、报刊形式出版、发表而取得的所得。

4.特许权使用费所得

特许权使用费所得是指个人提供专利权、商标权、著作权、非专利权以及其他特许权的使用权取得的所得。提供著作权的使用权取得的所得，不包括稿酬所得。

5.经营所得

经营所得具体包括：

（1）个体工商户从事生产、经营活动取得的所得，个人独资企业投资人、合伙企业的个人合伙人来源于境内注册的个人独资企业、合伙企业生产、经营的所得。

（2）个人依法从事办学、医疗、咨询以及其他有偿服务活动取得的所得。

（3）个人对企业、事业单位承包经营、承租经营以及转包、转租取得的所得。

（4）个人从事其他生产、经营活动取得的所得。

6.利息、股息、红利所得

利息、股息、红利所得指个人拥有债权、股权而取得的利息、股息、红利所得。按照税法规定，个人取得的利息所得，除国债和国家发行的金融债券利息外，应当依法缴纳个人所得税。

根据《个人所得税法》第十八条的规定，对储蓄存款利息所得开征、减征、停征个人所得税及其具体办法，由国务院规定，并报全国人民代表大会常务委员会备案。

我国自1999年11月1日起对储蓄存款利息所得按照20%的比例税率征收个人所得税；自2007年8月15日起比例税率改为5%；自2008年10月9日（含10月9日）至今，暂免征收个人所得税。

7.财产租赁所得

财产租赁所得指个人出租不动产、机器设备、车船以及其他财产取得的所得。

8.财产转让所得

财产转让所得是指个人转让有价证券、股权、合伙企业中的财产份额、不动产、机器设备、车船以及其他财产取得的所得。

9.偶然所得

偶然所得是指个人得奖、中奖、中彩以及其他偶然性质的所得。

为了避免纳税人或扣缴义务人在确定某项所得的适用应税项目时产生混淆，造成多缴或少缴税款的问题，《中华人民共和国个人所得税法实施条例》第六条规定：个人取得的所得，难以界定应纳税所得项目的，由主管税务机关确定。

以上1～4项为综合所得，即工资、薪金所得，劳务报酬所得，稿酬所得，特许权使用费所得；5～9项为分类所得。

（二）个人所得的形式

个人所得的形式包括现金、实物、有价证券和其他形式的经济利益。所得为实物的，应当按照取得的凭证上所注明的价格计算应纳税所得额；无凭证的实物或者凭证上所注明的价格明显偏低的，参照市场价格核定应纳税所得额。所得为有价证券的，根据票面价格和市场价格核定应纳税所得额。所得为其他形式的经济利益的，参照市场价格核定应纳税所得额。

【例6-1】辛欣留学归来以后，在国内一家大公司工作，单位每月发给其工资、薪金收入10 000元，此外，单位的工会还以福利费的名义每月发给每个员工固定收入，辛欣因此取得收入500元。由于辛欣在国外留学期间专攻法律，回国后通过考试又获得了律师资格证书，因此，业余时间他经常为其他单位提供法律方面的服务，不定期地取得部分收入。随着收入水平的提高，辛欣为改善家庭的居住条件，以高出原购买的价格卖掉了已居住3年的家庭唯一住房，获得一笔净收入。利用这笔收入，再加入一部分资金，他又另外购买了一套地理位置好、面积更大的住房。

对于上述各项收入，辛欣认为只有单位工资表上的10 000元收入属于工资、薪金所得，应缴纳个人所得税，至于单位给员工发的500元是福利费，免缴个税；而转让家庭住房取得的所得虽然是财产转让所得，但辛欣认为卖价低于所购新房的价格，不应纳税。

税务机关在对辛欣的纳税情况进行抽查时，发现了存在的问题：一是在应税项目的适用上发生错误；二是将应纳税所得与不应纳税所得相混淆。

具体分析如下：以福利名义发放的500元属于工资性补贴或变相的工资发放，应列为工资、薪金所得；关于辛欣转让家庭原有住房获得收入的纳税问题，根据当时的税法规定，只有当个人转让居住5年以上的家庭唯一生活用房时，其取得的所得才免予征税。由于辛欣转让的家庭唯一生活用房的居住时间只有3年，所以，转让该笔房产取得的收入应该纳税。

三、个人所得税税率

税率是税额与应纳税所得额之间的比例。我国现行税率有累进税率、比例税率和定额税率，个人所得税税率适用的是前两种。

（一）税率种类

1.累进税率

累进税率指按征税对象数额的大小，划分若干等级，每个等级由低到高规定相应的税率，征税对象数额越大税率越高，数额越小税率越低。累进税率又分为全额累进税率和超额累进税率：

（1）全额累进税率，即征税对象的全部数额都按其相应等级的累进税率计算征税。

（2）超额累进税率，是把征税对象的数额划分为若干等级，对每个等级部分的数额分别规定相应税率，分别计算税额，各级税额之和为应纳税额。超额累进税率中的“超”字，是指征税对象数额超过某一等级时，仅就超过部分，按高一级税率计算征税。

全额累进税率在调节收入方面，较之比例税率要合理。但是采用全额累进税率，在两个级距的临界部位会出现税负显著增加的不合理现象。例如，甲应纳税所得额为3 000元，适用税率3%；乙应纳税所得额为3 001 元，适用税率10%。甲应纳税额为90元，乙应纳税额为300.1 元。虽然乙取得的收入只比甲多1元，却要比甲多纳税 210.1 元，税负显然不合理。这个问题，就要用超额累进税率来解决。

【例6-2】李汶卿某年1月的预扣预缴应纳税所得额为23 000元，当月应预扣预缴税额是多少呢？

3 000元适用税率为3%，税额 = 3 000×3% = 90（元）

3 000元至12 000元部分适用税率为10%，税额=（12 000−3 000）×10%=900（元）

12 000元至25 000元部分适用税率为20%，税额=（23 000−12 000）×20%=2 200（元）

应预扣预缴税额=90+900+2 200=3 190（元）

但依照定义计算的方法过于复杂，特别是征税对象数额越高时，适用税率级次越多，计算越复杂，给实际操作带来困难。因此，在实际中，一般采用速算扣除数法计算。

应纳税额=用全额累进方法计算的税额-速算扣除数

这种计算方法的出发点是，全额累进税率的计算方法虽然简单，但是按全额累进方法计算的税额，比按超额累进方法计算的税额要多，这个多征的数额是常数，就是速算扣除数。如上例中：

用全额累进法计算的税额为：23 000×20%=4 600（元）

用超额累进法计算的税额为：3 190元

速算扣除数为：4 600-3 190=1 410（元）

【例6-3】用速算扣除数法计算上例中李汶卿某年1月的应预扣预缴税额。

23 000×20%-1 410=3 190（元）

2.比例税率

比例税率即对同一征税对象不论数额大小，都按同一比例征税，如增值税、城市维护建设税、企业所得税适用的就是比例税率。

在实际运用中，比例税率主要分为统一比例税率和差别比例税率。统一比例税率是指一种税只设一个比例的税率，所有纳税人都要按照同一个税率纳税。例如，企业所得税规定的统一法定税率为25%。差别比例税率是指一个税种设有两个以上的比例税率，税率是根据不同的征税项目分别设计的。实行差别比例税率有利于更好地贯彻区别对待、公平税负的原则。

3.定额税率

定额税率也称固定税率，是按照征税对象的计量单位规定固定税额，一般适用于从量计征的税种。城镇土地使用税就是固定税率，以平方米为计量单位（大城市1.5元至30元；中等城市1.2元至24元；小城市0.9元至18元；县城、建制镇、工矿区0.6元至12元）；车船税中乘用车以辆为计量单位；资源税中盐以吨为计量单位。

（二）我国的个人所得税税率

1.超额累进税率

综合所得适用3%～45%的超额累进税率，最低一级为3%，最高一级为45%，共七级；

经营所得适用5%～35%的超额累进税率，最低一级为5%，最高一级为35%，共五级。

2.比例税率

利息、股息、红利所得，财产租赁所得，财产转让所得和偶然所得适用比例税率，税率为20%。

四、税收优惠

税收优惠包括税收的免和减。

（一）免税

根据我国的《个人所得税法》，下列十项个人所得可以免征个人所得税：

（1）省级人民政府、国务院部委和中国人民解放军军以上单位，以及外国组织、国际组织颁发的科学、教育、技术、文化、卫生、体育、环境保护等方面的奖金。

（2）国债和国家发行的金融债券的利息。国债利息是指个人因持有中华人民共和国财政部发行的债券而取得的利息；国家发行的金融债券利息，是指个人持有经国务院批准发行的金融债券而取得的利息。

（3）按照国家统一规定发给的补贴、津贴，指按照国务院规定发给的政府特殊津贴、院士津贴，以及国务院规定免予缴纳个人所得税的其他补贴、津贴。但在法定节假日的加班费不属于国家统一规定发给的补贴津贴，须按照工资、薪金所得纳税。

（4）福利费、抚恤金、救济金。福利费是指根据国家有关规定，从企业、事业单位、国家机关、社会组织提留的福利费或者工会经费中支付给个人的生活补助费；救济金是指民政部门支付给个人的生活困难补助费。

（5）保险赔款。

（6）军人的转业费、复员费、退役金。

（7）按照国家统一规定发给干部、职工的安家费、退职费、基本养老金或者退休费、离休费、离休生活补助费。

（8）依照有关法律规定应予免税的各国驻华使馆、领事馆的外交代表、领事官员和其他人员的所得。

（9）中国政府参加的国际公约、签订的协议中规定免税的所得。

（10）国务院规定的其他免税所得。

在特殊时期，国家会适时出台一些临时性的税收优惠政策，如2020年年初新冠肺炎疫情暴发后，财税部门联合发布系列公告，明确自2020年1月1日起实施一系列聚焦疫情防控关键领域和重点行业的税收优惠政策，助力打赢疫情防控阻击战。例如，根据财政部、税务总局《关于支持新型冠状病毒感染的肺炎疫情防控有关个人所得税政策的公告》（财政部 税务总局公告2020年第10号）第一条，对参加疫情防治工作的医务人员和防疫工作者按照政府规定标准取得的临时性工作补助和奖金，免征个人所得税。根据该公告第二条的规定，单位发给个人用于预防新型冠状病毒感染的肺炎的药品、医疗用品和防护用品等实物（不包括现金），不计入工资、薪金所得，免征个人所得税。

链接6-1

关于支持新型冠状病毒感染的肺炎疫情防控有关捐赠税收政策的公告

（二）减税

有下列情形之一的，可以减征个人所得税，具体幅度和期限，由省、自治区、直辖市人民政府规定，并报同级人民代表大会常务委员会备案：

（1）残疾、孤老人员和烈属的所得。

（2）因自然灾害遭受重大损失的。

国务院可以规定其他减税情形，报全国人民代表大会常务委员会备案。

五、征收方式

综合所得和分类所得的征收方式略有不同。

（一）综合所得的征收方式

综合所得即工资、薪金所得，劳务报酬所得，稿酬所得和特许权使用费所得，这四项采取代扣代缴和自行申报相结合的方式，按年计税，按月、按次预缴或扣缴税款，实行“代扣代缴、自行申报，汇算清缴、多退少补，优化服务、事后抽查”的征管模式。

按年计税，指以每一纳税年度的收入额减除费用6万元以及专项扣除、专项附加扣除和依法确定的其他扣除后的余额，为应纳税所得额。其中，劳务报酬所得、稿酬所得、特许权使用费所得以收入减除20%的费用后的余额为收入额，稿酬所得的收入额减除费用后按70%计算。

代扣代缴、自行申报，是指扣缴义务人在支付所得时，按月或次预扣预缴；年度终了，在预扣预缴税款的基础上，个人按年汇总全年收入和扣除后计算税款，办理自行申报。

汇算清缴、多退少补，是指对纳税人按年计税后的年度应纳税款，与日常已缴税款进行清算，确定应补退税款，由纳税人依法补缴或申请退还多缴的税款。

优化服务、事后抽查，是指税务部门要优化纳税服务，简化办税流程、拓展办税渠道，提升纳税人办税体验。年度自行申报期结束后，结合第三方信息，按照风险指标，筛选一定比例纳税人的自行申报情况进行检查，促进纳税遵从。

纳税人取得应税所得没有扣缴义务人的，应当在取得所得的次月15日内向税务机关报送纳税申报表，并缴纳税款；如果是按次纳税，则在取得所得的次日起15日内申报。

如果纳税人未在规定期限内办理纳税申报和报送纳税资料，由税务机关责令限期改正，可处2 000元以下的罚款；情节严重的，可处2 000元以上1万元以下的罚款。如果纳税人不进行纳税申报，因此造成不缴或者少缴税款的，由税务机关追缴其不缴或者少缴的税款、滞纳金，并处不缴或者少缴的税款50%以上5倍以下的罚款。

（二）分类所得的征收方式

分类所得包括经营所得，利息、股息、红利所得，财产租赁所得，财产转让所得和偶然所得，这五项所得实施代扣代缴，按月、按次计税。

纳税人取得应税所得没有扣缴义务人的，应当在取得所得的次月15日内向税务机关报送纳税申报表，并缴纳税款。

第三节　个人所得税的计算

一、应纳税所得额和应纳税额

在计算个人所得税时，应区分两个概念，即应纳税所得额和应纳税额。

个人取得的收入，并不是都要纳税，原则上是对净所得征税，如工资、薪金所得中除生计费用外，“三险一金”（工伤险和生育险只需单位缴，个人不缴）以及税法允许的各种附加都是可以在税前扣除的。个人收入扣除了这些不用纳税的剩余部分，就是应纳税所得额，这是个人所得税计税的依据。

应纳税额就是要缴纳的税款，是应纳税所得额乘以适用税率得到的结果，用公式表示就是：

应纳税额=应纳税所得额×适用税率

2019年开始实施的新个税法将四项劳动性所得纳入综合征税范围，实现了从分类税制向综合与分类相结合的税制的重大转变。在这种综合与分类相结合的税制下，国家先对不同所得分类预征，年终汇总纳税人全年各项所得后，再核定纳税人全年应纳税额并进行多退少补。

二、综合所得的纳税计算

如前所述，综合所得是新个税法中提出来的概念，工资、薪金，劳务报酬，稿酬和特许权使用费这四项劳动性所得被纳入综合所得范围，对综合所得按纳税年度合并计算个人所得税。

（一）工资、薪金所得

（1）税率：适用七级超额累进税率，税率为3%～45%，见表6-1。

表6-1 **个人所得税税率表**

（居民个人工资、薪金所得预扣预缴适用）

级数	累计预扣预缴应纳税所得额	预扣率（%）	速算扣除数
1	不超过36 000元的部分	3	0
2	超过36 000元至144 000元的部分	10	2 520
3	超过144 000元至300 000元的部分	20	16 920
4	超过300 000元至420 000元的部分	25	31 920
5	超过420 000元至660 000元的部分	30	52 920
6	超过660 000元至960 000元的部分	35	85 920
7	超过960 000元的部分	45	181 920

（2）应纳税所得额：以每一纳税年度的收入额减除费用6万元以及专项扣除、专项附加扣除和依法确定的其他扣除后的余额。

年6万元叫作“费用扣除标准”或“生计费用”，也是起征点，是维持纳税人本人生活和赡养家庭成员的费用，规定起征点的主要目的是保证居民的基本生活不受影响，以保证劳动力的再生产。年收入在6万元以下的，不用纳税。

（3）专项扣除：包括居民个人按照国家规定的范围和标准缴纳的基本养老保险、基本医疗保险、失业保险等社会保险费和住房公积金等。

（4）专项附加扣除：包括子女教育、继续教育、大病医疗、住房贷款利息、住房租金、赡养老人、婴幼儿照护七项。

（5）其他扣除，包括个人缴付符合国家规定的企业年金、职业年金，个人购买符合国家规定的商业健康保险、税收递延型商业养老保险的支出，个人养老金以及国务院规定可以扣除的其他项目。

（6）计算公式：

$$\frac{累计预扣预缴}{应纳税所得额}=\frac{累计}{收入}-\frac{累计免税}{收入}-\frac{累计减除}{费用}-\frac{累计专项}{扣除}-\frac{累计专项}{附加扣除}-\frac{累计依法确定}{的其他扣除}$$

$$\frac{本期应预扣}{预缴税额}=\left(\frac{累计预扣预缴}{应纳税所得额}\times 预扣率-\frac{速算}{扣除数}\right)-\frac{累计减免}{税额}-\frac{累计已预扣}{预缴税额}$$

按我国《个人所得税扣缴申报管理办法（试行）》（自2019年1月1日起施行）的规定，扣缴义务人向居民个人支付工资、薪金所得时，应当按照累计预扣法计算预扣税款，并按月办理扣缴申报。

所谓的累计预扣法，是指扣缴义务人在一个纳税年度内预扣预缴税款时，以纳税人在本单位截至当前月份工资、薪金所得累计收入减除累计免税收入、累计减除费用、累计专项扣除、累计专项附加扣除和累计依法确定的其他扣除后的余额为累计预扣预缴应纳税所得额。

比如，要算5月份的预扣预缴税款，要先计算1～5月累计预扣预缴应纳税所得额总额，然后乘以预扣率，减去速算扣除数后，再减去累计减免税额和1～4月中每个月已经预扣预缴的税额，才能得出5月的预扣预缴税额。

【例6-4】假设王佳琪2020年每月税前工资均为30 000元，每月减除费用为5 000元，“三险一金”专项扣除金额为4 500元，从1月起享受住房贷款利息专项附加扣除金额为1 000元，无免税收入或减免税额的情况，则其2020年1—2月的预扣预缴税额计算方法如下：

1月：累计预扣预缴应纳税所得额=30 000-5 000-4 500-1 000=19 500（元）

本期应预扣预缴税额=19 500×3%=585（元）

2月：累计预扣预缴应纳税所得额=30 000×2-5 000×2-4 500×2-1 000×2=39 000（元）

本期应预扣预缴税额=39 000×10%-2 520-585=795（元）

（二）劳务报酬所得、稿酬所得、特许权使用费所得

（1）税率：劳务报酬所得适用超额累进税率（见表6-2）；稿酬所得、特许权使用费所得适用20%的税率。

（2）应纳税所得额：以每次收入额为预扣预缴应纳税所得额。

（3）费用扣除：每次收入不超过4 000元的，减除费用按800元计算；每次收入4 000元以上的，减除费用按20%计算。稿酬所得的收入额减按70%计算。属于一次性收入的，以取得该项收入为一次；属于同一项目连续性收入的，以一个月内取得的收入为一次。

表6-2 **个人所得税税率表**

（居民个人劳务报酬所得预扣预缴适用）

级数	预扣预缴应纳税所得额	预扣率（%）	速算扣除数
1	不超过20 000元的部分	20	0
2	超过20 000元至50 000元的部分	30	2 000
3	超过50 000元的部分	40	7 000

（4）计算公式：

劳务报酬所得应预扣预缴税额=预扣预缴应纳税所得额×预扣率-速算扣除数

稿酬所得、特许权使用费所得应预扣预缴税额=预扣预缴应纳税所得额×20%

劳务报酬所得、稿酬所得、特许权使用费所得在平时预扣预缴的基础上，在次年的3月1日至6月30日合并到全年收入中按年计算税款，汇缴多退少补，即汇算清缴。

（三）非居民所得

非居民个人取得的综合所得，按月或者按次分项计算个人所得税。

（1）税率：适用七级超额累进税率，税率为3%～45%。

（2）应纳税所得额：工资、薪金所得，以每月收入额减除费用5 000元后的余额为应纳税所得额；劳务报酬所得、稿酬所得、特许权使用费所得以每次收入减除20%的费用后的余额为应纳税所得额，稿酬所得的收入额减按70%计算。

（3）计算公式：

应纳税额=应纳税所得额×税率-速算扣除数

所适用的按月换算后非居民个人月度税率表见表6-3。

表6-3 **个人所得税税率表**

（非居民个人工资、薪金所得，劳务报酬所得，稿酬所得，特许权使用费所得适用）

级数	月度应纳税所得额	税率（%）	速算扣除数
1	不超过3 000元的部分	3	0
2	超过3 000元至12 000元的部分	10	210
3	超过12 000元至25 000元的部分	20	1 410
4	超过25 000元至35 000元的部分	25	2 660
5	超过35 000元至55 000元的部分	30	4 410
6	超过55 000元至80 000元的部分	35	7 160
7	超过80 000元的部分	45	15 160

非居民个人1个月内取得数月奖金，不与当月其他工资薪金合并，而是按6个月分摊计税，不减除费用，适用月度税率表计算应纳税额，在一个公历年度内该计税办法只允许适用一次。如果在1个月内取得股权激励所得，方法相同。计算公式：

当月取得数月奖金应纳税额=［（数月奖金收入额÷6）×适用税率-速算扣除数］×6

三、经营所得的纳税计算

（1）税率：适用五级超额累进税率，税率为5%～35%，见表6-4。

表6-4 个人所得税税率表

（经营所得适用）

级数	全年应纳税所得额	税率（%）	速算扣除数
1	不超过30 000元的部分	5	0
2	超过30 000元至90 000元的部分	10	1 500
3	超过90 000元至300 000元的部分	20	10 500
4	超过300 000元至500 000元的部分	30	40 500
5	超过500 000元的部分	35	65 500

（2）应纳税所得额：以每一纳税年度的收入总额减除成本、费用以及损失后的余额为应纳税所得额。成本、费用是指生产、经营活动中发生的各项直接支出和分配计入成本的间接费用以及销售费用、管理费用、财务费用；所称的损失是指生产、经营活动中发生的固定资产和存货的盘亏、毁损、报废损失，转让财产损失，坏账损失，自然灾害等不可抗力因素造成的损失以及其他损失。

取得经营所得的个人，没有综合所得的，计算其每一纳税年度的应纳税所得额时，应当减除费用6万元、专项扣除、专项附加扣除以及依法确定的其他扣除。专项附加扣除在办理汇算清缴时减除。

从事生产、经营活动，未提供完整、准确的纳税资料，不能正确计算应纳税所得额的，由主管税务机关核定应纳税所得额或者应纳税额。

（3）计算公式：

应纳税额=应纳税所得额×适用税率-速算扣除数

应纳税所得额=经营收入额-成本-费用-损失

四、其他所得的纳税计算

（一）利息、股息、红利所得

（1）税率：适用20%的比例税率。

（2）应纳税所得额：以每次收入额为应纳税所得额，没有减除费用的规定。

（3）计算公式：

应纳税额=每次收入额×20%

（二）财产租赁所得

（1）税率：适用20%的比例税率。

（2）应纳税所得额：以一个月内取得的收入为一次，每次收入不超过4 000元的，减除费用800元；4 000元以上的，减除20%的费用，其余额为应纳税所得额。

（3）计算公式：

每次收入不超过4 000元的：应纳税额 =（每次收入额-800）×20%

每次收入超过4 000元的：应纳税额 = 每次收入额×（1-20%）×20%

（三）财产转让所得

（1）税率：适用20%的比例税率。

（2）应纳税所得额：转让财产的收入额减除财产原值和合理费用后的余额。

财产原值是指：

①有价证券，为买入价以及买入时按照规定交纳的有关费用。

②建筑物，为建造费或购进价格以及其他有关费用。

③土地使用权，为取得土地使用权所支付的金额、开发土地的费用以及其他有关费用。

④机器设备、车船，为购进价格、运输费、安装费以及其他有关费用。

纳税义务人未提供完整、准确的财产原值凭证、不能确定财产原值的，由主管税务机关核定其财产原值。

合理费用则是指卖出财产时按照规定支付的有关税费。

（3）计算公式：

应纳税额=（转让财产的收入-财产原值-合理费用）×20%

（四）偶然所得

（1）税率：适用20%的比例税率。

（2）应纳税所得额：以每次收入额为应纳税所得额，没有减除费用的规定。

（3）计算公式：

应纳税额=每次收入额×20%

五、捐赠计税

根据《个人所得税法》的规定，个人将其所得对教育、扶贫、济困等公益慈善事业进行捐赠，捐赠额未超过纳税人申报的应纳税所得额30%的部分，可以从其应纳税所得额中扣除；国务院规定对公益慈善事业捐赠实行全额税前扣除的，从其规定。这样的规定不仅体现了国家对发展公益慈善事业的积极态度，也是符合国际惯例的。

捐赠的扣除限额=应纳税所得额×30%

实际捐赠额≤捐赠的扣除限额时：

允许扣除的捐赠额=实际捐赠额

实际捐赠额＞捐赠的扣除限额时：

应纳税额=（应纳税所得额-允许扣除的捐赠额）×适用税率-速算扣除数

【例6-5】大连市居民郝思聪2019年取得承包经营所得共计26万元，向希望工程捐款1万元，通过民政局向当地敬老院捐赠1万元，又向当地的一所小学捐赠2 000元，还出资3 000元赞助当地举行的国际徒步大会。假定郝思聪没有综合所得，其全年专项扣除、专项附加扣除为5万元。郝思聪的应纳税额是多少？

根据我国税法的有关规定，只有通过社会团体、国家机关的捐赠才允许从应纳税所得额中扣除，由纳税人直接向受益人的捐赠不得扣除。郝思聪向当地小学的直接捐款及赞助不符合从应纳税所得额中扣除的条件，向希望工程的捐款和通过民政局的捐款，符合捐款扣除条件。

扣除限额为：（260 000−60 000−50 000）×30%=45 000（元），郝思聪符合捐赠条件的实际捐赠额为2万元，未超出捐赠扣除限额，因此，可以从经营所得中扣除。应纳税额为：

（260 000−60 000−50 000−20 000）×20%−10 500=15 500（元）

我们将上述个人所得税的计算、纳税义务人和扣缴义务人的主要义务用表6-5加以概括总结。

表6-5 个人所得税一览表

<table>
<tr><td colspan="2" rowspan="2"></td><td colspan="4">综合所得</td><td rowspan="2">经营所得</td><td rowspan="2">利息股息红利所得</td><td rowspan="2">财产租赁所得</td><td rowspan="2">财产转让所得</td><td rowspan="2">偶然所得</td></tr>
<tr><td>工资薪金</td><td>劳务报酬</td><td>稿酬</td><td>特许权使用费</td></tr>
<tr><td rowspan="6">应纳税额的计算</td><td>收入额</td><td>全额</td><td>800元/20%费用</td><td>（800元/20%费用）×70%</td><td>800元/20%费用</td><td>全额</td><td>全额</td><td>全额</td><td>全额</td><td>全额</td></tr>
<tr><td rowspan="4">扣除项目</td><td colspan="4">基本减除费用：60 000元/年</td><td rowspan="4">成本、费用和损失</td><td rowspan="4"></td><td rowspan="4">800元/20%费用</td><td rowspan="4">财产原值和合理费用</td><td rowspan="4"></td></tr>
<tr><td colspan="4">专项扣除：社保及住房公积金</td></tr>
<tr><td colspan="4">专项附加扣除：子女教育/继续教育/大病/住房贷款/住房租金/赡养老人/婴幼儿照护</td></tr>
<tr><td colspan="4">其他扣除：特定商业健康、商业养老保险/企业年金/职业年金等</td></tr>
<tr><td>适用税率</td><td colspan="4">3%~45%（超额累进税率）</td><td>5%~35%（超额累进税率）</td><td>20%</td><td>20%</td><td>20%</td><td>20%</td></tr>
<tr><td colspan="2">扣缴义务人主要义务</td><td colspan="4">•按月/按次预扣预缴（包括纳税人提供的专项附加扣除）
•全员全额扣缴申报
•向纳税人提供所得及税款扣缴信息</td><td>不适用</td><td colspan="4">•按月/按次扣缴
•全员全额扣缴申报
•向纳税人提供所得及税款扣缴信息</td></tr>
<tr><td colspan="2">纳税人主要义务</td><td colspan="4">•年度汇算清缴（如需要）</td><td>•按月/按季预缴
•年度汇算清缴</td><td colspan="4">•无扣缴义务人/扣缴义务人未扣缴税款的，自行依规申报纳税</td></tr>
</table>

第四节　个人所得税规划方法

应纳税所得额和税率是影响个人所得税应纳税额的两个因素，降低税负，就是运用合法及合理的方法减少应纳税所得额，或者使应纳税所得额适用较低的税率。在实行超额累进税率的条件下，费用扣除越多，所适用的税率越低；在实行比例税率的情况下，经过事先的筹划安排，可使个人所得适用较低的税率。

在新个税法实施之后，税收规划惯常使用的一些方法，如均衡不同月份的工资薪金收入、工资薪金和劳务报酬相互转换等已经失效了。因为在新个税法下，工资、薪金所得，劳务报酬所得，稿酬所得，特许权使用费所得四项劳动性所得被纳入综合所得范围。但基于有关税收政策，从纳税人的角度，依然可以从许多方面加以规划。

一、用足综合所得的扣除政策

根据《个人所得税专项附加扣除暂行办法》，个人所得在扣除6万元和“三险一金”基础上，还可享受子女教育、继续教育、大病医疗、住房贷款利息或住房租金、赡养老人、婴幼儿照护七项专项附加扣除，以及其他扣除。专项附加扣除和其他扣除作为一个在中国税收历史上从未出现过的内容，其本意就是降低居民个人的税负，增加税后收入，所以这项政策为我们进行税收规划提供了新的思路和筹划空间，在合法合规的前提下，一定要充分加以利用。

（一）专项附加扣除

1. 子女教育

子女接受全日制学历教育的，可以按照每个子女每月2 000元的标准定额扣除。学历教育包括义务教育（小学、初中教育），高中阶段教育（普通高中、中等职业教育、技工教育），高等教育（大学专科、大学本科、硕士研究生、博士研究生教育）。年满3岁至小学入学前处于学前教育阶段的子女也按相同的标准扣除。

父母可以选择由其中一方按扣除标准的100%扣除，也可以选择由双方分别按扣除标准的50%扣除，具体扣除方式在一个纳税年度内不能变更。纳税人子女是在中国境外接受教育的，纳税人应当留存境外学校录取通知书、留学签证等相关教育的证明资料备查。

【例6-6】郑玉的女儿2020年8月30日出生，郑玉及其配偶在2023年如何享受子女教育的专项附加扣除？

郑玉及其配偶在2023年8月就可以享受2 000元的扣除，可以夫妻二人每人扣除1 000元，或者一方扣除2 000元。2023年可以享受的扣除总额为2 000×5=10 000（元）。

2. 继续教育

继续教育包括学历继续教育与非学历继续教育（技能人员职业资格、专业技术人员职业资格）。纳税人本人在中国境内接受学历（学位）继续教育的，在学历（学位）教育期间按照每月400元定额扣除。同一学历（学位）继续教育的扣除期限不能超过48个月。纳税人接受非学历继续教育的，在取得相关证书的当年，按照3 600元定额扣除。

学历继续教育4 800元与非学历继续教育3 600元可以同时扣除，但多个学历继续教育和多个非学历继续教育不可同时享受扣除。

个人接受本科及以下学历（学位）继续教育，可以选择由其父母扣除，也可以选择由本人扣除，但不得同时扣除。纳税人接受技能人员职业资格继续教育、专业技术人员职业资格继续教育的，应当留存相关证书等资料备查。

【例6-7】恒智和妻子有两个女儿。目前，大女儿是某大学在职博士研究生，今年（2023年）取得了CPA证书，小女儿是某大学本科二年级的学生。那么，大女儿的学费支出可以扣除多少？可以由家长扣除吗？小女儿的学费应该怎样扣除？

大女儿是在职博士生，已参加工作，在职博士属于继续教育中的学历教育，CPA证书属于继续教育的职业资格继续教育，因此，2023年可以享受4 800元（400元×12个月）的学历教育扣除和3 600元的职业资格继续教育扣除，共计8 400元。因为是在职博士研究生，只能由大女儿自己扣除，不能由父母扣除。

小女儿还没有参加工作，可以由恒智和妻子在子女教育项目中扣除，扣除方式可由一方每月扣2 000元，也可以双方各扣1 000元。

3.大病医疗

在一个纳税年度内，纳税人发生的与基本医保相关的医药费用支出，扣除医保报销后个人负担（指医保目录范围内的自付部分）累计超过15 000元的部分，由纳税人在办理年度汇算清缴时，在80 000元限额内据实扣除。纳税人发生的医药费用支出可以选择由本人或者其配偶扣除；未成年子女发生的医药费用支出可以选择由其父母一方扣除。纳税人及其配偶、未成年子女发生的医药费用支出，分别计算扣除额。纳税人应当留存医药服务收费及医保报销相关票据原件（或者复印件）等资料备查。

享受大病医疗专项附加扣除的纳税人，由其在次年3月1日至6月30日内，自行向汇缴地主管税务机关办理汇算清缴申报时扣除。

【例6-8】小张夫妻有一个未成年的儿子，2023年小张生了一场大病，医疗费支出自费部分为12万元，小张的医疗费应该怎么扣除？

小张医疗支出自费部分12万元，超过政策规定的个人负担起扣线15 000元，即120 000−15 000=105 000（元），限额为80 000元，小张可以在税前按照限额最高额度扣除80 000元，在2024年汇算清缴时享受。

4.住房贷款利息

纳税人本人或者配偶单独或者共同使用商业银行或者住房公积金个人住房贷款为本人或者其配偶购买中国境内住房，发生的首套住房贷款利息支出，在实际发生贷款利息的年度，按照每月1 000元的标准定额扣除，扣除期限最长不超过240个月。纳税人只能享受一次首套住房贷款的利息扣除，可以选择由夫妻其中一方扣除，具体扣除方式在一个纳税年度内不能变更。

纳税人应当留存住房贷款合同、贷款还款支出凭证备查。

5.住房租金

纳税人在主要工作城市没有自有住房而发生的住房租金支出，可以按照以下标准定额扣除：

（1）直辖市、省会（首府）城市、计划单列市以及国务院确定的其他城市，扣除标准为每月1 500元。

（2）除第一项所列城市以外，市辖区户籍人口超过100万的城市，扣除标准为每月1 100元；市辖区户籍人口不超过100万的城市，扣除标准为每月800元。

纳税人的配偶在纳税人的主要工作城市有自有住房的，视同纳税人在主要工作城市有自有住房；夫妻双方主要工作城市相同的，只能由一方扣除住房租金支出；住房租金支出由签订租赁住房合同的承租人扣除。在一个纳税年度内，纳税人及其配偶不得同时分别享受住房贷款利息专项附加扣除和住房租金专项附加扣除。

【例6-9】兴伦夫妻毕业后在上海工作，共同购买商品房一套，贷款期限30年，目前还在还款期。今年兴伦被单位派遣到北京的分支机构工作，兴伦自行在单位附近租了房子住，租金每月6 000元。房子的租金和贷款利息应该怎么样扣除？

兴伦可以选择扣除房屋租金支出，因为在主要工作地没有住房，也可以选择扣除房屋贷款利息支出，但不能同时扣除。如果兴伦选择了租金扣除，兴伦妻子就不能再扣除贷款利息，因为以家庭为单位，贷款和租金不能同时适用。

6.赡养老人

纳税人赡养一位及以上被赡养人的赡养支出，统一按照以下标准定额扣除：

（1）纳税人为独生子女的，按照每月3 000元的标准定额扣除。

（2）纳税人为非独生子女的，由其与兄弟姐妹分摊每月3 000元的扣除额度，每人分摊的额度不能超过每月1 500元。可以由赡养人均摊或者约定分摊，也可以由被赡养人指定分摊。约定或者指定分摊的须签订书面分摊协议，指定分摊优先于约定分摊。具体分摊方式和额度在一个纳税年度内不能变更。

被赡养人范围：一是年满60岁的父母，二是子女均已去世的年满60岁的祖父母、外祖父母。扣除期限从被赡养老人年满60周岁的当月至赡养义务终止的年末。

【例6-10】张新星有姐妹两人，父母均在老家，日常由妹妹负责照料，张新星固定给老人每月2 500元生活费。姐妹两人应该怎样分摊扣除呢？如果张新星想自己实际扣除2 000元，妹妹扣1 000元，行吗？

问题一，张新星可以跟其妹妹商议，每人每月均摊扣除1 500元。

问题二，不行，因为每人分摊的额度不能超过每月1 500元。

7.3岁以下婴幼儿照护

2022年3月28日，国务院发布《关于设立3岁以下婴幼儿照护个人所得税专项附加扣除的通知》，明确自2022年1月1日起，纳税人照护3岁以下婴幼儿子女的相关支出，按照每个婴幼儿每月1 000元的标准定额扣除。2023年8月28日国务院印发《关于提高个人所得税有关专项附加扣除标准的通知》，自2023年1月1日起，3岁以下婴幼儿照护专项附加扣除标准，由每个婴幼儿每月1 000元提高到2 000元。与子女教育一样，父母可以选择由其中一方按扣除标准的100%扣除，也可以选择由双方分别按50%扣除，具体扣除方式在一个纳税年度内不能变更。

（二）其他扣除

其他扣除包括个人缴付符合国家规定的企业年金、职业年金，个人购买符合国家规定的商业健康保险、税收递延型商业养老保险的支出，以及国务院规定可以扣除的其他项目。对于取得经营所得的个人，没有综合所得的，计算每一纳税年度的应纳税所得额时，也可以扣除。因此，如果条件允许，可以在这三项上做功课，不仅能为以后的退休岁月做足保障，而且可以减低税负。

1.年金

现行的政策是，单位缴费部分计入个人账户时暂不缴纳个人所得税，个人缴费部分在不超过本人缴费工资计税基数的4%标准内的部分，暂从个人当期的应纳税所得额中扣除。超过规定的标准缴付的年金应并入个人当期的工资、薪金所得，依法计征个人所得税。

领取年金时，个人达到国家规定的退休年龄领取的企业年金或职业年金（其对比将在第九章介绍），符合规定条件的，不并入综合所得，全额单独计算应纳税款。其中按月领取的，适用月度税率表计算纳税；按季领取的，平均分摊计入各月；按年领取的，适用综合税率表计算纳税。

个人因出境定居而一次性领取的年金个人账户资金，或个人死亡后，其指定的受益人或法定继承人一次性领取的年金个人账户余额，适用综合所得税率表计算纳税。对个人除上述特殊原因外一次性领取年金个人账户资金或余额的，适用月度税率表计算纳税。

【例6-11】闫妍2019年供职于某公司，每月缴纳企业年金，2030年8月年满50岁时将退休。假如退休时每月可领取的年金是2 600元，领取年金时该如何纳税？如果她在以后的某年出国定居，需要依法一次性提前领取年金，假如其个人账户届时的余额为16万元，应如何缴纳个人所得税？

如果按月领取年金，适用月度税率表计算纳税。每月应纳税额=2 600×3%=78（元）。

如果按季领取，即每季领取7 800元，应平均分摊计入各月，适用月度税率表计算纳税。每季应纳税额=（7 800÷3）×3%×3=234（元）。

如果按年领取，适用综合税率表计算纳税，每年领取31 200元，每年应纳税额=31 200×3%=936（元）。

如果一次性领取，适用综合所得税率表计算的纳税额=160 000×20%−16 920=15 080（元）。

显然，年金按月、季或年领取，税额是相等的。如果年金投资收益较高，就不要选择一次性领取，尽量按月或分次领取。

2. 商业健康保险

自2017年7月1日起，对个人购买符合规定的商业健康保险产品的支出，允许在当年（月）计算应纳税所得额时予以税前扣除，扣除限额为2 400元/年（200元/月，此为个人所得税法规定减除费用标准之外的扣除）。单位统一为员工购买符合规定的商业健康保险产品的支出，应分别计入员工个人工资、薪金，视同个人购买。纳税人购买符合规定的商业健康保险并取得税优识别码，是享受税收优惠政策的依据。

【例6-12】刘莹2022年每月工资为5 100元，1月份购买了符合国家规定的商业健康保险2 400元，假如刘莹2022年除此以外没有专项扣除、专项附加扣除和依法确定的其他扣除，2022年刘莹的商业健康保险的扣除限额是多少？

5 100×12-60 000=1 200（元），1 200元小于2 200元（200×11）。则刘莹的商业健康保险扣除限额是1 200元。

某税务机关在对某企业进行风险评估时发现，该企业为员工购买商业健康保险，并在扣缴员工个人所得税时直接全额在税前扣除。经核对资料，发现部分员工的商业健康保险未取得注明税优识别码的保单凭证。税务机关要求企业进行个人所得税更正申报，并补缴个人所得税。

3. 税收递延型商业养老保险

（1）税收递延型商业养老保险，是由保险公司承保的一种商业养老年金保险，主要面向缴纳个人所得税的社会公众，公众投保该商业养老年金保险，缴纳的保险费允许税前列支，养老金积累阶段免税，领取养老金时再相应缴纳，这也是目前国际上采用得较多的税收优惠模式。

针对税收递延型商业养老保险，我国现行的政策是，取得工资薪金、连续性劳务报酬所得的个人，其缴纳的保费准予在申报扣除当月计算应纳税所得额时予以限额据实扣除，扣除限额按照当月工资薪金、连续性劳务报酬收入的6%和1 000元孰低办法确定。取得个体工商户生产经营所得、对企事业单位的承包承租经营所得的个体工商户业主、个人独资企业投资者、合伙企业自然人合伙人和承包承租经营者，其缴纳的保费准予在申报扣除当年计算应纳税所得额时予以限额据实扣除，扣除限额按照不超过当年应税收入的6%和12 000元孰低办法确定。

领取养老金时，其中25%部分予以免税，其余75%部分按照10%的比例税率计算缴纳个人所得税，税款计入“工资、薪金所得”项目。

【例6-13】雍丝艺在上海某公司工作，2023年取得工资薪金收入120 000元，取得劳务报酬收入20 000元，自2023年1月起购买了一款符合规定的税收递延型个人商业养老保险产品，每月缴纳保险金800元，不考虑专项扣除、专项附加扣除，以及税收递延型商业养老健康以外的其他扣除。问：2023年应纳个人所得税多少元？

雍丝艺年度综合所得收入=120 000+20 000×80%=136 000（元）

比例扣除限额=136 000×6%=8 160（元）

因其月实际支付保险金800元，全年实际支付9 600元，大于扣除限额8 160元，只能税前扣除8 160元。

所以，雍丝艺2023年应纳税所得额=136 000−60 000−8 160=67 840（元），适用税率10%，应纳个人所得税=67 840×10%−2 520=4 264（元）。

（2）个人养老金。我国的个人养老金制度于2022年11月25日正式实施。税收上采用递延纳税优惠政策。对缴费者按每年12 000元的限额予以税前扣除，投资收益暂不征税，领取个人养老金单独按照3%的税率计算缴纳个人所得税。

（三）合理分配扣除额

专项附加扣除一共有七个项目，其中住房租金和住房贷款利息不能同时扣减，在不发生大病医疗等非日常支出的情况下，可以同时享受的项目有五个：子女教育、继续教育、住房租金或住房贷款（二选一）、赡养老人和婴幼儿照护。专项附加扣除以家庭为单位，那对于已婚家庭，由谁扣呢？以子女教育专项附加扣除为例，可以选择由其中的一方按扣除标准的100%扣除，也可以选择由双方分别按扣除标准的50%扣除。这就可以通过规划，使夫妻双方应纳税所得额处在合适的税率上。

【例6−14】某家庭丈夫专项附加项目扣除之前的工资为19.2万元（即已扣除了60 000元和“三险一金”），妻子工资为8.6万元，每月可专项附加扣除的项目有：子女教育2 000元、赡养老人各3 000元、住房贷款利息1 000元。

由丈夫一人扣除：

丈夫全年应纳税额=（192 000−72 000）×10%−2 520=9 480（元）

妻子全年应纳税额=（86 000−36 000）×10%−2 520=2 480（元）

夫妻合计纳税额=9 480+2 480=11 960（元）

由妻子一人扣除：

妻子全年应纳税额=（86 000−72 000）×3%=420（元）

丈夫全年应纳税额=（192 000−36 000）×20%−16 920=14 280（元）

夫妻合计纳税额=420+14 280=14 700（元）

由双方各扣除50%：

丈夫全年应纳税额=（192 000−54 000）×10%−2 520=11 280（元）

妻子全年应纳税额=（86 000−54 000）×3%=960（元）

夫妻合计纳税额=11 280+960=12 240（元）

经计算可知，将专项附加扣除由工资、薪金高的人全部扣除，是最优的方案。一般规律是，如果夫妻双方的收入较接近，就采用双方各扣50%的方法；如果夫妻双方收入差距较大，则应该让收入高的一方扣除100%。在这里要注意的是，赡养老人的费用扣除是不能选择的，是谁的父母就由谁扣除。

（四）妥善安排扣除的时间

各项专项附加扣除是有时间限制的，如继续教育是48个月，赡养老人的扣除期为被赡养人年满60周岁的当月至赡养义务终止的年末；而房贷利息的扣除期是240个月，即最长是20年，从贷款合同约定开始还款的当月至贷款全部归还或贷款合同终止的当月。

实际生活中，住房贷款的期限有的长达30年，这样一来，纳税人就可选择在哪个时间段使用贷款利息的专项附加扣除1 000元。

【例6-15】张迪就职于某单位，月收入9 500元，专项扣除1 300元，专项附加扣除相关项目有：赡养老人3 000元/月，继续教育400元/月，预计四年后可拿到毕业证书。其名下还有住房贷款，还款期限到2045年。这样，张迪每个月只需要填报继续教育和赡养老人两项专项附加扣除即可，扣除这两项就低于起征点5 000元（9 500−1 300−3 000−400=4 800），这样就不需要纳税了。等到四年后继续教育不能税前扣除了，张迪再填报住房贷款利息支出，假设工资薪金不变，则：9 500−1 300−3 000−1 000=4 200（元），仍然不需要纳税，这样就充分利用了住房贷款的可使用年限。

知识拓展6-3　　享受扣除的时间规定

1.子女教育。学前教育阶段，为子女年满3周岁当月至小学入学前一个月。学历教育，为子女接受全日制学历教育入学的当月至全日制学历教育结束的当月。

2.继续教育。学历（学位）继续教育，为在中国境内接受学历（学位）继续教育入学的当月至学历（学位）继续教育结束的当月，同一学历（学位）继续教育的扣除期限最长不得超过48个月。技能人员职业资格继续教育、专业技术人员职业资格继续教育，为取得相关证书的当年。

3.大病医疗。为医疗保障信息系统记录的医药费用实际支出的当年。

4.住房贷款利息。为贷款合同约定开始还款的当月至贷款全部归还或贷款合同终止的当月，扣除期限最长不得超过240个月。

5.住房租金。为租赁合同（协议）约定的房屋租赁期开始的当月至租赁期结束的当月。提前终止合同（协议）的，以实际租赁期限为准。

6.赡养老人。为被赡养人年满60周岁的当月至赡养义务终止的年末。

7.婴幼儿照护。从婴幼儿出生的当月至满3周岁的前一个月。

二、区分不同的税目

我国个人所得税法将工资、薪金所得，劳务报酬所得，稿酬所得，特许权使用费所得统称为综合所得，同时规定了劳务报酬所得、稿酬所得、特许权使用费所得以收入减除20%的费用后的余额为收入额，稿酬所得再享受“收入额减按70%计算”的优惠，也就是相当于在计算应纳税所得额时，劳务费、特许权使用费是打了八折的，而稿费打了五六折，但工资、薪金没有折扣。因此，如果收入属于劳务报酬、稿酬及特许权使用费所得一定不要并到工资、薪金中。

如纳税人与企业签订的是劳动合同，企业按月发放工资，按工资、薪金算法计税；但如果与企业签订的是劳务合同，劳务报酬按次发放，则适用劳务费计税方式。

【例6-16】单身的雅鑫在一家外企工作，2023年取得收入366 000元，“三险一金”

等专项扣除共计42 000元，专项附加扣除有每月400元的继续教育、3 000元的赡养老人、1 000元的房贷，全年共计52 800元。雅鑫共缴纳税款25 320元（（366 000–60 000–42 000–52 800）×20%–16 920）。

雅鑫在2024年2月发现收入中有23 000元是其为公司翻译资料所得，应该算作劳务报酬，遂申请税务返还。雅鑫多缴纳了多少税款？

雅鑫应纳税款=（343 000+23 000×80%–60 000–42 000–52 800）×20%–16 920=24 400（元）

雅鑫多缴纳税款=25 320–24 400=920（元）

三、利用年终奖均衡分摊

年终一次性奖金是指单位根据其全年经济效益和对雇员全年工作业绩的综合考核情况，向雇员发放的一次性奖金。从2005年1月1日起，对个人取得全年一次性奖金，实行特殊的计征办法，即先将雇员当月内取得的全年一次性奖金除以12，按其商数确定适用税率和速算扣除数计税。公式为：

应纳税额=当月取得的全年一次性奖金×适用税率–速算扣除数

由于全年一次性奖金的计税办法将年终奖除以12确定适用的税率，从而大大降低了年终奖的个人所得税税负。但在一个纳税年度内，对每一个纳税人，该计税办法只允许采用一次。

财政部、税务总局发布的《关于个人所得税法修改后有关优惠政策衔接问题的通知》（财税〔2018〕164号）中指出："居民个人取得全年一次性奖金，符合规定的，不并入当年综合所得……居民个人取得全年一次性奖金，也可以选择并入当年综合所得计算纳税。"也就是说，纳税人可以自由选择年终奖是否纳入综合所得计税，合理分配自己的工资和年终奖，达到节税的目的。根据《财政部 税务总局关于延续实施全年一次性奖金个人所得税政策的公告》（财政部 税务总局公告2023年第30号），全年一次性奖金单独计税优惠政策，执行期限延长至2027年12月31日。

【例6–17】赵宇迪2022年工资、薪金所得为80 000元，专项和专项附加扣除合计为63 000元，年终奖50 000元。现在他有两种选择，将年终奖单独计算或并入综合所得纳税。

（1）年终奖单独纳税。

工资、薪金的80 000元不用纳税，年终奖50 000÷12=4 169（元）适用的是第二档税率10%，速算扣除数是210。

应纳税额=50 000×10%–210=4 790（元）

（2）并入综合所得纳税。

应纳税额=（50 000+80 000–123 000）×3%=210（元）

显然，并入综合所得可以少缴税=4 790–210=4 580（元）

如果赵宇迪2022年年终奖金是100 000元，同样有两种选择：

（1）年终奖单独纳税。

工资薪金的80 000元不用纳税。

应纳税额=100 000×10%−210=9 790（元）

（2）并入综合所得纳税。

应纳税额=（100 000+80 000−123 000）×10%−2 520=3 180（元）

赵宇迪还可以进一步再筹划，比如将100 000元拆开：

35 000元作为年终奖金单独核算：

年终奖应纳税额=35 000×3%=1 050（元）

65 000元并入综合所得计税：

应纳税额=（65 000+80 000−123 000）×3%=660（元）

合计纳税=1 050+660=1 710（元）

比第一种情况节税8 080元；比第二种情况节税1 470元。

【例6-18】程驰先生的年薪在扣除各项附加后（6万元+专项扣除+专项附加扣除+其他扣除）是24万元，如果全部作为工资、薪金所得，根据个税税率表，超过144 000元至300 000元的部分，税率是20%。因此，可将24万元分为两部分，一部分作为综合所得，一部分作为一次性年终奖所得。

如果24万元全部作为工资、薪金所得，

应纳税额=240 000×20%−16 920= 31 080（元）

如果将14万元归入、工资薪金所得，10万元归入年终奖所得，则：

工资、薪金所得应纳税额=140 000×10%−2 520=11 480（元）

一次性奖金应纳税额=100 000×10%−210=9 790（元）

合计应纳税额=11 480+9 790=21 270（元）

所以，只要保证24万元中拆分出来的两部分都适用10%税率，个人所得税应纳税额合计为21 270元，比不拆分少纳税9 810元（31 080−21 270）。

年终奖要注意避开无效区间。由于年终奖适用的税率相当于全额累进税率，如果全年奖金除以12个月后的数值靠近不同税率的临界点，会出现获得奖金多反而税后收入少的情况。

【例6-19】甲年终奖为36 000元，乙年终奖为36 001元。其年终奖的应纳个税情况如下：

甲：36 000÷12=3 000（元），对应的税率及速算扣除数为3%和0，应纳税额=36 000×3%=1 080（元），税后所得=36 000−1 080=34 920（元）。

乙：36 001÷12=3 000.08（元），对应的税率及速算扣除数为10%和210，应纳税额=36 001×10%−210=3 390.1（元），税后所得=36 001−3 390.1=32 610.9（元）。

就是说，乙年终奖多1元，税后所得反而比甲少2 309.1元。这就是“一元钱效应”，即年终奖多领取1元，税后可能少得千元或者万元，出现了所谓的年终奖无效区间——在此区间发放的年终奖的税后所得，将低于或等于与区间下限相邻以整数发放的年终奖的税后所得，也就是会出现奖金数额高税后收入低的现象。这是由年终奖计算公式引起的，计算个税的金额是全年的奖金收入，减除的却是按照月薪所得对应的一个速算扣除数。表6-6显示了年终奖的全部无效区间，发放年终奖时须注意。

表6-6 年终奖无效区间

适用税率	无效区间（元）	多1元多缴税额（元）	多1元少收入（元）
10%	36 001 ~ 38 566.67	2 310.10	2 309.10
20%	144 001 ~ 160 500.00	13 200.20	13 199.20
25%	300 001 ~ 318 333.33	13 750.25	13 749.25
30%	420 001 ~ 447 500.00	19 250.30	19 249.25
35%	660 001 ~ 706 538.46	30 250.30	30 249.36
45%	960 001 ~ 1 120 000.00	88 000.45	87 999.45

四、利息、股息和红利所得的税收规划

（一）通过所得再投资减轻税负

现行税法规定对个人因持有某公司的股票、债券而取得的股息、红利所得征收个人所得税，但为了鼓励个人投资，各国都不对企业留存的未分配利润征收所得税。如果个人对企业的前景看好，就可以将本该领取的股息、红利所得留在企业，作为对公司的再投资，而企业则可以将这部分所得以股票或债券的形式记在个人名下。这种做法既可以避免缴纳个人所得税，又可以更好地促进企业的发展，使得自己的股票价值增值。虽然少了名义报酬额，但实际报酬率却有所增加。

（二）利用时间差减轻税负

股票转让所得属于财产转让所得，根据自2019年1月1日起实施的《中华人民共和国个人所得税法实施条例》第七条的规定，对股票转让所得征收个人所得税的办法，由国务院另行规定，并报全国人民代表大会常务委员会备案。目前，还没有新政策出台，执行的是财政部、国家税务总局、证监会发布的《关于上市公司股息红利差别化个人所得税政策有关问题的通知》（财税〔2015〕101号），该通知延续了以前对个人所得税给予的优惠，即：个人从公开发行和转让市场取得的上市公司股票，持股期限超过1年的，股息红利所得暂免征收个人所得税。个人从公开发行和转让市场取得的上市公司股票，持股期限在1个月以内（含1个月）的，其股息红利所得全额计入应纳税所得额；持股期限在1个月以上至1年（含1年）的，暂减按50%计入应纳税所得额。其目的是进一步鼓励长期投资，促进我国资本市场健康发展。

持股期限，是指个人从公开发行和转让市场取得上市公司股票之日至转让交割该股票之日前一日的持有时间。个人转让股票时，按照先进先出法计算持股期限，即证券账户中先取得的股票视为先转让。持股期限按自然年（月）计算，持股1年是指从上一年某月某日至本年同月同日的前一日连续持股；持股1个月是指从上月某日至本月同日的前一日连续持股。

（三）人民币理财

目前商业银行经常发行的人民币理财产品，预期年收益率都高于同期储蓄存款利率，但还没有出台代扣个人所得税的政策，这类理财产品暂时也可以避税。

五、其他

（一）通过捐赠税前抵扣

如前所述，我国个税法规定，个人将其所得通过中国境内的社会团体、国家机关向教育和其他社会公益事业以及遭受严重自然灾害地区、贫困地区的捐赠，金额未超过纳税人申报的应纳税所得额30%的部分，可以从其应纳税所得额中扣除。这条规定启示我们利用捐赠进行税前抵扣是一个切实可行的办法。纳税人可以适当进行捐赠，将应纳税所得额控制在适当的税率水平，使得自己在享受税收规划带来的好处的同时，也真实地帮助他人，是一个利人利己的双赢方案。

如果纳税人本期取得的收入属于不同的项目，如工资、薪金所得，劳务报酬所得，偶然所得，财产租赁所得等，在计算捐赠扣除时，属哪项所得捐赠的，就应从哪项应纳税所得额中扣除捐赠款项，然后按适用税率计算缴纳个人所得税。在纳税人取得两种以上不同应税项目收入，并从中取出一部分收入对外捐赠的情况下，应当对捐赠额进行适当的划分，即将捐赠额分散在各个应税所得项目之中，其目的是最大限度地享受税前扣除。

（二）利用发票合理避税

凡是以现金形式发放的各种补贴都视为工资、薪金所得，如通信费、交通费、午餐费等，但如果是取得合法发票进行实报实销的，则属于企业正常经营费用，这样就不需要纳税。

（三）费用转移

纳税人提供劳务服务时总要产生一定的费用，如办公用品、试验设备、交通工具等费用，这些合理的费用构成了劳务服务的必要成本，因此，纳税人与雇主在协商报酬时应该争取将其中合理的成本费用尽量从报酬中剔除，由雇主提供餐饮、交通工具或报销交通费用。这能使名义劳务报酬收入降低，从而降低税负，增加税后实际可支配收入。

【例6-20】张潮是一名工程师，2022年10月从甲企业取得了一笔设计费20 000元。这显然是一笔劳务费，按照个人所得税法的规定应计入工资、薪金所得一并纳税。假如张潮全年的应纳税所得额是20万，要纳多少税？

纳税额=（200 000+20 000×80%）×20%−16 920=26 280（元）

税后净收入=220 000−26 280=193 720（元）

如果在这20 000元的劳务报酬中，包括了到外地进行勘查所发生的差旅费5 000元，那么，张潮的净收益实际只有188 720元。

若张潮的差旅费由企业承担，并从设计费中扣除，则：

应纳税额=（200 000+15 000×80%）×20%−16 920= 25 480（元）

税后净收入=215 000−25 480=189 520（元）

表面上看劳务报酬降低了，但税后实际收入增加了。需要指出的是，上述改由雇主提供或承担的必须是真实的成本费用，如果是为了减轻税负而将一部分报酬转化为雇主提供家具、交通工具、住房以及旅游等，就属于避税而不属于税收规划了。因此，在实际操作时应该严格划清两者的界限。

（四）充分利用纳税人的身份

1.合理安排居住时间

根据《中华人民共和国个人所得税法实施条例》，在中国境内无住所的个人，在一个纳税年度内在中国境内居住累计不超过90天的，其来源于中国境内的所得，由境外雇主支付并且不由该雇主在中国境内的机构、场所负担的部分，免予缴纳个人所得税。

在中国境内无住所的个人，在中国境内居住累计满183天的年度连续不满六年的，经向主管税务机关备案，其来源于中国境外且由境外单位或者个人支付的所得，免予缴纳个人所得税。在中国境内居住累计满183天的任一年度中有一次离境超过30天的，其在中国境内居住累计满183天的年度的连续年限重新起算。

在中国境内居住连续满六年及以上的，从第六年开始就其从中国境内和境外取得的所得依法缴纳个人所得税。上述个人所得税的纳税义务总结见表6-7。

表6-7　**纳税人性质及纳税人义务表**

我国境内居住时间	纳税人性质	境内所得		境外所得	
		境内支付	境外支付	境内支付	境外支付
不满90天	非居民个人	√	×	×	×
不满183天	非居民个人	√	√	×	×
满183不满6年	居民个人	√	√	√	×
满6年以上	居民个人	√	√	√	√

在境内停留的当天不足24小时的，不计入境内居住天数；连续居住“满6年”的年限从2019年1月1日起计算，2019年之前的年限不再纳入计算范围。

【例6-21】周航为香港特别行政区居民，在深圳工作，每周一早上来深圳上班，周五晚上回香港。周一和周五当天停留都不足24小时，因此不计入境内居住天数，再加上周六、周日两天也不计入，这样，每周可计入的天数仅为3天，按全年52周计算，周航全年在境内居住天数为156天，未超过183天，不构成居民个人，周航取得的全部境外所得，就可免缴个人所得税。

【例6-22】一位美国工程师受雇于美国总公司，从2019年1月起到中国境内的分公司帮助筹建某工程。2019年，他曾离境90天回国向其总公司述职，又离境200天回国探亲，这两次离境时间相加超过290天，因此该美国工程师为非居民纳税义务人，他从美国总公司每月收取的35 000元薪金，不是来源于中国境内的所得，不征收个人所得税。该美国人因避免成为居民纳税义务人，从而节约了个人所得税4 840元/月，即

（35 000-5 000）×25%-2 660=4 840（元），一年节税58 080元。

2.转移住所

纳税人把自己的居所迁出某一国，但又不在任何国家取得住所，从而躲过所在国对其纳税身份的确认，进而可以免除个人所得税的纳税义务。

【例6-23】甲为避免成为任何一国的居民，根据各国在居民身份判定方面的标准来进行税收规划。A国规定在该国居住满1年为该国居民，B国和C国规定满半年为该国居民。甲选择在A国居住7个月，B国居住3个月，C国居住2个月，从而避免了三国居民身份的认定，不负担任何一国的税负。

【思政小课堂】 养老抚幼 中国提高三项个税专项附加扣除标准

国务院宣布，自2023年1月1日起，提高3岁以下婴幼儿照护、子女教育和赡养老人三项个人所得税专项附加扣除标准。

其中，3岁以下婴幼儿照护、子女教育专项附加扣除标准，由现行每孩每月1 000元（人民币，下同）提高到2 000元。即，每个孩子从出生到完成学历教育，父母每个月可以在税前扣除2 000元，每年2.4万元。赡养老人专项附加扣除标准由每月2 000元提高到3 000元。

这是围绕个税专项附加扣除，我国作出的最新规定。近年来，围绕与民众生活密切相关的教育、养育、住房、医疗、养老等重点支出领域，我国陆续设立了子女教育、继续教育、大病医疗、住房贷款利息、住房租金、赡养老人、3岁以下婴幼儿照护七项个税专项附加扣除，在每月5 000元的基本减除费用标准基础上，再予以叠加扣除，兼顾家庭的差异性负担和支出。

但社会中进一步减轻生育、养育和赡养负担的呼吁较多。财政部税政司、国家税务总局所得税司有关负责人（下称负责人）介绍，提高3岁以下婴幼儿照护等三项个税专项附加扣除标准，有利于进一步减轻家庭抚养、赡养负担，更好地保障和改善民生，也有利于提高居民消费意愿和能力。

负责人说，如果纳税人已按原标准填报享受2023年度3岁以下婴幼儿照护、子女教育、赡养老人专项附加扣除，多缴的税款可以自动抵减本年度后续月份应纳税款，抵减不完的，可以在办理2023年度综合所得汇算清缴时继续享受。如果纳税人还没有填报上述三项专项附加扣除，自9月份纳税申报期起，可由任职受雇单位按照提高后的新标准扣除，也可在办理2023年度个人所得税汇算清缴时按照新标准申报扣除。

政策公布的次日，纳税人预缴个税时便可以按新标准填报扣除，这将直接降低许多人的个税负担，实现当期减税效应。北京国家会计学院教授李旭红分析，三项专项附加扣除标准提高后，居民税后可支配收入水平随之提高，从而增加福利、改善民生、带动消费，助力经济恢复、市场信心提振。

提高三项个税专项附加扣除标准的同时，中国还把政策执行时点回溯至2023年1月1日。中国财政科学研究院研究员梁季说，这样能确保纳税人最大程度享受政策红利。众多受益者中，不乏“上有老、下有小”的中年、中产阶级群体。精准的税收优惠政策，将对提振消费产生“杠杆效应”。

资料来源 赵建华.养老抚幼 中国提高三项个税专项附加扣除标准［EB/OL］.（2023-08-31）［2024-07-19］. https：//m.chinanews.com/wap/detail/chs/zw/10070326.shtml.

本章小结

本章是对个人所得税的规划，主要分析了个人所得税规划的含义和原则，探讨了为什么要进行税收规划，介绍了税法和实施细则中的有关规定，讨论了个人所得税规划的常用方法。

1.个人所得税是国家对个人（自然人）取得的应税所得征收的一种税，个人所得的形式，包括现金、实物、有价证券和其他形式的经济利益。

2.个人所得税规划，是指纳税义务人在考察相关个人所得税税收政策和税收征管规定的基础上，制订合理的方案，达到节税目的的行为。所得税规划的主体是纳税义务人，这种规划与偷税漏税不同，具有科学性、合法性，是在税收法律允许的范围内，符合国家的税收政策导向，其最终目的是获得税收利益。

3.所得税规划的意义在于：减轻税负，充分利用税法提供的空间，有利于完善税制，有利于纳税人增强纳税意识。

4.个人所得税规划与偷税和避税是有区别的。偷税是指纳税人以欺骗隐瞒的手段逃避应该承担的纳税义务，这种行为违反了税收征管法，情节严重的会构成犯罪。避税是指纳税人利用税法的漏洞，少纳税或不纳税的一种行为，违背了税收的立法精神，从而也会损害国家和社会的利益。

5.个人所得税规划要遵循合法原则、合理原则、税后财务利益最大化原则、考虑纳税义务人的权利和义务原则。

6.纳税义务人是税法上规定的直接负有纳税义务的单位和个人，依据有无住所和居住时间将纳税人划分为居民纳税义务人、非居民纳税义务人。居民纳税义务人负有无限纳税义务，非居民纳税义务人负有有限的纳税义务。

7.我国采用综合和分类相结合的所得税制，《个人所得税法》列举了九项应纳税个人所得，其中工资薪金、所得，劳务报酬所得，稿酬所得和特许权使用费所得为综合所得，按纳税年度合并计算个人所得税；其余五项分别计算个人所得税。

8.应纳税所得额和税率是影响个人所得税应纳税额的两个因素，降低税负，就是运用合法及合理的方法减少应纳税所得额，或者使应纳税所得额适用较低的税率。

复习思考

一、基本概念

个人所得税　税收规划　偷税　避税　纳税义务人　税率　超额累进税率　应纳税所得额　应纳税额　综合所得

第六章在线测试

二、填空题

1.工资、薪金所得的应纳税所得额按________征收。

2.纳税人在境内接受学历/学位继续教育，在学历/学位教育期间按照每月________元的标准定额扣除。

3.综合所得的税率是________超额累进税率。

4.纳税人赡养________岁以上父母以及其他法定赡养人的赡养支出，可以按照标准定额扣除。

5.在中国境内无住所而在一个纳税年度内在中国境内居住不满________天的，为非居民个人。

三、选择题

1.下列属于分类所得的项目有（　　）。

A.稿酬所得　　B.偶然所得

C.其他所得　　D.特许权使用费所得

2.个人所得的形式，包括（　　）。

A. 现金　　B. 实物

C. 有价证券　　D.其他形式的经济利益

3.居民纳税人取得下列所得按次征税的有（　　）。

A.特许权使用费所得　　B.利息、股息、红利所得

C.劳务报酬所得　　D.经营所得

4.子女教育专项附加扣除的标准是（　　）。

A.每孩每月1 500元　　B.每孩每月800元

C.每孩每月1 200元　　D.每孩每月2 000元

5.需要办理综合所得汇算清缴的纳税人，应当向任职、受雇单位所在地主管税务机关办理，办理时间是（　　）。

A.取得所得的次年1月1日至3月31日内

B.取得所得的次年3月1日至5月31日内

C.取得所得的次年1月1日至5月31日内

D.取得所得的次年3月1日至6月30日内

四、问答题

1.个人所得税规划的原则是什么？

2.为什么要做个人所得税规划？

3.我国个人所得税税收优惠政策有哪些？

五、分析题

1.中国居民纳税人李玲2022年取得以下八项所得，专项扣除35 000元，专项附加扣除合计36 000元，计算其应缴纳的税款总额。

（1）从境内甲企业取得工资收入18万元。

（2）从境内乙企业取得工资收入5万元。

（3）为境外企业进行形象策划，获得报酬5 000元。

（4）出租家中富余的汽车一辆，取得租金12 000元。

（5）向某矿务局提供一项非专利技术，取得收入8 000元。

（6）出版一本书获得稿酬收入15 000元。

（7）收到利息收入24 000元，其中国库券利息收入4 000元，其余20 000元为银行款项的利息收入。

（8）中奖收入40 000元，抽奖支出6 000元。

2.2022年5月，高教授与海南一家中外合资企业签约，双方约定由高教授给该合资企业的经理层讲课，讲课时间10天，讲课费5万元。高教授10天以来的开销为：往返飞机票3 000元，住宿费5 000元，伙食费1 000元，其他费用开支1 000元。请为高教授做一下税收规划。

第七章　保险规划

◇学习目标

- 熟悉保险对个人财务规划的作用
- 了解保险与其他规划相比具有的优势
- 知晓保险的分类和保险产品
- 掌握保险规划的流程
- 能利用不同的方法计算保险需求，学会制定保险规划

开篇导读

陆某是一位普通的父亲，几年前夫妻离异之后，一直将女儿陆红带在身边。虽然陆某后来又再婚，但对于自己的女儿，陆某有着和天底下所有父亲一样深沉的爱，但这份爱被一直深深地埋藏在他的心底，并不为女儿所知，直到有一天，不幸降临到这个家庭……

10月的某一天下午，太平人寿的理赔人员接到被保险人陆某的家人报案，称陆某因车祸意外身故。公司立即通知理赔人员直奔被保险人家中慰问家属并了解情况，为进一步提供理赔服务做前期准备。

理赔人员走访了陆某的亲属，同时也见到了保单的唯一身故受益人陆某的女儿陆红。陆红当时还是一个在校学生，与父亲陆某共同生活。父亲的突然离世，给了她极大的打击，也顿时让这个小女孩变得无依无靠，生活陷入了困境。

理赔人员在安慰死者的家属节哀的同时，详细介绍了公司的理赔流程，并将所需材料列明清单，以方便客户索赔。但是由于唯一的身故受益人陆红尚未满18周岁，考虑到保护陆红的权益不被侵害，陆红本人及其家人要求等到陆红满18岁后再由其本人申领保险金。

两年后，年满18周岁的陆红向保险公司提出了理赔申请。公司理赔人员及时审核完毕作出了理赔决定：给付保险金近17万元，并在第一时间就将寄托着陆某深沉的爱的保险金如数交付到陆红的手里，让她深深地感受到了父亲对她的爱。

陆某的身故理赔在当地及其亲朋好友当中引起了很大反响。本案中的身故受益人是个学生，没有任何经济来源，意外失去亲人无疑从精神上和经济上都是一个沉重的打击。所幸的是，这位故去的父亲通过购买保险保证了他的孩子在他遭遇不幸后能够顺利地完成学业，安排好今后的生活。

爱，就这样被延续了下去……①

① 佚名．保险理财故事［EB/OL］．(2014-05-18)［2024-07-17］．http：//u.vobao.com/681733125783/art/786409782575929851.shtml.

第一节 风险和风险管理

天有不测风云，人有旦夕祸福。个人和家庭时刻都面临着未知的风险。要想有效地防御或控制这些风险，达到即便风险发生也不会对个人及家庭造成重大影响的目的，就必须先了解风险的种类，再学习管理这些风险。

一、风险

所谓风险，就是指在特定的时间内和特定的客观情况下，某种收益或者损失发生的不确定性。在人的一生中，常常会遇到一些意想不到的风险。

（一）按风险的性质，可以划分为纯粹风险和投机风险

纯粹风险是指只带来损失后果而无获利可能的风险，这种风险的发生，其结果有两种：受损或不受损。一个人因故致残就是一个纯粹风险的例子。如果残疾使他不能再继续工作，那么就将遭受连带的经济损失；反之，如果一个人遭遇风险但绝无可能致残，那么就不会因这种风险遭受连带的损失。火灾、水灾、车祸、疾病等都属纯粹风险。

投机风险则是指其发生既有可能带来损失，也有可能带来盈利的风险，这种风险发生的结果有三种：损失、无损失、盈利。买卖股票、赌博就属投机风险。当你购买某只股票时，事实上就是在冒险，指望你的初始投资会增值并给你带来收益。同时，你也知道股票的未来价格可能下跌，从而使初始投资遭受部分损失，甚至血本无归。另外，假定未来的股票价格保持不变，虽然没有亏损，也无收益可言。

（二）按风险损失的对象，可以划分为人身风险、财产风险和责任风险

人身风险是指由于人的疾病、伤残、死亡、失业所导致的风险。这种风险常常会造成预期收入的减少或者额外费用的增加。人身风险还可以进一步分为生命风险和健康风险。

财产风险是指能造成实物财产贬值、损毁、灭失的风险。比如个人所拥有的房屋、家具、衣物、家用电器以及车辆，或者公司拥有的厂房、设备、材料等，可能因水灾、火灾等自然灾害而造成损失，也可能因失窃或遭受抢劫而造成损失。财产风险除了会导致财产的直接损失之外，还可能引起与财产相关利益的间接损失。例如，一条设备线的损坏可能会导致整个生产程序的减慢，从而带来产量的减少，并最终会由于不能按时交货而遭受违约损失。

责任风险是指因个人或团体的疏忽或过失行为，造成他人的财产损失或人身伤亡，按照法律、契约应负法律责任或契约责任的风险。比如，医生的过失行为引致医疗事故的发生，给病人造成的损害这种风险即为责任风险，或者因为未能履行合同而导致的对方遭受损失所应付的赔偿责任风险，以及孩子损坏他人的东西，家长所应付的赔偿责任风险等。

（三）按风险的影响范围分类，可以划分为系统性风险和非系统性风险

系统性风险又称整体性风险、不可分散风险（Undiversifiable Risk），是产生于体制

本身，对所有体制内部成员都有威胁，而且一般风险管理措施无法消除其威胁的风险。战争、自然灾害等就属于系统性风险。

非系统性风险又称特定风险、异质风险、个体风险等，是与特定的人或物有因果关系，即由特定的人或物引起的，而且损失仅涉及系统的一部分，通常可以通过风险管理措施进行有效防范的风险。

对风险的分类方式还有其他的标准，如根据引起损失的原因可把风险分为自然风险、社会风险、经济风险、技术风险、政治风险；根据风险产生的原因可以把风险分为静态风险和动态风险；按风险的承担主体可分为个人风险、家庭风险、企业风险和国家风险，等等。

表7-1是人的一生中发生各种风险的概率，不见得准确，但可以给我们一个直观的印象：风险就在身边，必须重视并加以规划。

表7-1 **发生风险的概率**

风险事件	发生概率	风险事件	发生概率
受伤	1/3	染上艾滋病	1/5 700
难产	1/6	被谋杀	1/1 100
车祸	1/12	死于怀孕生产（女性）	1/4 000
心脏病突然发作	1/77	自杀（女性）	1/20 000
在家中受伤	1/80	自杀（男性）	1/5 000
受到致命武器的攻击	1/260	因坠落摔死	1/20 000
死于心脏病	1/340	死于工伤	1/26 000
家中成员死于突发事件	1/700	死于火灾	1/50 000
患乳腺癌（女性）	1/100	受二手烟污染而死于肺癌	1/60 000
死于中风	1/1 700	吃东西噎死	1/160 000
死于突发事件	1/2 900	中毒而死（不包括自杀）	1/86 000
死于车祸	1/5 000	溺水而死	1/50 000

二、风险管理方式

为了躲避风险，或者减少风险可能带来的损失，就有必要对风险进行管理，从而控制风险发生的概率并在风险发生后降低风险带来的损失。通常，对风险管理的基本方法有风险回避、损失控制、风险保留和风险转移四种。

（一）风险回避

风险回避是指有意识地放弃风险行为，即采取措施直接回避风险，或者不去做可能导致风险的事，从而避免某种风险的发生以及由此带来的损失。

风险回避是一种相对简单、同时也是比较彻底的风险管理的方法。但是，有时候消极地回避风险也意味着放弃收益。风险和收益总是成正比的，放弃风险往往也放弃了潜在的收益，要想获得收益就必须面对风险。有时候，在回避某种风险的时候，有可能产生其他新的风险。例如，为了避免飞机失事而改乘轮船，结果却遭遇海难。此外，有些风险是无法回避的。

（二）损失控制

损失控制不是放弃风险，而是制订计划和采取措施降低损失的可能性或者减少实际损失。控制的阶段包括事前、事中和事后三个阶段。事前控制的目的主要是降低损失的概率，比如安上防盗门以减少失窃的可能，安装避雷针以防雷击；事中和事后的控制主要是为了减少实际发生的损失，比如在火灾发生后紧急疏散人群，将易燃易爆物品迅速转移，建立隔火带等。

（三）风险保留

风险保留是指自己承担风险可能带来的损失。属于一种自保险，这种处理方法比较简单和方便。比如，人们常常自己承担由于感冒或者牙痛等小疾病所带来的医疗费用。但是，在风险导致的损失较大或者无法预测的时候，这种方式的效果有限。建立风险基金也是风险保留的一种方式，在可能的损失发生前，作出资金安排以确保损失出现后能及时得以补偿。

（四）风险转移

风险转移是指将风险及其可能造成的损失转移给他人。通过风险转移可大大降低经济主体的风险程度。在经济生活中，风险转移的方式可分为保险转移和非保险转移。保险转移是指通过订立保险合同，将风险转移给保险公司，一旦风险发生并造成损失的时候，由保险公司在合同规定的责任范围内予以赔偿。非保险转移是指通过订立经济合同，将风险以及与风险有关的财务结果转移给别人或其他经济组织，常见的非保险的风险转移有租赁、互保、基金制度等。

由于保险存在许多优点，所以通过保险来转移风险是最常见的风险管理方式。

三、保险的含义、关系人及种类

（一）保险的含义

根据《中华人民共和国保险法》（简称《保险法》）第二条，保险是指投保人根据合同约定，向保险人支付保险费，保险人对于合同约定的可能发生的事故因其发生所造成的财产损失承担赔偿保险金责任，或者当被保险人死亡、伤残、疾病或者达到合同约定的年龄、期限等条件时承担给付保险金责任的商业保险行为。

从经济角度看，保险是帮助个人或机构承担不可预测的巨大的经济损失的一种金融工具；从法律角度看，保险是一种合同行为，是一方同意补偿另一方损失的一种合同安排；从社会角度看，保险是社会保障制度的重要组成部分，是社会生产和社会生活的稳定器；从风险管理角度看，保险是风险管理的一种方法。

（二）保险涉及的关系人

1.保险人

保险人又叫承保人，是指经营保险业务的组织和法人（个人不能作为保险人），其与投保人订立保险合同，并承担赔偿或者给付保险金的责任。

2.投保人

投保人是向保险公司申请订立保险契约，并负有缴纳保险费义务的人。投保人必须是对被保险人具有保险利益的人，如果没有保险利益，保险契约就会失去效力。《保险法》规定，投保人对（1）本人，（2）配偶、子女、父母，（3）前项以外与投保人有抚养、赡养或者扶养关系的家庭其他成员 、近亲属等具有保险利益，也就是说，这些人可以作为被保险人。另外，被保险人同意投保人为其订立合同的，视为投保人对被保险人具有保险利益。

3.被保险人

被保险人即保险的对象，是指保险事故发生时遭受损害的人。在人寿保险中，投保人不仅可以自己的身体为标的、也可以他人的身体为标的订立保险契约。例如，丈夫为妻子、父母为孩子购买人寿保险。不过，投保人以他人为被保险人须对该人有保险利益，如订立以死亡为给付条件的保险契约，还必须经被保险人的书面承认并约定保险金额。

4.受益人

受益人又称保险金受领人，是指由投保人或被保险人在保险合同中指定的（投保人指定时要经过被保险人的同意）于保险事故发生时，享有赔偿请求权的人，受益人只存在于人身保险合同中。

当投保人为自己的利益投保时，投保人、被保险人为同一人，被保险人或投保人一般会指定自己的家庭成员、亲属为受益人，也可以指定其他任何人为受益人。在一份人身保险合同中，可以只指定一名受益人，也可以指定若干名受益人。

另外，保险费、保险金、保险金额三个概念是不同的。保险费简称保费，指投保人根据其投保时所订的保险费率交付给保险公司的费用。保险金是保险公司根据保险合同的约定，对被保险人或者受益人进行给付的金额，也就是保险赔款。保险金额，简称保额，指保险公司在合同中约定的承担赔偿或者给付保险金责任的最高限额。

（三）保险的种类

1.根据保险标的不同，分为人身保险和财产保险

人身保险是以人的寿命和身体为保险标的的保险。当人们遭受意外伤害、疾病、年老而丧失工作能力、伤残、死亡或年老退休时，根据保险合同的约定，保险人对被保险人或受益人给付保险金或年金，以解决其因病、残、老、死所造成的经济困难。人身保险的种类如图7-1所示。

- 人身保险
  - 人寿保险
    - 传统寿险
      - 死亡保险：定期保险和终身寿险
      - 生存保险：生存保险和年金保险
      - 两全保险
    - 新型寿险
      - 分红保险
      - 投资连结保险
      - 万能险
      - 变额寿险
  - 意外伤害保险
  - 健康保险：疾病保险、医疗保险、失能收入损失保险、护理保险

图 7-1　人身保险的种类

财产保险是指以财产及其相关利益为保险标的的保险，它是以有形或无形财产及其相关利益为保险标的的一类补偿性保险，包括财产损失保险、责任保险、信用保险等，见表 7-2。

表 7-2　**财产保险的种类**

第一层次	第二层次	第三层次	第四层次
财产保险	财产损失保险	火灾保险	企业财产保险、家庭财产保险
		运输工具保险	机动车辆保险、船舶保险、飞机保险
		货物运输保险	国内水路、陆路货物运输保险，国内航空运输货物保险，进出口货物运输保险
		工程保险	建筑工程一切险、安装工程一切险、机器损坏险
		农业保险	种植业保险、养殖业保险
	责任保险	公众责任保险	
		产品责任保险	
		职业责任保险	
		雇主责任保险	
		第三者责任保险	
	信用保险	信用保险	商业信用保险、银行信用保险、国家信用保险
		保证保险	合同保证保险、产品保证保险、忠诚保证保险

我国开办的家庭财产保险主要有普通家庭财产险和家庭财产两全险，根据保险责任的不同，普通家庭财产险又分为灾害损失险和盗窃险两种。

2. 根据保险实施方式的不同，分为商业保险与社会保险

商业保险是指按商业原则经营，以营利为目的的保险形式，由专门的保险企业经

营。所谓商业原则，就是保险公司的经济补偿以投保人交付保险费为前提，具有有偿性、公开性和自愿性，并力图在损失补偿后有一定的盈余。

社会保险是指国家通过立法强制实行的，由劳动者、企业以及国家三方共同筹资建立保险基金，用以对其中因年老、疾病、生育、伤残、死亡和失业而导致丧失劳动能力或失去工作机会的成员提供基本生活保障的一种社会保障制度。

两者比较，社会保险具有强制性，商业保险具有自愿性；社会保险是为社会成员提供必要时的基本保障，不以营利为目的，而商业保险要独立核算、自主经营、自负盈亏；商业保险保障范围比社会保险更为广泛。

3.根据保险保障对象的不同，分为个人保险和团体保险

个人保险是为满足个人和家庭需要，以个人作为承保单位的保险。

团体保险是用一份总的保险合同，向一个团体中的众多成员提供人身保险保障的保险。在团体保险中，投保人是机关、社会团体、企事业单位等独立核算的单位组织，被保险人是团体中的在职人员。已退休、退职的人员不属于团体的被保险人。另外，对于临时工、合同工等非投保单位正式职工，保险人可接受单位对其提出的特约投保。

四、保险的功能

从理财规划的角度，保险的功能主要体现在两个方面：

（一）经济补偿

经济补偿，即人身保险的给付和财产保险的补偿，这也是保险最基本的功能。在灾害发生后，保险人及时的补偿对于恢复人们的正常生产生活具有重大的意义，可以帮助个人或机构减少经济损失，渡过难关。

（二）提供风险管理服务

其目的是帮助个人或机构防患未然，规避风险。

从宏观的角度看，保险还具有资金融通的功能。保险公司利用保费收取与赔款或给付保险金之间的时间差，将集中起来的保险基金中暂时闲置的部分用于融资或投资，使资金保值或增值，增加保险经营的收益或弥补亏损。同时，保险也具有社会管理的功能，该功能主要体现在：稳定经济生活，完善社会保障体系，完善公司治理结构，激活储蓄机制，推动外向型经济发展，有利于构建国家公共事务应急体系，缓解社会矛盾，推动科技创新。通过保险的社会管理功能对整个社会及各个环节进行调节和控制，目的就在于正常发挥各系统、各部门、各环节的功能，从而实现社会关系的和谐稳定。

尽管保险是人们处理风险的一种方式，但并不是所有的风险都可以通过保险来转移，可保风险必须具备一定的条件。

第一个条件是，风险必须是非投机性的。只有损失机会而无获利可能的纯粹风险保险公司才提供保险。比如，股票投资的风险属于投机风险，保险公司是不承保的。

第二个条件是，风险必须是偶然和意外的。所谓偶然，是指人们不知道风险是不是一定发生，也不知道风险发生后是否会造成损失以及损失有多大。所谓意外，是指风险不是被保险人的故意行为引起的。如果风险的发生是必然的或投机的，保险公司不予

承保。

第三个条件是，风险发生的概率必须是可以预测的。保险人要通过对过去同类事件的大量统计资料进行分析、归纳和计算，通过数理方法来合理预测风险发生的概率，并以此作为建立赔偿规则的基础，只有这样，才能够科学地经营风险。对未来损失的预测基于这样一个概念，即尽管个体事件是随机发生的，但人们可以通过对历史事件的观察来确定给定事件在未来发生的可能性。这种可能性的大小被称为事件的概率，被用于确定特定事件发生概率的一个重要的思想是大数法则。

第四个条件是，风险造成的损失必须是明确的。对于大多数险种而言，可保损失在时间和数额上都必须有明确的界定。换言之，保险人必须明确给付保险金的时间和数额。死亡、疾病、伤残和年老等状态通常是易于识别的，然而，由此所导致的经济损失却需要再做解释。保险公司与保单所有人之间的合同包含一项重要的条款，它规定了保险损失发生后保险人应该给付的保险金数额。

第五个条件是，对保险人而言不能是巨灾损失。如果一次损失事故的发生有可能对保险人造成灾难性的打击，那么这种潜在损失是不可保的，因为保险人无力给付保险赔偿金。为了防止巨灾损失的发生，保险人一般采用再保险的方法将风险进行转移与分散。

五、保险机构

20世纪90年代后，我国保险业发展很快，保险机构数量猛增。1992年时，全国只有6家保险公司，截至2022年，全国共有保险法人机构237家，资产总额27.15万亿元，实现原保险保费收入4.70万亿元，同比增长4.58%；保险业赔款和给付支出1.55万亿元。保险密度为3 326元/人，保险深度为3.88%。境外保险机构在我国设立了68家外资保险机构、79家代表处，外资保险机构总资产2.26万亿元。

股份制保险公司有中国人寿保险股份有限公司、中国平安人寿保险股份有限公司、中国太平洋人寿保险股份有限公司、新华人寿保险股份有限公司、泰康人寿保险股份有限公司、太平人寿保险有限公司，等等。其中中国人寿是与共和国同龄的寿险公司，在三地上市。平安人寿是国内第一家以保险为核心，融证券、信托、银行、资产管理、企业年金于一身的综合服务集团。

合资保险公司有中宏人寿保险有限公司（这是国内首家中外合资的人寿保险公司），还有中美大都会人寿保险有限公司和信诚人寿保险有限公司等。

美国友邦保险有限公司是目前唯一一家外商独资的人寿保险公司。

保险公司在进行经济补偿的过程中，会利用暂时闲置的保险资金进行投资。根据中国保监会于2018年1月发布、自2018年4月1日起实施的《保险资金运用管理办法》，保险资金的运用范围限于：银行存款；买卖债券、股票、证券投资基金份额等有价证券；不动产；股权及国务院规定的其他资金运用形式。保险资金还可用于投资设立不动产、基础设施、养老等专业保险资产管理机构。

第二节　保险规划的含义和功能

针对人生中可能遇到的种种风险，最有效的防范措施就是进行保险。保险规划就是利用保险特有的保障功能，来避免或降低家庭发生各种损失的风险，避免风险事件的冲击。其主要任务就是分析家庭的保险需求，选择适当的保险产品，降低风险和减少损失。所以，人们常说，保险不会改变你的生活，但保险可以使你的生活不改变。保险规划是一把通向财务安全和财务自由的保护伞。

由于人寿保险的特殊性，在提供保障的同时附加了一些理财功能，所以，本章所提到的保险规划主要是指人寿保险，虽然财产保险在理财规划上也有其功用。

一、保险规划的含义

保险规划是从个人的实际情况出发，通过分析经济状况、保险需求制订保险计划；是利用保险特有的功能，来保障家庭资产的安全和增值，使个人的经济生命得以延续。在理财规划的各项子规划中，保险规划是最具有防御功能的规划，也是不可或缺的一个理财规划。

二、保险规划的功能

保险规划的功能主要体现在三个方面：保障功能、筹措资金和投资功能。

（一）保障功能

这是源自保险的本源功能，也是保险规划最主要的目的。利用保险产品的保障功能，来管理人身风险及各种无法预测的风险。例如，有一个三口之家，夫妻都很年轻，目前收入中等，预期未来收入有较大增长空间，且生活负担不重，财务状况良好，表面上看无忧无虑。但是认真分析，会发现这个家庭潜在的风险因素较多：首先，夫妻俩都没有投保商业保险，一旦夫妻任何一方发生意外或重大疾病，就可能对家庭生活产生巨大影响；其次，夫妻双方父母将来的医疗和退休养老方面仍会是重大的负担；最后，孩子的教育费用是一笔固定支出。因此，这种看似一切正常的家庭十分有必要及早做保险规划。

利用保险以小博大的防御功能，可以用少量的资金抵御数倍于保险费用的风险。例如，平安保险公司推出的一款航空意外险，如果按最低期限1天和最低保额60万元投保，保费只需要0.2元，在保险期间内，如果投保人以乘客身份乘坐民航客机期间因意外伤害事故身故或伤残，保险公司将按“飞机意外伤害保险金额”给付保险金，该保险最高保额为800万元。

（二）筹措资金

首先，人寿保险要求投保人按期缴纳保险费，如果未按时缴纳第二期及以后各期的保险费，在宽限期60天内保险合同仍然有效，如果发生保险事故，保险人仍予负责，但要从保险金中扣除所欠的保险费。如果宽限期结束后投保人仍然没有缴纳保险费，也无其他约定，则保险合同自宽限期结束的次日起失效。由于存在外界压力，这种定投的财富积累方式比较容易坚持下来。这笔资金积少成多，当需要时可以动用，以渡困境。

其次，在某些保险合同中规定了当投保人资金紧缺时，可申请现金价值的70%～90%作为短期贷款，如果急需资金，便可以将保险单质押在保险公司或银行，从保险公司或银行取得相应数额的贷款。

最后，《保险法》中规定的“现金价值不丧失条款”，可以确保投保人中止合同时，得到相应的退保金额。所谓的保险单的现金价值是带有储蓄性质的人寿保险单所具有的价值。由于人身保险单的缴费期限很长，保险公司在实际操作中采用均衡保险费的方法，将投保人在合同期限内需要缴纳的全部保险费在整个缴费期限内均摊，使投保人每期缴纳的保险费相同。被保险人还年轻时，其死亡概率低，投保人缴纳的保险费比实际需要的多，多缴纳的保险费就逐年积累；当被保险人年老时，其死亡概率高，投保人缴纳的保险费比实际需要的少，不足的部分将由被保险人年轻时多缴纳的保险费予以弥补。投保人在被保险人年轻时多缴纳的保险费连同其产生的利息，每年累计起来，就是保险单的现金价值。对于投保人和被保险人来说，保险单的现金价值具有以下三种功能：一是退保金按照保险单的现金价值领取；二是保单质押贷款额度是以保险单的现金价值为基础的；三是在分红保险合同中，投保人享有的分红是以保险单的现金价值为基础的。保险单现金价值的简化计算公式如下：

$$\text{保险单的现金价值} = \text{投保人已缴纳的保险费} - \text{保险人的管理费用分摊} - \text{保险人向销售人员支付的佣金} - \text{保险人因承担保险责任所需要的纯风险保险费} + \text{剩余保险费产生的利息}$$

（三）投资功能

一些新型的人寿保险产品不仅具有保障功能，而且具有一定的投资功能，在获得保障的同时还有本金以外的其他收益。即：如果保险期内出现了保险事故，保险公司会按照约定给付保险金；如果没有发生保险事故，那么到给付期时，所得到的保险金会超过所交的保险费，即投资收益。投资连结保险、分红保险和万能保险等都属投资型的人寿保险。

三、保险规划的原则

（一）保障第一原则

保险本身的功能是规避风险和经济补偿，所以，进行保险规划时应把保障放在首位，其次才是投资。尤其要控制那些会给人身造成严重甚至灾难性伤害的风险事故，如身体健康被严重伤害、重大疾病、残疾甚至死亡等。因此，在拟定保险规划时，控制恶性风险是我们的首要任务，以充分发挥保险的保障功能。如果当前家庭收入有限，没有能力购买保费较高的终身寿险或其他分红、投资型保险，就可以选择意外险、疾病险和定期寿险这类保险，以满足保障需求；如果经济状况较好，就可考虑投资型保险产品。

（二）保障全面、保额充足原则

保障全面是指要根据个人的年龄、家庭、工作、已有保障情况等，客观分析保险需求，尽量全面考虑到各个方面的风险，涵盖身故、疾病和意外。

保额充足是指如果有风险发生的话，保险公司支付的理赔金额可以完全覆盖风险带来的损失。显然，购买保险如果太少，将起不到保障的作用。依据2015年各保险公司重疾理赔数据，在我国不管是大保险公司还是小保险公司，重疾的保额普遍偏低，半数以上公司高达70%的客户的保额不足10万元，赔付30万元以上的客户仅为3%~5%，10万元以上的也非常少。

（三）量力而行原则

在国外有保额至重、保费合理之说，强调保额要充足，同时保费要合理。我们知道，保险是一种契约行为，投保人必须先支付一定的费用才能获得保险保障。投保的险种越多，保障范围越大，但保险费越高；同时，保险期限越长，需支付的保险费也越多。因此，投保时要根据自己的经济实力量力而行。保费预算太低，不能提供足够的保障；保费预算太高，则会导致负担太重。

在保费和保额上，有个“双十”定律，即保费占年收入的1/10，保额是年收入的10倍。比如，你目前的家庭年收入是10万元，那么总保额应该在100万元左右，而保费不能超过1万元。一般而言，用1/10的收入来交保费，这样的比例不会对投保人的正常生活产生影响，而10年的收入可以帮助一个家庭渡过可能的难关。

（四）顺序原则

1.家庭成员的顺序

购买保险不能强调“人人平等”，科学的顺序依次为：中年人＞老年人＞孩子。就是说，保险对象首先是家庭的经济支柱，要给家庭的主要收入提供者购买充足的保险；其次是家里的老人，因为老人的赡养最终会落在中年一辈的身上，购买意外医疗和重疾险显得很重要。最后才是孩子，孩子相比成人来说健康概率更高，而且从经济的角度讲，孩子没有任何收入，如果发生风险对家庭的现金流影响不大，而若家庭经济支柱遇到风险，对整个家庭的经济状况影响会非常严重。只有家庭的支柱获得足够的保障，孩子的风险才可能降到最低。这是不同收入家庭购买保险都应该遵守的原则。

2.保险产品顺序

顺序依次为意外＞医疗＞重大疾病＞养老＞理财。意外、疾病是人生中最难预知和管控的风险，保险的保障意义很大程度就体现在这两类保险上，所以，投保人应先满足意外、疾病类的保障需求，然后再考虑投资。

3.先满足人身险后满足财产险

人是财富的创造者，没有人的保全，也就没有财富的积累。因而，在买保险时一定要分清主次，人的保障比财富的保障更重要。现实生活中，有的有车族100%投保车险中的第三者责任险与损险等，却忽略为自身投保人身保险，这是典型的本末倒置。

四、保险规划的优势

与其他规划相比，保险规划在节税、免债和抵抗通货膨胀方面具有一定的优势。

（一）税务优势

在征收遗产税的国家，人们为了节税采取了许多方法，其中之一就是选择购买保险，因为它既可以提供保障又可以节税，只要将遗产继承人确定为受益人即可。

在我国，《保险法》规定：指定受益人的保险金不作为被保险人的遗产；《个人所得税法》规定：保险赔款免缴个人所得税。

虽然我国尚未开征遗产税，但遗产继承过程中各项费用也不低，如请律师拟定遗嘱的律师费用、公证遗嘱本身的公证费用，以及按总资产额的2%收取的继承权公证费，1 000万元就必须交20万元。而通过保险进行财富传承，受益人在领取保险金的时候无须交纳任何费用。

可见，保险是一个非常理想的节税节费的工具。

知识拓展7-1　　保险金是被保险人的遗产吗？

保险金能否作为被保险人的遗产处理，要根据具体情况而定。根据《保险法》第四十二条的规定，被保险人死亡后，有下列情形之一的，保险金作为被保险人的遗产，由保险人依照《中华人民共和国继承法》的规定履行给付保险金的义务：

（一）没有指定受益人，或者受益人指定不明无法确定的；

（二）受益人先于被保险人死亡，没有其他受益人的；

（三）受益人依法丧失受益权或者放弃受益权，没有其他受益人的。

受益人与被保险人在同一事件中死亡，且不能确定死亡先后顺序的，推定受益人死亡在先。

根据最高人民法院《关于保险金能否作为被保险人遗产的批复》的规定，人身保险金能否列入被保险人的遗产，取决于被保险人是否指定了受益人。指定了受益人的，被保险人死亡后，其人身保险金应付给受益人。未指定受益人的，被保险人死亡后，其人身保险金应作为遗产处理，可以用来清偿债务或者赔偿。

例如，张三因为意外事故去世，其生前在某保险公司投保了人身意外伤害保险，并将丈夫李四指定为受益人。现在张三的父母认为保险金属于张三的遗产，要求继承。显然，张三指定的受益人是其丈夫李四，且李四并未先于张三死亡，某保险公司应当向李四履行给付保险金的义务，所以这笔保险金不属于张三的遗产范围，张三的父母不能主张继承。

（二）规避债务风险优势

我们可以用下面的案例来说明保险在规避债务风险方面的作用。

【例7-1】程某是云南的一位老板，其妻李某是家庭主妇，无固定收入，有两个孩子，分别是在1998年和2004年出生。程某家庭资产颇丰，曾在2009年从银行申请了2 200万元的贷款。2014年5月，程某意外死亡，银行在对其债务进行追缴的过程中发现，程某企业和家庭主要资产全部执行后不足以偿还银行贷款，尚欠1 000万元。随后银行发现程某2004年、2006年和2008年在保险公司买了六张寿险保单，指定受益人是两个孩子，身故保险赔款共计700万元，于是银行将李某诉至法院，主张该赔款必须用于偿还银行贷款。如果没有明确指定受益人，那么这700万元就要按《保险法》第四十二条的规定作为程某的遗产，由程某的妻子李某及两个孩子平分，属法定继承。而根据原《中华人民共和国继承法》第三十三条（现《民法典》第一千一百六十一条）的规定，如果没有明确指定受益人，700万元必须先清偿程某欠银行的债务，剩余部分才可以继承，否则保全作用无法实现。但《保险法》中规定，指定受益人的保险金不作为被保险人的遗产，由于本案中两个孩子被指定为受益人，所以这700万元保险金不受债务追偿。

（三）抵抗通货膨胀优势

具有投资理财功能的保险，如分红险和万能险，能一定程度上起到抵御通胀的作用。因为物价高了，投资要求的收益会变高，保险相应的分红或保险账户的价值也会提高，可一定程度上抵消通货膨胀带来的购买力下降。

第三节 保险规划的流程

保险规划是一个严谨的过程，一般包括四大步骤，即分析保险需求，确定保险产品，明确保险期限，选择保险公司。参见图7-2。

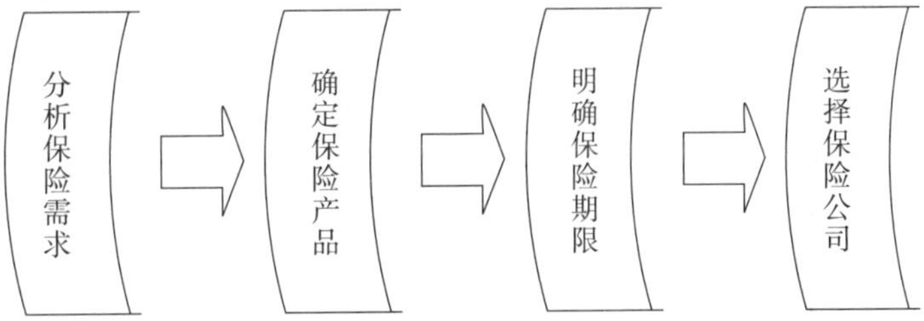

图7-2 保险规划的流程

一、分析保险需求

（一）人生阶段与保险需求

保险需求分析是针对人生中的风险，定量分析和计算出所需要的保险额度，并据此作出科学的财务安排，从而避免风险发生时的不利冲击，保障高品质的生活不受影响。

由于所处的环境及实际情况不同，每个人的保险需求是不同的，即使同一个人，随着人生阶段的不同也会有不一样的保险需求。比如，生活在恶劣环境条件下的人会比生活环境条件好的人更需要医疗保险；有孩子的家庭就需要为孩子投保；父母需要赡养的，则应考虑购买定期寿险……所以，在进行保险规划的时候要考虑到个人所处的不同时期，并依据不同时期的特点来设计不同的方案。表7-3是对人生不同阶段风险的排序。

可见，意外和健康两大风险贯穿整个人生，健康风险到中老年发生概率更高；而死亡风险随年龄而变化，在家庭形成期，死亡风险带来的威胁最大，因为处于此时期的人是家庭的顶梁柱；子女独立后死亡的威胁程度逐渐降低，最终趋近于零。

表 7-3 **人生不同阶段重要风险排序**

单身期	家庭形成期	家庭成熟期	退休期
意外伤害↑↑ 健康 死亡	死亡↑↑ 意外伤害↑↑ 健康 养老↑	健康↑↑ 意外伤害↑↑ 养老↑↑ 死亡↓	健康↑↑ 养老↑↑ 意外伤害↑ 死亡↓↓

单身期，由于没有多少家庭负担，对家庭成员的贡献也不是很大，所以如果一个人在单身期发生意外的话，对家庭的经济影响不大，所以这个时期需要的是意外伤害保险，以弥补由于意外伤害带来的家庭医疗费用的增加，万一身故，也可为父母提供抚恤金用于晚年的生活。

家庭形成后，就承担着照顾子女、提供家庭经济来源、赡养父母的重任，如果这时身亡或失能，家庭压力会陡增，因此需要考虑人身保险，以应对可能出现的意外事件。有专家建议此时期的保险组合应为：终身寿险+重疾险+意外险+医疗险。如果一个人处于特殊行业的话，譬如律师或医生，还得考虑责任保险方面的需求。

中年人承载着整个家庭的压力和责任，根据家庭状况选择适当的健康险就显得特别重要，尤其是家庭的经济支柱。此时应继续持有意外保险，同时购买重疾险以及较高额的寿险和特种疾病险，再配合住院险和津贴型保险，万一发生意外，可使孩子和家庭得到经济保障。鉴于女性的发病率高，中年女性可考虑购买女性疾病险。有专家建议，中年人的保险组合应为重疾险+住院险+津贴型保险。50岁后，由于子女已经独立，家庭负担逐步减轻，应考虑年金保险，以保障退休后的生活水准不至于大幅降低。

到了退休期，一般的保障保险已不宜购买。由于这一阶段各种保险的费率都很高，应该主要依靠自己早年积累的健康保险金和子女的赡养费。如果考虑到为子女减轻压力，也可投保一些保费不是很高的意外险等险种。老年人的保险组合应为意外伤害险+意外医疗保险。

对于大多数家庭而言，子女教育费用的高峰期正好也是家庭收入的高峰期，只有一些特殊情况需要用保险做强制储蓄，所以表7-3没有将子女教育列于其上。

（二）人寿保险的需求分析

常见的寿险需求估算方法有三种，即收入倍数法、生命价值法和遗属需求法。其基本思路是，一旦家庭的经济支柱去世，家庭其他成员还需要多少财力资源才能维持原有的生活水准和家庭目标不改变。

1.收入倍数法

收入倍数法，即用年收入乘以一个倍数。“双十原则”就是这种方法，家庭需要的寿险保额是年税后收入的10倍，保费是税后收入的1/10。这是一种经验估算，简便，但不适用于所有的家庭，只是大概的测算，实务中一般需要与后面的两种方法配合使用。表7-4为收入倍数法的参考表。

表7-4　**收入倍数法参考表**

年龄	保额
16～30岁	14倍年收入
31～35岁	13倍年收入
36～40岁	12倍年收入
41～45岁	11倍年收入
46～49岁	10倍年收入
50～52岁	9倍年收入
53～56岁	8倍年收入
57～60岁	7倍年收入

2.生命价值法

该法是以一个人的生命价值作为依据，来考虑应该购买多少保额的一种方法。生命是无价的，但从理财的角度看，可以用生涯资产来估计人身的价值，并据以估算应有的保额。所谓生涯资产是家庭经济支柱未来工作期间内可赚取的收入减去他未来所需生活支出后的折现值。收入减支出后剩余的钱可以贡献给他人——这就是被保险人的生命价值，计算公式为：

I=H=Y-C

式中：I为应有寿险保额；H为生涯资产；Y为未来收入折现值；C为未来支出折现值。

生命价值法有四个步骤：一是确定工作年限；二是估计未来的年平均收入；三是从收入中扣除预期的支出和费用，即净收入；四是选择贴现率计算余额的现值，得出的数值就是生命价值，也就是应该有的人寿保险的保额。

【例7-2】赵先生现年35岁，打算60岁退休。其年收入为10万元，个人消费支出5万元，预期寿命80岁。赵先生的人寿保险需求是多少？

如果实质收支不变（即收入增长率与支出增长率相同），以实质投资报酬率作为折现率来计算保险需求，设实质投资报酬率为5%。

收入时间25年，个人收入现值PV（n=25，I=5%，PMT=10）=140.9（万元）

支出时间45年，个人支出现值PV（n=45，I=5%，PMT=5）=88.9（万元）

I=H=Y-C=140.9-88.9=52（万元）

可见，在上述条件下，赵先生的人寿保险需求是52万元。

若收入增长率高于支出增长率，实质收入在未来工作期间会上升，其生命价值会比以现在收入衡量的价值高。可见，影响生命价值法寿险保额计算的因素主要有五个：

一是年龄：年龄越大，剩余的工作年限越短，期数越短，未来工作收入的折现总值越小，应有的保额亦越少。

二是个人支出占收入的比例：该比例越大，所产生的净收入越小，一旦身故，对家庭的负面影响越小，所需的保额亦越少。

三是个人收入增长率：收入增长率越高，保额需求越高。

四是个人支出增长率：支出增长率越高，保额需求越低。

五是投资报酬率：投资报酬率越高，折现率越高，保险需求越低。

该方法实质上是通过生命损失的经济估算来计算对保险额的需求。通俗一点解释，就是计算作为家庭经济支柱的成员一旦身故，其遗属以后的生活水准仍然可以跟他（她）还活着的时候一样，因此，也称其为净收入弥补法。

3.遗属需求法

这种方法是通过计算未来可预期的支出需要的累计现值来估算保险需求的方法，即计算家庭经济支柱身故时，照顾遗属所需要的费用。照顾愈周全，所需要的保险费用就愈高。该法计算保额较为简单，只要将未来遗属所需要花费的金额一一列出来，然后以投资报酬率计算出其现值，再将每一笔现值加总即可。计算公式为：

$$I=F$$

式中：I为应有的寿险保额；F为生涯负债。

上例中，如果赵先生现在死亡，则遗属还有45年的生活需求，每年的生活支出是5万元，同样假设收入增长率、支出增长率相等，也用5%的实质投资报酬率折现，则：

寿险保额需求PV（n=45，I=5%，PMT=5，期初）=88.87万元

以该法来估算保险需求时，死亡时的年龄越大，对遗属的养生负债也因期间缩短而减少，故保险需求越低；而遗属支出占收入比例越高，表示家庭负担越大，应有的保额也越高。

上例中，如果赵先生在40岁死亡，在赵先生的10万元收入中，个人消费仅为3万元，则：

寿险保额需求PV（n=40，I=5%，PMT=7，期初）=120.1（万元）

由于该方法并不看经济支柱的收入高低，只计算照顾遗属所需要的费用，所以也被称为支出需求法。通常需要考虑的必要支出一般包括：善后费用、偿还贷款、应急基金、教育基金、子女独立前所需费用等。

但上述计算没有考虑家庭已经累积的净值，赵先生去世前不太可能没有一点积蓄，假如赵先生20岁时就开始工作，每年的收入为10万元，个人消费支出为5万元，那么到他35岁去世时，已经工作了15年，这15年积累的家庭净值是：

FV（n=15，I=5%，PMT=5）=107.9（万元）

用需求减去已有的净值，如果超出支出的话，那么就不需要人寿保险了；如果情况相反，那么两者之间的差额就是还需要人寿保险的数额。显然，该例中的情形是需要保险的，寿险保额应为：

I=F-W=120.1-107.9=12.2（万元）

式中：W为累计实质净值。

当然，在净值中可能包含了不能变现的资产，如房地产或古董，不能立即通过售卖来支付生活费，那么就不能把它列入应有保额的减项中，所以，这里的净值应该是可变现净值。

除人寿保险的需求外，还有残疾和医疗保险也需要进行需求的测算，其方法与遗属法的原理一样，可用公式描述如下：

残疾保险需求=预计残疾后收入+预计残疾后费用的增加-预计可获得的残疾福利

医疗保险需求=因疾病导致的医疗费用-已有的医疗保障

二、确定保险产品

现在市场上保险产品琳琅满目，针对人们规避风险的要求，保险公司在原有产品基础上附加了分红、投资等功能，使得保险产品的种类日益丰富。还有一些纯线上产品，如腾讯旗下的“微保”等。如何选择保险产品，也是保险规划很重要的一个环节。如前所述，意外和健康两大风险贯穿整个人生，加之人人都要面对退休后的养老问题，所以以下重点介绍意外、健康和养老保险产品，以及投资型的保险产品。

（一）意外伤害保险

意外伤害保险简称意外险，是以被保险人遭受意外伤害并由此导致伤残或者死亡为给付保险金条件的一种人身保险，包括死亡给付和残疾给付两种。前者是指被保险人因遭受意外伤害造成死亡时，保险人给付死亡保险金；后者是指被保险人因遭受意外伤害造成残疾时，保险人给付残疾保险金。此类保险产品的特点是保费较低、保障性强，比如大家都很熟悉的航空人身意外伤害保险。意外伤害保险属于短期保险，保险期限一般不超过1年。意外死亡给付和残疾给付是意外伤害保险的基本责任，派生责任包括医疗给付、误工给付和遗属生活费给付等责任。

表7-5是平安保险的一款个人意外伤害保险的保障计划。在保险期间内，保险公司对被保险人因遭受意外伤害事故导致身故、伤残、医疗费用支出或住院治疗等按约定给付保险金。65周岁以下身体健康、能正常工作或正常生活的自然人都可以投保。

表7-5 **平安保险个人意外伤害保险（B款）一览表**

保障类型	保障范围	保险金额
一般意外	意外伤害身故和残疾	10万～50万元
	意外伤害医疗	1万～10万元
医疗保障	住院护理津贴	50～200元/天
	猝死	10万～50万元
	救护车车费保险金	2 000元

续表

保障类型	保障范围	保险金额
交通意外	飞机意外伤害身故和残疾	200万～500万元
	火车意外伤害身故和残疾	20万～100万元
	轮船意外伤害身故和残疾	20万～100万元
	汽车意外伤害身故和残疾	10万～50万元
医疗服务	电话医学咨询	专享
	意外住院医疗垫付	专享

（二）健康保险

根据国家金融监督管理总局的《健康保险管理办法》，健康保险是指保险公司通过疾病保险、医疗保险、失能收入损失保险和护理保险等方式对健康原因导致的损失给付保险金的保险。它是以人的身体为保险标的的补偿性保险，有长短期之分。保险期间超过1年或者保险期间虽不超过1年但含有保证续保条款的健康保险为长期健康保险，反之则为短期健康保险。

链接7-1

太平福禄倍禧终身重大疾病保险

在健康保险中，保险人支付的保险金，不是对被保险生命或身体的伤害进行补偿，而是对损失的补偿，这个损失是被保险人因为疾病医治所发生的医疗费用及由此而引起的其他费用。健康保险主要有重大疾病保险、残疾收入保险、医疗保险和护理保险等。

1.重大疾病保险

卫生部2008年6月公布的数据表明，人的一生罹患重大疾病的概率高达72.18%。由于某些重大疾病往往给病人带来灾难性的费用支出，一旦患上癌症、心脏病等，平均治疗费一般都在10万元以上（不包括恢复费用和误工费用），怎样有效抵御这方面的风险呢？重大疾病保险无疑是一个很好的工具。

重大疾病保险，简称重疾险，是以重大疾病为给付保险金条件的疾病保险，只要被保险人得了保险条款中约定的某种疾病，无论是否发生医疗费用或发生了多少医疗费用，都可获得保险公司的补偿。

根据保费是否返还来划分，重疾险可分为消费型重大疾病险和返还型重大疾病险。根据保险期限来划分，可分为定期保险和终身保险。所谓定期，是指在一定期限内给予保障，一般最长期限是30年（如20岁买保障到50岁，30岁买保障到60岁）。定期重疾险属于消费型的险种，没有理赔则不能返还保费。所谓终身重大疾病险，是为被保险人提供终身保障的保险。它有两种形式：一种是直到被保险人身故，保险人的责任才终止；另一种是当被保险人生存至合同约定的极限年龄（如100周岁）时，保险人给付与重大疾病保险金额相等的保险金，保险合同终止。

2007年8月1日，由中国保险行业协会与中国医师协会联合制定的我国首部《重大疾病保险的疾病定义使用规范》（简称《规范》），正式开始实施。《规范》明确要求保险行业使用统一的重疾定义后，成年人重疾险产品的保障范围必须包括25种重大疾病中发生率和理赔率最高的6种疾病，即恶性肿瘤、急性心肌梗死、脑中风后遗症、重大器官移植术、冠状动脉搭桥术、终末期肾病。2020年11月5日，中国保险行业协会、中国医师协会联合发布了《重大疾病保险的疾病定义使用规范（2020年修订版）》，即所谓的新重疾险，与2007年的旧重疾险相比，最重要的调整有以下几个方面：

（1）疾病数量和分类。新重疾险定义了28种重疾，相比旧重疾险的25种增加了严重慢性呼吸衰竭、严重克罗恩病和严重溃疡性结膜炎三种疾病。同时，新重疾险还新增了3种必保轻症，并且提高了赔付比例上限至30%。这些变化旨在提高保障的针对性和准确性。

（2）甲状腺癌的处理。新重疾险对甲状腺癌的定义更加详细，将TNM分I期或轻分期甲状腺癌从重疾类别中移除，改为按照轻症进行理赔，赔付比例为30%保额。

（3）赔付标准。新重疾险采用了更严格的标准，要求患者的病情达到一定程度才可获得赔付。这种做法有助于防止一些轻微的病症被错误地认定为重疾并获赔。

2.残疾收入保险

残疾收入保险也称失能收入损失保险或收入保障保险，是以因意外伤害、疾病导致收入中断或减少为给付保险金条件的保险。即如果被保险人因意外伤害、疾病导致工作能力降低或丧失了工作能力，那么保险公司将按照约定的标准补偿其收入的损失。

该保险一般分为两种，一种是补偿因伤害而致残的收入损失，另一种是补偿因疾病造成的残废而致的收入损失。

但残疾后的最初一段时间属于免责期，在此期间保险公司不会给予任何补偿。各保险公司的免责期不同，有30天、2个月、3个月、6个月和1年等，免责期越长，保费越低。

3.医疗保险

医疗保险是指以保险合同约定的医疗行为的发生为给付保险金条件，为被保险人接受诊疗期间的医疗费用支出提供保障的保险。常见的医疗保险有普通医疗保险（门诊、医药、检查）、住院保险（床位、医生、使用设备、手术、医药等）、手术保险、综合医疗保险等。表7-6是平安保险公司住院医疗保险的概况。

4.护理保险

护理保险是指以因保险合同约定的日常生活能力障碍引发护理需要为给付保险金条件，为被保险人的护理支出提供保障的保险。

由于健康保险有风险大、不易控制和难以预测的特征，因此，保险人对所承担的疾病医疗保险金的给付往往带有很多限制性的条款。例如：免赔额条款，即对一些金额较低的医疗费用规定免赔额；等待期或观望期条款，健康保险合同生效一段时间后，保险人才对被保险人因疾病发生的医疗费用履行给付责任；比例给付条款，在大多数健康保险合同中，对于医疗保险金的支付均有给付比例的规定，即对超免赔额以上的部分采用保险人和被保险人共同分摊的比例给付办法；给付限额条款，一般健康保险的保险人对医疗保险金的最高给付均有限额规定。

表7-6　　平安e无忧优享版长期医疗保险（费率可调）计划表

保障项目	保障金额	保险范围
住院医疗费用报销	0.5万～2万元	在保险期间内，被保险人因遭受意外事故或疾病，经医院确诊必须住院治疗的，就其每次住院发生的、符合当地社会基本医疗保险规定的合理医疗费用，在扣除免赔额100元后，按约定的赔付比例给付补充住院医疗保险金
住院津贴（可选）	一般住院津贴30～80元/天	在保险期间内，被保险人因意外事故或者疾病经医院确诊必须住院治疗的，将自被保险人每次住院的第4日起给付一般住院医疗津贴，每次事故赔付天数以15天为限，累计给付日数最多为180日
	癌症住院津贴50～100元/天	在保险期间内，被保险人因初次患癌症，经医院确诊必须住院治疗的，将按其实际住院日数给付癌症住院医疗津贴，累计给付日数最多为180日
	住院手术津贴5 000元	在保险期间内，被保险人因意外事故或者疾病经医院确诊且施行手术的，根据被保险人所施行手术项目按条款中约定标准给付手术医疗津贴，手术医疗津贴给付金额以5 000元为限
医疗服务	赠送	1.24小时电话医疗咨询服务 2.重疾二诊疗意见 3.特需门诊预约
适用人群：18～40周岁身体健康人群　保险期限：1年　销售范围：中国（除港澳台）		

另外，在健康保险中，保险人拥有代位追偿权。如果保险人支付了医疗保险金，而事故责任应由第三方承担时，被保险人应将对第三方的追偿权转移给保险人。

（三）人寿保险

人寿保险即寿险，是以被保险人的寿命为保险标的，且以被保险人的生存或死亡为给付条件的人身保险。按照业务范围来划分，寿险包括生存保险、死亡保险、两全保险和年金保险。按照保障期限来划分，寿险可分为定期寿险和终身寿险。

1.生存保险

生存保险是指以被保险人的生存为给付保险金条件的人寿保险。被保险人必须生存到保单规定的保险期满时才能够领取保险金，若被保险人在保险期间死亡，则不能得到保险给付，也不能收回已交保险费。

2.死亡保险

死亡保险是指以被保险人的死亡为给付保险金条件的人寿保险。根据保险期间的不同又分为定期寿险（即定期死亡保险）和终身寿险（即不定期死亡保险）。定期寿险是指在保险合同约定的期间内，被保险人如发生死亡事故，保险人依照保险合同的规定给付保险金；如果在保险期间内被保险人未死亡，保险人无须支付保险金也不返还保险费，该保险大都是对被保险人在短期内从事较危险的工作提供保障。终身寿险是一种不定期的死亡保险，保险合同生效后，不论被保险人何时死亡，保险人均依照保险合同的规定给付死亡保险金。人的死亡是必然的，因而终身寿险的保险金最终必然要支付给受益人。由于保险期长，故其费率高于定期保险。

3.两全保险

两全保险又称生死合险，是指被保险人在保险合同约定的保险期间内死亡，或在保险期间届满仍生存时，保险人按照保险合同约定均应承担给付保险金责任的人寿保险，是定期寿险与生存保险两类保险的结合。

4.年金保险

年金保险是指以被保险人生存为给付保险金条件，并按约定的时间间隔分期给付生存保险金的人身保险，实际上是一种生存保险。养老年金保险应当符合下列条件：其一，保险合同约定给付被保险人生存保险金的年龄不得小于国家规定的退休年龄；其二，相邻两次给付的时间间隔不得超过一年。

以上四种是传统的人寿保险，随着寿险业竞争的日趋激烈以及市场风险的加大，出现了一些新的能适应市场需求及规避风险的险种，其中主要的有变额寿险、万能寿险和变额万能寿险。

变额寿险是保额随保费分离账户的投资收益的变化而变化的终身寿险。该保单的死亡给付包括两部分：一部分是保单约定的最低死亡给付额，这一部分是固定的；另一部分是可变的死亡给付部分，随投资收益变化而变化。

在变额万能寿险中，投资组合由投保人自己决定，他必须承担所有的投资风险，一旦投资失败，又没能及时为准备金账户缴费，保单的现金价值就会减少为零，保单将会失效，保障功能也彻底丧失。这是一种融合了保费缴纳灵活的万能寿险与投资灵活的变额寿险的特点而形成的新险种。

（四）投资型保险

上述介绍的保险注重的是保障功能，目的是弥补经济损失，提供不时之需。这类保险具有基本的理财功能，但是投资功能不强，无法满足人们日益变化的理财需要。为了弥补传统保险的不足，于是就产生了更具投资功能的投资型保险。投资型保险主要包括分红保险、投资连结保险和万能保险。

1.分红保险

链接7-2

中国人寿国寿福禄满堂养老年金保险（分红型）

分红保险就是指保险公司在每个会计年度结束后，将上一会计年度该类分红保险的可分配盈余，按一定的比例分配给保险客户的一种人寿保险。通俗地讲，就是让客户享受保险公司的经营收益的一种保险。

分红保险的红利来源于三差益，即死差益、费差益、利差益。死差益是指保险公司实际的风险发生率低于预计的风险发生率，即实际死亡人数比预定死亡人数少时所产生的盈余。费差益是指保险公司实际的营运管理费用低于预计的营运管理费用时所产生的盈余。利差益是指保险公司实际的投资收益高于预计的投资收益时所产生的盈余。

分红保险的红利分配是有严格规定的。如果保险公司在当年的经营中有分配余额，就会将这部分利润按一定的比例分配给客户，每年派发给客户多少红利，取决于该保险公司上一会计年度该险种的实际经营成果，按照国家金融监督管理总局的规定，出售分红保险的保险公司最少要将当年可分配盈余的70%分配给客户，保险公司最多自留30%。红利分配有两种方式：现金红利和增额红利。现金红利是直接以现金的形式将盈余分配给保单持有人；增额红利是指整个保险期限内每年以增加保险金额的方式分配红利。

2.投资连结保险

投资连结保险简称投连保险，顾名思义，是保险与投资相互挂钩的保险。该险种早在20世纪70年代的英国即已产生，现已成为欧美国家人寿保险的主流险种之一。

此类保险具体是指包含保险保障功能并至少在一个投资账户拥有一定资产价值的人身保险产品。投资账户是指保险公司设立的资产单独管理的资金账户。投资账户划分为等额单位，单位价值由单位数量及投资账户中资产或资产组合的市场价值决定。投保人可以选择其投资账户，投资风险完全由投保人承担。保险公司会设置几个不同的账户供客户选择。如果客户选择的是激进型的投资账户，有可能享有较高的回报，但也要承担较大风险。

保单的现金价值与保险公司的投资收益挂钩。缴付的保费一部分用来购买由保险公司设立的投资账户中的投资单位，一部分购买寿险保障。投资账户内的资金由保险公司负责投资运作，客户享有全部投资收益，同时承担相应的投资风险。

分红保险与投资连结保险两者的主要区别在于投保人承担的风险不同。分红保险的投保人保证享有预定利率带来的固定回报，而分红的多少取决于保险公司的经营情况；投资连结保险完全由投保人自己承担投资风险。收益的分配也不同，分红保险红利的多少，取决于该保险公司上一会计年度该险种的实际经营成果；投资连结保险投资账户的投资回报，保险公司除每月按一定比例提取投资运作资金的一部分作为管理费外，剩余的投资利润全部分配给客户。

3.万能保险

万能保险指的是可以任意支付保险费以及任意调整死亡保险金给付金额的人寿保险，即除了支付某一个最低金额的第一期保险费以外，投保人可以在任何时间支付任意金额的保险费，并且任意提高或降低死亡给付金额，只要保单中积存的现金价值足够支付以后各期的成本和费用就可以。而且，万能保险现金价值的计算有一个最低的保证利率，保证了最低的收益率。

万能保险的特点可以归纳为：

（1）缴费灵活。投保人可以任意选择变更交费期，可在未来收入发生变化时缓缴或停缴保费，也可过三五年或更长时间后再继续补缴保费，还可一次或多次追加保费。

（2）保额可调整。投保人可以在一定范围内自主选择，或随时变更基本保额从而满足对保障投资的不同需求。

（3）保单账户价值领取方便。投保人可随时领取保单价值金额。

三、明确保险期限

（一）保险期限

在确定需要多少保险和保险产品后，就需要确定保险期限，这涉及投保人缴纳保险费的多少与频率。有些保险产品的期限可长可短，根据个人情况选择，而有些产品本身就是短期的。在制定保险规划时，应该将长短期险种结合起来综合考虑。

财产保险、意外伤害保险、健康保险等，一般多为中短期保险合同，如半年或者一年，但是在保险期满之后可以选择续保或者是停止投保。而寿险的保险期限一般较长，比如15年甚至到被保险人死亡为止。

一般来说，缴费期限长，保险杠杆高，因此，缴费期限越长越好，像重大疾病或终身医疗保险等。例如，保额100万元的重疾险，A选择20年缴完保费，B选择10年缴完保费，那么显然A每年付出的成本小，却同样享受等额的保险保障。万一在交费期间出现重疾，一样可以获得保费赔偿。但投资型保险适合短期缴费，这种保险的核心是追求投资收益，因此和本金多少有直接关系。在同等时间内，本金投入越多，即缴纳保险费越多收益也就越多。

（二）缴费方式

保险公司推出的保险产品一般提供趸缴、年缴、月缴等缴费方式。

趸缴即一次性缴清全部保费。它的优点在于手续简单，省却了今后每年继续缴保费的麻烦和保单失效的风险，比较适合收入高但不稳定的人。

月缴、季缴、半年缴及年缴都称为期缴。较趸缴而言，期缴周期长，每次所缴保费金额比较少，每次只需缴保费的一部分资金便可享有同等保障。拿月缴为例，就像房子的月供，每月定时支出，对于缺乏理财规划的年轻人是不错的选择。

四、选择保险公司

一般来讲，投保人在选择保险公司时，要考虑保险公司的类型、险种、经营状况以及服务质量等。

（一）公司类型

不同类型的保险公司在经营范围和组织形式等方面都有所不同，而这些差异影响着保险公司的经营品种和经营方式。我国既有财产保险公司和人身保险公司等传统类型的保险公司，也有健康保险、养老金保险、汽车保险和农业保险等专业保险公司，经营范围不同的保险公司所提供的产品的保障范围和专业程度必然不同。

我国保险公司的组织形式主要包括股份有限公司、相互保险公司；政策性保险公司和商业性保险公司；中资保险公司、中外合资保险公司，以及外资保险公司等。不同组织形式的保险公司的经营方式会有所不同，投保人在购买保险时要予以关注。

（二）险种

一个好的保险公司，应当尽可能满足各种投保人的不同需要。投保人应该选择那些能为自己提供恰当保障的保险公司。需要指出的是，便宜的保险不一定是恰当的保险。

（三）经营状况

保险公司的偿付能力是影响公司经营的最重要因素，公司具备足够的偿付能力，可以保证发生保险事故时有足够的资金支付保险金，并保证保险公司的正常经营。投保人一般应该依据保险监管部门或权威评级机构对保险公司的评定结果来了解保险公司的偿付能力，评定等级越高，就表明该保险公司的偿付能力越强；投保人还可以查看保险公司的财务报表，分析保险公司的保费收入、赔款、费用、利润等财务指标，从而了解其财务状况；还可通过国家金融监督管理总局网站、《中国保险报》等指定的信息披露渠道来获得各种信息。

（四）服务质量

服务质量可从两个方面来了解，一是其代理人的服务，二是公司本部的服务。从前者的服务质量，可以推断保险公司对代理人的培训力度与管理水平。后者对于投保人来说更为重要，尤其是购买寿险时，投保人一旦与保险公司订立保险合同，就会长期与该公司打交道，保险公司在服务方面的不足，对投保人的影响可能是十几年或几十年的。

关于保险公司的服务水平也可以参考监管机构对保险公司的年度排名。表7-7是中国银保信[①]发布的2022年度保险公司服务质量指数。

表7-7 2022年度人身保险（寿险、意外险、健康险业务）服务质量指数

机构名称	指数
中国太平洋人寿保险股份有限公司	94.83
中国人寿保险股份有限公司	94.61
友邦人寿保险有限公司	94.10
安联人寿保险有限公司	93.36
交银人寿保险有限公司	92.61
财信吉祥人寿保险股份有限公司	91.45
太平人寿保险有限公司	90.50
泰康人寿保险股份有限公司	90.40
中信保诚人寿保险有限公司	90.26

中国银保信评价体系从消费者视角出发，在服务便捷性、服务获得感、服务认可度、服务持续改善性等4个维度下设置案均出险支付周期、理赔获赔率、退保率等7个定量指标，通过基础数据提取、指标得分计算、权重计算、计算结果验证等步骤，形成指数结果，全程实现客观量化。在人身保险公司方面，太保寿险、国寿寿险、友邦人寿、安联人寿、交银人寿、财信吉祥人寿、太平人寿、泰康人寿、中信保诚人寿等9家人身保险公司的指数得分超过90。

① 中国银保信，全称中国银行保险信息技术管理有限公司，成立于2013年7月，是经国务院批准，由国家金融监督管理总局直接管理的金融基础设施运营管理单位，注册资本20亿元，总部设在北京。

第四节 保险规划的风险及防范

保险规划是用来防范风险的，但规划不当的话，很可能增加新的风险。这些风险可能来自对保险公司或保险产品的了解不充分，也可能是缘于保险代理人的误导，因此，了解保险规划的风险并积极加以防范，也是保险规划的一个重要环节。

一、保险规划的风险

（一）选择保险公司不当风险

人们运用保险进行理财时通常注重的是其所提供的保障，如果所选择的保险公司由于种种原因破产，则投保人的保障和收益肯定会受到损失，尤其是那些十几年甚至是终身保险期间的保险，风险更大。

保险公司会破产吗？

保险公司由于经营不善或经济环境的变化等原因是会破产的。世界各国不乏保险公司破产的例子，如曾经久负盛名的日本互助生命保险公司、东京生命保险公司、英国独立保险公司和澳大利亚HIH保险公司等都难逃厄运。美国的保险公司在1989年经历“黑色星期一”之后也大量倒闭。即使现在，一些国家每年都有一定数量的保险公司破产。

由于保险公司经营的特殊性，它的破产、清算不同于一般企业，各国都以保护被保险人利益为原则建立了保险保障制度，一旦保险公司破产或被撤销，由保险保障基金向保单持有人提供全额或部分救济，减少保单持有人的损失，确保保险机构平稳退出市场，维护金融稳定和公众对保险业的信心。保险保障基金也因此被称为保单持有人的最后安全网。保险公司一旦破产，会给客户带来哪些损失呢？

保险公司破产给投保人带来的最明显的损失就是保单利益的损失，即所谓的“打折保单”。我国自2005年1月1日起正式实施了《保险保障基金管理办法》，这意味着保险公司破产后，不再由财政部门兜底，而是由保险保障基金“埋单”。该办法明确规定，寿险公司在被撤销或被宣告破产时，其持有的人寿保险合同应依法转让给另一家寿险公司。保险保障基金将向人寿保单的受让公司提供救济金额，如果保单持有人为个人，以转让后其保单利益不超过转让前保单利益的90%为限；如果保单持有人为机构，以转让后其保单利益不超过转让前保单利益的80%为限。

保险公司破产给投保人带来的另一损失是服务方面的缺失。因为每个家庭的情况不尽相同，所以得到的保险规划方案也不会一样，这些都要依靠保险代理人来完成有针对性的自始至终的个性化服务。当一个保险公司破产时，其保险代理人也将失业，投保人将无法享受到后期的服务，这就导致了服务缺失。虽然服务将由受让公司继续提供，但由于代理人的变更和产品的不同，服务也会大打折扣。

（二）保险产品选择不当风险

不同种类的产品会提供不同的保险保障和收益，以满足人们不同的保险理财需求。

现在市场上的保险产品琳琅满目，各种以少儿、年金、财富等命名的理财保险层出不穷。到底投保什么险种，一定要根据自己的需要，不能盲目地选择市场上被重推的产品，否则会造成无法想象的损失。

有这样一位父亲，早些年，他想给自己的孩子购买教育保险，为将来上大学准备学费和生活费。但他却购买了一款投资连结保险，希望能有高的回报，早日实现大学教育规划的目标。不幸的是，这款当时热销的产品在之后的几年时间里不仅没有升值反而亏损了近20%，孩子的大学教育金大大缩水，他不得不另谋来源。

国家金融监督管理总局曾就投资型寿险产品有关情况发布公告，公开强调投资连结保险、万能保险、分红保险等寿险新产品的回报具有不确定性，消费者应注意可能存在的风险。公告指出，上述新产品的基本作用是保险保障，而不是投资增值。同传统寿险产品一样，新产品有一定的储蓄性，但回报具有不确定性，其中投资连结保险回报的不确定性最大。这些新型产品用于投资增值的资金并不是全部的保费。保险公司在销售投资连结保险和万能保险时，通常会明确告知消费者扣除的保险保障和公司经营管理费用，但分红保险一般不明确告诉投保人保费中哪些用于投资，哪些用于保障和公司费用。因此，在了解这些新产品的回报率时，消费者应弄清回报率的基数和保险公司对产品收取的各项费用。国家金融监督管理总局要求保险公司在销售这些寿险新产品时，必须出具在国家金融监督管理总局备案的容易理解的产品说明书，而消费者则应在购买前认真阅读，不要完全依赖保险营销员。

（三）缴费风险

购买债券、基金时，只需付一次钱，而保险理财则不然，它往往需要在保险期内连续缴纳保险费，如果不能续缴保费，则保险公司的责任将会终止，此时，投保人面临的将是失去保障和退保。如果是退保，损失会很大。所以，买保险的时候一定要考虑自身的财力和今后的收入成长情况。

（四）顺序不当风险

“优先考虑孩子的保障”是很多家庭初次购买保险时常犯的错误。其实对孩子而言，父母才是他们最好的保障。如果父母发生风险，收入中断，没有任何收入来源的孩子才是真的失去了依靠。所以，就科学的保险规划而言，应该先保大人后保小孩。

保险工具分为保障型保险和投资型保险，有些家庭只对投资型险种感兴趣，忽视保险最原始的保障功能。但不要忘了，意外、疾病才是人生中最难预知和管控的风险，保险的保障意义很大程度就体现在这两类保险上。所以，在经济状况一般的情况下，宜先满足此类保障需求，后考虑投资需求。

先满足人身保险，后考虑财产保险。在买保险时要分清主次，人的保障始终比财富的保障更重要，要处理好人身保险和财产保险的关系。

（五）保险代理人误导风险

保险公司最终的销售和服务是通过保险代理人来完成的，所以保险代理人是一个非常重要的角色。同时，保险这种理财方式比较特殊，它一切以保险合同为准，但是保险合同是极为专业化的格式合同，很少有人能够读懂它，所以就需要保险代理人以诚信为原则，为客户提供专业化的保险服务。但是，随着市场竞争的加剧，一些素质不高的保险代理人为了完成公司下达的任务，夸大宣传来引诱人们投保。例如，某保险公司在20世纪90年代末推出了投资连结保险，保险代理人到处分发宣称该款产品的回报率有20%、30%的宣传单，使人们误以为这种保险回报高、稳赚不赔，一时这款产品变成了抢手货。后来，人们发现根本就不是宣传材料上所说的那样，不仅没有收益，反而大幅亏损，导致了退保风波，严重损坏了保险公司和保险代理人的声誉。

（六）保额不足和保额过度的风险

1.未充分保险的风险

这种风险既可能出现在人身保险上，也可能发生在财产保险上。比如，人身保险的保险金额太小或保险期限太短，一旦保险事故发生，不能获得充分的补偿。

2.过分保险的风险

在投保财产险时，对财产的超额保险或重复保险就会导致过分保险的风险。由于保险公司在赔付时，是根据实际损失支付保险金的，超额保险或重复保险不能起到真正的保障作用，反而浪费了资金。

在投保人身保险时，各保险公司提供的不同保险产品虽然主要条款不一样，但是实质的区别不大，这样就可能出现多保或重叠现象，也有可能某些内容被遗漏了，形成保险空白。

3.不必要保险的风险

有些风险可以通过自保险来解决，如感冒或牙痛等所需的医疗费用支出就没有必要去保险，否则只会徒增机会成本。

二、风险的防范

要防范风险，就要知己知彼，既要明确自己的保险需求，又要知晓保险公司和保险产品，这样才能让保险真正“保险”。

（一）掌握保险知识

掌握保险知识的目的是明晰自己的保障目的，知晓所购保险的保障权益，并且能读懂保险建议书和保险合同，也方便与保险代理人沟通。

（二）了解保险公司和保险产品

保险公司的选择如上节所述。至于保险产品，有人归纳了五个要素，掌握了这五要素，才算对这款产品有了大概的了解。

要素一是投保条件，即谁可以投保，一般出现在保险条款的第二条，说明该款保险产品的适用投保人群，包括年龄要求、健康状况等。目前国内投保范围一般都在出生满28天至60周岁这个区间。

要素二是保险责任，即保什么，清楚这个保险在哪些范围内能提供保障，能解决我们哪方面的问题。

要素三是保险期限，即保险合同所提供的保险时间的长短。

要素四是保险金额及其给付，指如果被保险人发生了其保障范围内的事故，保险公司给付多少、如何给付。

要素五是保险费用及其缴纳方式，即所购的保险产品需要缴纳多少费用以及缴纳的频率。

同时，还要谨慎选择保险代理人，不可碍于情面买保险；也要明确保险顺序。

在一些细节上也要留心，如投保时，投保人要认真填写投保单，亲自签名；要认真阅读投保提示；索取首期缴费收据和保单并认真审查保单内容；要善用保单撤销权，保单撤销权是指投保人在收到寿险保单之日起10天内，向保险公司申请退保时，保险公司将全额退还所收保险费，也称10日冷静期退保。

（三）理性投保

投保之前，一定要搞清楚为什么要投保，要清楚地了解自己的保险需求。只有明确了目标和保险需求，才能理性选择合适的保险产品和组合方案。比如，一个没有医疗保险的人，他购买保险的目标主要就是解决医疗费报销和患大病时的治疗费用来源问题，而不应是纯粹的投资理财。

保险并非多多益善，要衡量家庭的收入情况，设定保费支出额度和缴费期，避免缴费风险的发生。

【思政小课堂】　保障覆盖2.98亿人次，惠民保如何真正惠民？

近两年爆发式增长的城市定制型商业医疗保险——惠民保已成为我国多层次医疗保障体系的重要组成部分。惠民保如何实现可持续发展？近日，复旦大学联合腾讯微保发布《2023惠民保健康发展十问十答报告》。报告就惠民保如何定位、惠民保的功能、惠民保如何惠民、惠民保是否健康运营、惠民保如何可持续发展、如何推动社会保险与商业保险融合、惠民保如何实现城市定制、惠民保的未来形态、惠民保为保险业态优化提供了哪些思路、惠民保为中国现代社会治理作出了哪些贡献等十大问题进行了深入分析。

为健全多层次医疗保障体系，《“健康中国2030”规划纲要》提出，进一步健全重特大疾病医疗保障机制，加强基本医保、城乡居民大病保险、商业健康保险与医疗救助等的有效衔接。报告认为，建设多层次医疗保障体系，要求完善医疗救助等社会救助、加强基本医保、建立并完善大病保险及其他惠民型补充保险、发展商业健康保险，并促进各制度的有效衔接。

其中，惠民保本身定位为“补充”保障，在特定的免赔额之上进行比例赔付，是补充而非全覆盖。在健全多层次医疗保障体系战略中，惠民保是介于基本医保与纯商业健康保险之间，将政府与市场融合的普惠型补充保险产品。

惠民保兼具商业保险与普惠保险属性。对于惠民保的功能，报告指出惠民保已实现了通过低保费、低门槛的方式有效衔接社会保险与传统商业保险的中间断层的基本功能，并通过社商融合方式服务于健康中国战略，协助实现中国式现代化，提高全民风险管理意识和金融素养。

目前，惠民保的保障覆盖达2.98亿人次，超过80家保险公司运营共263款惠民保产品。

资料来源 谈璎．保障覆盖2.98亿人次，惠民保如何真正惠民？［EB/OL］．（2023-04-19）［2024-07-19］．https：//baijiahao.baidu.com/s？id=1763597565631399896&wfr=spider&for=pc.

本章小结

本章是对家庭保险的规划。在介绍风险和保险基本知识的基础上，阐述了保险的主要功能和保险分类，分析了保险规划的功能、原则，以及与其他规划相比在节税、免债和抵抗通货膨胀等方面的优势，详细讲解了保险规划的流程，即分析保险需求、确定保险产品、明确保险期限和选择保险公司。

1.风险是指在特定的时间内和特定的客观情况下，某种收益或者损失发生的不确定性。风险种类不同，有纯粹风险和投机风险，人身风险、财产风险和责任风险等。

2.对风险管理的基本方法有：风险回避、损失控制、风险保留和风险转移。

3.保险是指投保人根据合同约定，向保险人支付保险费，保险人对于合同约定的可能发生的事故因其发生所造成的财产损失承担赔偿保险金责任，或者当被保险人死亡、伤残、疾病或者达到合同约定的年龄、期限等条件时承担给付保险金责任的商业保险行为。保险涉及的关系人有保险人、投保人、被保险人和受益人等。

4.保险，根据其标的不同，分为人身保险和财产保险；根据其实施方式的不同，分为商业保险与社会保险；根据其保障对象的不同，分为个人保险和团体保险。

5.从个人理财规划的角度，保险的功能主要体现在经济补偿和提供风险管理服务两个方面，其目的是帮助个人或机构防患未然，规避风险。

6.保险规划的功能主要体现在三个方面：保障功能、筹措资金和投资功能。

7.保险规划要遵循保障第一原则，保障全面、保额充足原则，量力而行原则和顺序原则。

8.与其他规划相比，保险规划在节税、免债和抵抗通货膨胀方面具有一定的优势。

9.保险规划是一个严谨的过程，一般包括四大步骤，即分析保险需求，确定保险产品，明确保险期限，选择保险公司。

10.常见的寿险需求估算方法有三种，即收入倍数法、生命价值法和遗属需求法。其基本思路是，如果家庭的经济支柱去世了的话，家庭其他成员还需要多少财力资源才能维持原有的生活水平。

复习思考

一、基本概念

风险　纯粹风险　投机风险　人身风险　财产风险　责任风险　保险人　投保人

被保险人　受益人　人身保险　财产保险　商业保险　社会保险　个人保险　团体保险　意外伤害保险　健康保险　重大疾病保险　失能收入损失保险　医疗保险　护理保险　人寿保险　生存保险　死亡保险　两全保险　年金保险　变额寿险　变额万能寿险　分红保险　投资连结保险　万能保险

第七章
在线测试

二、填空题

1. 对风险管理的基本方法有________、________、风险保留和________。

2. 按风险损失的对象，可把风险划分为________、________和责任风险。

3. 保险人，又叫________，是指经营保险业务的组织和法人（个人不能作为保险人），其与投保人订立保险合同，并承担赔偿或者给付保险金责任的保险公司。

4.________是以人的寿命和身体为保险标的的保险。

5. 根据保险实施方式的不同，分为________与________。

三、选择题

1. 投保人根据其投保时所订的保险费率交付给保险公司的费用称（　　）。

A. 保费　　B. 保额　　C. 保险金

D. 保险赔款　　E. 保险金额

2. 人身保险包括（　　）。

A. 意外伤害保险　　B. 疾病保险　　C. 医疗保险

D. 死亡保险　　E. 变额寿险

3. 家庭成员保险的顺序依次为（　　）。

A. 家庭经济支柱　　B. 孩子　　C. 老人

D. 财产　　E. 房子

4. 购买保险产品的顺序是（　　）。

A. 理财　　B. 养老

C. 意外＞医疗＞重大疾病　　D. 短期险

E. 中长期险

5. 常见的寿险需求估算方法有（　　）。

A. 生命价值法　　B. 生涯资产法　　C. 遗属需求法

D. 收入倍数法　　E. 生涯负债法

四、问答题

1. 从个人理财规划的角度，保险的功能主要体现在哪两个方面？

2. 与其他规划相比保险规划有哪些优势？

3. 如何选择保险期限和缴费方法？

4. 选择保险公司时应该考虑哪些因素？

五、分析题

贾先生现年40岁，打算60岁退休，其年收入为15万元，个人消费支出5万元，预期寿命85岁。用生命价值法估算的贾先生的人寿保险需求是多少？如果贾先生现在发生意外，寿险保额需求又是多少？假设收入增长率、支出增长率相等，实质投资报酬率为5%。

第八章　投资规划

◇学习目标

- 明白投资的意义所在，掌握投资规划流程
- 了解实物投资中房地产投资和收藏品投资的意义、方法及风险
- 熟悉黄金投资的特点及品种
- 了解证券投资的品种

开篇导读

曾经有一个富人，因担心自己的黄金会被偷走，就在一块石头底下挖了一个洞，把黄金埋在其中，还隔三差五地来看一看、摸一摸。突然有一天，黄金还是被人偷走了，他很伤心。正巧有一位长者路过，了解情况后便说："我有办法帮你把黄金找回来！"他就用油漆把那块大石头涂成金色，并在上面写下了"一千两黄金"的字样。然后长者说："从今天起，你又可以天天来这里看你的黄金了，而且再也不必担心这块大黄金被人偷走了。"

别以为这个长者的脑袋有问题，如果金银财宝没有拿出来使用，就如藏在洞穴里的一千两黄金，与涂成金色的大石头并没什么两样。

这则故事告诉我们，钱放在银行不投资，和涂成金色的大石头是一样的，因此人们不要一有钱就存银行，要学会充分利用资金，做一些投资来让钱赚更多的钱。①

第一节　投资规划概述

一、什么是投资

在商品经济社会中，投资是普遍存在的经济现象，我们可将投资简单地定义为：为了未来收入货币而奉献当前的货币。

投资的形式有实物投资和金融投资。实物投资总与实际资产，如土地、机器、房屋有关；金融投资离不开一纸合同，如普通股、债券。由于金融投资有专门的课程，如证券投资学，所以在阐述投资规划时，除投资原理外，我们主要讨论实物投资。

二、为什么要投资

人生的计划有很多，如送孩子上大学、买房买车、过一种舒适的退休生活……要实现这些计划，就需要利用投资，投资不仅会得到更高的收益，还可以得到复利，所以，

---

① 佚名. 小故事里的大智慧［J］. 农家参谋，2018（1）：69.

投资是理财规划中达到目标的手段。一般来说，进行投资的目的主要有三个：

（一）为大额消费做准备

大额消费既包括为了满足日常衣食住行的需要而购买大额实物资产，如自住房、汽车等，也包括满足个人偏好的大额消费，如购买珍贵字画、游艇、天文望远镜等。大额消费一般是阶段性的，如工作后不久支付住房首期、房子装修、结婚、子女成年后接受大学教育、退休后环球旅行等。

既然是大额消费，常常需要很长的时间，甚至几年才能积累到足够的资金。这样在大额消费之前，人们手头就攒了一些钱，如何处置这些钱呢？投资无疑是最明智的选择。首先，投资比储蓄的收益高；其次，丰富的投资工具为人们量身定做投资组合提供了可能——可以将余钱投资于低风险低收益的债券，也可以投资于高风险高收益的股票或成长型基金。

（二）提供退休资金

经过多年的改革实践，我国社会保障制度不断完善，社会保障的覆盖范围逐步扩大，保障水平不断提高，管理服务能力也不断增强，正在向“社会保障体系比较健全”的目标迈进。随着社会保障体系给人们提供的社会保障水平越来越高，许多人产生了依赖心理，甚至认为仅靠社保就能过上富足的退休生活。实际上，社保所能保障的不过是社会成员的基本需要，相对个人的实际需要还远远不够。为了过上高品质有尊严的退休生活，最好的办法是先对自己退休后的收入做一个初步的预测，而后对比自己的退休目标，判断一下这些收入能否满足自己的需求，如果有缺口就必须通过投资来弥补。

（三）实现财富的保值增值

投资为财富积累提供了机会，高的投资收益能使财富有较快速的增值，使财富积累水平大大增加。

三、投资规划及流程

投资规划是为了实现特定的理财目标而制订资产配置方案。投资与投资规划很难严格区分，投资注重的是收益，技术性较强；而投资规划更强调整体性，程序性更明显。

投资规划的流程包括确立投资规划的目标、确定风险承受能力、资产组合和资产选择、投资计划的制订和实施、监控投资计划等几个步骤。

（一）确立投资规划的目标

所有规划都应围绕个人理财规划总体目标而制定，投资规划亦如此，它只是理财规划中的子规划，因此，投资目标实际上也就是理财规划中包含的一些子目标。

由于个人的目标和需求不同，所以在相同的生命周期中每个人的目标也是不一样的。投资目标的确定过程实际上是一个当前理财目标的分析过程，判断哪些目标是需要通过投资来实现的，或者说目标的哪个部分是需要投资来实现的。比如，某家庭的子女教育金就是一个理财目标，而这个理财目标有一部分是通过教育储蓄和教育保险来实现的，其不足部分才需要投资来完成，这个不足部分就是一个投资目标。表8-1是在生命周期的不同阶段常态下的投资目标意向。

表 8-1　　生命周期与投资目标意向

20～40岁	40～60岁	60岁以上
紧急预备金 增加当前收益 重大支出积累（房子、结婚、车、家庭建设、子女教育金） 积累退休资金	紧急预备金 增加当前收益 积累退休资金	紧急预备金 增加当前收益

由表8-1可见，在人生的整个过程中，都需要准备应急资金以备不时之需，而投资的目的就是想获得比储蓄更高的收益，所以紧急预备金和增加当前收益是“常项”。积累退休资金是从踏入社会开始一直到退休之前都要做的，大都需要通过投资才能实现。20～40岁之间，买车买房、家庭建设等属于短期投资目标，教育和退休资金属于长期投资目标；40～60岁，处于中年和壮年时期，这时可能涉及第二次买房，而子女的高中、大学和研究生教育都是在这一时期完成的，退休也越来越近，子女的教育投资目标变成了短期的目标，退休资金的积累则由长变短。到了60岁退休后，保本比什么都重要，低风险的投资在资产组合中占绝对的比重。

（二）确定风险承受能力

如同经济上的效用问题一样，风险承受能力是一个主观的问题，每一个人对于风险的承受能力都是不一样的。这里的风险是指由于投资而导致损失或者是背离自己期望值的可能性。通常来说，在投资过程中，愿意承受的风险越大，那么投资的潜在收益率也就越高，高的收益率一般都是用更高的投资风险换来的。风险承受能力可以通过风险测试以及自身年龄与资产状况进行判断。

（三）资产组合和资产选择

资产组合是指资金如何在各类资产中进行配置，如多少比例买股票，多少比例买债券，多少比例投资海外等。资产选择关注的是对于某一类资产做选择，如买哪几只具体的股票。可见，资产的配置是战略层面的，资产的选择是战术层面的，资产配置比资产选择更为重要。

选择投资组合时，需依据每个人的具体情况（年龄、家庭、职业、收入、财富等）而定。对一些人而言，持有某项资产会增加总体风险；而对另一些人来说，同样的资产却可能减少风险。例如，一对刚组建家庭的年轻夫妇希望购买房产，而一对将要退休的夫妇则想出售房产，将收益投资于能在他们有生之年产生稳定收入的资产。如果某个人是在十年之后才退休，那么现在的风险承受能力要比那些一两年之后就退休的人们要强。因此，那些即将面临退休的人们，由于风险承受能力变小，应该将较多的资产投资于低风险的金融商品之中。

进行资产组合时，可以在不同的投资类型中进行选择，也可以在同种投资类型中采取多样化的方式，还可以在全球做分散投资、在时间上做分散投资等。

不同投资类型的投资组合是指通过将资金分散在具有不同投资收益和风险的投资类型中，从而降低整个投资组合的投资风险，通常是将资产在低风险、低收益证券与高风险、高收益证券之间进行分配，即把钱投入到股票、债券、银行存款等各种工具中。至于不同类型的资产在投资组合中所占的比例，要根据不同人的具体情况来确定。资产组合之所以有效，是因为各种投资工具并非完全正相关，当建立一个包括银行存款、债券、股票的投资组合时，既可以获得期望的收益率，又可以将风险控制在能接受的范围内。

同一投资类型当中，由于性质等的不同，各种具体投资品种会面临不同的风险，这时可以在这些具体品种之间进行分散投资。例如，投资股票时可以将资金分配到不同的股票中，按照长期、中期和短期来分散投资，也可以按照所投资的行业分散投资；投资房地产时可以将资金按照地点、房地产种类、地段或者户型来分散投资等。

即使在某个国家或地区进行了各种投资类型的分散投资和同种投资类型的分散投资，当一个国家或地区发生如战争、经济危机，或强烈地震、洪水等自然灾害时，系统性的风险也是没法通过国内的分散投资来抵消的，但如果是在全球范围进行分散投资就可以有效避免这类风险。由于我国有QDII（Qualified Domestic Institutional Investors，合格境内机构投资者，是指在人民币资本项下不可兑换、资本市场未开放条件下，在一国境内设立，经该国有关部门批准，有控制地，允许境内机构投资境外资本市场的股票、债券等有价证券投资业务的一项制度安排）制度，投资者会有越来越多的机会在全球范围内来分散自己的投资。在长时间内，高风险项目所面临的风险要远远小于短期投资这些项目所面临的风险，因此可以将资金进行时间上的分散投资，即长期投资于高风险项目，将降低其投资风险，提高投资效益，如长期投资房地产、股票等。表8-2简单列示了一些投资种类。

表8-2 **投资种类简表**

<table>
<tr><td rowspan="3">形式</td><td>证券投资</td><td>债券、股票、期权、期货等</td><td rowspan="3">性质</td><td>债权投资</td><td>国库券、中长期国债、公司债券等</td></tr>
<tr><td rowspan="2">物权投资</td><td rowspan="2">房地产、黄金、艺术品、古董等</td><td>股权投资</td><td>普通股、优先股等</td></tr>
<tr><td>衍生品投资</td><td>期权、期货、互换、远期等</td></tr>
<tr><td rowspan="2">方式</td><td>直接投资</td><td>股票、房地产、古董等</td><td rowspan="2">风险</td><td>低风险投资</td><td>国债、银行储蓄等</td></tr>
<tr><td>间接投资</td><td>基金</td><td>高风险投资</td><td>衍生品、垃圾债等</td></tr>
<tr><td rowspan="2">时间</td><td>长期投资</td><td>1年以上</td><td rowspan="2">地点</td><td>国内投资</td><td>国内金融资产或财产</td></tr>
<tr><td>短期投资</td><td>1年以下</td><td>国外投资</td><td>国外金融资产或财产</td></tr>
</table>

知识拓展8-1　三种资产配置比例

532型，适用于大多数人，将50%的资产投资于固定收益类产品中，30%的资产以各种投资基金和各类债券来安排，股市的投资最好不要超过20%。这种配比方式稳健，收益也相对较好。缺陷是对于追求较高收益的人来说，收益不能尽如人意。

433型，一般适用于进取型的投资者，年龄段为30岁以下年轻人或投资经验丰富的人及风险偏好人士。40%的资产投资于安全稳定的收益类产品；30%的资产投资于中等风险和收益的各类基金、债券；剩下的30%则用于股市、期货、楼市等高收益、高风险的投资。这种比例需要投资者本人直接参与投资，可充分满足其追求高收益和成就感的心理，特点是风险适中，收益率较高。

442型，适用于中庸稳健型人群，年龄段可在35～45岁。但是这种比例有一个难点，就在于中层的40%具体该如何安排，在中等风险的投资中可多投入一点，风险较高的投资以不超过15%为好。在经济不明朗时可变为5：3：2；在经济形势好时可变为4：3：3。具体可根据投资者自身及实际情况来分配。

（四）投资计划的制订和实施

投资计划是整个理财规划的最重要的部分，是投资目标能否实现的关键，在制订投资计划的时候要参考多方面的情况，既要保障投资目标的实现，又要意识到投资风险的客观存在，注意投资风险的规避和分散。

一旦制订了完整的投资计划，就需要不断地评估自己的投资策略和方法，保障投资计划的可行性。

（五）监控投资计划

金融市场往往是瞬息万变的，在实施投资计划的时候，要注意对选择的投资标的进行紧密跟踪，以期能够最大限度地控制风险，减少不必要的损失。另外，国家政策和相关法律的改变、经济环境的变迁、新的金融商品的出现都会影响到现有投资计划的实施，所以，在客观环境变更时，也需要重新审视自己的投资计划。

第二节　房地产投资

按照投资形式，房地产投资分为直接投资与间接投资。前者包括房地产开发投资与房地产置业投资，其中置业一词来源于日本，是对于购置土地、房屋，进行房地产交换，包括房屋买卖、租赁等一系列活动的总称。后者则指投资者将资金投入到与房地产有关的证券市场的行为，如购买房地产企业的股票或债券、房地产抵押证券以及房地产投资信托等。

任泽平团队发布的《中国财富报告2022》显示，2021年中国居民财富总量达687万亿元，户均资产约134.4万元。其中实物资产占总财富比重高达69.3%，主要表现为房地产；金融资产占比30.7%（相比之下2020年全球、北美、西欧、亚洲（不含日本）的金融资产在总资产中占比分别为48%、28%、55%和64%），其中现金和存款超五成。

2016年是我国房地产市场调控历程上具有里程碑意义的一年。当年的中央经济工作会议提出，坚持房子是用来住的、不是用来炒的定位。定位一经提出，便成为房地产市场发展和调控的根本遵循。

经过近20年的住房制度改革和发展，2016年，我国城镇人均住房建筑面积达到36.6平方米，比1998年住房制度改革之初翻了近一番。多年来房地产业迅猛发展，住房总量供不应求矛盾得到明显缓解，我国住房发展随之进入新的发展阶段。

继党的十九大之后，党的二十大报告再次强调“房住不炒”，彰显政策定力，同时也意味着“房住不炒”将成为我国长期坚持的房地产行业政策定位。在这个大背景下，把房子作为投资工具已经不太现实，但从知识的完整性上我们依然要对房地产投资做一介绍。

一、房地产投资的优势与劣势

用于投资的房地产，与第五章中的房产是不一样的，这里的房地产不是自住，而是作为投资的工具。与其他投资相比，既有优势也有劣势。

（一）优势

1.可观的收益

房地产投资的获利方式主要有买卖、出租和自营。当房地产市场繁荣时，房地产租金收入实际相当于房地产投资的净利息收入，而投资本金随着房地产的增值也在增加。

（1）出售。出售是指投资者把从开发商或其他房地产所有者手中购置的房产，在价格上升时卖出，赚取买卖差价获取收益。这种出售收益实际上是一种转售，即把从开发商或其他房地产所有者手中购置的房产转售出去获得现金收益。房子具有长期耐用性，其寿命一般都在百年以上，最少也有几十年，这为投资者提供了充分的时间机会。对于那些正在向工业化、城镇化转型的国家来说，城市房地产的增值潜力很大，伴随着住房价格的上升，资本利得非常可观，远远高于存款和债券。

（2）出租。出租是指投资者购买房产后，以出租人的身份，将房屋出租给承租人，通过收取租金的方式来获得收益。一般来说，房子不会租不出去，只是价格高低而已。由于拥有产权，当投资者不愿意继续持有该房产时，可将其转售，并获取转售收益。

（3）自营。自营是指投资者购买房产后，不是用于出售或出租，而是用于经营，如开商店、饭店、旅馆等。通过获取所经营的商品价格差以及提供劳务服务收取服务费用的方式，回收投资并取得经营收入。对于社区商铺，这种自营性置业投资通常比较普遍。当收回了全部投资后，房子依然存在，还可以继续自营、出租或者出售。

2.对抗通货膨胀

在通货膨胀时期，一方面，房地产等有形资产的重置成本不断上升，从而使得住房价格上涨。另一方面，通货膨胀也使得各项消费成本上升，住房费用，即租金也会随之上涨，所以房地产投资具有增值性。又由于房地产是生活的必需品，即使经济衰退，其使用价值也始终不变，不会像一般消费品，如汽车、电脑、家用电器等那样随着科技的发展价值不断下降，所以，房地产投资又是有效的保值手段。

在固定利率贷款的房地产投资中，投资者会发现其债务负担和付息压力会随通货膨胀的加剧而减轻，个人净资产相应增加。

3.提高资信等级

因为房产的价值高、投入多，拥有房产成为占有资产、具有经济实力的最好证明。这对于提高投资购房者或房产拥有者的资信等级具有重要意义。不论是申请信用卡的信用额度，还是出国旅游，只要拥有房产的产权证，往往就足以证明其实力或资力。

由于可以将房地产作为抵押物，所以拥有房产者较容易获得金融机构的支持，有可能得到其投资所需要的大部分资金。

（二）劣势

在第五章居住规划中比较买房与租房的优缺点时，我们已经介绍了购房不但负担重而且流动性差，除此之外，如果将房产作为投资工具的话，还有以下的劣势：

1.投资不稳定

首先，位置的固定性和不可移动性是房地产自身的最大特点，房产作为不动产的这一性质是无法改变的，这一点使得房地产投资也有一定的风险。当一些不利的变化发生时，房地产的价格和租金都会大幅下降。比如，当城市区划发生改变，政府增加房地产税，某地区的大公司突然搬迁，或者附近新建的楼宇相继落成等，都会引发房地产价格和租金的下降。其次，在经济衰退时期，房地产价值的下跌速度与其他权益投资的下跌速度一样，有时甚至会更快。最后，房地产投资也与国家政策有关，如楼市调控政策，涵盖限购、限贷、利率、税费等多方面，这些政策都会对投资房地产产生影响。有时，即使国家的政策与房地产无关，也会对它有间接的影响。

2.投资回收期长

房地产置业投资主要靠房屋租金收入实现回收投资，因此，投资回收期短则10年，长则30～40年，投资回收期长，不确定性风险就高，因此要求家庭财产实力强，能够有充足的财力抵挡长期投资带来的风险。

3.需要专门的知识

由于房地产投资金额巨大、涉及的法律法规多，需要金融、法律、建筑、城市规划等方面的相关知识，因此，并不是资金实力雄厚就一定能够进行成功的房地产投资。

4.在我国，用于投资的房产不能享受税收方面的好处

根据2019年1月1日开始实施的《个人所得税专项附加扣除暂行办法》，纳税人只能享受首套住房贷款利息的扣除，即凡购置自用住宅且申请银行按揭的，每月可从收入中扣除1 000元的贷款利息，从而降低应纳税所得额，期限不超过20年。而投资性的置业不享受这种税前抵扣的优惠。

在美国，如果纳税人拥有一套以上的住宅，则有一个首要住宅（Principal Residence，或Primary Residence），只要是自己住或是一年不超过15个出租日（Rental Days），都可以当作自住房。对第二套房（Second Home），IRS（美国国税局）认为，每

个人可以合理拥有两套房，只要你是自住，或是出租日少于15天，并且自住（Personal Days）超过14天，这套房子也属于自住房。政府允许购房者在纳税时将用于首要住宅贷款的利息从收入中减除，这相当于给了购房者一个很大的折扣，且首要住宅的贷款利率最低。如果房子用于出租，还可以计提折旧。折旧方法和年限因房产的性质而有所不同。若是商业房产，以公司名义投资的写字楼、店铺和工业建筑等，直线折旧年限是39年；若是民用房产，折旧年限是27.5年。例如，在2019年1月1日买了一套100万美元的房子，那么当年就可以将3.6万美元（100万/27.5）的折旧用于抵消收入。如果所购房屋在以后出售，那么，折旧的提取就降低了账面成本，从而增加了卖出时的资本利得，以前通过提取折旧规避的税收在卖出时又需要补上，从而使得折旧这种税收规避优势不那么明显，但是延迟纳税的好处也不可忽视。

二、房地产投资的方式

（一）直接投资

1.直接购房投资

直接购房投资即投资者用现款或以银行抵押贷款的方式直接向房主或房地产开发商购买房子并适当装修、装饰后，或出售或出租以获取投资回报。这是一种传统的投资方式，也是住房投资者目前最常用的一种方式。如果投资者以抵押贷款的方式取得房屋，然后将其出租，用租金收入来偿还贷款本息，就可以看成是“以租养贷”。

2.期房投资

期房（在我国香港也被称作楼花）是指开发商在楼盘并未完全竣工时，在得到房产管理部门的商品房预售许可证后，预先出售的房屋。因为开发商通过出售期房，可以提前收回资金，所以在价格上往往给予一个比较优惠的折扣，一般折扣的幅度为10%甚至更高。

期房投资是指购买期房的投资者在房屋还没有完工交付时便将购房合同更名转让，赚取差价。实务中这种方式的操作性不强，更多的做法是等待价格合适时出售。对于按揭购买，投资者只需支付一部分房款便可以获得房产增值的收益，因此杠杆较高、投资利润大，但同时由于房屋尚未建成，有较大的投资风险。

3.以旧翻新

以旧翻新即购买二手房，投入一笔资金加以装修，以提高其附加值，然后出售或转租，从中赚取差价。采用这种方式投资时，应选择地段好、易租售的旧房，比如学校、写字楼附近的单身公寓等。

4.以租养租

以租养租又叫当“二房东”。就是以较低的价格租房，然后提升租金转租出去，从中赚取租金差价。当投资者的资金不足时，这种投资方式就比较适合。

（二）间接投资

对于一些中小投资者，能不能以较低门槛参与房地产市场，获得房地产市场交易、租金与增值所带来的收益呢？答案是肯定的，这就是房地产股票和房地产指数基金。

1.房地产股票

房地产股票是指上市公司中，以地产项目为公司主营业务的股票。投资这类股票，相当于间接投资房地产。

2.房地产指数基金ETF

指数基金是以特定指数为标的、并以该指数的成分股为投资对象，通过购买该指数的全部或部分成分股构建投资组合，以追踪标的指数表现的基金产品。

ETF（Exchange Traded Fund）即交易型开放式指数基金，通常又被称为交易所交易基金，是一种在交易所上市交易的、基金份额可变的开放式基金，属于开放式基金的一种特殊类型。它结合了封闭式基金和开放式基金的运作特点，投资者既可以向基金管理公司申购或赎回基金份额，同时，又可在二级市场上按市场价格买卖ETF份额。

房地产指数基金ETF，是一种以房地产指数为基准的交易型开放式基金。它的交易机制类似于股票，投资者可以通过证券交易所进行买入和卖出，享受到房地产市场的收益，同时具备基金的分散风险和流动性优势。

目前市场上存在多种房地产指数基金ETF，以下是其中的几种常见类型：

（1）房地产投资信托ETF（REITs ETF）

REITs即Real Estate Investment Trusts，是一种以发行收益凭证的方式汇集特定投资者的资金，由专门机构进行房地产投资经营管理，并将投资综合收益按比例分配给投资者的一种信托基金。它实质上是一种类似封闭式基金的共同基金，但投资标的物为不动产。REITs有两种类型：一是股权型REITs，即持有并管理物业，租金收入以分红的方式支付给份额持有人；二是抵押型REITs，将募集资金贷给房地产开发商赚取利息收入，或投资于抵押贷款或抵押贷款支持证券，所产生的利息成为REITs的主要收入来源。

（2）房地产开发商ETF（Real Estate Developer ETF）

该类ETF追踪房地产开发商指数，投资于房地产开发行业的公司股票。投资者可以通过购买该类ETF，参与到房地产开发行业的投资中。

（3）房地产基建ETF（Real Estate Infrastructure ETF）

该类ETF追踪房地产基建指数，投资于房地产基础设施行业的公司股票。投资者可以通过购买该类ETF，参与到房地产基础设施行业的投资中。

三、房地产直接投资的风险

与所有的投资一样，房地产投资也存在着风险，因此，投资之前必须了解购房的风险都有哪些。

（一）政策性风险

房地产一直都是国家宏观调控的重点领域，这些调控政策既是楼市的风向标，也是投资购房的风险之一。近年来投资者比较常遇到的政策风险主要是限购限贷限售，这导致投资者或者丧失了买房资格，或者买房的门槛被抬高了。

【例8-1】家住北京的王某一直想投资房产，2011年年初，深思熟虑后他开始付诸行动。当时他能负担的首付为40%（政策要求是首付款比例不得低于40%），看好房后，于2月10日交付定金100多万元。不想2月16日北京出台了“京十五条”，其中第四条明确指出，各金融机构和北京住房公积金管理中心对贷款购买第二套住房的家庭，要切实执行“首付款比例不低于60%、贷款利率不低于基准利率的1.1倍”的规定。一时王某处境尴尬，要么再去凑钱补足几十万元的定金缺口，要么就是损失已交的100多万元的定金。

（二）流动性风险

首先，由于房地产是固定在土地上的，其实体不能移动，交易的完成只能是所有权或使用权的转移。其次，由于房地产价值量大、占用资金多，交易的完成需要一个相当长的过程，尤其是房市低迷时很难售出。这些都影响了房地产的流动性和变现性，即房地产投资者在急需现金的时候却无法将手中的房地产尽快脱手，即使脱手也难以获得合理的价格，这种变现风险在中小城市更大。

人们都知道这样一句话：买房最重要的是地段、地段，还是地段。地段被认为是决定房地产价值的关键因素。具体而言，地段就是生活的环境和氛围，包括交通、商业、休闲娱乐、医疗、教育、金融等设施，之所以重要，是因为购房者要上班、学习、购物和交往，要享受生活的方方面面。因此，地段的价值是诸多元素的综合体现。所以，买房第一步是要选择有潜力的地区或城市，然后买中心区的房子。当然，应该用动态的眼光来看待地段，还要特别关注市政建设的总体规划，在那些可能是重点地区的地方购买住房也是策略之一。

（三）市场风险

市场风险主要指利率的变化及房价下跌的风险。现在大多数的买房投资者都需要从银行贷款，因此银行利率至关重要。贷款期限一般都是10～20年，在这样长的时间内，银行利率的变化会比较大。如果利率提高，投资者就面临投资风险。另外，如果投资的房子价格下跌，而且跌幅超过投资收益，投资也是失败的。

（四）房屋质量风险

投资购房时多为期房，买房时很难看到房子的实际情况，因此就不得不承担房屋质量问题的风险。所以，在签订购房合同时，一定要对房屋质量问题做好约定。

（五）自然风险

地震、洪涝、飓风等自然灾害也会使房地产投资者遭受损失，这种风险虽不常发生，但一旦发生，所带来的危害就是巨大的，投资者在心理上应有所准备。

第三节　收藏品投资

中国自古以来就有“盛世收藏，乱世黄金”的说法，数千年来人们对收藏品的偏爱从未间断过。收藏品投资也是欧美、日本等发达国家投资者资产配置的重要部分，据统计，他们对文化艺术品的投资占整个投资的20%。

我国改革开放后，随着经济的发展，大部分人都过上小康生活，收藏品不再是有钱人的专属品，历来为文人雅士所喜爱的古玩、字画等藏品，越来越多地走进了寻常百姓家。尤其是在2002年10月28日修订的《中华人民共和国文物保护法》[①]（简称《文物保护法》）中，首次允许文物收藏单位以外的公民、法人及其他组织收藏的文物依法进行流通，这大大激发了民间收藏的热情。现行《文物保护法》第五十条规定：文物收藏单位以外的公民、法人和其他组织可以收藏通过下列方式取得的文物：依法继承或者接受赠与；从文物商店购买；从经营文物拍卖的拍卖企业购买；公民个人合法所有的文物相互交换或者依法转让；国家规定的其他合法方式。文物收藏单位以外的公民、法人和其他组织收藏的前款文物可以依法流通。

一、收藏品投资的意义

1.宏观意义

（1）延缓损毁。人类创造物迟早要消失，但延缓损毁消失是可能的，如有些传世文物已经流传了千年以上，收藏者（不论是收藏爱好者还是收藏家）对自己收藏的这些藏品十分珍爱，在专门设计的储藏室存放，唯恐损伤，对延缓损毁消失起到了极大作用。一些有实力的收藏家则创办自己的博物馆，进行专业保护与研究。随着不断地改进收藏品保护的条件，创造更科学的保存方法，一定能使藏品的损毁消失得以延缓。

（2）补充国有收藏。自国家产生后，收藏就有了国家收藏和民间收藏的区分，数千年来一直存在着“搜宝纳库”和“藏宝于民”两种方式。国家馆藏不可能面面俱到，民间收藏历来是国有收藏的有力补充。我国在清朝末期引进了博物馆，民国时期正式拥有国家博物馆，博物馆的藏品来源除考古移交外，社会捐赠以及社会征集是主要的渠道。许多收藏家向国家博物馆捐赠收藏的珍品，国家也鼓励民间收藏品不断地向国家藏库集中，还有旅外侨胞不断向祖国捐赠文物，这些都补充和充实了国家博物馆的空白和不足。

（3）创造财富。随着收藏活动的兴起，产生了众多的收藏市场、古玩商店、画廊、拍卖公司等，活跃了收藏交流，促进了收藏发展。收藏不仅是一项事业，也部分转化为产业，直接或间接地给国家创造了财富，增加了税收。

2.微观意义

（1）寄情。有些收藏者开始收藏时，往往是出于怀旧，对诸如小时候的玩具、爷爷的烟斗、老一辈亲人的照片都会加以收藏。将这些身边之物收藏起来，睹物思情，不单纯是收藏，也寄托着收藏者浓浓的情感。

除了寄托情感，把玩本身也是一件赏心乐事。马未都曾说过，“古玩是一个人成年后的玩具”。如果你买了股票、债券等有价证券，卖了之后，即使赚了钱，你也不会对它有什么感情。收藏品则不同，即使再以原价卖掉，也会觉得得到了许多，这就是收藏

---

① 《中华人民共和国文物保护法》于1982年11月19日第五届全国人民代表大会常务委员会第二十五次会议通过，其后进行了五次修正，分别为1991年6月29日、2007年12月29日、2013年6月29日、2015年4月24日和2017年11月4日。

的魅力。

（2）增长知识。收藏的过程就是知识积累的过程。许多收藏品都是历史的载体，如中国古钱币爱好者在集币过程中能够了解到我国古代的货币史以及当时的政治经济状况；通过宋元瓷器上书写的文字，可以了解当时的社会风貌。

（3）提高修养。通过对藏品的欣赏，愉悦心理、怡情养性。许多收藏品不仅记载着历史、文化，本身也是艺术品。“收藏的乐趣是陶冶，收藏像点燃一支香，望着它永无重复的渺渺烟云，嗅着融和着自然气息的清香，像一杯清茶，在恬静地品啜着，身心得到最大的松弛和安逸。”（马未都语）收藏可以美化生活、陶冶自己的精神世界。

（4）增值。收藏家一般都是精明的投资家。收藏品不仅是精神产品，而且也是投资工具，比房地产、股票有更高的回报率，因为收藏品具有艺术性和不可再生性，本身具有价值，并随时间的推移、经济的增长而呈不断上升之势，具有更高的稳定性和回报率。

收藏品在保值增值的同时，还能提高企业和个人的形象。2000年，在中国香港佳士得拍卖行和苏富比拍卖行举行的春季拍卖会上，保利集团分别以700万港元、740万港元、1 400万港元竞得1860年被英法联军掠夺去的圆明园珍贵文物牛首、猴首和虎首，此义举引起了社会的广泛关注和赞许，无形价值不可估量。

二、收藏品的分类

收藏品的分类方法较多，一般下面两种划分方法较为常见：

（一）将收藏品分为四大类

这是较被认可的一种分类方法，就是将收藏品分为自然历史、艺术历史、人文历史和科普历史四大类。

（1）自然历史类：以自然界的各种物品为主，包括昆虫标本、海洋生物及标本、奇石以及翅画等。

（2）艺术历史类：包括烟标、烟具、火花、微雕、茶具、瓷刻、工艺美术、书画等。

（3）人文历史类：以图书、报刊、资料、民俗等类物品为主。

（4）科普历史类：包括算具、钟表、钥匙、藏酒等。

（二）将收藏品分为十三小类

（1）文物类：包括历史文物、古代建筑物实物与资料、雕塑、铭刻、器具、民间艺术品、文具、文娱用品、戏曲道具品、工艺美术品、革命文物等。其中，器具包括金银器、锡铅器、漆器、法器、家具、织物、地毯、钟表、烟壶、扇子等；工艺美术品包括料器、珐琅、紫砂、木雕、藤竹器等。

（2）书画类：包括书法、碑帖、拓本、国画、油画、水彩画、水粉画、漆画、连环画等。

（3）陶瓷类：包括陶器、瓷器、紫砂陶等。

（4）玉器类：包括玉礼器、玉玺、玉器具，以及玉陈设器等。

（5）珠宝、名石和观赏石类：包括雕琢的珠宝翠玉，以及天然形成未经人工雕琢的各种砚石、印石、奇石与观赏石。

（6）钱币类：包括历代古钱币及现代世界各国货币、停止流通的人民币。

（7）邮票类：包括世界各国邮票及与中国邮政发行的相关邮票收藏品。

（8）文献类：包括书籍、报刊、档案、照片及影视剧说明书、海报等各种文字资料。

（9）票券类：包括印花税票、奖券、门券、商品票券、交通票证、月票花、粮票等。

（10）模型类：包括火车、汽车、飞机、宇宙飞船、军舰、坦克等照着实物按比例制作的精美模型。

（11）徽章类：包括纪念章、奖章、证章及其他各种徽章。

（12）商标类：包括火花、烟标、酒标、糖纸。

（13）标本类：包括动物标本、植物标本和矿物标本等。

三、收藏投资的风险

收藏是投资，但风险很大，收藏品投资往往会面临以下的风险：

（一）赝品风险

与其他投资产品不同，收藏品的假货比例非常高。在市场火爆、高利润的刺激下，不法分子造假的技术日益高超，赝品越仿越真，做旧手法越做越到家，以致一些专家们也真伪难辨，甚至有的赝品登上了著名拍卖公司的舞台。收藏者如果没有一定的历史、文化、专业制造工艺的相关知识，很可能收进假货，一旦买进假货，损失就是百分之百。所以，赝品是收藏投资中最大的风险。

（二）收益不稳定风险

投资藏品由于风险比较大，作为补偿，投资回报率也高。但在一定时期内，收藏品的价格是比较稳定的，其收益是随着人们生活水准的提高而逐步提高的，不可能一夜暴富。有些持有很长时间的艺术品虽然可以卖出天价，但人们往往忽视了机会成本和通货膨胀因素。表面上看升幅很大，但实际上如果以复利计算，每年的收益率不见得高多少。如果收藏品的收益出现负值，给投资者造成的损失更为惨重。

（三）变现风险

收藏品市场的参与者相对少，对专业知识、鉴赏能力要求高，受人们的偏好影响较大。当持有者急需现金时，可能无法以合理的价格出售，甚至找不到合适的买方，所以流动性比股票、房地产等都要差。

从流通渠道看，藏品变现主要通过展览展销、拍卖、私下交易等实现。其中只有拍卖属于比较活跃、正规、大型的渠道，而大型拍卖会只在固定时间举行，且进入拍卖会的艺术品需要一定的档次。这样，一旦投资者需要现金，很难完全按照预期价格变现。好在很多城市都有因古玩交易而形成的古董集市，如北京琉璃厂大街、上海东台路古玩市场、成都送仙桥古玩市场、南京秦淮古玩城、广州西关古玩城、西安朱雀路古玩城和北京潘家园旧货市场等，是喜爱收藏的人的必去之地。

（四）保存风险

收藏品大都是实物，实物的磨损就是价值的减损，妥善保管十分重要，必须确保藏品不受污渍、潮湿、发霉、破损、褪色等的影响，还要防火防盗。假如是金属类、玉石类的收藏品，还需要注意防锈和氧化等。此外，在鉴赏、摆放、运输过程中，也需要格外小心。

还需注意的是，国家法律规定不能炒卖的物品一定不要买来收藏。一些珍贵的收藏品也是国家文物，收藏者必须对《文物保护法》《中华人民共和国文物保护法实施条例》《中华人民共和国拍卖法》《文物藏品定级标准》有所了解，才能防止违法。

第四节　黄金投资

黄金是一种特殊的商品，具有商品、货币和金融三大属性，以及抗通胀和避险两大功能，历来就是投资保值的工具。近十几年，黄金在创出新的历史最高纪录后波动起伏，其投资保值功能引起了更大的关注，黄金成为许多机构投资者投资组合中的重要成员，也成为许多个人投资者感兴趣的投资对象。中国黄金市场在过去十几年更是以惊人的速度发展，完成了从跟随者到超越者的角色转变，中国已成为世界上最大的黄金消费国和生产国。本节介绍黄金投资的特点、工具及市场。

一、黄金投资的特点

黄金对人类文明最大的贡献是它作为货币的功能。最早的国际货币体系是金本位制度。在1973年布雷顿森林体系解体之前，黄金一直是国际货币体系的基础，马克思在《资本论》里写道，“金银天然不是货币，但货币天然是金银”。目前，黄金依然在各国的国际储备中占有一席之地，以弥补国际收支逆差、维持本国货币汇率的稳定以及作为应付各种紧急支付的准备。无论是通货膨胀还是通货紧缩，黄金都可以保持它内在的稳定价值，因此，黄金成为投资者在金融、经济危机中有效的避风港，无论是在1929—1933年的经济大萧条时期，还是在1997年的亚洲金融危机时期，黄金都很好地证明了其保值避险功能。因黄金具有良好的物理属性，稳定的化学性质、高度的延展性，在工业与科学技术上的应用很广；黄金还用来制作首饰，是财富和身份的象征。与其他投资相比较，黄金投资有其独特的优势。

知识拓展8-2　　认识黄金

金，又称黄金，化学元素符号为Au，是在自然界中以游离状态存在而不能人工合成的天然产物。

按其来源的不同和提炼后含量的不同分为生金和熟金等。生金亦称天然金、荒金、原金，是从矿山或河底冲积层开采出来，没有经过熔化提炼的黄金，分矿金和沙金两种。熟金是生金经过冶炼、提纯后的黄金，一般纯度较高，密度较大，有的可以直接用于工业生产。

根据成色的高低分为纯金、赤金、色金。经过提纯后达到相当高纯度的黄金被称为纯金，一般指达到99.6%以上成色的黄金。赤金和纯金的意思相近，但因时间和地点的不同，赤金的标准有所不同。国际市场出售的黄金，成色达99.6%的称为赤金，而我国境内的赤金一般成色在99.2%～99.6%之间。色金，也称“次金”“潮金”，是指成色较低的金，这些黄金由于其他金属含量不同，成色高的达99%，低的只有30%。

按含有其他金属的不同分为清色金、混色金、k金。清色金指黄金中只掺有白银，不论成色高低统称清色金。混色金是指黄金内除含有白银外，还含有铜、锌、铅、铁等其他金属。k金是指银、铜按一定的比例，按照足金为24k的公式配制成的黄金。

k是表示黄金纯度的符号，1k即代表金制品所含的纯金占1/24，18k即代表纯金量占18/24。

（一）安全稳健

投资黄金，可以增加资产组合的安全性。这是由黄金本身的特点决定的，黄金与货币、股票、债券不同，其本身具有内在的价值，虽然有时会失去光泽，但是其质地不会发生变化，无须折旧，是一种恒久的物质，也因此成为对抗通胀的理想武器。有调查显示，黄金已被认为是一种主流的投资选择，是仅次于储蓄和保险的最稳定的投资选择之一。

（二）金价波动较大，收益与风险并存

金价受国际上各种政治、经济因素以及突发事件的影响，经常处于波动之中，投资者有机会利用差价获利，但黄金投资的风险也同时增加，尤其是利用杠杆时风险更大。图8-1和图8-2为黄金在2018年12月—2023年12月间的价格走势。

（三）投资操作相对简单

即使没有什么基础，也可在短时间内学会黄金投资的操作，不像股市，有那么多的股票需要选择，而且黄金市场是世界性市场，一天24小时随时随地都能进行交易，变现方便。

二、中国黄金市场

（一）中国黄金市场的发展

中国黄金市场是一个新兴市场，只有短短20年时间。在很长的时间里，我国一直对黄金实行非常严格的统购统销政策，中国人民银行统一办理黄金的收购，统一审批黄金的使用。取缔了任何形式的市场交易。20世纪90年代，当我国其他金融市场陆续建立十多年之后，黄金市场才开始启程。

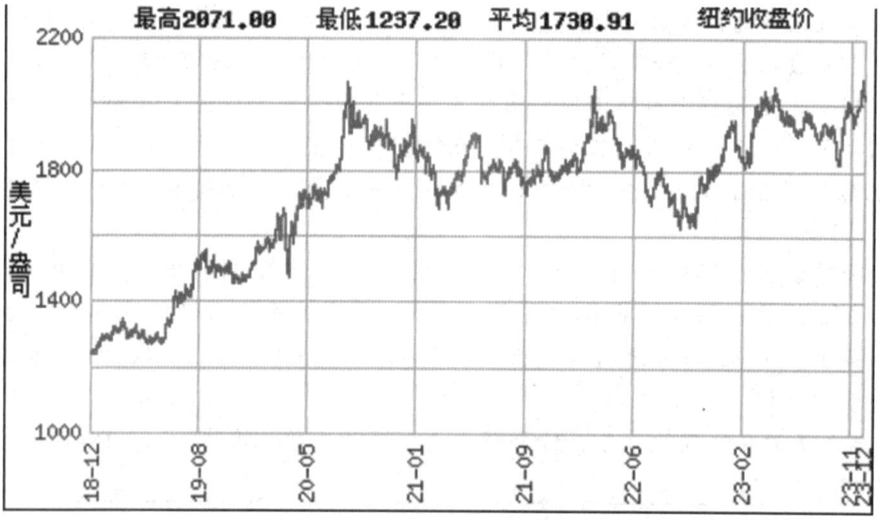

图8-1 黄金在2018年12月—2023年12月价格走势图（美元/盎司）

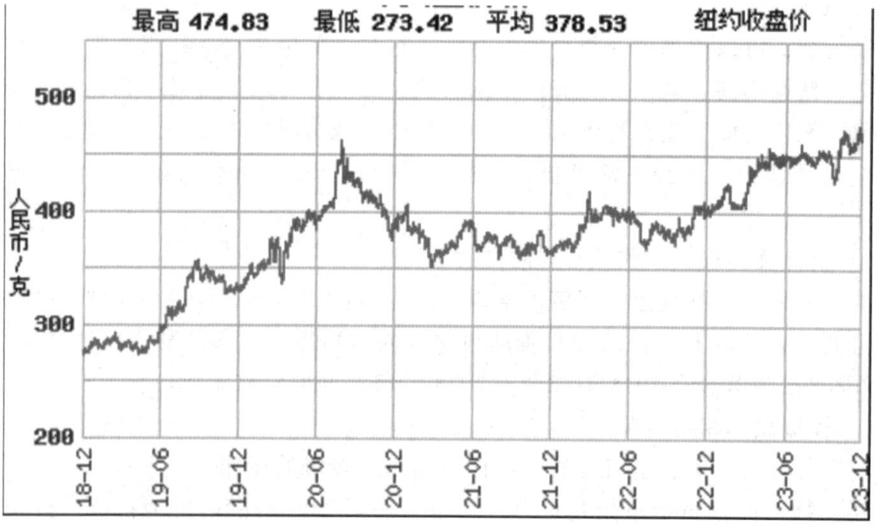

图8-2 黄金在2018年12月—2023年12月价格走势图（元/克）

1993年，中国人民银行改革了黄金的定价制度，将黄金固定定价改为浮动定价，收购价格按低于国际市场价格10%的水平制定，而其配售价格则与国际市场金价一致。1999年10月，中国人民银行下发《关于白银管理改革有关问题的通知》，开放了白银市场。

2002年10月，国务院和中国人民银行批准上海黄金交易所挂牌成立，上海黄金交易所的成立标志着中国对黄金的统购统销的做法彻底结束，中国黄金市场进入了市场化时代。

2004年，当时的中国银监会与中国人民银行正式解除了禁止金条私人所有的规定，随后几年，商业银行相继开发了一系列黄金投资产品，使黄金走进了中国的家庭。

2014年9月上海黄金交易启动国际板，成为中国黄金市场对外开放的重要窗口；2016年4月发布全球首个以人民币计价的黄金基准价格——“上海金”，提升了我国黄金市场的定价影响力；2018年9月正式挂牌中国熊猫金币，打通了我国黄金市场与金币市场的产品通道；2019年10月正式挂牌“上海银”集中定价合约，为国内市场提供白银基准价。

（二）黄金市场体系

与国际黄金市场相同，国内黄金市场也是由场内市场和场外市场共同构成的，并形成了较为完善的多元化的市场体系：以上海黄金交易所为代表的即期场内交易市场；以上海期货交易所为代表的远期场内交易市场；以商业银行柜台市场为代表的场外交易市场。多元市场体系的形成，极大丰富了我国黄金市场的服务功能，扩大了参与者范围，使黄金成为机构和个人的投资工具成为可能、变成现实。

上海黄金交易2002年开业时交易量仅为25吨，交易量攀上千吨台阶是2008年，为2 230吨，2015年突破万吨，2016年更突破两万吨。2023年，上海黄金交易所全部黄金品种累计成交量单边20 765.474吨（双边41 530.948吨），同比上升7.09%，累计成交额单边9.2832万亿元（双边18.5664万亿元），同比上升22.31%；上海期货交易所全部黄金期货期权累计成交量单边62 111.342吨（双边124 222.684吨），同比上升43.90%。累计成交额单边23.8783万亿元（双边47.7566万亿元），同比上升55.43%。

1.上海黄金交易所

上海黄金交易所是经国务院批准，由中国人民银行组建，专门从事黄金交易的金融要素市场，于2002年10月正式运行。该市场起初的定位是黄金商品交易市场，于2004年开始向金融市场转变，现在已经是我国金融市场体系的重要组成部分。从2007年开始，上海黄金交易所已是全球最大的场内即期交易市场，也是我国最大的黄金实物交易平台。

上海黄金交易所是涵盖竞价、定价、询价、租借、质押、黄金ETF等市场板块、融境内市场主板与境外国际市场于一体的多元化市场体系。参见图8-3。

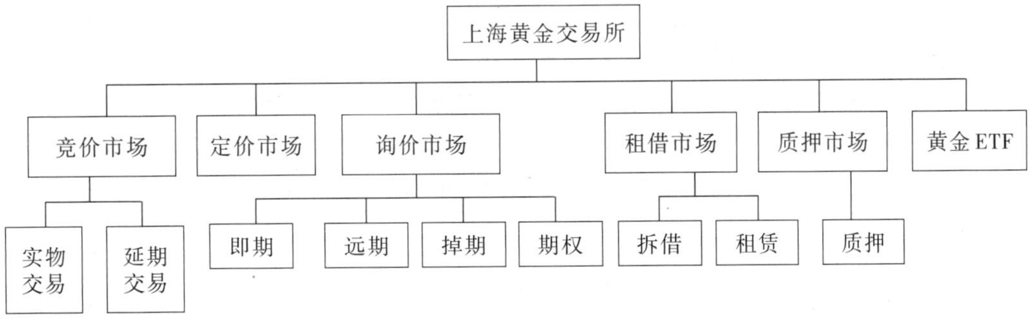

图8-3　上海黄金交易所产品一览表

目前，上海黄金交易所竞价市场的交易量最大，一共有17个交易品种，其中主板14个，国际板3个，交易标的有黄金、白银、铂金。表8-3为上海黄金交易所2023年1

月24日的部分交易行情。

表8-3 上海黄金交易所2023年1月24日交易行情（部分）

合约	开盘价	最高价	最低价	收盘价	涨跌（元）	涨跌幅	加权均价	成交量（千克）
Au99.95	356.20	357.00	356.20	356.93	1.85	0.52%	356.90	654.00
Au99.99	356.00	357.50	354.82	357.23	1.94	0.55%	356.88	8 120.80
Au100g	354.21	356.65	354.19	356.59	1.97	0.56%	355.90	33.60
iAu99.99	354.20	357.00	354.20	356.80	1.66	0.47%	356.79	3 958.40
Au（T+D）	355.00	357.58	355.00	357.37	2.13	0.60%	356.69	42 276.00
Au（T+N1）	358.80	359.65	356.30	358.55	0.55	0.15%	359.40	117.80
Au（T+N2）	362.75	363.80	362.75	363.75	1.85	0.51%	363.70	63.80
mAu（T+D）	355.14	357.62	354.90	357.40	2.22	0.63%	356.65	7 297.40
Pt99.95	225.17	225.96	225.08	225.36	1.24	0.55%	225.25	252.00
Ag（T+D）	4 268	4 307	4 266	4 293	24	0.56%	4 288	4 098 160.00
NYAuTN06	355.90	358.40	355.05	358.35	2.10	0.59%	357.40	167.20
NYAuTN12	360.10	362.70	360.10	362.60	1.90	0.53%	361.80	57.80
PGC30g	362.93	362.93	362.93	362.93	1.73	0.48%	362.93	0.06

资料来源 上海黄金交易所官网。

注：金价单位为“元/克”，银价单位为“元/千克”。

2.上海期货交易所

上海期货交易所的黄金期货合约于2008年1月8日上线交易，在这以前我国黄金市场上的产品创新都是在即期市场完成的，因而，上海期货交易所黄金期货合约上市开了我国黄金远期交易之先河，使我国黄金投资者和生产者有了规避价格风险的更多手段，也进一步完善了黄金市场体系。除黄金期货外，2024年1月25日在上海期货交易所（含上期能源）上市的还有铜、铝、锌、铅、锡、镍、国际铜、氧化铝、白银、螺纹钢、线材、热轧卷板、不锈钢、原油、燃料油、低硫燃料油、石油沥青、天然橡胶、20号胶、合成橡胶、纸浆、集运指数（欧线）等共23个期货品种；铜、天然橡胶、黄金、铝、锌、原油、螺纹钢、白银、合成橡胶等9个期权品种，涵盖金属、能源、化工、服务等领域。

3.商业银行的黄金交易平台

商业银行的OTC（柜台交易）黄金市场是2004年以后发展起来的，交易量增长很快，但交易规模比上面两个交易所要小得多。商业银行的黄金业务包括实物金、账户金、黄金拆借、黄金租赁、黄金期权，以及代理上海黄金交易所、上海期货交易所黄金期货，甚至境外黄金掉期、境外黄金远期等多项业务。

三、黄金投资品种

我国黄金市场正处于快速成长期，交易品种不断创新，交易规模不断扩大，交易时间也不断延长。黄金投资产品有多种分类方法。从产品性质看，大致可分为五类：实物销售类、投资交易类、衍生品类、融资类和结构化理财类。

（一）实物销售类

依据国家法定发行界定标准，实物黄金主要划分为金币类实物黄金和非金币类实物黄金，如图8-4所示。

- 实物黄金
  - 金币类
    - 普通金币
    - 纪念金币
  - 非金币类
    - 金条金章金块金砖
    - 金饰金摆件等

图8-4 实物黄金的分类

1.普通金币

普通金币是用于黄金投资的法定货币，又称为投资金币或纯金币。我国的熊猫金币、美国的鹰洋金币、澳大利亚的袋鼠金币、加拿大的枫叶金币、南非福格林金币就属于这类金币。金币分为普制金币与精制金币两种。

1982年，中国人民银行决定采用中国的国宝大熊猫作为普制金币的主要图案，中国第一套熊猫金币诞生。此后，每年更换一次背面的熊猫图案，而正面均为北京天坛祈年殿外景。熊猫普制金币按照发行惯例共有五种规格，分别是1/20盎司、1/10盎司、1/4盎司、1/2盎司和1盎司，对应面值分别为20元、50元、100元、200元和500元，成色均为99.9%；2016年开始改用“克”为计量单位，依次为1克、3克、8克、15克、30克。熊猫金币为我国的法定货币，在全球钱币市场享有极高的声誉。

熊猫金币分别由深圳国宝造币有限公司、上海造币有限公司和沈阳造币有限公司铸造，中国金币集团有限公司①总经销。

2018年9月12日，熊猫金币在上海黄金交易所挂牌（PGC30），成为全球唯一在交易所市场挂牌交易的金币产品，黄金市场与金币市场的产品通道就此打通。熊猫金币采用竞价撮合交易方式，按照价格优先、时间优先的原则对买卖双方的报单进行撮合成交，个人客户和符合条件的机构客户都可以自由参与交易。

纯金币投资的优点是，纯金币的大小、重量不一，投资者的选择余地比较大，流通性强，但妥善保管的难度比较大，包装材料和金币本身都不得损坏。

2.纪念金币

纪念金币是为某一纪念题材限量发行的具有一定的重量、成色和面值，并铸成一定

① 中国金币集团有限公司成立于1987年，是中国人民银行直属的我国唯一经营贵金属纪念币的行业性公司，履行贵金属货币的发售职能，在北京、深圳、上海分别设立了北京开元中国金币经销中心、中国金币深圳经销中心、上海金币投资有限公司三家直属的国内经销中心，在全国各大中城市设立了百余家特许零售商。公司创建了专门从事贵金属纪念币生产的现代化造币企业——深圳国宝造币有限公司，以及从事金币文化传播与知识普及的专业机构——北京新文时代金币文化传播有限公司。

形状的铸金货币。在1979年新中国成立30周年之际，中国人民银行发行了一套纪念金币（也是我国发行的第一套贵金属币），全套4枚，每枚重1/2盎司，成色91.6%，发行量为70 000套。正面图案均为国徽，并刻有“中华人民共和国成立三十周年”及主题文字；背面图案分别为天安门、人民英雄纪念碑、人民大会堂、毛主席纪念堂，并刊面额。

纪念金币本身具有历史、教育、艺术欣赏意义，与投资纯金币相比，需要投资者具备一定的钱币知识、艺术欣赏水准及鉴赏能力。纪念金币一般只在特定的交易场所交易，在集币爱好者、金币收藏者中间流转。

3.非金币类黄金制品

非金币类黄金制品分规则形状和非规则形状两种。前者包括条形、圆形、方形，依次称为金条、金章、金砖。1999年12月，为了迎接“千禧年”的到来，经过中国人民银行授权，中国金币集团有限公司面向全国限量发售的共计1.5吨的“千禧年”金条以及2002年国内一些商家推出的“贺岁”生肖金条，就属于此类。后者有黄金首饰品、黄金电铸摆件，其他油压、浇铸工艺的异形黄金制品等。

国际黄金市场上，一般把标准规格的非金币类黄金制品，称为标金。标金也有很多种，比较常见的有400金衡盎司标金、100金衡盎司标金、1千克标金、1金衡盎司标金等。

金条金块的流通性强，大多数地区都不征交易税，可以在世界各地及时得到报价，所以，金条金块是实物黄金投资的最佳选择。其缺点是持有黄金并不产生利息，且占用较多的现金和保管费。

黄金饰品在很大程度上是实用性商品，并且具有美学价值，但并不适合做投资工具。因黄金饰品本身的加工费用高，购买价格与黄金原料的内在价值差异较大，从金块到金饰，珠宝商要进行设计、开模、加工，还要加上制造商、批发商、零售商的利润，这些费用都由购买者承担，并且金饰在日常使用中会受到不同程度的磨损，将旧金饰品变现要去除其折旧费用，因此投资意义不大。

（二）投资交易类

投资交易类的黄金产品按是否可提取现货又可以为实物交易类和账户交易类。

1.实物交易类

实物交易类是指交易标的为可提取现货的实物黄金产品，场内如上海黄金交易所黄金现货实盘交易、上海金集中定价、黄金ETF、熊猫金币等，场外如上海黄金交易所黄金即期询价、商业银行的黄金积存、黄金定投等产品都属这一类。

2.账户交易类

账户交易类俗称“纸黄金”或“账户金”。这类产品一般不涉及实物黄金交割，投资者主要通过金价变动获益，如商业银行的账户金。

（三）衍生品类

黄金衍生品包括以黄金为基础资产衍生而来的黄金期货、延期、远期、掉期、期权等产品。其中，上海期货交易所的黄金期货和上海黄金交易所的黄金延期为主力品种。

知识拓展8-3　　中行账户贵金属买卖（金、银、铂、钯）

账户贵金属买卖业务是指个人客户通过银行柜面服务人员、手机银行、电话银行或网上银行等渠道进行的，不可透支的人民币对贵金属、美元对贵金属的个人实盘贵金属买卖业务，其中账户黄金业务可以按我行流程提取实物，其余业务不发生实物贵金属的提取和交割。目前，账户贵金属包括账户黄金、账户白银、账户铂、账户钯四种。

账户贵金属买卖业务操作上与外汇宝相似，采用元/克、美元/盎司的报价方式，没有其他交易手续费。起点交易克数为人民币金、铂、钯10克（以1克递增），美元金、铂、钯1盎司（以0.1盎司递增）；人民币银100克（以1克递增），美元银5盎司（以1盎司递增）。

账户贵金属买卖业务旨在为境内个人投资者提供获取贵金属交易资本收益的平台，具有以下优势：

1.交易方便：避免各种仓储、检验费用，降低客户交易成本。

2.交易服务时间长：每周5天每天24小时交易，涵盖主要国际贵金属市场交易时间。

3.交易方法多样：目前可以通过柜面服务人员、手机银行、自助终端、电话银行或网上银行等方式进行交易。

4.交易方式灵活：既可进行市价交易，又可进行委托交易。市价交易，又称时价交易，即根据银行当前的报价即时成交。委托交易，又称挂盘交易，即投资者可以先将交易指令留给银行，当银行报价达到投资者希望成交的汇价水平时，银行电脑系统就立即根据投资者的委托指令成交。

适用客户：持有有效身份证明，并具有完全民事行为能力的个人客户。

交易币种：

美元金兑美元，人民币金兑人民币

美元银兑美元，人民币银兑人民币

美元铂兑美元，人民币铂兑人民币

美元钯兑美元，人民币钯兑人民币

交易渠道：柜台、手机银行、电话银行、网上银行、自助银行、E融汇等。

交易时间：每周一上午7：00至周六凌晨6：00（纽约夏令时为5：00），如遇节假日有调整的以银行门户网站的公告为准。

和其他期货一样，黄金期货也是按一定成交价，在指定时间交割标准合约的一种衍生交易。表8-4[①]是上海期货交易所的黄金期货标准合约。

---

① 资料来源　根据2020年8月18日上海期货交易所公告〔2020〕134号修订。

表 8-4 **上海黄金期货标准合约**

交易品种	黄金
交易单位	1 000克/手
报价单位	元（人民币）/克
最小变动价位	0.02元/克
涨跌停板幅度	上一交易日结算价的±3%
合约月份	最近3个连续月份的合约以及最近13个月以内的双月合约
交易时间	上午9：00—11：30，下午1：30—3：00和交易所规定的其他交易时间
最后交易日	合约月份的15日（遇国家法定节假日顺延，春节月份等最后交易日交易所可另行调整并通知）
交割日期	最后交易日后第一个工作日
交割地点	交易所指定交割金库
最低交易保证金	合约价值的4%
交割方式	实物交割
交割单位	3 000克
交易代码	AU
上市交易所	上海期货交易所

延期是指投资者以支付保证金的形式在交易所集中买卖的、一种可推迟交割日期的合约，分为非定期延期交易T+D和定期延期交易T+N，该交易以实物交割为基础，价格直接反映现货市场供求，现货特征明显；而上海期货交易所是标准期货合约，期货价格与现货价格往往存在基差。

知识拓展8-4　T+D和T+N

T+D和T+N属于图8-3中竞价市场中的实物交易，其特点：一是杠杆交易，目前黄金交易只需支付全额货款的7%，白银交易需支付全额货款的9%，资金使用效率高；二是交易方式灵活，可做多或做空，是双向交易；三是引入延期补偿费和中立仓机制来调节实物供求矛盾。

T+D是按日推迟交割日期的延期合约，T代表Trading，D代表Delay，交易者可以选择当日交割，也可以无限期地延期交割。每天可进行交收申报；每日结算延期补偿费，延期补偿费率为合约价值的0.0175%/天；标的物为黄金、白银（见表8-5）。

表 8-5 T+D交易

交易品种	交易单位	交割规格
Au（T+D）	1千克/手	3千克99.95%金锭或1千克99.99%金锭
mAu（T+D）	0.1千克/手	1千克99.99%金锭
Ag（T+D）	1千克/手	15千克99.9%银锭

T+N是每年定期集中收付延期补偿费的延期投资产品。Au（T+N1）仅在每年6月15日进行一次延期补偿费收付，其他交易日持仓没有延期费；Au（T+N2）仅在每年12月15日进行一次延期补偿费收付，其他交易日持仓没有延期费。标的物为黄金，交易单位为100克，交割规格为成色不低于99.99%的1千克金锭。T+N避免了每天确定延期补偿费方向，降低了交易成本的不确定性。

2012年以来，上海黄金交易所在银行间黄金市场陆续推出了黄金远期询价、黄金掉期询价和黄金期权询价等衍生产品。场外黄金衍生品主要是指银行柜台提供的场外黄金远期、掉期和黄金期权等产品，交易币种有美元和人民币。

黄金ETF（Exchange Traded Fund），指将绝大部分基金资产用于投资上海黄金交易所挂牌交易的黄金品种，密切跟踪黄金价格，使用黄金品种组合或基金合同约定的方式进行申购赎回，并在证券交易所上市交易的开放式基金。黄金ETF与股票ETF的区别主要在于标的指数从股票价格指数变为单一商品价格，成分股从一篮子股票组合变为单一实物商品。世界上第一只黄金ETF基金在2003年于悉尼上市，此后在全球引发了认购热潮，并一度被华尔街的分析师认为直接促进了后期黄金价格的走牛。我国的黄金ETF始于2013年6月24日的华安黄金ETF和国泰黄金ETF，同年易方达黄金ETF、博时黄金ETF基金（2014年9月）也成功上市交易。

（四）融资类

融资类产品包括黄金租借和黄金质押贷款，黄金租借又包括黄金租赁和黄金拆借。

1. 黄金租赁

黄金租赁是指符合规定条件的法人客户（含中小企业客户）向金融机构租赁黄金，并按照合同约定以人民币形式支付租赁费，到期从上海黄金交易所购买黄金归还的业务。上海黄金交易所为会员及客户提供黄金租赁办理实物库存的过户转移、非交易过户等业务服务。

2. 黄金拆借

黄金拆借指金融同业间以黄金作为标的进行拆入或拆出，到期日出租人收回成色一致、数量相同的实物黄金，同时承租人按约定的日期向出租人支付租金的业务。

3. 黄金质押贷款

黄金质押贷款是指借款人以可在黄金交易所交易和交割的标准金作质押，从银行获得信贷资金的一种贷款方式。在办理黄金质押贷款过程中，为规避由于黄金市场价格波动造成贷款风险，借贷双方需设立共同遵守的质押黄金的警戒线和平仓线。当质押黄金的市场价格跌至警戒线时，银行会及时通知客户增加押品或提前归还部分贷款，使得质押黄金的有效担保数量大于等于贷款本金；而当质押黄金的市场价格跌至平仓线时，银行将卖出质押黄金，归还贷款。

（五）结构化理财类

结构化理财类产品是一种将金融和非金融元素相结合的金融工具，其投资收益的多少与某商品价格或商品价格指数挂钩。黄金结构化产品主要指商业银行出售的各类挂钩黄金的理财产品，产品的一部分本金投资在债券和货币市场工具上，一部分用于挂钩黄金，其投资回报率取决于所挂钩的黄金价格或价格指数的市场表现。

四、影响金价的因素

20世纪70年代以前，黄金价格基本由各国政府或中央银行决定，国际黄金价格比较稳定。布雷顿森林体系解体后，黄金价格不再与美元直接挂钩，黄金价格逐渐市场化，影响黄金价格变动的因素日益增多，如供求关系、国际地缘政治、欧美主要国家的利率和货币政策、通货膨胀和美国实际利率、各国央行黄金储备增减、黄金开采成本的升降、国际基金的持仓量、投资者的心理预期等。这些因素相互作用或连锁反应，都会对黄金价格产生重要影响。

知识拓展8-5　　黄金与美元、石油的价格走向

黄金与美元一般逆向运行。

原因一：国际市场上黄金价格是以美元标价的，因此，美元升值会促使黄金价格下跌，而美元贬值又会推动黄金价格上涨，美元走势的强弱会对黄金价格产生直接和迅速的影响。

原因二：美元坚挺一般代表美国国内经济形势良好，美国国内股票和债券将得到投资者追捧，黄金作为价值贮藏手段的功能受到削弱；而美元汇率下降则往往与通货膨胀、股市低迷等有关，会刺激对黄金保值和投机性需求的上升。

过去10年，大多数情况下金价与美元走势负相关。但在特殊的市场中，二者也可能发生同向波动。

黄金与石油一般同向运行。

由于黄金价格和石油价格受共同因素的影响，当这些因素发生变化时，黄金价格和原油价格就会有一定的同涨同跌性。从历史数据上看，近30年，油价与金价呈80%左右的正相关关系。原油价格上涨，金价强势；原油价格回落，金价弱势。在石油是全球最重要的经济资源的情况下，石油价格仍将是全球物价水平和经济稳定性的重要影响因素，金价与油价正相关的关系将长期存在。

五、黄金投资的渠道

中国人民银行在《关于开展2014年黄金市场投资者教育主题宣传活动的通知》（〔2014〕26号文）中，指出了从事黄金投资的渠道，并公布了非法黄金交易活动的形式及陷阱。

（一）合法渠道

我国投资者可以通过上海黄金交易所、上海期货交易所和商业银行进行黄金投资，国内除上海黄金交易所和上海期货交易所外，任何地方、机构或个人均不得设立黄金交易所（交易中心），也不得在其他交易场所（交易中心）内设立黄金交易平台。个人投资者参与上海黄金交易所业务，只能通过其金融类会员（主要指商业银行）买卖黄金现货及延期产品；机构投资者可通过上海黄金交易所金融类会员或综合类会员进行黄金现货及延期交易。投资者参与黄金期货投资只能通过依法设立的期货经纪公司及其分支机构进行。

（二）非法黄金交易的活动形式

1.境外机构在境内设立代理公司

这类公司通常以香港或伦敦现货黄金交易市场会员单位在境内的代理公司身份，如“××投资咨询公司”等，要求投资者将交易保证金换成美元，汇至其指定境外银行账户从事黄金交易，交易杠杆通常为100倍。这类代理公司不经手客户的资金，只通过收取手续费来盈利。

2.境内注册的公司打着香港、伦敦等黄金交易市场会员驻内地的分公司或办事处的旗号，招揽客户

这类公司要求投资者将资金以美元或人民币形式汇入境内指定的账户（有的甚至是私人账户）。此类公司向客户提供的交易软件系统实质上并没有和正规国际黄金市场交易系统对接，只是虚拟行情系统，其交易实际上就是公司与客户之间的对赌。交易过程中往往对客户提出代理操盘的要求，或者指导客户频繁操作，或者通过中断网络服务器或者延时报盘导致投资者无法及时下单成交等手段使客户蒙受亏损。

3.境内公司自设交易平台开展非法网上黄金交易

此类公司多以实物黄金销售为名，自己开发交易软件、自己制作一套交易规则，以做市商的方式为投资者提供黄金交易。主要获利方式有四：一是通过收取点差来获利；二是坐庄与客户对赌；三是操控黄金交割；四是骗取客户账户名和密码代为操作，并承诺盈利，一旦出现问题，公司就把责任和经济损失推给投资者，自己卷钱潜逃。

4.以境内贵金属交易所会员或会员代理商身份，以代理白银、钯金等贵金属业务为名，从事非法黄金交易

一是向客户推荐以伦敦金为标的的外盘电子交易；二是代理客户从事黄金理财业务，要求客户将资金全权委托公司进行黄金投资，并向客户承诺远高于同期银行存款利率的固定收益，或者与客户按照一定比例分享投资理财收益。

（三）投资黄金的注意事项

一要学习黄金基本知识，如交易规则、交易平台选择、投资心态的调整等，不要盲目冲动进行投资；二要选择正规投资渠道，不要轻信电话网络等钓鱼式营销；三要选择合适的投资产品，不要忽视自身的风险承受能力；四要保持理性的投资心态，不要抱有一夜暴富的幻想；五要树立资金安全意识，不要轻易汇款或泄露交易密码。

第五节　证券投资

证券投资是指投资者（包括法人或自然人）买卖股票、债券、基金等有价证券以及这些有价证券的衍生品，以获取差价、利息及资本利得的投资行为和投资过程。证券投资有专门的课程，因此，本节只对证券投资的工具稍加总结，不详细讲解。

一、债券

债券是发行者为筹集资金发行的、在约定时间支付一定比例的利息，并在到期时偿还本金的有价证券，其本质是债的证明。债券购买者即投资者，与发行者之间是一种债权债务关系。债券按发行主体划分，有政府债券、公司债券和金融债券。政府债券因为有政府税收作为保障，因而风险最小，但收益也低。公司债券风险最大，收益相应较高。金融债券是由银行和非银行金融机构发行的债券，因为有资金实力，信用度较高，所以也有良好的信誉。

二、股票

股票是由股份公司发行的用以证明股东所持股份的凭证，表明持有者对股份公司的部分资本拥有所有权。股票投资的获利途径有两个，一是资本利得，二是股利收入。

按照股东权利、义务的不同，股票可分为普通股和优先股；依据股票的上市地点和所面对的投资者，我国上市公司的股票有A股、B股、H股、N股和S股等。股票投资有较高的风险，一定要谨慎入市。根据中国证券登记结算有限公司的数据，截至2022年年末，沪深两市投资者数量共有21 213.62万户，较上年增加7.46%，其中个人投资账户是21 162.74万户，而机构账户只有50.88万户，说明投资股市已经成为大众投资理财的一种主要方式。

三、证券投资基金

证券投资基金是一种集合理财方式，即通过发行基金单位，集中投资者的资金，由基金托管人托管，由基金管理人管理和运用，从事股票、债券等金融工具投资，并将投资收益按基金投资者的投资比例进行分配的一种间接投资方式，具有集合投资、分散风险、专家管理等基本特征。

市场上的基金种类很多。按组织形式不同，分为契约型基金和公司型基金；按运作方式不同，分为封闭式基金、开放式基金；按投资标的划分，有股票基金、债券基金、货币市场基金和衍生证券投资基金；按投资目标划分，可分为成长型基金、收入型基金、平衡型基金；按投资理念不同，分为主动型基金、被动型基金。还有一些特殊类型基金，如ETF、LOF、保本基金、QDII、分级基金等。

投资基金可以一次性投入，并持有相应时间；也可以定期投入，即按照一定的时间间隔定投于某一只或者几只基金。对于大多数普通投资者来说，通过投资时间和投资标的的有效分散，可以在一定程度上规避投资标的的净值波动，长期来看可以取得不错的收益率。

四、期货

期货是指交易双方在有组织的交易市场内，以公开叫价方式确定价格，买入或卖出标准交割日期、标准交割数量的某种资产的投资工具。金融期货包括货币期货、利率期货和指数期货。金融期货具有期货的一般特点，但与商品期货相比较，其合约标的物不是实物商品，而是证券、货币、利率金融工具。

目前，国内有六家期货交易所开展期货交易，分别是：上海期货交易所、上海国际能源交易中心股份有限公司、大连商品交易所、郑州商品交易所、中国金融期货交易所和广州期货交易所。其中，中国金融期货交易所挂牌的金融期货有两大类，一是股指期货，包括沪深300股指期货、中证500股指期货、中证1000股指期货和上证50股指期货，二是国债期货。包括2年期国债期货、5年期国债期货、10年期国债期货和30年期国债期货。另有三种股指期权。

知识拓展8-6　我国的期货交易所

1.郑州商品交易所

郑州商品交易所成立于1990年10月12日，是我国第一家期货交易所，目前上市交易普通小麦、优质强筋小麦、早籼稻等25个期货品种和白糖等16个期权，范围覆盖粮、棉、油、糖、果和能源、化工、纺织、冶金、建材等国民经济多个重要领域。

2.大连商品交易所

大连商品交易所成立于1993年2月28日。已上市包括全球首个实物交割的铁矿石期货、国内首个活体交割畜牧品种——生猪期货等在内的21个大宗商品期货和13个期权品种。2022年，大商所实现成交量23亿手（单边，下同）、成交额124万亿元，成交量位居全球衍生品交易所第9位，持仓量居国内交易所首位。

3.上海期货交易所

上海期货交易所成立于1990年11月26日。目前，已上市铜、铝等23个期货品种；铜、天然橡胶、黄金等9个期权品种，涵盖金属、能源、化工、服务等领域。其中，原油、低硫燃料油、20号胶、国际铜、集运指数（欧线）等5个期货品种和原油期权直接对境外投资者开放。

4.中国金融期货交易所

中国金融期货交易所简称中金所，成立于2006年9月8日，是中国第四家期货交易所，交易品种有股指期货和期权、国债期货。

5.上海国际能源交易中心股份有限公司

上海国际能源交易中心股份有限公司简称上期能源，成立于2013年11月6日，是经中国证监会批准，由上海期货交易所发起设立的、面向期货市场参与者的国际交易场所，交易品种有原油、低硫燃料油、20号胶、阴极铜、SCFIS欧线等产品。

6.广州期货交易所

广州期货交易所成立于2021年4月19日，是国内首家混合所有制交易所，交易品种有碳酸锂、工业硅等。

股指期货，是以某种股票指数为基础资产的标准化的期货合约。买卖双方交易的是一定时期后的股票指数价格水平。在合约到期后，股指期货通过现金结算差价的方式进行交割，具有价格发现、套期保值、资产配置等功能。

表8-6为中金所沪深300股指期货合约的详细情况。

表8-6 **沪深300股指期货合约**

合约标的	沪深300指数
合约乘数	每点300元
报价单位	指数点
最小变动价位	0.2点
合约月份	当月、下月及随后两个季月
交易时间	9：30—11：30；13：00—15：00
每日价格最大波动限制	上一个交易日结算价的±10%
最低交易保证金	合约价值的8%
最后交易日	合约到期月份的第三个周五，遇国家法定假日顺延
交割日期	同最后交易日
交割方式	现金交割
交易代码	IF
上市交易所	中国金融期货交易所

股指期货交易有很大的风险，不妨看一下中金所的《期货交易风险说明书》，该说明书在开头就提到：进行期货交易风险相当大，可能发生巨额损失，损失的总额可能超过您存放在期货经纪公司的全部初始保证金以及追加保证金。因此，必须认真考虑自己的经济能力是否适合进行期货交易。该说明书中还提到：在某些情况下，可能会难以或无法将持有的未平仓合约平仓，这种情况可能在市场达到涨跌停板时出现。出现这类情况，投资者的所有保证金有可能无法弥补全部损失，必须承担由此导致的全部损失。

国债期货作为利率期货的一个主要品种，是指买卖双方通过有组织的交易场所，约定在未来特定时间，按预先确定的价格和数量进行券款交收的国债交易方式。

表8-7为中金所两年期国债期货合约的详细情况。

表8-7 两年期国债期货合约

合约标的	面值为200万元人民币，票面利率为3%的名义中短期国债
可交割国债	发行期限不高于5年，合约到期月份首日剩余期限为1.5～2.25年的记账式附息国债
报价方式	百元净价报价
最小变动价位	0.002元
合约月份	最近的3个季月（3月、6月、9月、12月中的最近3个月循环）
交易时间	9：15—11：30；13：00—15：15
最后交易日交易时间	9：15—11：30
每日价格最大波动限制	上一个交易日结算价的±0.5%
最低交易保证金	合约价值的0.5%
最后交易日	合约到期月份的第二个星期五
最后交割日	最后交易日后的第三个交易日
交割方式	实物交割
交易代码	TS
上市交易所	中国金融期货交易所

五、期权

（一）期权的定义

期权是指在未来一定时期可以买卖的权利，是买方向卖方支付一定数量的金额（指权利金）后拥有的在未来一段时间内（指美式期权）或未来某一特定日期（指欧式期权）以事先规定好的价格（指履约价格）向卖方购买或出售一定数量的特定标的物的权利，但不负有必须买进或卖出的义务。

（二）期权的分类

根据期权交易方式、方向、标的物等的不同，期权主要有如下的分类：

1.按期权的权利划分，有看涨期权和看跌期权

看涨期权（Call Options）是指期权的买方向期权的卖方支付一定数额的权利金后，即有按事先约定的价格向期权卖方买入一定数量的特定商品的权利，但不负有必须买进的义务。而期权卖方有义务在期权规定的有效期内，应期权买方的要求，以期权合约事先规定的价格卖出期权合约规定的特定商品。

看跌期权（Put Options）是指期权的买方向期权的卖方支付一定数额的权利金后，即有按事先约定的价格向期权卖方卖出一定数量的期权合约规定的特定商品的权利，但不负有必须卖出的义务。而期权卖方有义务在期权规定的有效期内，应期权买方的要求，以期权合约事先规定的价格买入期权合约规定的特定商品。

2.按期权的交割时间划分，有美式期权和欧式期权

美式期权是指在期权合约规定的有效期内任何时候都可以行使权利。欧式期权是指在期权合约规定的到期日方可行使权利，期权的买方在合约到期日之前不能行使权利，过了期限，合约则自动作废。

3.按期权合约上的标的划分，有股票期权、股指期权、利率期权、商品期权以及外汇期权

经中国证监会批准，上交所于2015年2月9日上市50ETF期权产品，实现了场内股票期权“零”的突破；2019年12月23日，沪深300ETF期权在上海证券交易所、深圳证券交易所同步上市交易，沪深300股指期权也在中国金融期货交易所成功挂牌。沪深300股指期权合约的标的指数为中证指数有限公司编制和发布的沪深300指数，该指数选取了沪深两市上市市值最大、流动性最好的300只股票，成分股行业分布在我国的各行各业，能够充分反映我国的经济状况，因而成为指数期权的标的。

【思政小课堂】 **金钱观中见境界**

人生的价值，不在于拥有多少，而在于付出多少、奉献多少，在于让他人受益多少、为后人留下多少。对待金钱的态度，可以反映出一个人的世界观、人生观和价值观。在物资充裕的年代，在“物质至上”环境中，视金钱为身外之物，为理想而安贫乐道，无疑是一种高尚选择，更彰显崇高境界。

究竟如何对待金钱？如何使用金钱？无数优秀共产党人早已给出了答案。出生入死的战争年代，方志敏面对“经手的款项总在数百万元”，不动丝毫，清贫如洗。他在狱中写下的《清贫》一文，至今仍影响和鼓舞着一代代共产党人：“清贫，洁白朴素的生活，正是我们革命者能够战胜许多困难的地方。”孔繁森进藏十载，经常吃的是白饭就榨菜，穿的衣服打着补丁，他把省吃俭用节省下来的5 000多元全部捐给了藏族孤寡老人和孤儿。他们的高尚人格熠熠生辉、崇高追求闪闪发光。

“人最终关切的，是自己的存在及意义”，而人生的意义难以在一己之私中生根发芽、成长壮大。在服务社会中获得财富，再用手中的财富回报社会，这样的人不仅物质上富有，而且精神上富有。希望我们每个人都能做一个精神富有之人，用高尚的品格标注生命高度，以奋进的姿态书写生命华章，把“心有大我、至诚报国”当成奋斗目标，把人生价值自觉融入伟大的历史进程。

资料来源 李照达.金钱观中见境界［N］. 中国纪检监察报，2020-07-15（2）.

本章小结

投资是为了未来收入货币而奉献当前的货币，是实现理财目标的手段和工具。本章的重点是实物投资：阐述了为什么要投资，以及投资规划的流程及资产组合；比较了房地产投资的优劣，介绍了房地产投资的方式及风险；讲解了收藏投资的种类和风险；同时介绍了黄金市场的构成及投资品种，黄金投资的渠道。证券投资因有专门的课程，此处仅对我国证券市场的投资工具做了简要介绍。

1.投资是理财规划中达到目标的手段，人们进行投资的目的主要有三个：为大额消费做准备，提供退休资金，实现财富的保值增值。

2. 投资规划是为了实现特定的财务目标而制订资产配置方案。投资规划的流程包括确立投资规划的目标、确定风险承受能力、资产组合和资产选择、投资计划的制订和实施、监控投资计划等几个步骤。

3. 资产组合是资金如何在各类资产中进行配置，需依据每个人的具体情况而定。进行资产组合时，可以在不同投资类型中进行选择，也可以在同种投资类型中选择多样化的方式，还可以在全球做分散投资，以及在时间上分散投资等。

4. 投资房地产有可观的收益率，能对抗通货膨胀，可提高个人的资信等级，但投资不稳定、投资回收期长、需要专门的知识、不能享受税收方面的好处。

5. 房地产直接投资可采用直接购房投资、期房投资、以旧翻新、以租养租、房地产投资信托等方式。间接投资包括购买房地产公司股票、房地产指数基金。

6.收藏品投资在宏观方面的意义包括延缓损毁、作为国有收藏的源泉和补充、创造财富；在微观上不仅可以寄情，还能增长个体的知识、提高修养，也是保值增值的工具。收藏品投资会面临收进赝品的风险，并且收益不稳定，不好变现，保存困难。

7.投资黄金，可以增加资产组合的安全性，可以利用差价获利，操作相对简单，变现方便。影响金价的因素很多，投资黄金也存在风险。

8. 与国际黄金市场相同，国内黄金市场也由场内市场和场外市场共同构成，并形成了较为完善的多元化的市场体系。我国黄金市场正处于快速成长期，黄金投资品种不断增加。

9.证券投资是指投资者（包括法人或自然人）买卖股票、债券、基金等有价证券以及这些有价证券的衍生品，以获取差价、利息及资本利得的投资行为和投资过程。

复习思考

一、基本概念

投资规划　资产组合　QDII　期房投资　以租养租　REITs　纸黄金　黄金T+D　黄金T+N　黄金ETF　黄金租赁　股指期货　沪深300股指期权

第八章
在线测试

二、填空题

1.________是战略层面的，________是战术层面的。

2.置业投资的获利方式主要有买卖、________和自营。

3.________是每年定期集中收付延期补偿费的延期投资产品。

4.黄金与美元一般为________运行。

5.沪深300股指期货合约的报价单位是________。

三、选择题

1.以发行收益凭证的方式汇集特定多数投资者的资金，由专门机构进行房地产投资经营管理，并将投资综合收益按比例分配给投资者的一种信托基金是（　　）。

A. QDII　　B.REITs　　C. T+D

D. T+N　　E. LOF

2.根据《个人所得税专项附加扣除暂行办法》，纳税人可以享受（　　）套住房贷款利息扣除。

A.1　　B. 2　　C. 3

D. 没有限制　　E.0

3.收藏品的分类方法较多，被较为认可的一种分类方法是分为（　　）。

A.自然历史　　B. 艺术历史　　C. 人文历史

D. 科普历史　　E.社会历史

4.黄金是一种特殊的商品，具有（　　）三大属性。

A.商品　　B. 货币　　C. 证券

D.发票　　E.金融

5.上海黄金交易所由（　　）共同组成。

A. 竞价市场　　B. 询价市场　　C. 质押市场

D. 租借市场　　E. 定价市场

四、问答题

1.为什么要投资？怎样做投资规划？

2.简述房地产投资的优势与劣势。

3.投资收藏品有哪些风险？

4.黄金投资的品种有哪些？

第九章　退休规划

◇学习目标

- 理解退休规划的含义、特征和原则
- 了解影响退休规划的因素，掌握退休规划的流程
- 熟悉我国的社会保险体系

开篇导读

安然（Enron）公司成立于1930年，总部设在美国休斯敦，是一家能源类公司，在2000年《财富》世界500强中排名第16位，是美国最大的天然气采购商及出售商，也是领先的能源批发做市商。2001年12月，安然公司因经营亏损严重和财务丑闻败露而宣布破产。该公司宣布破产保护后，公司股价从上年的85美元暴跌至最低30美分以下，两万多名雇员因此而损失的养老金超过11亿美元。安然公司为其员工购买了名为401K的养老金计划，但该计划的致命缺陷是：第一投资过于集中单一，整个员工持股计划仅投资于本公司股票；第二过于缺乏流动性，该计划规定员工只有在退休或离开公司时才可以出售手中的股票，这意味着当公司股价持续下跌时，员工无法抛售手中的股票以减少损失。从退休规划的角度看，这样的损失是完全可以避免的。

第一节　退休规划概述

一、退休规划的含义及必要性

退休是多数人无法回避的一个人生阶段，一个人总有一天要步入晚年，安度余生。享受人生的快乐与幸福不仅是个人生活的目标，也是成功的标志之一，因此，退休规划是理财规划中不可或缺的部分。退休规划也称养老规划，或退休养老规划，是人们为了在将来拥有高品质的退休生活，而从现在开始进行的财富积累和资产规划。合理而有效的退休规划不但可以满足退休后漫长生活的支出，保证生活品质，而且可以提高个人的尊严和威信。

（一）应对人口老龄化的体制机制尚未形成

中国是世界上人口老龄化速度最快的国家之一，1999年进入老龄化社会的同时，也步入了人口老龄化的加速发展阶段。老龄化的标准很多，最直接、最重要的一个标准，就是60岁以上人口数量占总人口比例超过10%，或是65岁及以上人口数量占总人口比例超过7%。截至2022年年末，我国老年人口数量达到2.8亿人，比上年增加了

1 268万人，占总人口的19.8%。老龄化意味着人们的寿命延长，老年人整体数量增多，对社会保障的需求增加。由于我国的人口老龄化超前于现代化，“未富先老”和“未备先老”的特征日益凸显，老年人面临着贫困、疾病、失能，需要服务、照料、精神关爱而不得等诸多困难和问题。2022年年末人口数及其构成参见表9-1。

表9-1 2022年年末人口数及其构成

指标	年末数（万人）	比重（%）
全国人口	141 175	100.0
其中：城镇	92 071	65.2
乡村	49 104	34.8
其中：男性	72 206	51.1
女性	68 969	48.9
其中：0~15岁（含不满16周岁）	25 615	18.1
16~59岁（含不满60周岁）	87 556	62.0
60周岁及以上	28 004	19.8
其中：65周岁及以上	20 978	14.9

资料来源 国家统计局. 中华人民共和国2022年国民经济和社会发展统计公报［R］. 2023.

另外，我国的总和生育率（每个妇女平均生育子女数）一直比较低，在1990年时曾达到2.1的世代更替水平（实现人口稳定须达到的生育水平），随后就开始逐渐下降。从2000年开始一直保持在1.5 ~ 1.6之间，属于严重少子化。中国人口与发展研究中心提交的一份报告指出，初步测算2022年中国总和生育率已下滑至1.09，在目前世界上人口过亿的国家中属于最低生育水平。根据国家统计局公布的数据，2022年，中国人口比上年减少85万，出现近61年来的首次负增长，也标志着人口负增长时代的到来。一端是人口老龄化，一端是未来劳动力减少，赡养压力明显增加，积攒更多的养老金是个人晚年生活的必要保证。

从基本养老保险来看，目前我国实施的社会统筹与个人账户结合的养老保险管理体制，经过30年多的发展，暴露出了个人账户空账运行、收益率低、管理不透明和不能跨区域转移等问题。尤其是由于企业统筹账户和职工个人账户两者关系没能解决好，因此一直存在着大量空账，随着老龄化进程的加快，该问题变得越来越突出。

其实，即使在所谓的高福利国家，政府提供的养老保险也仅占一小部分。根据美国社会保障总署（SSA）及投资公司协会（ICI）的统计数据，截至2020年年末，美国养老第一、二、三支柱资产规模分别为2.908万亿、20.528万亿和14.747万亿美元，占比分别为7.6%、53.8%和38.6%。显然，仅仅依靠社会养老是远远不够的。在任何社会，社会养老只能提供最基本的生活保障，如果希望过上有尊严、有品质的退休生活，必须靠自己。

（二）养儿防老不现实

“养儿防老”是中国人的传统观念，随着我国工业化、城市化进程的加快和人口结构的变化，“421”式家庭逐渐增多，劳动人口对非劳动人口的赡养率不断提高，如果延续代际转移的养老方法，将给下一代带来沉重的赡养压力，导致整个社会生活水平的下降。据统计，我国80%的家庭是独生子女家庭。独生子女们长大成人后要养育两位老人，成家后，夫妻两人要扶养四位老人。他们既要努力工作，为社会做贡献，又要养育自己的子女，这一切压力已经让他们不堪重负，对于照顾父母他们可能心有余而力不足。

据调查，我国老年人口中空巢老人占比目前已超过一半，部分大城市和农村地区甚至超过70%，大量老年人不与子女或其他家人共同居住生活，面临着居家养老的许多生活不便或困难，甚至是安全风险隐患。而随着我国家庭人口数量的减少，“空巢”家庭继续增多是必然趋势。

同时，越来越多的子女晚婚、不婚、失业或无力购房，父母退休后还得供子女吃住，或者子女收入有限，养儿不但无法养老，反而要再养孙辈人，分担养孙子女的责任，甚至出现父母退休金被不肖子女花光的情况。养儿不但没能“防老”，相反要“防儿啃老”。

（三）企业年金无强制力，提供年金的企业甚少

在我国多层次的养老保险体系中，除基本养老保险外，还有企业年金和职工个人储蓄养老保险，但企业年金目前无强制力，受企业的经济承受能力和经济效益状况的制约，覆盖率还不高。截至2022年年末，全国有12.80万户企业建立企业年金，参加的职工 达3 010万人，企业年金投资运营规模2.87万亿元。

【知识拓展9-1】　我国人口老龄化的特征

1.老年人口规模巨大，发展迅速。我国实现从人口成年型向人口老年型转化只用了短短的18年时间（1981—1999年），而发达国家一般都持续了几十年，甚至上百年。

2.区域发展不平衡，城乡倒置显著。人口老龄化地区差距明显，经济发达地区的老龄化程度高于经济欠发达地区。伴随着城镇化进程的加快，农村地区的老龄化程度远高于城镇地区，与发达国家的人口老龄化进程相反。

3.老龄化超前于现代化，未富先老，经济压力大。发达国家的人口老龄化是在工业化进程和经济高度发达的情况下发生的；而中国人口老龄化则是实行计划生育控制人口增长带来的结果，且是在经济尚不发达的条件下迎来了人口老龄化，因此，中国属于典型的“未富先老型”国家。

（四）预期寿命延长，退休后的需求上升

“人生七十古来稀”，这是唐朝诗人杜甫的感慨。1949年前，我国人均预期寿命只有35岁，70岁堪称“高寿”。中华人民共和国成立后，随着人民生活水平的不断提高以及医疗卫生保障体系的逐步完善，我国人均预期寿命不断延长，根据国家统计局的数据，2020年我国人均预期寿命达到了77.93岁，比2010年的74.83岁足足提高了3.1岁。

与此同时，人们的退休年龄却并没有延迟，甚至有所提前，加之就业年龄的推后，使现代人的退休生活期大幅延长。更长的退休生活意味着人们退休之前需要有更多的储蓄和进行更好的退休规划。

（五）其他不确定因素

1.通货膨胀

从退休前的准备到退休后的消费，时间跨度很大，在如此长的时间内，物价很可能大幅度上涨，为退休准备的资金因贬值而不足，导致无法满足晚年生活的需求。因此，要确保晚年生活无忧，必须作出详细的退休规划。

2.健康状况

无论年轻时多么身强力壮，人到老年时体质也会减弱，抵抗力大大降低，各种病痛常常接踵而至。在医疗费用非常昂贵的社会里，人们不得不千方百计做好最充分的准备。

可见，在退休生活需求不断上升的同时，依靠社会和子女养老变得越来越难，为了保障年老后的幸福生活，只有在退休前进行充分的规划，储备足够的资金，才能真正保障晚年的生活无虞。

不仅仅是中国人十分关注退休的问题，在全球范围内，特别是在传统的高福利社会如欧洲各地，为了缓解财政赤字，应对日益严重的老龄化问题，各国政府也开始动起延迟退休的脑筋。例如，德国、意大利、英国等欧洲国家都已经推迟了退休年龄，美国、加拿大、澳大利亚等国家也采取了类似的措施。法国政府决定到2030年，将退休年龄逐步推迟至64岁。这样做的目的是增加养老金的资金来源，以确保养老金系统的可持续性。然而，这一决定引起了民众的不满，甚至引发了一系列大规模抗议活动。

显然，人口老龄化问题已经是全球各国共同面临的一大难题。

二、退休规划的特点

（一）无法事后补救

退休后，如果发现为退休做的准备不足，将无法再重新进行积累，因此必须提前准备好退休后的生活支出。

（二）不确定性大

由于退休规划经历的时间跨度很长，容易受到通货膨胀、投资收益、身体状况等因素的影响，不确定性很大，因此规划必须留有余地。

三、退休规划影响因素

退休规划主要受以下因素影响：

（一）退休时间

退休时间的早晚涉及个人积累收入时间的长短。退休后的生活费，是靠退休前的工作时间筹措的，退休时间越早，累计收入的期间越短，退休金筹备压力越大。如果某人想在45岁时提前退休，那么工作的时间只有23年（大学毕业后参加工作），要在较短的时间积累足够的财富用于当期和退休以后的生活，无疑压力较大；相反，如果延迟退休，积累财富的时间长，就会缓解退休金的筹备压力。但推迟退休时间有可能影响人生的其他规划，而且，客观上大多数人的退休时间是不能自主决定的。

（二）预期寿命

寿命越长，也就是退休后生存的时间越长，退休需求越高。预期寿命一般可以用中国人平均寿命再加5年左右计算。较高的退休需求，意味着要有较高的积累与之对应。

（三）性别差异

根据我国现行的退休政策，男女退休年龄存在5年或是10年的差异，具体规定是：男职工年满60周岁，女干部年满55周岁，女工人年满50周岁。提前5~10年退休，客观上缩短了女性的就业时间，即工龄比男性短，而退休金与工龄有一定的联系，早退休意味着退休金减少，加上女性比男性的平均寿命长，因此，女性需要更多的养老金储备，才能保障老有所养。

（四）家庭结构

按家庭的代际层次和与亲属的关系，可以把家庭分为核心家庭、主干家庭、联合家庭和其他家庭等，我国目前以前两者为多。核心家庭即由父母和未婚子女所组成的家庭；主干家庭则是由父母和一对已婚子女，如由父、母、子、媳所组成的家庭。显然，后者的父母在考虑退休规划时要考虑到被“啃”的因素，子、媳的退休规划则要兼顾赡养父母的费用支出。而“丁克”（双职业，能生但选择不生育，并且主观上认为自己是丁克的夫妇或者个体）由于不用负担子女的教育支出，供退休规划的可以动用资金应当更充足。联合家庭指包括父母、已婚子女、未婚子女、孙子女、曾孙子女等几代都居住在一起的家庭。

（五）目前可用作退休准备的资产数量

目前可用作退休准备的资产数量越多，退休后的生活就会越宽裕，退休目标的实现就越容易。但用作退休准备的资产越多，用于目前消费以及其他短期理财目标的资产必然就越少。

（六）规划时间的早晚

离退休时间越远，资产增值的时间越长，越有利于资产增值。时间因素在退休规划中具有举足轻重的地位，越早开始准备，不但本金所创造的复利效果越大，还可有效降低投资风险与成本。即使中途外在因素产生变化，也来得及调整，确保退休金安全无忧。

除此之外，收入的高低、投资收益率和通货膨胀的高低、是否需要为子女留存遗产，是否要大力发展原来一直热衷却因缺乏时间一直搁置的兴趣爱好，或发掘新的兴趣爱好，是否每年都要到国外旅游及次数等，都是影响退休规划的因素。

四、制定退休规划的原则

（一）及早原则

虽然年轻时的收入不高，每月定期定额投资占收入的比例一般比较低，但理财收入增长率会随着资产水平的提高而增加，收入增长率则会随着工资薪金水平的提高而降低。所以，最晚应从40岁起，以还有20年的工作收入储蓄来为退休后的生活做准备。否则，即使每月投资已做最佳运用，剩下的时间也已不够让退休基金累积到足够晚年舒适悠闲生活的额度。

同样一笔养老费用，25岁准备不觉有负担，40岁准备会比较吃力，50岁准备就很辛苦了。

【例9-1】张三在22~27岁间每年拿出2 000元用于投资，假定收益率为12%，并且以后不再投入，则从22~27岁6年间的12 000元在62岁时可以增值到近86万元。

李四在28 ~ 62岁间每年也拿出2 000元用于投资，收益率为12%，从28 ~ 62岁的35年一直这样投资，在62岁可以增值到86万元多一点。

比较例中两人的投资方法，张三的投资时间较早，李四的投资时间稍晚，张三定投了6年，李四投资了35年，但最终的投资结果却是差不多的，因此可以得出结论，退休规划准备得早，可以使资金的使用达到事半功倍的效果。

（二）弹性化原则

应当视大环境及个人的身心需求和实际能力来制定退休规划，并不断调整。比如未来几年或者更长时间里，如果经济不景气，将导致投资收益大幅下降，就需要及时调整投资方向。

（三）谨慎性原则

针对退休规划所做的投资应该谨慎选择，倾向于安全性，在此基础上追求收益性，可以较多地投资于固定收益类产品。因为老年人的风险承受能力较低，退休金的保全显得尤为重要，一旦退休金受损，生活必将受到影响。

（四）收益化原则

储备退休金需要稳健，但并不意味着放弃投资，要想退休后生活舒适、独立，必须有足够的养老金作保障，这就要求退休规划在保障安全性的前提下讲求收益性。如果规划时间短，可以选择低风险的储蓄或债券，确保本金安全；如果规划时间长，可以选择收益和风险相对高的理财产品。

第二节　退休规划流程和风险

一、退休规划流程

为保证退休规划的准确性和有效性，整个退休规划需要遵循一定的程序。一般来说，合理的退休规划应该包括五个环节：确定退休目标、预测资金需求、预测退休收入、计算退休资金缺口和弥补资金缺口。

（一）确定退休目标

确定退休目标包括人们期望的退休年龄和退休后的生活水平两个方面。

1.退休年龄

法定退休年龄是指国家相关法律规定的劳动者可以停止工作的年龄。显然，退休规划中的退休年龄应该是期望的退休年龄，即可以早于或晚于法定退休年龄。从国际上看，许多国家的退休年龄都有推迟的趋势，我国也有这方面的讨论，但没有实质性的进展。不同的人对退休时间的选择是不一样的，没有特殊情况，事业单位工作人员、公务员等都会选择到法定退休年龄才退休，而灵活就业者对退休时间的选择有很大的自主权，但对于绝大多数人来说，50~60岁之间是常见的退休年龄。

2.退休后的生活水平

这是指退休后想过什么样的生活，是与退休前一样，还是高于或低于退休前。退休生活水平既取决于退休规划的设定，也受到人们职业特点和生活方式的制约。

退休年龄和退休后的生活水平之间互相作用，甚至此消彼长。在其他条件不变的情况下，为了提早退休，就不得不降低退休后的财务目标；反之，为追求更高品质的退休生活，则必须延长积累时间，推迟退休年龄。

（二）预测资金需求

不同的退休后生活状态对应不同的资金需求，因此，在确定退休目标之后，需将退休目标财务化，即以当前的支出为基础，仔细分析退休前后支出结构的变化，得到退休后的总需求。

退休后，支出结构会发生一定的变化，如医疗费上升，交通、服饰、食品费用和贷款利息等下降。表9-2是在一系列假设条件下对退休后资金需求的预测。

表9-2 **资金需求预测（20年后退休的第一年）**

项目	目前支出（万元）	退休支出（万元）	通胀率	退休时终值（万元）
饮食	1	1	3%	1.81
衣物	0.5	0.3	3%	0.54
交通	0.5	0.3	3%	0.54
休闲	0.5	0.7	3%	1.26
医疗	0.5	0.7	3%	1.26
房贷	1	0	0	0
子女教育	1	0	0	0
其他	1	1	3%	1.81
合计	6	4	3%	7.22

【知识拓展9-2】 我国对法定退休年龄的规定

国家法定的职工退休年龄，是指国家法律规定的正常退休年龄。

1.党政机关、群众团体、企业、事业单位的干部符合下列条件之一的，可以退休：

（1）男年满60周岁，女年满55周岁，参加工作年限满10年的。

（2）男年满50周岁，女年满45周岁，参加工作年限满10年，经过医院证明完全丧失工作能力的。

（3）因工致残，经过医院证明完全丧失工作能力的。

2.工人符合下列条件之一的，应该退休：

（1）男年满60周岁，女年满50周岁，连续工龄满10年的。

（2）从事井下、高空、高温、特别繁重体力劳动或者其他有害身体健康的工作，男年满55周岁，女年满45周岁，连续工龄满10年的。

（3）男年满50周岁，女年满45周岁，连续工龄满10年的，由医院证明，并经过劳动鉴定委员会确认，完全丧失劳动能力的。

（4）因工致残，由医院证明，并经劳动鉴定委员会确认，完全丧失劳动能力的。

资料来源 劳动和社会保障部办公厅关于企业职工“法定退休年龄”涵义的复函（劳社厅函〔2001〕125号）。

退休第一年的支出是7.22万元，一共20年，总支出是多少？假设通货膨胀率和投资收益率都是3%，则退休后需要的资金是7.22×20=144.4（万元）。

一般可以用退休前支出的一定比例测算退休后的支出，如70%或80%。

（三）预测退休收入

与退休前相比，退休后的收入会减少，收入结构也会有很大的变化，如每个月的薪水肯定没有了，毕竟不工作了，相应的各种奖金、福利和补贴也不复存在，除了养老金之外有没有其他收入呢？如企业年金、个人养老金、投资收益、存款利息、租金收入、兼职收入等。

与预测退休需求相同，将各种收入折现到刚退休的第一年，就可以得到退休后需要的总收入。

（四）计算退休资金缺口

对比预测的退休后收支差额，即可得到退休资金缺口。计算公式如下：

资金缺口=资金需求-收入及已有的资金积累

（五）弥补资金缺口

通过什么方式为估算的退休资金缺口寻找资金来源，这也是退休规划的核心内容。弥补缺口的方法可以是提高储蓄比例、降低退休后的生活水平，也可以采取延期退休、提高投资收益率和接受子女的赡养费等方式，还可以将大房子换成小房子或变现，以房养老。

【例9-2】万祥荣40岁，目前财务状况不错，身体很好，想60岁退休。他乐观地认为可以活到90岁，那至少需要准备90-60 =30（年）的退休金，留给万先生的准备时间是20年。假设通货膨胀率按4%计算。

（1）万先生目前每月支出：

A=5 000元

（2）如果目前退休，每月的支出为（按退休前支出的70%计算）：

B=A×70% =3 500（元）

（3）20年后退休支出：考虑通货膨胀的因素

C=FV（4%，20，0，3 500）= 7 669（元）

（4）需要退休金总数：

D=C×12×30=2 760 840（元）≈276（万元）

（5）为简化计算，假设张先生没有其他资金储备和来源，那么他的养老金缺口是：

E =276万元

（6）假定投资回报率为8%，20年的时间内，每个月需要投资多少才能达到276万元呢？计算的结果是PMT（8%/12，20×12，0，2 760 000）=4 685元。也就是说，万先生只要坚持每月投资4 685元，在其他条件不变的情况下，就可以在60岁的时候过上目前生活水准的退休生活。

这是个较为极端的例子，即退休收入为0。实际上，每个人在退休前都会有一定的积累，退休后也有社保收入来源，如果把这些因素考虑进去，会是什么情景呢？

假设万先生目前已准备10万元作为退休的储备资金，而且在退休后每个月从社保能拿到1 500元，退休前的投资回报率同为8%，退休后采取保守的策略不再投资。则：

（1）万先生20年后退休需要的月支出：

C=FV（4%，20，0，2 000）=4 382（元）

（2）需要退休金总数：

D=C×12×30=1 577 520（元）≈158（万元）

（3）10万元的退休储备金在20年后的终值：

FV（8%，20，0，100 000）=466 095≈46.6（万元）

（4）养老金缺口：

E =158-46.6=111.4（万元）

（5）如果定投，20年的准备时期内，每个月定投1 891元就足以弥补养老金的缺口（NPER=20×12，RATE=8%/12，FV=111.4万元），实现退休后的财务目标了。如果每月没有这么多的结余，那还可以采用推迟退休的办法或降低退休规划的目标。

【知识拓展9-3】　　幸福人寿的“幸福房来宝”

2015年3月，经中国保险监督管理委员会批准，幸福人寿保险股份有限公司（简称幸福人寿）推出了我国内地省份首款老年人住房反向抵押保险产品——“幸福房来宝”。

该产品是一种将住房抵押与终身养老年金保险相结合的创新型商业养老保险产品，老年人将房产抵押给保险公司后，可继续住在原有房屋中，并按照约定条件领取养老保险金直至身故，满足老年人“居家养老”+“提高养老收入”+“终身领取”的诉求。

“幸福房来宝”为非参与型以房养老产品，即幸福人寿不参与分享房产增值收益，但承担房屋下跌风险和长寿给付风险，在投保后老年人即可终身领取固定养老金，不受房价下跌的影响。

投保范围为60周岁（含）至85周岁（含）之间的自然人，保险期间为终身，主险合同生效之日起第45日作为首次给付日支付第一个月、第二个月的养老保险金，银行转账给被保险人本人，人寿“幸福房来宝”的犹豫期为30天，在投保前给老人更多的时间考虑是否投保。

二、退休规划的风险

退休规划的风险是指在规划执行过程中遇到不确定因素而使退休资金的积累受到影响，包括投资风险、额外支出风险和长寿风险等。不确定因素要么使资金减少，要么让财富增值。如果是后者，可以使退休后的生活更有保障，甚至可以给子女留下一定数额的遗产；如果是前者，就要采取措施规避风险。

（一）投资风险

退休规划执行时间跨度长，需要的资金数额大，为了抵抗通胀，也为了让财富增值，必须将养老金用于投资，但投资都有风险，一旦投资不慎，不但无法做到保值增值，还将面对亏损的困境。因此，用于养老的资金在投资上应该保守一点。总的来看，处于不同生命周期的人应该采取不同的对策。

对于已经退休的人来说，由于不再有职业收入，养老金每天都要使用，完全无力承受养老金亏损的负面影响，因此其投资应该遵循“保本至上”的原则。可以进行银行储蓄，也可投资于债券等固定收益类产品，即使战胜不了通胀，只要不亏损，就不会影响到日常生活。

对50多岁的准退休族来说，因为距离退休的时间不长了，他们缺少年轻人能够从头再来的机会和时间，同样要遵循安全第一的原则。股票投资比例应该少于30%，而剩下70%的资金应该投资于债券市场和货币市场。另外，资金比较充裕的准退休族还可以考虑投资一些租金收益较高的房产。

对于20～40岁的中青年人来说，由于距离退休的时间还很远，有足够的风险承受空间，可以放手将大部分退休基金投资于股市等高风险投资领域，但也要考虑到流动性，在资产配置上要科学合理。

（二）额外支出风险

额外支出风险即意料之外的支出，如患上大病、重病或发生意外事故，使家庭的支出和费用远远超出预算。除了加强身体锻炼，降低发生大病的概率外，要在中青年的时候购买终身健康险，尤其是重大疾病险。因为如果到退休时再买，保险公司就不会承保了，而且这种保险越早投保费率越低，这是规避退休后健康风险的最好办法。

额外支出的另一种情形是“啃老”，子女不自立，需要靠年迈的父母来养活，这是在做退休规划时难以预料到的。要避免这种事情的发生，就要结合子女教育规划，不仅提供给子女适合自身特点的教育，而且应注重培养孩子的自立自强和节约意识。

（三）长寿风险

长寿风险即寿命超过预想的期限，大大延长了。许多人在进行养老规划时是按照20年左右的退休年限进行计算的，然而实际退休时，将很可能面对长达30年甚至35年的退休生活，这种长寿风险无疑给养老规划提出了巨大的挑战。因此，必须尽可能早、尽可能多地积累养老金。购买终身年金养老保险也是一个不错的选择。在退休前，投保人需要连续缴纳若干年的保费（如20年），退休后，保险公司向投保人支付事先确定期限的年金（比如5年、10年或20年），如果投保人在确定期限内去世，保险公司要继续向其遗产继承人付完余下的年金。但如果超过事先确定的期限投保人还在世的话，保险公司就要在其生存期间一直给付年金直到投保人去世为止。这样就可以有效规避长寿风险，这类终身年金险的缴费一般较高，投保前需要考虑自身经济实力是否能够承受。

三、现阶段我国居民个人退休规划的特点

1.退休规划意识逐步提高

计划经济年代，我国居民个人是没有退休规划这一说的，居民的生老病死均被纳入国家计划，个人根本无须操心。改革开放后的一个时期以来，居民退休规划的意识也是比较淡薄的，一是观念问题，二是长期以来养成了对政府的过度依赖。直到“铁饭碗”式的退休金制度被彻底打破，以及基本养老保险制度建立起来，退休规划或养老规划才得到重视。从2013年起，同方全球人寿联合清华大学经济管理学院中国保险和风险管理研究中心，每年都发布《中国居民退休准备指数调研报告》，旨在了解人们对待未来退休生活的态度及所采取的财务行动。

中国居民退休准备指数包含了退休准备意识和退休准备行动两个方面，这是对中国居民个人为满足其退休需要所进行的财务准备的充足性和理财意识的认知程度进行综合评估的数值。该指数的构成包含了六个因素，分别是退休责任意识、财务规划认知水平、财务问题理解能力、退休计划完善度、退休储蓄充分度以及取得期望收入的信心，将每个问题赋值相应权重，最终构建了中国居民退休准备指数。计算公式如下：

$$\begin{array}{c}\text{退休}\\\text{准备}\\\text{指数}\end{array}=\begin{array}{c}\text{退休}\\\text{责任}\\\text{意识}\end{array}\times16.25\%+\begin{array}{c}\text{财务}\\\text{规划}\\\text{认知水平}\end{array}\times18.75\%+\begin{array}{c}\text{财务}\\\text{问题}\\\text{理解能力}\end{array}\times13.75\%+\begin{array}{c}\text{退休}\\\text{计划}\\\text{完善度}\end{array}\times17.50\%+\begin{array}{c}\text{退休}\\\text{储蓄}\\\text{充分度}\end{array}\times22.92\%$$

$$+\begin{array}{c}\text{取得}\\\text{期望收入}\\\text{的信心}\end{array}\times10.90\%$$

2023年中国居民退休准备指数为5.53，低于2022年的5.7，触及历史最低值。最高值为6.78，发生在2021年。

从图9-1可以发现，在构成指数的6项指标中，前3项指标均表明，受访者退休准备意识并不弱，且都超过了6分，主要差距则是在后3项退休准备行动指标上。这意味着中国居民在退休计划完善度、退休储蓄充分度，以及取得期望收入的信心方面仍有较大的提升空间。

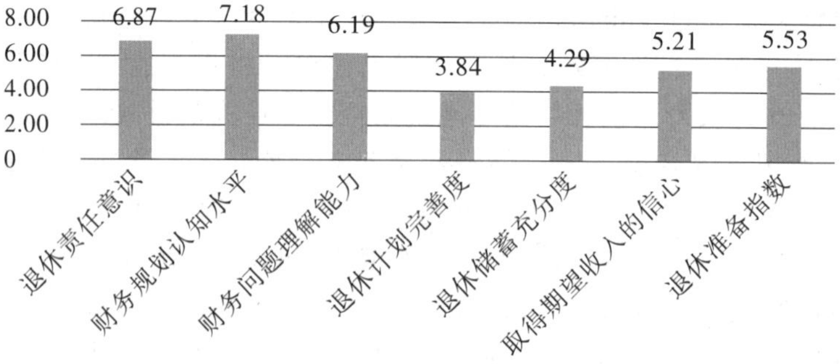

图9-1　2023年中国居民退休准备指数构成

根据2023年的调查报告，退休准备指数较高人群的整体画像是：男性、临近退休、已婚且养育两个子女、身心健康、学历高、在国有企业及外企/港澳台企业工作、高个人收入与家庭收入。

2.多数人没有建立起应有的退休储备

有调查显示，只有30%的人对退休后的生活进行了规划，有的则是不知如何规划，也有人认为退休规划不起作用，不想进行退休规划，认为政府应承担更多责任，依赖政府养老金就可以。历经多年发展，我国基本形成了由基本养老保险、企业（职业）年金、个人储蓄性养老保险和商业养老保险构成的养老保障三支柱格局，但人们普遍对“第三支柱”的认同度不足。

3.退休规划过于保守或激进

我国居民金融资产大多以储蓄的方式持有，储蓄占到居民金融资产的六成。很多人倾向于以定期存款的方式来累积未来退休所需的财富，虽然安全性极佳，但收益率很低，很容易导致资产成长率赶不上通货膨胀的速度。有的人相反，冒险把资金投在高风险的资产上，买房、买商铺、海外投资，甚至把资金大部分都投在股市上，希望两年内出现一个大牛市，好让资产翻几番，这是非常错误的做法。

第三节　我国的养老保险体系

我国养老保险体系由三个层次构成：政府主导并负责管理的基本养老保险为“第一支柱”；政府倡导并由企业自主发展的企业年金和职业年金为“第二支柱”；个人养老保险则为“第三支柱”。

一、社会保险简介

之所以要介绍社会保险体系，是因为它是养老保险体系的三大支柱中的第一支柱，是否参加了社保，关系到未来退休后生活的保障程度。

（一）社会保险是现代社会保障制度的核心内容

社会保险是指国家通过立法，多渠道筹集资金，对劳动者在因年老、失业、患病、工伤、生育而减少劳动收入时给予经济补偿，使他们能够享有基本生活保障的一项社会保障制度。社会保险在社会保障体系中居于核心地位，由基本养老保险、基本医疗保险、工伤保险、失业保险和生育保险五个险种组成，即通常所说的“五险”。社会保障体系参见图9-2。

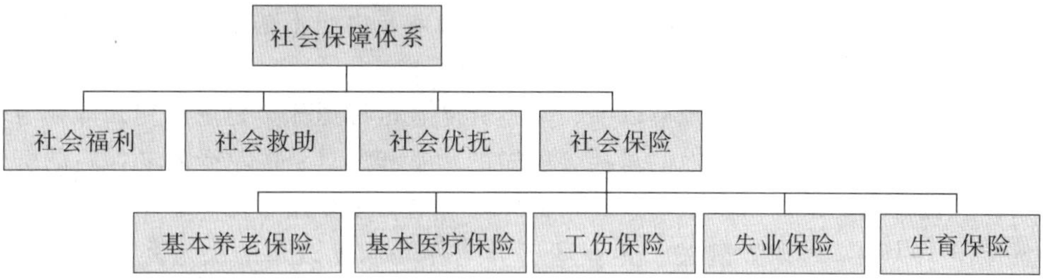

图9-2 社会保障体系

（二）社会保险的特点

1.社会性

社会保险首先是一种社会政策，由国家组织实施，这是其首要属性。

2.强制性

社会保险是通过国家立法形式，强制实施的保险制度。一经国家立法确定保险范围，其范围内的所有企业和劳动者同社会保险机构之间即建立了社会保险关系，依法享受相应的权利，承担相应的义务。

3.保障性

社会保险制度保障劳动者在特定情况下的基本生活，即当他们一旦失去劳动能力或中断收入时将获得必要的、基本的物质帮助，目的是维护社会生活的稳定，为劳动力的生存、发展和延续提供必要的保障。

4.对应性

社会保险是运用保险补偿的形式为劳动者提供基本生活安全保障的社会事业。被保险人必须首先依法履行义务，缴纳社会保险费，然后才能在其丧失劳动能力和劳动机会时，按其所履行的义务对应地享受法定的待遇。

5.互济性

一般在形成社会保险基金的过程中，高收入社会成员比低收入社会成员缴纳的保险费要多，而在使用的过程中，除个人账户外一般都是根据实际需要进行调剂，因此个人享受的权利和义务并不严格对应。

6.非营利性

社会保险是国家实施的一项社会安全政策，其目的是保障工薪劳动者及其家属的基本生活，以维护社会劳动力的再生产与扩大再生产，保持社会的稳定与发展，它是非营利性的社会事业，以社会效益作为第一目标，具有鲜明的社会福利属性。

二、基本养老保险——第一支柱

（一）基本养老保险的含义

基本养老保险是国家依据相关法律法规的规定，为解决劳动者在达到国家规定的解除劳动义务的劳动年龄界限或因年老丧失劳动能力而退出劳动岗位后的基本生活问题而建立的一种社会保险制度，目的是以社会保险为手段来保障老年人的基本生活需求，为其提供稳定可靠的生活来源。目前，基本养老保险体系由职工基本养老保险制度、城乡居民社会养老保险制度共同构成。

在我国实行养老保险制度改革以前，基本养老金也称退休金、退休费，即在劳动者年老或丧失劳动能力后，根据他们对社会所做的贡献和所具备的享受养老保险的资格或退休条件，按月或一次性以货币形式获得的保险待遇，主要用于保障职工退休后的基本生活需要。1991年，《国务院关于企业职工养老保险制度改革的决定》（国发〔1991〕33号）指出，要逐步建立起基本养老保险与企业补充养老保险和职工个人储蓄性养老保险相结合的制度。1997年，《国务院关于建立统一的企业职工基本养老保险制度的决定》（国发〔1997〕26号）更进一步明确，各级人民政府要把社会保险事业纳入本地区国民经济与社会发展计划，贯彻基本养老保险只能保障退休人员基本生活的原则，为使退休人员的生活随着经济与社会发展不断得到改善，体现按劳分配原则和地区发展水平及企业经济效益的差异，各地区和有关部门要在国家政策指导下大力发展企业补充养老保险，同时发挥商业保险的补充作用。

（二）覆盖范围

覆盖范围是指哪些人应当参加到基本养老保险制度中来。经过多年的努力，养老保险基本上覆盖了城乡所有的人群。

1.城市职工

根据《中华人民共和国社会保险法》（简称《社会保险法》）规定，凡是职工都必须加入基本养老保险，具体包括国有企业、城镇集体企业、外商投资企业、城镇私营企业和其他城镇企业的职工；非城镇的集体企业、私营企业以及其他非城镇企业的职工，以及个体工商户和灵活就业人员。

从2014年1月1日起，机关事业单位与企业等的城镇从业人员统一实行社会统筹和个人账户相结合的基本养老保险制度，从制度和机制上解决了“双轨制”问题。

2.农民和城镇非职工

在总结完善我国20世纪90年代开展的农村社会养老保险（简称老农保）制度的基础上，2009年我国开展了新型农村社会养老保险试点。年满16周岁（不含在校学生）、未参加城镇职工基本养老保险的农村居民，可以在户籍地自愿参加新农保。

“新”体现在：一是实行基础养老金和个人账户养老金相结合的养老待遇计发办法，国家财政全额支付最低标准基础养老金；二是实行个人缴费、集体补助、政府补贴相结合的筹资办法，地方财政对农民缴费实行补贴，强调了国家对农民老有所养承担的责任，明确了政府资金投入的原则要求，这是与老农保制度仅依靠农民自我储蓄积累的最大区别。

3.城镇非职工

为解决城镇无固定工作的居民老有所养问题，我国在2011年7月1日开始试点城镇居民社会养老保险，并在2012年实现了全覆盖。年满16周岁（不含在校学生）、不符合职工基本养老保险参保条件的城镇非从业居民，可以在户籍地自愿参加城镇居民养老保险。该制度有两个突出特点：一是城居保的资金来源除个人缴费外，还有政府对参保人缴费给予的补贴，个人缴费越多，政府补贴也越多，而且个人缴费和政府补贴全部计入参保人的个人账户。二是城居保的养老金由个人账户养老金和基础养老金两部分构成，个人账户养老金水平由账户储存额，也就是个人缴费和政府补贴总额来决定；基础养老金则由政府全额支付。

2014年2月，在总结新型农村社会养老保险和城镇居民社会养老保险试点经验的基础上，国务院决定，将新农保和城居保两项制度合并实施，在全国范围内建立统一的城乡居民基本养老保险（简称城乡居民养老保险）制度。这一制度的实施，提前实现了我国建立覆盖城乡全体居民的养老保险制度的目标，对于逐步缩小城乡差距、缓和社会矛盾、维护社会公平意义重大。

（三）资金筹集

1.职工基本养老保险

职工基本养老保险由单位和个人共同缴纳形成，企业以工资总额（或职工个人缴费基数之和）的20%，用于支付当期养老金；个人缴费比例为指数化月平均工资的8%，由所在单位从其本人工资中代扣代缴。个人缴费基数最高为本市职工月平均缴费工资的300%，最低为60%，无法确定月工资收入的，以本市职工月平均工资为缴费基数；灵活就业人员的缴费比例为当地社平工资的20%（其中12%进统筹，8%进个人账户）。

【例9-3】赵奕璇月平均工资为8 000元，当地上年度职工月平均工资为2 800元。赵奕璇的个人养老保险账户每月的积累额是多少？

赵奕璇的缴费基数没有超过当地职工月平均工资的300%，也没有低于当地职工月平均工资的60%，所以：

月积累额=个人薪酬8%+计账利息收入

=8 000元×8%+计账利息收入

=640元+计账利息收入

2.城乡居民养老保险

城乡居民养老保险基金主要由个人缴费和政府补贴构成。

（1）个人缴费。参加城乡居民养老保险的人员应当按规定缴纳养老保险费。缴费标准目前设为每年100元、200元、300元、400元、500元、600元、700元、800元、900元、1 000元、1 500元、2 000元12个档次，省（自治区、直辖市）人民政府可以根据实际情况增设缴费档次，最高缴费档次标准原则上不超过当地灵活就业人员参加职工基本养老保险的年缴费额，并报人力资源和社会保障部备案。人力资源和社会保障部会同财政部依据城乡居民收入增长等情况适时调整缴费档次标准。参保人自主选择档次缴费，多缴多得。国家依据经济发展和城镇居民人均可支配收入增长等情况适时调整缴费档次。

（2）政府补贴。政府对符合领取城乡居民养老保险待遇条件的参保人全额支付基础养老金，其中，中央财政对中西部地区按中央确定的基础养老金标准给予全额补助，对东部地区给予50%的补助。

地方人民政府应当对参保人缴费给予补贴，对选择最低档次标准缴费的，补贴标准不低于每人每年30元；对选择较高档次标准缴费的，适当增加补贴金额；对选择500元及以上档次标准缴费的，补贴标准不低于每人每年60元，具体标准和办法由省（自治区、直辖市）人民政府确定。对重度残疾人等缴费困难群体，地方人民政府为其代缴部分或全部最低标准的养老保险费。

（3）鼓励其他经济组织、社会组织和个人为参保人缴费提供资助。

【知识拓展9-4】 统筹账户与个人账户

在我国，职工基本养老保险实行社会统筹与个人账户相结合的办法。

所谓社会统筹，就是在一定的范围内，统一筹划养老保险基金的征缴、管理和使用。每个统筹区各自负责本区域养老保险基金的平衡，结余主要归本统筹区支配和使用，缺口一般都需要本级政府和本级财政填补。社会统筹基金由用人单位缴纳，实行现收现付制，本质上是下一代人养上一代人，具有代际之间的收入再分配功能，统筹账户基金属于公共所有，可调剂，可实行二次分配。

个人账户，是指社会保险经办机构以公民身份证号码为标识，为每位参加基本养老保险的职工个人设立的唯一的、用于记录职工个人缴纳的养老保险费的账户。1995年3月1日，国务院下发了《关于深化企业职工养老保险制度改革的通知》，个人账户自1996年1月1日起建立。个人账户计入的资金包括三部分：一是当年缴费本金；二是当年本金生成的利息；三是历年累计储存额生成的利息。职工个人缴纳的基本养老保险费全额记入基本养老保险个人账户，企业缴纳的费用按一定比例划入账户，两项合计为职工本人缴费工资基数的11%，2006年1月1日以后为8%，全部由职工个人缴纳，企业缴纳的费用不再划入。

显然，个人账户和统筹账户是不同的专户，个人账户部分的资金属于参保人员个人所有，按规定不得提前支取，记账利率不得低于银行定期存款利率，免征利息税，个人死亡的，个人账户余额可以继承；而社会统筹部分的资金属于统筹区的所有参保人员。因此，在养老保险关系跨统筹区转移时，个人账户部分的资金可以顺利转移或者一次性取出，而社会统筹部分则不能转移。

（四）领取基本养老金的条件

1.职工基本养老保险

达到法定退休年龄，并已办理退休手续；所在单位和个人依法参加养老保险并履行了养老保险缴费义务；个人缴费至少满15年的，退休后可以按月领取基本养老金。

达到法定退休年龄时累计缴费不足15年的，可以缴费至满15年，按月领取基本养老金；也可以转入城乡居民社会养老保险，按照国务院规定享受相应的养老保险待遇。

2.城乡居民养老保险

参加城乡居民养老保险的个人，年满60周岁、累计缴费满15年，且未领取国家规定的基本养老保险的，可以按月享受城乡居民养老保险待遇。

（五）基本养老保险的待遇

1.职工基本养老保险

（1）按月领取按规定计发的基本养老金，直至死亡。

（2）享受基本养老金的正常调整待遇。

（3）对企业退休人员实行社会化管理服务。

（4）死亡待遇：包括丧葬费（按上年度全省社平工资的3个月计发）；一次性抚恤费（按上年度全省社平工资的10个月计发）；符合供养条件的直系亲属生活困难补助费，按月发放，直至供养直系亲属死亡。

2.城乡居民养老保险

城乡居民养老保险金由基础养老金和个人账户养老金构成，终身支付。

（六）基本养老保险的计发

1.职工基本养老保险

职工的基本养老保险是根据《国务院关于建立统一的企业职工基本养老保险制度的决定》（国发〔1997〕26号）开始实施的，区分三种人发放：一是1998年7月1日以后参加工作的（即“新人”），累计缴费满15年，退休后按月领取的基本养老金分为两部分，即基础养老金和个人账户养老金；二是1998年6月30日以前参加工作的（即“中人”），除发给上述两部分养老金外，另发给过渡性养老金；三是2005年12月31日以前已经离退休的（即“老人”），仍按原规定发放退休金。基础养老金即社会统筹部分，个人账户则是职工每个月缴纳的计入自己账户上的部分，而过渡性养老金是为实现政策过渡而加发的养老金（从理论上讲，随着领取过渡性养老金的人相继死亡，过渡性养老金也将退出历史舞台）。对大多数人来说：

基本养老金=基础养老金+个人账户养老金

其中，基础养老金的具体支付标准为：以地方上年度在岗职工月平均工资和本人指数化月平均缴费工资的平均值为基数，缴费每满12个月为一个计发系数（即1%）。参保人员每多缴一年，养老金的基础部分就增发一个百分点。

个人账户养老金=个人账户储蓄额/计发月数

个人账户养老金的计发月数可见表9-3。

表9-3 **个人账户养老金计发月数表**

退休年龄	计发月数	退休年龄	计发月数
40	233	56	164
41	230	57	158
42	226	58	152
43	223	59	145
44	220	60	139
45	216	61	132
46	212	62	125
47	208	63	117
48	204	64	109
49	199	65	101
50	195	66	93
51	190	67	84
52	185	68	75
53	180	69	65
54	175	70	56
55	170	—	—

【例9-4】2023年1月，刘远亮满60岁办理了退休手续，退休时缴费年限已满20年，指数化月平均工资为6 500元，个人养老保险账户储存额为97 300元，当地职工社会月平均工资为3 500元。刘远亮退休后每月可领的基本养老金是多少？

刘远亮的缴费年限已经累计满20年，且已达到退休年龄，具备领取基本养老金的资格。60岁退休计发月数为139，将各已知条件代入公式：

基本养老金=（3 500+6 500）/2×20%+97 300/139=1 700（元）

2.城乡居民养老保险

城乡居民养老保险也包括两部分，基础养老金和个人账户养老金。

（1）基础养老金。中央确定基础养老金最低标准，建立基础养老金最低标准正常调整机制，根据经济发展和物价变动等情况，适时调整全国基础养老金最低标准。地方人民政府可以根据实际情况适当提高基础养老金标准；对长期缴费的，可适当加发基础养老金，提高和加发部分的资金由地方人民政府支出，具体办法由省（自治区、直辖市）人民政府规定，并报人力资源和社会保障部备案。

（2）个人账户养老金。个人账户养老金的月计发标准，目前为个人账户全部储存额除以139（与现行职工基本养老保险个人账户养老金计发系数相同）。参保人死亡，个人账户资金余额可以依法继承。

根据国家统计局《2022年国民经济和社会发展统计公报》，至2022年年末，全国参加城镇职工基本养老保险的人数50 349万人，比上年年末增加了2 275万人。参加城乡居民基本养老保险的人数54 952万人，增加了155万人。

（七）城镇职工基本养老保险和城乡居民基本养老保险的区别

城镇职工基本养老保险和城乡居民基本养老保险都是由基础养老金和个人账户养老金两部分构成的，在退休时按月领取，个人账户可以继承。区别主要体现在两个方面，一是基金筹集，二是保险待遇。

1.基金筹集

职工基本养老保险基金主要是由个人缴费、企业缴费、国家补贴构成。按照《社会保险法》规定，国有企业、事业单位职工参加基本养老保险前，视同缴费年限期间应当缴纳的基本养老保险费由政府承担。基本养老保险基金出现支付不足时，政府给予补贴。“十三五”期间，中央财政累计安排企业职工基本养老保险补助资金2.4万亿元，其中2020年为5 827亿元，比2019年增长10.7%，重点向基金收支矛盾较为突出的中西部地区和老工业基地省份倾斜。城乡居民基本养老保险基金主要是由个人缴费、国家补贴形成。在个人缴费基础上，国家会有额外几十到几百元的资金与个人缴费一起存入个人账户。比如，河南按照200元档次缴费，政府补贴30元；按照5 000元档次缴费，政府补贴340元。宁夏按照3 000元档次缴费，政府补贴320元。上海按照5 300元档次缴费，政府补贴675元。

2.保险待遇

（1）个人账户

城乡居民养老保险的个人账户是由个人缴费、国家补贴组成的；灵活就业人员缴费只有缴费基数的8%进入个人账户，剩余部分进入统筹账户；职工养老保险的个人账户只有个人缴纳的部分，单位缴纳的部分不进入个人账户。

（2）基础养老金

城乡居民养老保险的基础养老金是政府补贴形成的，不动用个人一分钱。自2018年1月1日起，国家规定的城乡居民养老保险基础养老金最低标准是88元每月，中西部地区中央财政全额拨款，东部地区中央财政补贴一半。地方政府还有额外的补贴，目前各省（自治区、直辖市）基础养老金一般在100～150元之间。经济越发达省份基础养老金越高，如2019年北京增加了90元，上海增加了80元。

职工基本养老保险的基础养老金，主要是由统筹账户基金支付。与退休上年度社会平均工资、缴费年限、当年的缴费档次、平均消费指数等因素挂钩，多缴多得。

知识拓展9-5　　各国基本养老金制度盘点

一、传统型养老保险制度

代表国家：德国、美国、荷兰、日本。这种模式又称为雇佣相关型模式或自保公助模式，个人收入只要达到一定标准，就强制参加社会养老保险，缴纳社会养老费。所需缴纳的费用根据个人工资的一定比例计算，由雇主和雇员共同承担，国家补贴。

特点：通过立法强制参与，个人领取养老金的权利取决于缴费义务和缴费记录，养老金水平与个人退休前工资水平挂钩。

优点：给付稳定，符合传统代际理念；政府管理，有利于社会稳定。

缺点：随着人口老龄化的深化，给财政带来沉重的负担，不利于可持续性。

二、福利型养老保险制度

代表国家：英国、瑞典、加拿大。这是一种以国家主导的全民保障模式，养老金统一缴费、统一给付。所有退休国民或达到一定年龄的国民都可以无条件地从政府领取一定数额的养老金。

特点：所有退休国民都可领取，与国民的身份、职业、工资水平、缴费或缴税年限无关。

优点：覆盖面广，受益者多，满足条件的国民都能领取。

缺点：养老金水平低，一般来说不足以维持退休者的基本生活开支。

三、个人储蓄型养老保险制度

代表国家：新加坡。这种制度也称为中央公积金制度。由政府规定投保费率，企业和个人按照规定进行缴费，缴纳的钱进入个人积累账户，由国家实行统一的投资进行保值增值。

特点：国家立法强制的个人储蓄。

优点：重视个人收入在时间跨度上的再分配。

缺点：增加了企业的运营成本，不利于企业盈利。

三、年金——第二支柱

（一）企业年金的定义

根据《企业年金办法》，企业年金是指企业及其职工在依法参加基本养老保险的基础上，自主建立的补充养老保险制度。企业年金所需费用由企业和职工个人共同缴纳，实行完全积累，为每个参加企业年金的职工建立个人账户，按照国家有关规定投资运营。世界上第一个正式的企业年金计划是由美国运通公司设立的雇员养老金计划，经过一百多年的发展，企业年金已经成为发达国家养老保险体系中的一个重要支柱。据统计，世界上167个实行养老保险制度的国家中，有1/3以上国家的企业年金制度覆盖了约1/3的劳动人口，丹麦、法国、瑞士的年金覆盖率几乎达到100%，英国、美国、加拿大等国在50%左右。20世纪的最后10年，欧美等发达国家企业年金规模快速增长，美国、瑞士和荷兰来自基本养老保险的替代率仅为40%，来自企业年金和个人储蓄性养老计划的养老收入占到退休收入的60%以上。

企业年金既不是社会基本养老保险，也不同于商业保险。一方面，它像现有的商业保险一样起着为职工提供补充养老保障的作用；另一方面，它又可以享受更多的国家政策支持，同时也接受更为规范严格的监管。它不具有强制性，注重效率优先原则，采取个人账户方式管理，采用政府宏观调控和市场选择相结合的方法。

【知识拓展9-6】 **401K计划和强积金**

401K计划也称401K条款，该计划始于20世纪80年代初的美国，是一种由雇员、雇主共同缴费建立起来的完全基金式的养老保险制度。按该计划，企业为员工设立专门的401K账户，员工每月从其工资中拿出一定比例的资金存入养老金账户，而企业一般也按一定的比例（不能超过员工存入的数额）往这一账户存入相应资金。与此同时，企业向员工提供3～4种不同的证券组合投资计划。员工可任选一种进行投资。员工退休时，可以选择一次性领取、分期领取和转为存款等方式使用。这一退休计划改变了过去由雇主一方单独为雇员提供退休福利的局面，形成了雇主与雇员共同负担退休福利的格局。

强积金是强制性公积金的简称（MPF），是香港特别行政区政府在2000年12月1日正式实行的一项政策，强制香港所有雇员成立投资基金以作退休之用。法律规定，除豁免人士外，凡年龄介于18～65岁的雇员和自雇人士（个体户），饮食业及建造业的临时雇员都必须参加强积金制度。强积金的供款额是按雇员缴费基数的5%计算。雇主及雇员各按雇员缴费基数的5%供款。自雇人士（个体户）亦须按其缴费基数的5%供款，可选择按月或按年供款。强制性供款额设有缴费基数上下限，分别为20 000港元及5 000港元。如雇员月收入少于5 000港元，他本人便不用供款，但雇主仍须按该雇员的缴费基数的5%供款。如雇员月收入超过20 000港元，雇主雇员只须各自按20 000港元的5%供款，即各供1 000港元。上下限亦适用于自雇人士（个体户），在达到65岁的法定退休年龄时一次性支取。

借鉴美国401K计划、我国香港强积金计划等的经验，当时的劳动和社会保障部在2004年推出了企业年金计划。

（二）我国企业年金的实施背景

我国是在老龄化问题严重、养老金替代率不足，以及基本养老保险基金入不敷出的背景下实施企业年金的。

我国的人口老龄化具有速度快、规模大、未富先老等特点。由于人口基数大，中国老年人口规模也是前所未有的。2023年年末，60岁及以上人口29 697万人，占全国人口的21.1%，其中65岁及以上人口21 676万人，占全国人口的15.4%，预计到2050年将达3.9亿，届时约每3.3个人中就有1个65岁以上的老人。养老金替代率是指退休者领取的养老金占其退休前工资收入的百分比，反映了养老保险金同劳动者退休前收入的某种关联，客观上体现了退休职工与在职职工的收入关系，并影响着养老保险的财务收支状况。要维持退休前的生活水平不下降，世界银行建议的养老金替代率是不低于70%，国际劳工组织建议的最低标准为55%。我国的养老金替代率1998年为72%，但自2002年起逐年下降，2021年是46%，远低于以上标准。

从统计数据看，全年基本养老保险、失业保险、工伤保险三项社会保险基金近几年基本上是收大于支（如图9-3所示），但收入中包含了财政补贴。财政部公布的《2022年全国社会保险基金收入决算表》显示，财政补贴企业职工基本养老保险基金7 105亿元，补贴城乡居民基本养老保险基金3 442亿元，补贴机关事业单位基本养老保险基金5 914亿元，三项养老保险基金合计为16 461亿元，占基本养老保险基金总收入的24%。除了财政补贴外，还包括养老基金中央调剂制度。由于各地的养老保险基金收支状况不一样，因此为了确保各地养老金能足额发放，我国建立了养老金中央调剂制度，且从2022年开始推动养老保险全国统筹。财政部公布的《2023年全国统筹调剂资金上缴下拨情况表》显示，2023年的调剂支出规模是2 440亿元。

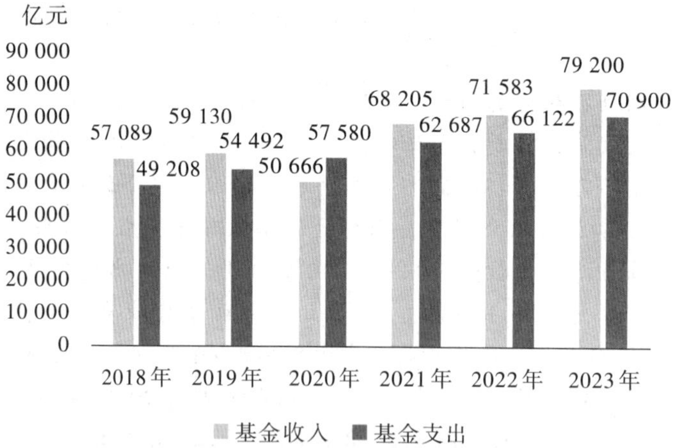

图9-3 2018—2023年三项社保基金收支图（亿元）

资料来源 ［1］人力资源和社会保障部. 2022年度人力资源和社会保障事业发展统计公报［R］. 2023.［2］2023年数据来自人力资源和社会保障部2024年1月24日新闻发布会。

（三）我国建立企业年金的意义

从国家层面看，建立企业年金有利于完善社会养老保障体系，减轻政府基本养老保险的支付压力，积极应对我国人口老龄化挑战，通过二次分配对收入进行相应的调节，年金是养老保险体系的第二大支柱。

从企业层面看，建立企业年金有利于健全企业人才的激励机制，提高对优秀人才的吸引力，稳定员工队伍，降低优秀员工的流失率。

从职工利益出发，建立企业年金有利于弥补基本养老金替代率的不足，提高职工退休后的生活水平和保障程度，减少后顾之忧。

（四）我国企业年金制度的发展和变迁

1991年，《国务院关于企业职工养老保险制度改革的决定》（国发〔1991〕33号）中，第一次提出“国家倡导、鼓励企业实行补充养老保险”。

1994年颁布的《中华人民共和国劳动法》（简称《劳动法》）将其用法律的形式确定了下来，其中规定：国家鼓励用人单位根据本单位实际情况为劳动者建立补充保险。

1995年劳动部为贯彻执行《劳动法》，制定并下发了《关于印发〈关于建立企业补充养老保险制度的意见〉的通知》，对企业建立补充养老保险的基本条件、决策程序、资金来源、管理办法、待遇给付、经办机构、投资运营等，提出了指导性意见，确立了基本的政策框架。

2000年《国务院关于印发完善城镇社会保障体系试点方案的通知》（国发〔2000〕42号）中，将企业补充养老保险正式更名为“企业年金”，并提出：有条件的企业可为职工建立企业年金，并实行市场运作和管理。企业年金基金实行完全积累，采用个人账户方式进行管理，费用由企业和职工个人缴费，企业缴费在工资总额4%以内的部分，可从成本列支。同时，鼓励个人开展个人储蓄性养老保险。

2004年1月，当时的劳动和社会保障部等颁发的《企业年金试行办法》《企业年金基金管理试行办法》，确定了我国企业年金发展的制度框架。该办法是企业年金基金管理的重要法规，对企业年金的治理结构、企业年金基金管理和市场服务主体行为等都作出了规定。

2011年2月，人力资源和社会保障部印发了《企业年金基金管理办法》，对年金运作风险、投资范围与投资比例、企业年金集合计划等进行了调整或进一步明确。

2015年3月，国务院办公厅印发《机关事业单位职业年金办法的通知》（国办发〔2015〕18号），自2014年10月1日起机关事业单位及其工作人员在参加机关事业单位基本养老保险的基础上，建立补充养老保险制度，即职业年金。至此，年金制度覆盖了所有的企业和事业单位，这对完善中国养老保险制度具有重要的意义。

2017年12月，为贯彻落实党的十九大关于全面建成多层次社会保障体系的要求，人力资源和社会保障部、财政部对《企业年金试行办法》进行了修订和完善，印发了《企业年金办法》，自2018年2月1日起施行。该办法的实施，有助于提高企业年金的参与度。

（五）企业年金的基本规定

1.企业年金的实施条件

（1）企业已经参加基本养老保险社会统筹，并能按时足额缴纳基本养老保险费。这是实施企业年金的先决条件。

（2）企业具有经济承受能力。企业的经济承受能力和经济效益情况，决定着企业是否具备建立企业年金的条件及企业年金水平的高低。建立企业年金的企业不能是亏损企业，不允许拖欠职工工资或欠缴国家税利。具体要求：一是在企业年金资金不允许进成本的情况下，企业能够用自有资金为企业年金供款；二是在企业年金资金允许部分进成本的情况下，进成本的资金不至于影响企业的竞争能力。

（3）企业内部职工代表大会和工会组织或集体谈判制度比较健全，民主管理基础比较好。这是企业年金建立和顺利实施的重要条件。企业年金涉及职工的切身利益，制订和实施方案必须经过一定的民主程序，应当提交职工代表大会或者全体职工讨论通过。

2.企业年金基金的筹集

企业年金基金由企业缴费、员工缴费及基金投资运营收益组成。企业年金是非强制性的，所以没有缴费基数，但是有缴费上限。企业缴费每年不超过本企业上年度职工工资总额的8%，企业和职工个人缴费合计不超过本企业上年度职工工资总额的12%。具体所需费用，由企业和职工协商确定。职工个人缴费由企业从职工个人工资中代扣代缴。

个人账户下设两个子账户，一个是企业缴费子账户，一个是个人缴费子账户，分别记录企业缴费及其投资收益和个人缴费及其投资收益。

3.企业年金的待遇

符合下列条件之一的职工，可以领取企业年金：

（1）职工在达到国家规定的退休年龄或者完全丧失劳动能力时，可以从本人企业年金个人账户中按月、分次或者一次性领取企业年金，也可以将本人企业年金个人账户资金全部或者部分用于购买商业养老保险产品，依据保险合同领取并享受相应的继承权。

（2）出国（境）定居人员的企业年金个人账户资金，可以根据本人要求一次性支付给本人。

（3）职工或者退休人员死亡后，其企业年金个人账户余额可以继承。

未达到上述企业年金领取条件之一的，不得从企业年金个人账户中提前提取资金。

企业年金的领取方式视企业年金方案规定的不同而有所不同，归纳起来有按月领取、分次领取、一次性领取、转换商业养老保险年金产品等四个模式。

按月领取更像“每月发工资”；分次领取可以合理规避个税；一次性领取适于家庭急需或投资等；而购买商业养老保险产品尤其是购买终身年金保险产品，可以分散长寿风险。

4.企业年金基金的投资范围——投资有限制

人力资源和社会保障部《企业年金基金管理办法》第四十七条规定：企业年金基金财产限于境内投资，投资范围包括银行存款、国债、中央银行票据、债券回购、万能保险产品、投资连结保险产品、证券投资基金、股票，以及信用等级在投资级以上的金融债、企业（公司）债、可转换债（含分离交易可转换债）、短期融资券和中期票据等金融产品。

2013年3月，为促进企业年金市场的健康发展，实现企业年金基金资产保值增值，人力资源和社会保障部发布了《关于扩大企业年金基金投资范围的通知》，企业年金基金投资范围在《企业年金基金管理办法》第四十七条规定的金融产品之外，增加了商业银行理财产品、信托产品、基础设施债权投资计划、特定资产管理计划、股指期货。

此外，企业年金基金的受托管理、账户管理、投资管理以及监督管理等都应遵从《企业年金基金管理办法》的规定。

（六）企业年金和职业年金

根据《机关事业单位职业年金办法》，职业年金是指机关事业单位及其工作人员在参加机关事业单位基本养老保险的基础上，建立的补充养老保险制度。

与企业年金一样，职业年金也属于补充养老保险制度，均需单位和职工个人共同缴费，均采用个人账户积累制，其基金均实行市场化投资运营。但二者在适用范围、个人账户的计入比例和管理方式、缴纳时的执行力度、待遇的计发方式上都有一定的区别，详见表9-4。

表9-4　**企业年金与职业年金的不同**

<table>
<tr><th>主体</th><th>企业与个人</th><th>事业单位与个人</th></tr>
<tr><td rowspan="2">年金构成</td><td>企业+个人缴费</td><td>事业单位+个人缴费</td></tr>
<tr><td>年金基金投资收益</td><td>年金基金投资收益+国家规定的其他收入</td></tr>
<tr><td rowspan="2">缴费比例</td><td>企业：不超过本企业上年度职工工资总额的8%</td><td>单位：本单位工资总额的8%</td></tr>
<tr><td>企业+个人：合计不超过12%，由企业和职工协商确定</td><td>个人：本人缴费工资的4%</td></tr>
<tr><td>年金划入个人账户金额比例</td><td>由企业和个人通过集体协商确定，比如企业年金重在激励个人长期合作，可能会根据工龄来区分，企业缴费部分按比例划入个人账户（1~5年划入60%，5~7年划入80%等）</td><td>由省级政府集中委托投资运营管理，统一程度较高，单位及个人缴费全部归个人所有</td></tr>
<tr><td rowspan="5">领取方式</td><td>一次性领取、分次、按月领取</td><td>按月领取（出国/境定居可一次性领取）</td></tr>
<tr><td>全部或者部分购买商业养老保险产品</td><td>全部购买商业养老保险产品</td></tr>
<tr><td colspan="2">可以继承</td></tr>
<tr><td colspan="2">假如张先生个人年金账户累计18万元，退休时张先生年金领取：</td></tr>
<tr><td>可以按月/次/年/一次性领取</td><td>按月领取，18万/139=1 295（元/月）（60岁计发月数为139）</td></tr>
<tr><td>缴税方式</td><td colspan="2">缴费环节不交税（个人缴费不超过工资总额4%），投资环节不交税，按月/次/年/一次性领取时，适用月度税率表；按年/一次性领取时（出国/死亡）时，适用综合所得税率表</td></tr>
</table>

四、个人养老金——第三支柱

个人养老金制度，作为中国养老保险体系“第三支柱”的重要制度设计，自2022年11月25日起正式实施。

（一）什么是个人养老金

2022年11月4日，人力资源和社会保障部、财政部、国家税务总局、银保监会、证监会联合发布《个人养老金实施办法》，11月25日，人力资源和社会保障部宣布，个人养老金制度启动实施 。

《个人养老金实施办法》指出：个人养老金是指政府政策支持、个人自愿参加、市场化运营、实现养老保险补充功能的制度。个人养老金实行个人账户制，缴费完全由参加人个人承担，自主选择购买符合规定的储蓄存款、理财产品、商业养老保险、公募基金等金融产品，实行完全积累，按照国家有关规定享受税收优惠政策。

（二）个人养老金的特点

1.实施条件简单

不论就业形式，不受就业地域、户籍限制，个人自愿参加。只要是在中国境内参加城镇职工基本养老保险或者城乡居民基本养老保险的劳动者，都可以参加个人养老金。

2.自主参加

自主决定全程参加或者部分年度参加，既可以一次性缴费也可以分次缴费。

3.税收优惠

支持税收递延，总体上总量上的确少交了不少所得税。

4.投资便捷

可以自主选择购买符合规定的金融产品。

（三）个人养老金模式

2022年4月21日印发的《国务院办公厅关于推动个人养老金发展的意见》（国办发〔2022〕7号），对个人养老金的账户、平台、税收、产品、机构等核心要素进行了规范。简单理解，就是“1234”，即一个核心、两个账户、三个平台、四类产品。

1.一个核心

一个核心即人力资源和社会保障部建立的个人养老金信息管理服务平台，是个人养老金各个系统的核心和源头。

2.两个账户

两个账户就是个人养老金账户和个人养老金资金账户。前者是在人力资源和社会保障部开立的信息管理账户，后者是在银行开立的存放个人养老金的账户。

3.三个平台

三个平台即银保行业平台、理财行业平台、公募行业平台。这些是负责管理投资的平台，与银行对接。

4.四类产品

个人养老资金账户的钱可以购买四类产品，即养老储蓄产品、养老理财产品、商业养老保险、公募基金产品。

（四）参保流程

参加个人养老金，需要开通个人养老金账户和个人养老金资金账户。

1.开通个人账户

通过国家社会保险公共服务平台、全国人力资源和社会保障政务服务平台、掌上12333App、电子社保卡等全国统一线上服务入口或者商业银行渠道，在信息平台开立个人养老金账户。登记和管理个人身份信息，并与基本养老保险关联。

2.缴存资金

在商业银行开立或指定“个人养老金资金账户”。选择一家符合规定的商业银行开立或者指定本人唯一的个人养老金资金账户，并且参加人可以在不同商业银行之间变更其个人养老金资金账户。参加人可在自然年度内按月、分次或者按年度自愿缴费，也可以根据实际情况中断缴费。

3.投资理财

购买符合规定的储蓄存款、理财产品、商业养老保险、公募基金等个人养老金产品。

（五）个人养老金的领取

个人养老金资金账户封闭运行，参加人达到以下任一条件的，可以按月、分次或者一次性领取个人养老金：

1.达到领取基本养老金年龄

2.完全丧失劳动能力

3.出国（境）定居

4.国家规定的其他情形

参加人已领取基本养老金的，可以向商业银行提出领取个人养老金。商业银行受理后，应通过信息平台核验参加人的领取资格，获取参加人本人社会保障卡银行账户，按照参加人选定的领取方式，完成个人所得税代扣后，将资金划转至参加人本人社会保障卡银行账户。

参加人符合完全丧失劳动能力、出国（境）定居或者国家规定的其他情形等领取个人养老金条件的，可以凭劳动能力鉴定结论书、出国（境）定居证明等向商业银行提出。商业银行审核并报送信息平台核验备案后，为参加人办理领取手续。

参加人身故的，其个人养老金资金账户内的资产可以继承。

（六）个人养老金税收政策优惠

1.缴费环节

个人向个人养老金资金账户的缴费，按照12 000元/年的限额标准，在综合所得或经营所得中据实扣除。

2.投资环节

计入个人养老金资金账户的投资收益暂不征收个人所得税。

3.领取环节

个人领取的个人养老金，不并入综合所得，单独按照3%的税率计算缴纳个人所得税，其缴纳的税款计入“工资、薪金所得”项目。

【思政小课堂】 九大保障措施让每一个长者安享晚年

中国政府高度重视老年人的生活和福祉，通过完善养老保险制度、医疗保障政策、养老服务体系、优待政策和家庭赡养政策等一系列措施，为老年人提供了全面的保障。

同时，政府还通过法律法规保护老年人的合法权益，关注老年人的精神需求，让每一个老年人都能安享晚年。

1.养老保险制度

中国的养老保险制度分为基本养老保险和补充养老保险两种。基本养老保险是国家为所有在职职工和企业退休人员提供的一种社会保障制度，旨在解决老年人的基本生活保障问题。此外，中国还实施了城乡居民养老保险制度，覆盖了农村居民和城市非职工群体，为他们提供了养老保障。

2.医疗保障政策

城镇居民基本医疗保险和职工医疗保险为老年人提供了医疗保障。在享受医疗服务时，老年人可以享受优先就诊、减免部分费用等优惠政策。此外，政府还鼓励医疗机构开展家庭医生签约服务，为老年人提供定期的健康检查和诊疗服务。

3.养老服务体系

养老服务体系包括社区养老服务、居家养老服务、机构养老服务等多种形式。根据《中华人民共和国老年人权益保障法》的规定，国家鼓励和支持社会力量创办养老机构，为老年人提供住宿、餐饮、医疗、康复等服务。此外，政府还实施了养老服务补贴制度，为低收入老年人提供一定的生活补贴。

4.优待政策

为了关爱老年人，中国政府实施了一系列优待政策。这些政策包括公共交通优待、文化娱乐优待、法律援助优待等。具体措施有：

公共交通优待。老年人可以免费或者优惠乘坐公共交通工具。

文化娱乐优待。老年人可以免费或者优惠参观博物馆、图书馆等文化场所，以及观看电影、演出等文化活动。

法律援助优待。老年人在遇到法律问题时可以获得免费的法律援助服务。

5.家庭赡养政策

在中国传统文化中，家庭赡养老人是一种美德。为了鼓励家庭赡养老人，中国政府实施了一系列家庭赡养政策。这些政策包括提高最低生活保障标准、发放护理补贴等。具体措施有：

提高最低生活保障标准。随着物价水平的上涨，政府逐步提高了最低生活保障标准，以确保老年人的基本生活水平。

发放护理补贴。对于需要长期照顾的老年人，政府可以发放护理补贴，减轻家庭的经济负担。

6.老年人权益保障

为了保护老年人的合法权益，中国政府制定了一系列法律法规。其中，《中华人民共和国老年人权益保障法》是专门针对老年人权益保障的一部法律。该法明确规定了老年人的基本权利和义务，包括生活、医疗、教育、文化、娱乐等方面的权益。

根据《中华人民共和国老年人权益保障法》的规定，国家保障老年人的基本生活，提供基本养老、医疗、住房等服务。同时，老年人有权享受文化、教育、体育、娱乐等公共服务，参加社会活动，发挥积极作用。此外，法律还规定了老年人的财产权益、继承权等方面的内容。

7.老年人精神关爱

随着社会的发展，老年人的精神需求日益凸显。为了关爱老年人的精神健康，中国政府采取了一系列措施。这些措施包括：

开展老年文化活动。政府鼓励各级文化部门举办丰富多彩的老年文化活动，如书画展、戏剧演出、文艺汇演等，满足老年人的文化需求。

组织老年人参加志愿服务。政府支持社会组织和志愿者开展关爱老年人的志愿服务活动，如探访慰问、陪伴聊天、帮助解决生活困难等。

推广老年教育。政府鼓励各级教育部门开展适合老年人的教育活动，如养生保健职业技能培训、电脑操作等，提高老年人的综合素质。

8.老年人参与社会治理

老年人是社会的宝贵财富，他们具有丰富的经验和智慧。为了充分发挥老年人在社会治理中的作用，中国政府鼓励老年人参与社会治理。具体措施包括：

开展老年人志愿服务。政府支持各级组织和社区开展老年人志愿服务活动，如社区管理、环境整治、文化传承等，让老年人为社会作出贡献。

建立老年人议事会。政府鼓励企事业单位建立老年人议事会，让老年人参与企业和社会事务的决策和管理，发挥他们的专长和智慧。

加强老年人教育培训。政府支持各级教育部门开展老年人教育培训，提高老年人的文化素质和科技水平，使他们更好地适应社会发展的需要。。

资料来源 榕晓君.我国政府为老年人打造的九大保障措施，让每一个长者安享晚年！[EB/OL].（2023-06-13）[2024-07-19]. https://baijiahao.baidu.com/s?id=1768567014364029029&wfr=spider&for=pc.

本章小结

本章是对退休的规划，主要讲解了退休规划的含义特征、必要性和原则，探讨了退休规划的流程，分析了其中的风险，介绍了我国现行的社会保险体系。

1.退休规划也称养老规划，或退休养老规划，是人们为了在将来拥有高品质的退休生活而从现在开始进行的财富积累和资产规划。

2.退休规划的必要性体现在：目前我国养老保障体系应对人口老龄化的体制机制尚未形成；传统的养儿防老不现实；企业年金无强制力，提供年金的企业较少；预期寿命延长，退休后的需求上升以及面临着通货膨胀等其他不确定因素，要确保晚年生活无忧，必须对退休后的生活作出详细的规划。

3.退休规划的特征，一是无法事后补救，二是不确定性大。

4.退休规划主要受以下因素影响：退休时间、预期寿命、性别差异、家庭结构、目前可用作退休准备的资产数量、规划时间的早晚。此外，收入的高低、投资收益和通货膨胀、是否需要为子女留有遗产等，也是影响退休规划的因素。

5.制定退休规划的原则有：及早原则、弹性化原则、谨慎性原则和收益化原则。

6.合理的退休规划应该包括五个环节：确定退休目标、预测资金需求、预测退休收入、计算退休资金缺口和弥补资金缺口。

7.退休规划的风险是指在规划执行过程中遇到的不确定因素而使退休资金的积累受到影响，具体有投资风险、额外支出风险和长寿风险等。

8.社会保险是指国家通过立法，多渠道筹集资金，对劳动者在年老、失业、患病、工伤、生育而减少劳动收入时给予经济补偿，使他们能够享有基本生活保障的一项社会保障制度，在社会保障体系中居于核心地位，由基本养老保险、基本医疗保险、工伤保险、失业保险和生育保险五个险种组成。基本养老保险是国家依据相关法律法规的规定，为解决劳动者在达到国家规定的解除劳动义务的劳动年龄界限或因年老丧失劳动能力而退出劳动岗位后的基本生活问题而建立的一种社会保险制度，目的是以社会保险为手段来保障老年人的基本生活需求，为其提供稳定可靠的生活来源。目前，基本养老保险体系由职工基本养老保险和城乡居民社会养老保险共同构成，是我国养老保险体系的"第一支柱"。

9.企业年金是指企业及其职工在依法参加基本养老保险的基础上，自主建立的补充养老保险制度，是现代多支柱养老社会保障体系的重要组成部分。职业年金是指机关事业单位及其工作人员在参加机关事业单位基本养老保险的基础上，建立的补充养老保险制度。二者共同构成我国养老保险体系的"第二支柱"。

10.个人养老金是指政府政策支持、个人自愿参加、市场化运营、实现养老保险补充功能的制度，是我国养老保险体系的"第三支柱"。

复习思考

一、基本概念

退休规划　社会保障　社会保险　基本养老保险　基本医疗保险　城乡居民基本养老保险　企业年金　职业年金　个人养老金　养老保险“三支柱”

第九章
在线测试

二、填空题

1.退休规划具有两个最基本的特征，一是无法事后补救，二是________。

2.企业年金是指企业及其职工在依法参加基本养老保险的基础上，________建立的补充养老保险制度。

3.2006年1月起基础养老金的具体支付标准为，以地方上年度在岗职工月平均工资和本人指数化月平均缴费工资的平均值为基数，缴费每满12个月为一个计发系数，即________。

4.目前我国实行多层次的养老保险体制，即基本养老保险、企业自主的企业年金或职业年金及________。

5.我国基本养老保险实行社会统筹与________相结合。

三、选择题

1.制定退休规划的原则包括（　　）。

A.及早规划　B.弹性化　C.谨慎性
D.收益化　E.流动性

2.退休目标包括人们期望的退休年龄和（　　）。

A.退休后的生活状态　B.退休需求　C.退休供给
D.留有遗产　E.社保替代率高

3.退休规划的风险包括（　　）。

A.投资风险　B.早逝风险　C.额外支出风险
D.长寿风险　E.储蓄风险

4.社会保险的特点有（　　）。

A.社会性　B.强制性　C.保障性
D.对应性　E.互济性和非营利性

5.领取基本养老金的条件包括（　　）。

A.达到法定退休年龄办理退休手续
B.所在单位和个人依法参加养老保险并履行了缴费义务
C.个人缴费至少满15年
D.个人缴费至少满10年
E.提前退休

四、问答题

1.为什么要做退休规划?

2.退休规划影响因素有哪些?

3.分析现阶段我国居民个人退休规划的特点。

4.建立企业年金的意义是什么?

五、分析题

高先生今年40岁，打算60岁退休，考虑到通货膨胀等因素，他退休后每年需要的生活费为10万元（期初)，高先生预计可以活到85岁，他首先拿出10万元储蓄作为退休基金的启动资金（40岁时)，并打算每年年末投入一笔固定资金。

1.高先生退休后还能活（　　）年。

A.24　　B.25　　C.26　　D.27

2.假定退休后的投资回报率为6%，则高先生60岁退休时，退休基金必须达到的规模为（　　）元。

A.560 441　　B.1 355 036　　C.1 255 036　　D.1 555 036

3.高先生还有（　　）年退休。

A.20　　B.18　　C.19　　D.21

4.假定退休前的投资收益率为9%，10万元的启动资金到高先生60岁退休时可增长到（　　）元。

A.560 441　　B.1 355 036　　C.1 255 036　　D.1 555 036

5.根据高先生对退休基金的需求，除了启动资金10万元可以产生收益外，退休基金的缺口为（　　）元。

A.155 036　　B.1 255 036　　C.560 441　　D.794 595

6.为达到退休基金的必要规模，高先生在退休前每年（期末）还应投入（　　）元。

A.155 036　　B.1 255 036　　C.15 532　　D.794 595

7.高先生将10万元启动资金用于应对某项突发事件，则高先生需要修改自己的退休规划。假设高先生希望保持退休后的生活水平，那么高先生需要增加每年对退休基金的投入额，每年的投入额应是（　　）元。

A.155 036　　B.1 255 036　　C.26 486　　D.794 595

第十章　遗产规划

◇学习目标

- 了解遗产的概念和特征，理解遗产规划的意义，掌握遗产规划的流程
- 掌握遗产管理各种工具的使用
- 熟悉遗产税制及开征遗产税的利弊

开篇导读

史提芬是一位从事遗产规划30多年的美国律师，20多年前的一天，他的律师事务所来了一位50岁左右、名叫约翰的客户。约翰一进来就开门见山地表示希望律师为他草拟一份文件，好让他百年后顺利地将他和夫人的财产传给下一代。经过对约翰的初步了解，史提芬律师发现从事地产生意、育有一儿一女的约翰夫妇除了在纽约长岛拥有一栋漂亮的房子外，还有两个价值相当的商业房地产投资项目及一些银行存款，市值共300万美元左右。

由于他们的流动资产比例偏低，当时已从事遗产规划10年的史提芬律师意识到，除了为约翰草拟合适的法律文件外，他还需要请经常与他合作的财务顾问彼得一起来为约翰做资产配置的调整，以达到最有效地保留约翰夫妇的财产并将其公平地分给后代的目的。于是，他征得约翰的同意，与彼得一起为约翰夫妇进行规划。

三方商议得出的结论是，由于约翰希望在自己的有生之年可以拥有对财产的管控权，他们夫妇最好是成立一个“可撤销的生前信托”。这种信托在为约翰的所有资产建立一层“保护膜”的同时，让他可以随时改变信托里的条款。

另外，美国法律规定，遗产税必须在去世之后的9个月内缴交，而约翰夫妇的资产大部分集中在不动产，且资产规模已大大超过了当时美国遗产税豁免额。因此，为了避免约翰夫妇的自住房产和两套商业不动产需要为缴交遗产税而被大幅折价变卖，财务顾问彼得根据当时的遗产免税额和约翰夫妇的良好健康状况，建议他们利用其商业不动产每月产生的部分租金，购买一张到夫妻两人皆去世后才赔付、面额为300万美元的人寿保单，以应付遗产税和提供足够的流动现金以灵活分配财产。

约翰觉得史提芬和彼得的建议不错，于是就按照他们的提议进行了相应的规划。随后的20年里，约翰每过一段时间就会找史提芬和彼得聊聊，并将他的计划做必要的修改更新，包括在继承人中加入了他新添的孙辈和其继承份额，而慢慢地他们三人也变成了老朋友。

3年前的一天，史提芬突然接到约翰儿子焦虑的电话，说他的父母在五天内相继离

世，他刚从加州赶来，不知道该怎么办，也进不了他父母的房子，只记得他爸爸去世前叮嘱他有什么事联系史提芬和彼得。由于约翰在生前已经对其财产做了妥善的法律和资产配置安排，史提芬律师很快就把相关的文件准备好，让特别向公司请假的约翰之子第二天就顺利被允许进入他父母的房子，避免了一般没有做好生前信托的家庭所需经历的冗长繁琐的法庭认证程序和缴交的昂贵律师和法庭费用。

另外，彼得也很快地为约翰夫妇办理了寿险理赔，让约翰的子女有一大笔流动资金为父母办理后事，缴交相关的遗产税而不需要在金融风暴后房市低迷的情况下大幅折价变卖其拥有的房地产。由于人寿保单的理赔带来了一笔相当充裕的现金，使得整笔遗产有足够的流动资金根据规划好的份额分给兄妹俩及其后代，而不会因继承人共同拥有某一套留下的房产产生问题与纠纷。

这样的一个成功的财富传承规划，使得约翰的子女后代省时、省力并实现了最大化的继承。

史提芬和彼得虽然痛失多年老友，但想到为他做了这么有意义的事，心里也觉得非常宽慰。①

第一节 遗产及遗产规划

一、遗产的概念和法律特征

（一）什么是遗产

根据《民法典》第一千一百二十二条的规定，遗产是自然人死亡时遗留的个人合法财产。依照法律规定或者根据其性质不得继承的遗产，不得继承。

（二）遗产的法律特征

1.时间上的特定性

自然人生前所拥有的个人合法财产只有在其死亡后方可称之为遗产，因而自然人生存时所拥有的个人财产不能称之为遗产，无论被继承人生前处于何种状态，如无行为能力、限制行为能力、被法律宣告失踪等，其所拥有的一切财产都不得由他人非法占有、使用、收益，更不能由他人据为己有。

只有在被继承人死亡时，其不再享有民事权利，不能承担义务，他所遗留的个人财产才转化为遗产。

同时，遗产的种类、数量、价值等才能最终确定下来。

而继承人在分割完遗产之后就使遗产转化为个人合法拥有的财产，也不能称之为遗产。因此，遗产在法律上具有时效性，只有在自然人死亡之时起至遗产分割完毕前这一特定时间段内，自然人生前遗留的财产才能被称为遗产，而这一时间段一般说来是短暂的。

---

① 资料来源 麦慧琪.美国遗产规划一例［N］.第一财经日报，2013-10-26.

2.性质上的财产性

死者生前享有的民事权利包括财产权和人身权两方面，可以被继承的只能是财产权利。

人身权利主要有姓名权、人身自由权、生命权、健康权、名誉权、荣誉权、肖像权、隐私权、受教育权、休息权等。

因为人身权利与权利人的人身密不可分，会因权利人的死亡而消灭，故不能由继承人继承。

政治权利随着人的死亡而不复存在，因此也不能由其继承人继承。

3.财产的可转移性

能够作为遗产转移给他人的并不是被继承人生前拥有的一切财产。

一般说来，遗产仅指能够转移给他人的财产，如所有权、债权等。不能转移给他人承受的财产不能作为遗产。

另外，与个人身份密切结合，一旦分离便不复存在的财产权利，同样不能作为遗产，如承包经营权。

有偿的委托合同、演出合同等的一方当事人在尚未履行时或者履行中死亡，未履行的部分则自然终止，它所含有的权利不能转移，也就不能作为遗产由他人继承。

4.遗产具有合法性

自然人死亡时遗留的财产必须是合法财产，通过劳动正当所得财产。非法财产如贪污、受贿得来的财产，不属于遗产，继承人不得继承。

5.权利义务的统一性

继承人在继承遗产的同时也要以所继承的财产为限承担被继承人生前的债务。同样，如果继承人放弃了继承权，则不再承担清偿被继承人生前债务。

二、遗产规划的定义、意义和原则

（一）什么是遗产规划

无论现代生命科学和医学技术如何进步，一个人还是不可能永远不死亡。

人的生命是一个传递延续的过程，怎样才能把财产最大限度地留给后人？如果进入了重病期，怎样才能保证后续的治疗？如何为配偶和子女做好以后的安排呢？遗产规划正好可以帮助人们给人生画上一个圆满的句号。

遗产规划就是在生前对自己的财产进行规划，以便将遗产顺利地转移到受益人手中。

除有关财产的安排外，遗产规划还包括消除或减少遗产税，以及支付医疗护理、葬礼的费用和为未成年孩子指定监护人等。

在西方国家，法律对遗产有着严格的管理和税收规定，所以，人们对遗产的管理服务有着相当高的要求，遗产管理是个人理财规划中一个相当重要的组成部分。

在我国，遗产管理还不成熟，尚未开征遗产税，人们对遗产规划意识淡漠，甚至有所忌讳。但随着时代的发展和人们收入水平的不断提高，通过继承获得财富的人及财富本身的比例将大大提高，市场对遗产管理的需求也将会越来越大，遗产规划势必成为理财规划中不可缺少的一部分。所以，了解国内外有关遗产的政策，学习遗产规划是非常必要的。

（二）遗产规划的意义

生前历经艰辛才拥有的巨额财产如何“高效”地留给子孙？这可能是所有财富拥有者都关心的问题。如果没有科学地加以规划，一旦死亡事件发生，很可能会因仓促处置而使财产落入不当继承人之手，或者引发不该发生的家庭矛盾，甚至令亲人之间反目成仇。

有专家认为，我国遗产纠纷日渐增多主要就源于遗产规划的普遍缺失，尤其是中老年有产一族很少关心遗产规划事宜。

实际上，在头脑清醒时把财产分配好，就可以避免在失去自理能力时的无奈。

进行遗产规划最主要的是解决两个方面的问题，一是顺利地传承遗产，二是尽可能多地传承遗产。

1.顺利传承遗产

顺利传承遗产，即把财产遗留给自己愿意分配或遗赠的对象。通过制定遗产规划，明确遗产分配的对象、数量，可以保证将财产按自己的意愿分配给后人，否则，只能按法律规定平均分配，而这很可能与逝者的愿望不一致。

2.减少遗产税费

减少遗产税费，就是使纳税额最小化同时避免不必要的费用。在一些开征遗产税的国家，税率大多较高，避税就成为遗产规划的主要目的。

而在另一些国家，虽然没有遗产税，但进行遗产传承需要经过法庭的鉴定和判决。法律规定，逝者遗留的财产只有经过法律手续后，才能合法地转移给遗产继承人。

如果逝者生前留有遗嘱，法庭的工作主要是认定该遗嘱的有效性，倘若没有遗嘱，法庭将依据有关规定，作出分配遗产的裁决。

遗产传承费在形式上虽是一种手续费，但就其性质而言，并不次于遗产税。这是因为法庭所收取的遗产传承费的数额，是依据遗产价值的一定比例确定的。如果逝者在生前对自己的财产采取了相应措施，则遗产传承的税费就可以减少甚至可以完全避免。

遗产规划还可通过保险为预见到的税项做好安排，不至于使继承人因无力承担税款而被迫变卖遗产。遗产规划也包括为自己所关心的人计划好未来的生活，如个人拥有某些产业，通过规划可以使这些产业得以维持和发展。

（三）遗产规划的原则

一份科学的遗产规划既可以保证遗愿得以实现，又能满足当前的需要，消除后顾之忧。

在制定遗产规划时，要遵循以下几个原则：

1.可变性

由于个人或家庭的财务状况和生活目标处于不断变化之中，因此，其遗产规划必须具有可变性，即可以修改或调整，以保证在不同的时期都能满足需要。

人们常用遗嘱和可撤销性信托来保证遗产规划的可变性，因为它们都可以在需要时加以修改，如果相反，使用的是不可撤销性信托的话，由于不可撤销，遗产规划的可变性就会受到影响。

2.流动性

这里的流动性是指在遗产中一定要保留充足的现金，以支付财产继承过程中需要缴纳的各种税费，如遗产税、临终医疗费、葬礼费、法律和会计手续费、遗嘱执行费、遗产评估费等，因为只有在扣除了这些税费并偿还了被继承人所欠的债务后，剩余的遗产才可以分配给继承人。

如果遗产中的现金数额不足，继承人可能因为要缴纳税费的缘故，要么变卖资产，要么放弃继承，这有违逝者的初衷。

要避免这种情况的发生，应该尽量减少遗产中的非流动性资产，如房地产、长期债券、珠宝和收藏品等。可以选择性地将它们出售或捐赠给他人，从而增加现金收入。

从遗产规划整体的角度讲，保证流动性的另一个工具是保险，这也是提供现金流的有效手段之一。

3.减少遗产纳税金额

在开征遗产税的国家，对遗产往往要支付较高的遗产税，继承人要在将全部遗产登记并计算和缴纳税金之后，才可以进行处置。所以，减少税收支出也是遗产规划中的重要原则之一。

捐赠、不可撤销性信托和资助慈善机构等，都可以减少纳税金额。

三、遗产规划的流程

遗产规划通常要经过计算和评估遗产价值、确定遗产规划目标、制定遗产规划、定期检查和调整几个步骤。

（一）计算和评估遗产价值

通过计算和评估遗产价值，可以对资产的种类和价值有一个整体的认识，在此基础上，了解与遗产有关的税费支出，选择遗产工具和策略。

遗产的种类既包括资产，也包括负债，如表10-1所示。

表10-1　**遗产的种类**

资产	价值	负债	价值
现金等价物	现金	贷款	信用卡贷款
	储蓄账户		汽车贷款
	货币市场账户		房屋抵押贷款
	人寿保单赔偿金额		其他
	其他现金账户		

续表

资产	价值	负债	价值
投资	股票	费用	税费支出
	债券		遗产处置费用
	共同基金		临终医疗费用
	合伙人投资收益		葬礼费用
	其他投资收益		其他费用
退休基金	养老金（一次性收入现值）	其他负债	
	配偶/遗孤年金收益（现值）		
	其他退休基金		
个人资产	主要房产	净资产总计=资产总计-负债总计	

（二）确定遗产规划目标

遗产规划的目标受到许多因素的影响，因人而异、因时而异。

其影响因素包括被继承人和继承人的年龄、遗产的形式和价值、继承人的需要及处理资产的能力，是否有遗产税、征收方式和税率高低等。

应在充分考虑这些因素的基础上确定遗产规划的目标。

遗产规划的目标一般包括：

（1）通过遗嘱确定遗产继承人以及各自的份额。

（2）明确遗产转移的方式。

（3）确定遗嘱执行人。

（4）为遗产提供充足的流动性。

（5）制订慈善计划。

（三）选择遗产规划的工具

具体内容参见第二节“（四）定期检查和调整”。

个人或家庭的目标和财务状况不断变化，只有定期检查和调整，才能确保其可变性。一般地，每半年或一年就要进行检查和修订，特别在出现家庭成员死亡、婚姻状况改变、患重疾、出售房地产、继承遗产、负债变化等重大事项时。

第二节 遗产规划工具

与其他规划一样，进行遗产规划时也有众多的工具可以选择，主要包括遗嘱、遗产委托书、遗产信托、人寿保险和赠与等。

一、遗嘱

遗嘱是指一个人对于他死亡之后其财产如何分配所做的书面的、有法律效力的声明。

《民法典》一千一百三十三条规定："自然人可以依照本法规定立遗嘱处分个人财产，并可以指定遗嘱执行人。自然人可以立遗嘱将个人财产指定由法定继承人中的一人或者数人继承。自然人可以立遗嘱将个人财产赠与国家、集体或者法定继承人以外的组织、个人。自然人可以依法设立遗嘱信托。"

遗嘱是遗嘱规划的主要工具之一，但中国人没有立遗嘱的习惯，除了传统的影响，主要是因为过去大多数人拥有的财产价值很小。

随着时代的发展，人们的文化素质提高，相当一部分人已经能够冷静、理性地看待死亡了。但是，人生不仅要面对死亡，还要为意外的发生做准备。早立遗嘱，可以免去意外带给家人的道德尴尬和法律困境。所以，未雨绸缪，提前考虑制定遗嘱是很有必要的。

（一）遗嘱的形式

根据《民法典》的规定，遗嘱可以采用自书、代书、打印、录音录像、口头和公证等形式。

1.自书遗嘱

自书遗嘱由遗嘱人亲笔书写、签名，注明年、月、日。

2.代书遗嘱

代书遗嘱应当有两个以上的见证人在场见证，由其中一人代书，并由遗嘱人、代书人和其他见证人签名，注明年、月、日。

3.打印遗嘱

打印遗嘱，应当有两个以上见证人在场见证。遗嘱人和见证人应当在遗嘱每一页签名，注明年、月、日。

4.以录音录像形式立遗嘱

以录音录像形式设立遗嘱时，应当有两个以上见证人在场见证。遗嘱人和见证人应当在录音录像中记录其姓名或者肖像，以及年、月、日。

5.口头遗嘱

遗嘱人在危急情况下，可以立口头遗嘱。口头遗嘱应当有两个以上见证人在场见证。

危急情况消除后，遗嘱人能够以书面或者录音录像形式立遗嘱的，所立的口头遗嘱无效。

6.公证遗嘱

公证遗嘱是由遗嘱人经公证机构设立的遗嘱。

在代书遗嘱、打印遗嘱、录音录像形式的遗嘱和口头遗嘱设立时，都需要有见证人在场并签字。

《民法典》第一千一百四十条规定，下列人员不能作为遗嘱见证人：一是无民事行为能力人、限制民事行为能力人以及其他不具有见证能力的人；二是继承人、受遗赠人；三是与继承人、受遗赠人有利害关系的人。

（二）遗嘱的效力

遗嘱人可以撤回、变更自己所立的遗嘱。

立遗嘱后，遗嘱人实施与遗嘱内容相反的民事法律行为的，视为对遗嘱相关内容的撤回。立有数份遗嘱，内容相抵触的，以最后的遗嘱为准。

《民法典》第一千一百四十三条规定：

（1）无民事行为能力人或者限制民事行为能力人所立的遗嘱无效。

（2）遗嘱必须表示遗嘱人的真实意思，受欺诈、胁迫所立的遗嘱无效。

（3）伪造的遗嘱无效。

（4）遗嘱被篡改的，篡改的内容无效。

《民法典》取消了以前法律规定中对公证遗嘱的最高效力认定，规定“立有数份遗嘱，内容相抵触的，以最后的遗嘱为准”。这一变化保障了立遗嘱人的最后意志得以实现。

【例10-1】王老先生的老伴去世早，膝下一儿一女，名下一房一车。他写了一份遗嘱，将车子留给女儿，将房子留给儿子。后来，王老先生摔了一跤，女儿床前床后地尽心照料他使他改变了主意，于是他又立了一份公证遗嘱，把车子留给儿子，将值钱的房子留给女儿。春去秋来，王老先生的身体一日不如一日，思来想去还是放心不下孙子，担心孙子以后居无定所。于是，他又让两位老友帮忙，代写了一份遗嘱，打定主意还是把房子给儿子，将车子留给女儿。

遗嘱订立后不久（2018年10月），王老先生去世了。兄妹两人收拾遗物时发现了父亲的三份遗嘱，并为此打起了官司。

当时，根据《最高人民法院关于贯彻执行〈中华人民共和国继承法〉若干问题的意见》第42条的规定：“遗嘱人以不同形式立有数份内容相抵触的遗嘱，其中有公证遗嘱的，以最后所立公证遗嘱为准；没有公证遗嘱的，以最后所立的遗嘱为准。”王老先生前先后立了三份遗嘱，有自书遗嘱、公证遗嘱和代书遗嘱三种。虽然代书遗嘱在后，但是公证遗嘱效力最高，法院最终认定了公证遗嘱的效力，判决女儿继承房产，儿子继承车子。

2020年1月1日《民法典》实施后，王老先生这个案子就不会这么判了。《民法典》对于遗嘱效力的认定出现了一些变化，其中第一千一百四十二条规定：“遗嘱人可以撤回、变更自己所立的遗嘱。立遗嘱后，遗嘱人实施与遗嘱内容相反的民事法律行为的，视为对遗嘱相关内容的撤回。立有数份遗嘱，内容相抵触的，以最后的遗嘱为准。”根据《民法典》的规定，公证遗嘱不再具有高于其他遗嘱的效力。如果王老先生是在《民法典》实施后订立了这三份遗嘱，结果就会完全不同。三份遗嘱效力相同，就以最后订立的代书遗嘱为准，儿子可以继承房子，女儿继承车子。

（三）遗嘱的主要内容

来自我国基层法院的统计资料显示，近年来我国遗产继承纠纷案例持续增多。其中有近70%的遗产继承纠纷是由于被继承人生前未立遗嘱或未做遗产规划引起的，而在剩下的30%遗产纠纷中，又有将近84%的案件是因为遗嘱欠缺法律要件或形式、内容违法。那么，一份遗嘱应该包括哪些内容呢？

一份遗嘱一般应该包括以下内容：

（1）立遗嘱人的姓名、性别、年龄、籍贯、住址；

（2）立遗嘱人的家庭情况；

（3）订立遗嘱的原因；

（4）遗嘱处分的财产状况（名称、数量、所在地点以及是否共有、抵押等）；

（5）处分财产的种类、名称、数量和所在地点；

（6）遗嘱受益人的姓名、性别、年龄；

（7）对财产及其他事务的处理意见；

（8）遗嘱的份数、保留以及是否有执行人执行（有遗嘱执行人、证明人、代书人的，应当写明其姓名、性别、年龄、住址等）；

（9）遗嘱制作的日期以及遗嘱人的签名。

遗嘱应当为缺乏劳动能力又没有生活来源的继承人保留必要的遗产份额。

受传统思维影响，在我国，人们一般都要等到年事已高、疾病缠身后才立遗嘱。事实上，立遗嘱并非老年人的专利。在西方国家，年轻人立遗嘱的情况相当普遍。调查显示，有30%的美国人选择在35岁之前订立遗嘱，只有0.5%的人等到75岁之后才写下第一份遗嘱。近年来，国内立遗嘱的人群逐渐呈现年轻化态势。

据中华遗嘱库负责人介绍，2018年选择立遗嘱的30岁左右的年轻人相较于2017年增加了30%左右。截至2019年8月，在全国范围内已经有200多名90后订立遗嘱，所以，立遗嘱并非老人的专利，也不应是一件很忌讳的事，它就像一个幸福留言，是对家人和家庭的责任与爱的体现。年轻人立遗嘱，折射出法律意识和生命意识的双重进步。

【知识拓展10-1】 **自书遗嘱示例**

遗嘱人姓名：　　年龄：　　民族：　　户籍所在地：　　身份证号码：

我在此立遗嘱，对本人所有的部分财产，做如下处理：

一、我自愿将下列归我所有的财产遗留给甲（应当是法定继承人之一）：（属于房产的，写明权属证书号及房产地址、面积等详情；属于其他财产的，写明财产详情）

我遗留给甲的财产，属于甲个人所有。

二、我自愿将下列归我所有的财产遗留给乙（应当是法定继承人之一）：（属于房产的，写明权属证书号及房产地址、面积等详情；属于其他财产的，写明财产详情）

我遗留给乙的财产，属于乙个人所有。

本遗嘱委托丙（姓名、年龄、民族、户籍所在地、身份证号码）为执行人。
本遗嘱一式二份，一份由本人收执，一份由委托执行人丙保存。

立遗嘱人：（签名）

年　月　日

【例 10-2】某年 8 月，李某病重，经医治无效去世。李某有三个子女，都已成家。分别是李一、李二、李三。李某立下遗嘱将其仅有的一套房子留给了李三。后李一、李二认为该遗嘱剥夺了自己的继承权，请求法院确认该遗嘱无效，并依法分割继承该房产。

分析：

首先要判断该房产是不是李某的个人财产。李某的妻子于一年前去世，该房产是两人的婚后财产，应属于夫妻共有。李某的妻子生前没有立遗嘱。李某的妻子去世后，其继承人对该房产没有进行分割、继承。那么，对于该房产李某与李某的妻子应各占一半的份额。对于李某妻子的遗产，李某无权予以处分，李某只能处分自己的一半份额，而李某妻子的份额应由李某、李一、李二、李三四人共同继承，每人占房产的 1/8 份额。那么，李某共占有房产 5/8 的份额，也就是说，李三可以继承李某这 5/8 的份额，同时，李三又可以继承其母亲的遗产份额的 1/4，即房产 1/8 的份额，因此李三共计可继承房产份额的 3/4，李一与李二则分别可继承房产份额的 1/8。

（四）遗嘱的执行

继承开始后，遗嘱执行人为遗产管理人；没有遗嘱执行人的，继承人应当及时推选遗产管理人；继承人未推选的，由继承人共同担任遗产管理人；没有继承人或者继承人均放弃继承的，由被继承人生前住所地的民政部门或者村民委员会担任遗产管理人。对遗产管理人的确定有争议的，利害关系人可以向人民法院申请指定遗产管理人。

遗产管理人应当履行下列职责：

（1）清理遗产并制作遗产清单；

（2）向继承人报告遗产情况；

（3）采取必要措施防止遗产毁损、灭失；

（4）处理被继承人的债权债务；

（5）按照遗嘱或者依照法律规定分割遗产；

（6）实施与管理遗产有关的其他必要行为。

链接 10-1

中华遗嘱库

遗产管理人应当依法履行职责，因故意或者重大过失造成继承人、受遗赠人、债权人损害的，应当承担民事责任。

遗产管理人可以依照法律规定或者按照约定获得报酬。

二、遗产委托书

遗产委托书是授权委托书的一种，即将个人对遗产的处置权利委派给他人的书面凭证。通过遗产委托书，可以授权他人来安排和分配遗产，不用自己亲自去办理。被授权的一方称为代理人，代理人只能在当事人明确的权利范围内行使权利。

遗产委托书有普通和永久之分。一旦当事人去世或丧失行为能力，代理人即不再有代理权的遗产委托书称普通遗产委托书；反之，即使当事人去世，代理人仍有权处理当事人遗产的遗产委托书叫永久遗产委托书。显然，在效力上，后者要高于前者。

三、遗产信托

（一）什么是遗产信托

在法律、税务体系较为健全的国家和地区，遗产信托是遗产继承和财产传承的首选。

在我国的香港特别行政区和台湾地区，遗产信托也广泛被采用。那么，究竟什么是遗产信托？

遗产信托指遗嘱人立下遗嘱，将自己的遗产设立成专项基金，并把它委托给受托人管理，基金收益则由受益人享有的一种契约关系。受益人既可以是继承人，也可以是慈善机构或者任何个人或组织。此外，遗嘱人还可以根据自己的需要为基金的管理和支配设定各种条件和要求。遗产信托在遗嘱人订立遗嘱后成立，并于遗嘱人去世后立即生效。

例如，1993年，32岁的戴安娜王妃立下遗嘱，要求自己去世后将遗产交给信托管理人管理，她的两个儿子则作为受益人平均享有信托收益。遗嘱还规定他们从25岁开始可以自由支配一半的收益；30岁开始可以自由支配一半的本金。1997年戴安娜王妃因车祸去世后，信托基金立即成立，当时基金总额为1 296.6万英镑，而10年后大儿子威廉年满25周岁时，该基金仅收益就已经达到1 000万英镑。

（二）遗产信托的作用

遗产信托除了具备一般信托的优点外，还有以下作用：

1.传承家族财产

传承家族财产指的是，即使人已不在世上，仍可以按照自己的遗愿运用和分配财产，如从事公益事业等。同时，由于财产在受托人的保管之下，不会被继承人挥霍殆尽，保证能够代代相传。

2.避免继承纠纷

随着个人财富的急剧增加以及遗产均等继承等意识的增强，我国因遗产分配而引发的纷争层出不穷。这既不利于家族和睦，也不利于社会的健康发展，而遗产信托就可以很好地解决这个问题。

遗产信托不仅可以让需要被照顾的家人生活无忧，而且由于各继承人所得的财产清楚透明，可以避免子女争夺遗产情形的发生，这一点在子女尚未成年或家人无能力管理巨额财产的时候显得尤为重要。通过信任的或法定的第三方管理遗产，可有效避免继承人管理风险。

3.隔离风险

隔离风险，指规避委托人、受托人风险。信托独具的信托资产破产保护机制，即风险隔离机制，可有效避免委托人和受托人风险。

比如，当委托人死亡、离异或破产时，信托财产不会受到牵连，债权人及其配偶都无权拿回，这就充分保护了委托人和家人的财产。

另外，信托财产独立于受托人，即使受托人遭遇破产、清算等经营风险，信托财产也不会受到波及。

4.避免过重的税负

遗产信托中，继承人因未直接接受遗产而不必缴纳高额遗产税。

例如，我国台湾新光集团创始人之一的吴火狮先生去世时留下了数百亿元遗产，因为进行了遗产信托，继承人仅缴纳了2亿元遗产税；而我国台湾纸业大王何传先生去世时留有20亿元资产，由于没有规划，继承人缴纳了约10亿元的遗产税；更有甚者，我国台湾某房产商去世时留下一个楼盘，需要缴纳1.4亿元的税款，由于拿不出那么多现金，继承人只得将遗产捐赠了。

在我国大陆，受法律环境、税制环境的制约，信托公司主要开展集合资金投融资信托业务，注重的是资金的保值增值，还没有开展遗产信托业务。

（三）遗产信托的种类

1.欧美国家一般把遗产信托分为遗嘱执行信托和遗产管理信托

（1）遗嘱执行信托。

遗嘱执行信托是信托机构根据遗嘱或法院的裁决，在遗嘱人死亡后，代遗嘱人清理遗产、收取债权、清偿债务、进行税款及其他费用支付、分配遗赠物、分割遗产等。

该类信托大多是因为遗嘱人财产较多，遗产的分割处理关系比较复杂，且缺少可靠执行人等缘故而设立的。

（2）遗产管理信托。

遗产管理信托是以遗产管理为主要目的进行的信托。

遗产管理信托的内容与遗嘱执行信托的内容虽有交叉，但侧重在管理遗产方面。遗产管理人可由法院指派，也可由遗嘱人和其亲属会议指派。

2.根据信托合同中是否保留了委托人的撤销权，遗产信托分为可撤销信托和不可撤销信托

（1）可撤销信托（Revocable Trust）。

可撤销信托允许委托人随时对遗嘱进行修改，具有很强的可变性，此类信托不仅可以作为遗嘱的替代文件用于遗产安排，而且还可以节约遗嘱验证费用。

（2）不可撤销信托（Irrevocable Trust）。

不可撤销信托是在有限的情况下才可以修改的信托，能够享受一定的税收优惠。

3.根据信托合同中代理人行使权限的时间，遗产信托分为身后信托和生前信托

（1）身后信托。

身后信托，也称遗嘱信托，是指根据当事人的遗嘱条款设立的遗产信托，它是在当事人去世后遗嘱生效时，再将信托财产转移给托管人，由托管人依据信托的内容管理、处分信托财产。

身后信托的架构如图10-1所示。

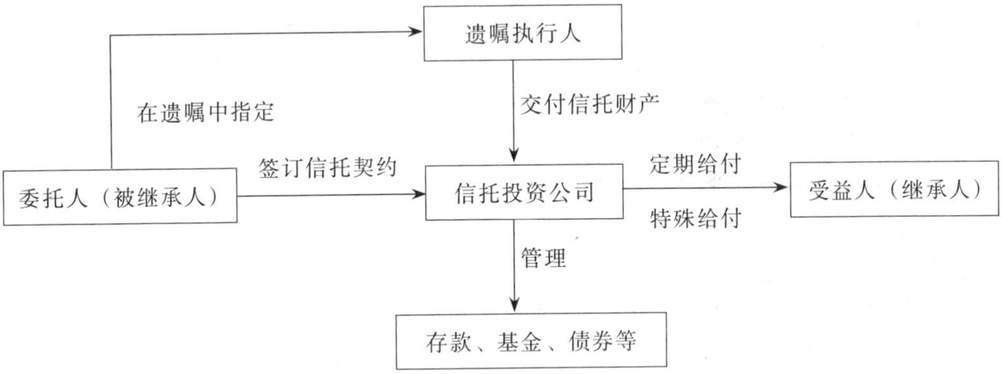

图10-1 身后信托架构

（2）生前信托。

生前信托是委托人与受托人签订信托契约，委托受托人办理委托人在世时的各项事务。

委托人设立生前信托的目的各不相同，可以是管理财产、处理财产，也可以是保全财产和增值财产等。

大部分生前信托都属于可撤销信托，即订立人可随时修改甚至取消。

生前信托可订明将来夫妇中任何一方离世时，属于死者的资产应如何处理，既可指定由未亡人或子女继承产业，也可指定其遗产全部或部分归入特别信托，该信托称为BY-PASS TRUST（简称为“B信托”），为不可撤销的信托，作用是保留死者的个人遗产免税额（如开征遗产税）。

对拥有房地产的人而言，生前信托是比较有效的遗产规划工具。假如房地产由夫妇直接拥有，待两人都去世后，后人需要聘请律师或会计师，向法庭申请认证，法庭批准后才能将产权转移。认证除了要花钱和花时间外，还会失去隐私权。而在生前信托内的遗产，就完全无须通过认证手续。

四、人寿保险

人寿保险在遗产规划中所起的作用，一是可以用身故保险金支付遗产税（如开征了遗产税）和其他身后费用，如丧葬开支等，防止遗产继承人变卖遗产来缴税；二是因身故保险金免税（我国也是如此），可有效降低遗产转移的成本。

【例10-3】我国台湾的李先生夫妇身故时拥有相当数量的房产和一家运作良好的公司，但并没有很多的现金和存款。如果他们没有事先做遗产规划，这庞大的遗产将变成

继承人沉重的遗产税包袱。所幸他们早已为自己投保了终身寿险，子女因此获得了相当多的保险金，这样，其继承人就不必为缴纳遗产税而不得不出售房产或因动用公司资金而影响公司的正常运营了。

【例10-4】50岁的章先生投保100万元保额的定期寿险，交费期20年，年交保费16 580元，如果章先生在保险缴费期的第八年不幸身故，其受益人就可以获得100万元 不用缴纳遗产税的足额赔偿（假设彼时已开征遗产税）。可见，购买高额寿险可以防止财产缩水。

五、赠与

赠与是当事人为了实现某种目的而将某项财产作为礼物赠送给他人，使该项资产不再出现在遗嘱条款中。采取这种措施一般是为了减少纳税支出。

赠与包括遗赠和生前赠送两种方式。

（一）遗赠

遗赠是自然人以立遗嘱的方式将个人合法的财产的一部分或全部送给个人、机构或继承人以外的人，并于遗嘱人死亡后生效的单方面民事法律行为。

《民法典》第一千一百三十三条规定，自然人可以立遗嘱将个人财产赠与国家、集体或者法定继承人以外的组织、个人。

（二）生前赠送

受赠人通常为配偶、子女和亲友。

在国外，赠与的财产价值符合标准的可以享受一定的税收优惠，可以节省财产传承过程中的纳税支出。而且，扣除了赠与财产部分剩下的财产，很可能享受到一个较低等级的遗产税率，同样能起到减少纳税支出的作用。所以，在财产传承过程中，将一部分财产以礼品赠与的方式留给想要赠送的人也是一种不错的选择。

在很多国家，几乎所有以赠与方式转移的财产都必须征收礼品税，无论是直接赠送的还是间接赠送的。但当礼品价值低于或等于某一标准时，可以从捐赠者的财产中扣除，只有当其金额超出扣除标准时，才需要缴纳礼品税。

表10-2是美国2018年的礼品税免征标准。

表10-2 **2018年美国礼品税免征标准**

年度扣税	在一年当中，只要赠送给个人的赠与价值不超过15 000美元，无论赠送给多少个人，都免税
礼品分割	在一年当中，只要夫妻共同赠送给个人（第三方）的赠与价值不超过30 000美元，无论赠送给多少个人，都免税
慈善扣除	只要捐赠的机构是合法的慈善机构，所有捐赠都免税
婚姻扣除	只要配偶是美国公民，赠送给配偶的所有赠与都免税

六、法定继承

如果当事人留有遗嘱，遗产的继承自然以遗嘱为依据，但如果没有遗嘱，财产怎样分配和继承呢？这就是法定继承所要解决的问题。

法定继承又叫无遗嘱继承，是由法律直接规定继承人的范围、顺序、遗产分配原则的一种继承方式。

在法定继承中，哪些人可以作为死者遗产的继承人，各个继承人按照什么样的顺序来继承，以及同一顺序中各个继承人根据什么原则分割死者的遗产等等，都要由法律予以明确规定。

（一）法定继承顺序

《民法典》第一千一百二十七条规定，遗产按照下列顺序继承：

第一顺序：配偶、子女、父母；

第二顺序：兄弟姐妹、祖父母、外祖父母。

继承开始后，由第一顺序继承人继承，第二顺序继承人不继承；没有第一顺序继承人继承的，由第二顺序继承人继承。

之所以这样划分继承顺序，是基于继承人与被继承人之间的亲疏关系。第一顺序继承人通常是最亲近的亲属，在法律上有相互扶养的义务；第二顺序继承人是近亲属，在法律上于一定条件下有相互扶养的义务。

1.第一顺序继承人

（1）配偶。

合法婚姻关系中配偶双方互为第一顺序继承人。所以，同居关系的双方、婚姻被宣告无效或被撤销的双方互不享有继承权。

配偶一方在离婚诉讼中死亡的，另一方仍为第一顺序法定继承人；被宣告死亡[①]人（判决宣告时并未自然死亡）于判决宣告之后才自然死亡的，若死亡宣告的判决尚未撤销，其原配偶即使尚未再婚，也不享有继承权。

（2）父母。

父母包括被继承人的生父母、养父母和形成扶养关系的继父母。继父母继承了继子女遗产的，不影响其继承生子女的遗产。但生父母对被他人收养的生子女不享有继承权。

（3）子女。

子女包括被继承人的婚生子女、非婚生子女、养子女和有扶养关系的继子女。

须注意的是：继子女继承了继父母遗产的，不影响其继承生父母的遗产；养子女不能继承生父母的遗产。养子女对生父母扶养较多的，可以作为法定继承人以外的人适当分得生父母的遗产。

《民法典》第一千一百零五条规定，收养应当向县级以上人民政府民政部门登记。

---

① 宣告死亡是指自然人离开住所，下落不明达到法定期限，经利害关系人申请，由人民法院宣告其死亡的法律制度。

收养关系自登记之日起成立。

另外，我国法律还规定，丧偶儿媳对公、婆，丧偶女婿对岳父、岳母，尽了主要赡养义务的，无论其是否再婚，均作为第一顺序继承人。

2.第二顺序继承人

（1）兄弟姐妹。

兄弟姐妹包括同父母的兄弟姐妹、同父异母或者同母异父的兄弟姐妹、养兄弟姐妹（养子女与生子女之间、养子女与养子女之间，亦属“养兄弟姐妹”）、有扶养关系的继兄弟姐妹（只有彼此形成扶养关系的继兄弟姐妹才能互为第二顺序的法定继承人）。继兄弟姐妹之间相互继承了遗产的，不影响其继承亲兄弟姐妹的遗产。

（2）祖父母、外祖父母。

被继承人死亡的，其祖父母、外祖父母均可作为第二顺序继承人参与继承。须注意，祖父母、外祖父母死亡时，孙子女、外孙子女不属于第二顺序继承人，由其父母作为第一顺序继承人参与继承；其父母先于祖父母、外祖父母死亡的，孙子女、外孙子女也不是第二顺序继承人，而是以代位继承人[①]的身份参与继承，其在法律上的地位相当于第一顺序继承人。

（二）法定遗产分配

《民法典》第一千一百三十条规定：

同一顺序继承人继承遗产的份额，一般应当均等。

对生活有特殊困难又缺乏劳动能力的继承人，分配遗产时，应当予以照顾。

对被继承人尽了主要扶养义务或者与被继承人共同生活的继承人，分配遗产时，可以多分。

有扶养能力和有扶养条件的继承人，不尽扶养义务的，分配遗产时，应当不分或者少分。

继承人协商同意的，也可以不均等。

对继承人以外的依靠被继承人扶养的缺乏劳动能力又没有生活来源的人，或者继承人以外的对被继承人扶养较多的人，可以分给他们适当的遗产。

【例10-5】王朋夫妇结婚10年后王朋因病去世，身后留下一套房产（价值100万元）和100万元存款（为共同财产）。两人生育了两个子女。王朋母亲已经过世，父亲在世。请问王朋的遗产该怎么分配？王朋妻子能得到多少份额？

100万元存款属夫妻共有财产，妻子拥有50万元，剩余50万元为遗产，如果没有遗嘱，由法定继承人（父亲、两个子女和妻子）平均分配，王朋妻子可得12.5万元，一共可得62.5万元。

房产如果属于婚前财产，王朋妻子仅可得1/4份额，即25万元；如果房产属于婚后共同财产，则与存款的分配方式相同。

---

① 代位继承是指在法定继承中，被继承人子女先于被继承人死亡，由被继承人的子女晚辈直系血亲代位继承。代位继承的人一般只能继承他的父亲或母亲有权继承的遗产份额。

第三节 遗产税

所谓遗产税，就是在被继承人或财产所有人死亡时对其遗留的财产，即遗产课征的一种税，在国外也叫死亡税。

据考证，早在古埃及、古希腊和古罗马时代就曾经开征过遗产税，其主要目的是筹集战争经费。近代意义上的遗产税始于1598年的荷兰。继荷兰之后，英国于1694年、法国于1703年、意大利于1862年、日本于1905年、德国于1906年、美国于1916年也相继开征了遗产税。20世纪初以来，遗产税逐渐成为一个固定的税种，其主要目的也转变为调节社会成员之间的贫富差距，借以取得财政收入的作用大大削弱了。

近几十年，许多国家和地区都纷纷停征遗产税，如加拿大、澳大利亚、新西兰、意大利、以色列、挪威、瑞典、奥地利等。

我国香港特别行政区2006年取消了遗产税。新加坡在2008年取消了遗产税。2009年我国台湾大幅下调了遗产税税率[①]。

一、遗产税制结构

遗产税制结构有三种类型：总遗产税、分遗产税和混合遗产税。

（一）总遗产税

总遗产税是对财产所有人死亡后遗留的财产总额综合进行课税的制度，一般不考虑继承人和被继承人之间的亲疏关系以及各继承人纳税能力的差异，纳税义务人是遗嘱执行人或遗产管理人。

英国、美国等国家采用的是此种税制模式。

我国台湾地区也采用此种税制模式。

总遗产税的特点是实行“先税后分”，即先缴完税后再分遗产，税制简单，纳税对象明确，因而征收成本比较低。

但是，总遗产税是对遗产总额征收税款，它不管关系的亲疏，也不看税负承受能力，只和遗产总额挂钩，按一个标准缴税，没有最大限度地体现出税收应有的公平原则。

（二）分遗产税

分遗产税是以各继承人所继承的遗产及继承人与被继承人关系的亲疏，分别课以差别税率的遗产税制度，纳税义务人是继承人、受遗赠人。日本、韩国、法国等采用这种税制模式。

分遗产税的特点是“先分后税”，表现为先把遗产分给各继承人，然后对每一继承人所得的财产征税。

---

① 2009年我国台湾地区将遗赠税的最高边际税率50%降至单一税率10%，提升遗产税免税额至1 200万元、赠与税免税额至220万元，分期缴纳由12期延长为18期。这使得我国台湾地区对富人的吸引力上升，富人财产转移的现象减少，有助于我国台湾地区经济的稳定发展。

分遗产税制考虑到了各继承人的实际纳税能力以及继承人与被继承人关系的亲疏，较为公正、科学。

例如，财产继承人和被继承人关系远近不同，税率不同，分得的财产不同，税率也不同，倘若儿子和侄子继承同样遗产，那么，他们各自适用的税率就有差别；同样是儿子，继承金额不同，纳税金额也不同。

但是，因在遗产分割后征税，税源难以控制，有可能为偷税漏税大开方便之门。

此外，分遗产税征管过程较为复杂，加大了征收成本。

（三）混合遗产税

混合遗产税是指先就被继承人的遗产课征遗产税，再就每个继承人的继承额课征继承税。

从理论上讲，它兼有总遗产税制和分遗产税制的长处。

但实践已表明，这种税制加大了税务机关的工作难度，徒增麻烦和成本，因此，世界上只有极少数的国家曾采用过这种税制模式，如加拿大、意大利等。

二、征税标准和税率

（一）征税标准

对遗产征税大致有三种标准：国籍标准、住所标准和财产所在地标准。

国籍标准是以财产所有者的国籍为依据对遗产征税。

住所标准是以财产所有人的住所为依据对遗产征税。

财产所在地标准是按财产的所在地划分遗产税的征管权。

世界上大多数国家都采取混合使用的方法，而且主要是采取属人与属地相结合的原则，即在本国国界内的收入都要纳税，同时本国居民的全球收入也要纳税。

（二）税率

从税率设计上看，遗产税的税率有累进税率和单一比例税率两种。

实行总遗产税制的国家或地区往往只设置一种超额累进税率，而实行分遗产税制的国家则多按继承人与被继承人之间的亲疏关系设置几种超额累进税率，对与被继承人关系较近的继承人如配偶或子女等，适用较低的税率；对与被继承人关系较远的继承人如堂兄弟姐妹或非亲属等，适用较高的税率。

三、赠与税

一些国家不单独设立赠与税，而是把一部分生前赠与财产纳入遗产税征收范围，如英国、美国等。此方式的优点是征收方法简便，易被纳税人接受，但在一定程度上削弱了赠与税的堵漏功能，限制了遗产税的作用。

有些国家则按以下方式处置：

（1）分设两税，并行征收。

分设两税，并行征收，就是对生前赠与财产按年课征赠与税，对财产所有者死后遗留的财产课征遗产税。

此方式的优点是可以防止纳税人生前为了逃税而大量转移财产，因此为大多数国家所采用。

(2) 两税交叉，合并课征。

两税交叉，合并课征就是分设两种税，即对生前赠与财产按年课征赠与税，财产所有者死亡后要将生前的赠与总额，合并计入遗产总额一起征收遗产税，原已缴纳的赠与税税款准予扣除。

此方式对防止纳税人偷逃遗产税功效显著，但征管复杂，仅有极少数国家采用。

四、遗产税的特征

(一) 自然人的死亡，是征收遗产税的前提条件

遗产税的纳税环节始于原财产所有人死亡之时，没有死亡的法律事实则不会发生遗产税法律关系。

(二) 遗产税的课征客体只能是被继承人死亡时遗留的财产

如前所述，遗产税在具体操作上表现为两种形式：

一是以被继承人的遗产总额为课征对象；

二是以遗产继承人所得的遗产作为课征对象。

(三) 遗产税的纳税主体具有普遍性和限定性

遗产税的纳税主体被限定在明确具体的范围之内，即遗产管理人、遗嘱执行人或遗产受让人。

(四) 在税制的操作上，遗产税有其独特之处

一是免征额大，起征点高，经常变化。

比如，2001年美国遗产税的个人起征点为67.5万美元，夫妇为135万美元，税率为55%；而到了2011年，美国遗产税的个人起征点改为500万美元，夫妇为1 000万美元，税率降低至35%；2023年，美国遗产税的个人起征点为1 292万美元。

二是税前扣除和抵免情节规定较多。

美国遗产税对家庭成员或配偶之间财产的共有性及被继承人与遗产受让人之间的身份关系特别重视，突出强调了遗产最终归属的社会公益意义。

三是课税等级严格细密，税率高。

比如，日本的遗产税税率是10%～70%，美国的遗产税税率是18%～50%，英国的遗产税税率是40%，德国遗产税的最高税率是50%，印度的遗产税税率是4%～85%，菲律宾的遗产税税率是3%～60%。

(五) 征收烦琐，控税难度较大

遗产税税源分布在社会最基层，遗产的表现形式多种多样，透明度不高。因而，对这一税源的控制和课征在很大程度上取决于纳税主体的自觉性和税务机关深入细致地进行课税的积极性与责任心，同时也有赖于建立和健全有效的遗产继承与课税的监督机制，否则逃税避税行为难以杜绝。

五、遗产税和赠与税的作用

各国征收遗产税和赠与税，在一些方面发挥了一定的积极作用，这也是遗产税和赠

与税能够长期存在的原因。

遗产税和赠与税的作用具体可概括为：

（一）调节社会分配

贫富差距不仅是经济问题，更是关系到稳定与发展的社会问题。

对超过社会平均财富的个人财产征收遗产税，能够适当平均社会财富。如果富有者将大批财富留给后代，继承人就会由于继承行为的发生而拥有一大笔远远高于其他人收入的私有财产，从而造成新的社会财富分配不均的现象，国家通过遗产税和赠与税，实行区别税负，将拥有高额遗产者的一部分财产归社会所有，用以扶持低收入者和兴办社会福利事业，形成社会分配的良性循环。

（二）增加财政收入

作为直接税中的重要税种之一，遗产税和赠与税能在一定程度上捕捉所得税漏掉的税源，补充部分财政收入。但遗产税和赠与税的财政意义是附带的，主要还是其社会意义。

（三）有助于形成良好的社会风气

遗产继承所得和受赠财产，对接受者而言是不劳而获，容易使继承人和受赠人奢侈浪费，败坏社会风气。

通过开征遗产税，可以将遗留财产中的一部分重新纳入社会分配，抑制财富过分地代际传递与积聚，限制不劳而获，鼓励人们生前向社会捐赠、捐献，培养公民关心科技、教育、慈善事业，形成为公益事业服务的社会风尚。

为此，各国都规定，凡向公共、公益事业的捐赠，不计入征税遗产总额，并为捐赠者留名，以鼓励个人向社会捐赠。

（四）平衡纳税人的心理

由于遗产税对由继承遗产或接受赠与而获得的非劳动所获的财产进行课税，减少了因血统、家庭等非主观因素带来的财富占有，使得人们在心理上感觉较为公平。

尽管有100多个国家开征了遗产税，但近些年来，不少国家纷纷采取了取消遗产税的做法。其原因何在？

首先，遗产税并未真正有效地提高财政收入。

虽然财富在不断增加，但所征收的遗产税并未随之增长，为减少和规避纳税，一些富人将大部分财产在生前就已经捐赠出去了，或在去世前的3~5年就以赠与的方式转给了他人。

在西方发达国家，遗产税的纳税人数仅占死亡人数的2%~6%。各国征收的遗产税在整个国家税收收入中的比重都较小，美国、法国、瑞士等多数西方国家征收的遗产税在整个国家税收收入中的比重都在1%左右，其中日本最高，为3.5%，新加坡、丹麦最低，新加坡为0.4%，丹麦为0.35%。

其次，遗产税的征收不利于吸引投资和人才流入。

不同国家和地区对遗产税的课税对象有不同的分类，如果一个国家征收遗产税，而相邻的国家或者地区不征遗产税的话，投资者在选择投资地点时，会将这个问题纳入考虑因素。

有报道称，新西兰在1992年取消遗产税后，翌年直接外来投资骤增103%，之后两年亦保持了20%的增长速度。新西兰认为，直接投资的增加与遗产税的取消有着很大关系。

最后，遗产税的征收成本较高。

遗产税是一个特殊的税种，其征收工作是偶发的、一次性的，而且征税面窄，对因财产所有人死亡而转移或接受的财产要在一定数额以上才征税；不同的国家和地区又会根据遗产不同的数额划分不同的税率。这就需要投入较多的征税力量，设置征收遗产税的专门机构，聘请具有专业知识的人员，花费相当多的时间和精力对遗产税进行核实、评估和征收。

在美国，仅遗产税纳税申报时要求填写的说明书就有20多页，纳税报表有40多页，正确填写需要一个月。

所以，大多数纳税人都聘请专业人士来完成纳税申报。

征税成本较高，导致多数发达国家和地区遗产税的收入相对较低，以1998年为例，美国遗产税收入为230亿美元，而征税成本却为480亿美元，其成本高于税收收入250亿美元。

六、我国的遗产税

我国曾于1938年10月正式颁布《遗产税暂行条例》，并于1940年7月1日正式开征遗产税。

中华人民共和国成立后，1950年通过的《全国税政实施要则》中也将遗产税作为拟开征的税种之一，但由于条件不具备，没有开征。

1994年我国进行工商税制改革时，又将遗产税列入改革方案，后来，遗产税还被写入了《关于国民经济和社会发展“九五”计划和2010年远景目标纲要的报告》，以及党的十五大报告。

2004年9月，财政部出台了《中华人民共和国遗产税暂行条例（草案）》，该条例在2010年进行了修订，但一直没施行。

开征遗产税有一定的必要性，有利于社会公平的实现，完善税收体系。那么，我国开征遗产税有什么障碍呢？

遗产税是国际公认的复杂税种，其征管要求很高。遗产税的征收需要一系列完善的配套措施，至少需要完善的财产所有权制度、健全的遗产继承法律制度，以及完备的信息等，而这些都是现阶段我们所欠缺的。

首先，财富持有者的信息不透明。

我国尚未实行统一的个人财产登记制度，纳税人所拥有的房产、股票、机动车数量等数据，税务机关很难准确掌握，这对遗产税的开征形成了很大阻力。另外，我国房产只有70年使用权而无所有权，这也是征收遗产税的难题之一。

其次，税源问题。

大多数致富者都是创业者，其拥有的财富基本上以经营性财产为主。按照国际惯例，这类财产在征收遗产税时应予扣除或者给予一定的照顾。

此外，这些致富者基本上处于青壮年阶段，大多数的遗产继承人只是潜在的。因此，即使开征遗产税，近期内税收收入也不会太多，还可能对民营经济造成冲击，带来资金外流、畸形消费、生产积极性下降等负面影响。

最后，遗产税的意识淡薄。

将积累的财富传承给自己的子孙后代是我国的一种传统观念，很多人对开征遗产税心存抵触情绪，纳税意识不强，不利于遗产税的开征。

【思政小课堂】　党彦宝再次荣膺“全国十大慈善家”

2023年5月18日，第二十届（2023）中国慈善榜正式发布。福耀玻璃工业集团股份有限公司董事长、河仁慈善基金会创始人曹德旺，宁夏宝丰集团有限公司董事长、宁夏燕宝慈善基金会理事长党彦宝，香港英皇集团主席杨受成荣获年度“全国十大慈善家”，并被授予最高荣誉“中国慈善二十年·慈善领袖”殊荣。

据悉，这是党彦宝连续第9次登上中国慈善榜。2022年，党彦宝捐资6亿元，位居慈善榜单前列。

党彦宝始终坚持“用心做企业，用爱做慈善”，在推动企业高质量发展的同时，积极履行社会责任，每年拿出企业10%的利润，以宁夏燕宝慈善基金会为平台，长期投入教育助学，已累计捐资33.03亿元，资助30.17万名青年学子求学圆梦。

链接10-2

推进慈善捐赠行稳致远

党彦宝表示，教育是国家富强、民族复兴和时代进步的基石，也是撬动个人发展的重要杠杆。“我们重点开展教育助学，目的就是充分发挥教育杠杆作用，激发撬动学子内生动能，帮助他们依靠知识的力量和自身的努力去改变命运。”党彦宝说。

据了解，目前燕宝慈善基金会资助的青年学子当中，已有17万多人毕业就业，在各行各业发挥才智，成为报效国家、建设家乡的栋梁之材。

资料来源　张文攀.党彦宝再次荣膺“全国十大慈善家”[EB/OL].（2023-05-19）[2024-07-19]. https://m.gmw.cn/toutiao/2023-05/19/content_36572813.htm.

本章小结

本章是对遗产的规划，主要讲解遗产的概念、法律特征，探讨遗产规划及程序，分析遗产规划的工具，介绍遗产税并分析开征遗产税的利弊。

1.所谓遗产，是指自然人死亡时遗留的个人合法财产。

2.遗产具有以下法律特征：时间上的特定性、性质上的财产性、财产的可转移性、财产的合法性、权利义务的统一性。

3.遗产规划是在生前对自己的财产进行规划，以便将遗产顺利地转移到受益人手中的规划。

4.遗产规划的意义体现在：一是顺利传承遗产，把财产遗留给自己愿意分配或遗赠的对象；二是减少遗产税费。

5.遗产规划的程序一般包括三大步骤：计算和评估遗产价值、确定遗产规划目标、制定遗产规划。

6.与其他规划一样，遗产规划有众多的工具可以选择，主要包括遗嘱、遗产委托书、遗产信托、人寿保险和赠与等。

7.遗产税就是在被继承人或财产所有人死亡时对其遗留的财产，即对遗产课征的一种税，在国外也叫死亡税。

8.遗产税的积极作用体现在调节社会分配、增加财政收入、有助于形成良好的社会风气、平衡纳税人的心理等方面。但是遗产税的征收成本较高，不利于吸引投资和人才流入，也并未真正有效地提高财政收入。

复习思考

第十章
在线测试

一、基本概念

遗产规划　遗产税　遗嘱　遗产委托书　遗产信托　人寿保险　赠与　法定继承

二、填空题

1.遗产，是指自然人死亡时遗留的________。

2.自然人生前所拥有的个人合法财产只有在其________后方可称为遗产。

3.在制定遗产规划时要遵循的原则有：________、________、定期检查和调整、减少遗产纳税金额。

4.遗嘱一般由________来执行。

5.按照法定继承顺序，配偶、子女、父母属于________。

三、选择题

1.下面哪些财产权利是可以作为遗产被继承的？（　　）

A.公民的名誉权

B.公民的著作权、专利权中的财产权利

C.公民的文物、图书资料

D.公民的林木、牲畜和家禽公民的肖像权

2.遗产的法律特征包括（　　）。

A.时间上的特定性　　B.性质上的财产性

C.财产的可转移性　　D.权利义务的统一性

E.遗产具有合法性

3.遗产规划工具包括（　　）。

A.遗嘱　　B.遗产委托书　　C.遗产信托

D.人寿保险　　E.赠与

4.下面哪些继承人按照第一顺序继承遗产？（　　）

A.配偶　　B.兄弟姐妹　　C.祖父母

D.父母　　E.子女

5.遗产有三种税制，为（　　）。

A.总遗产税　　B.复合遗产税　　C.分遗产税

D.强制遗产税　　E.混合遗产税

四、问答题

1.为什么要做遗产规划?

2.简述遗产规划有哪些程序。

3.概述根据不同的分类标准，如何对遗产信托进行分类。

4.分析开征遗产税的利弊。

五、分析题

某年2月，武某在结婚5年后遭遇车祸不幸遇难。身后留下一套房产和30万元银行存款（夫妻共同财产）。武某有三个儿子，其父母、祖父母均在世。

1.武某的妻子可分得（　　）存款。

A.3.75万元　　B.5万元　　C.15万元　　D.17.5万元

2.若武某的房产是婚前财产，那么武某的妻子可以分得（　　）份额的房产。

A.1/8　　B.1/6　　C.1/2　　D.2/3

3.若武某的房产是婚后财产，则武某的妻子可以分得（　　）份额的房产。

A.1/8　　B.1/6　　C.1/2　　D.2/3

4.武某的祖父母一共可以分得（　　）财产。

A.0　　B.3.75万元　　C.5万元　　D.7.5万元

5.武某的长子可以分得（　　）财产。

A.2.5万元　　B.3.75万元　　C.5万元　　D.10万元

主要参考文献

[1]《中华人民共和国个人所得税法》。

[2]《中华人民共和国个人所得税法实施条例》。

[3]《个人所得税专项附加扣除暂行办法》。

[4]《中华人民共和国民法典》。

[5] 张晓东，黄祝华.个人理财 [M]. 大连：东北财经大学出版社，2022.

[6] 郭秀兰，王冬吾.个人理财规划 [M]. 成都：西南财经大学出版社，2021.

[7] 银行业专业人员职业资格考试应试指导编写组.个人理财 [M]. 北京：中国财富出版社，2019.

[8] 张洪军，代吉林.家族财富管理概论 [M]. 北京：经济科学出版社，2017.

[9] 庄毓敏.中国财富管理报告（2015）[M]. 北京：中国人民大学出版社，2016.

[10] 陈玉新.李嘉诚给年轻人的财富管理课 [M]. 北京：中国法制出版社，2015.

[11] 罗瑞琼.个人理财 [M]. 北京：中国金融出版社，2015.

[12] 国家职业分类大典修订工作委员会.中华人民共和国职业分类大典（2015版）[M]. 北京：中国劳动社会保障出版社，2015.

[13] 中国金融教育发展基金会金融理财标准委员会（FPSCC）.金融理财原理（上、下）[M]. 北京：中信出版社，2014.

[14] 中国金融教育发展基金会金融理财标准委员会（FPSCC）.投资规划 [M]. 北京：中信出版社，2014.

[15] 中国金融教育发展基金会金融理财标准委员会（FPSCC）.个人风险管理与保险规划 [M]. 北京：中信出版社，2014.

[16] 中国金融教育发展基金会金融理财标准委员会（FPSCC）.员工福利与退休规划 [M]. 北京：中信出版社，2014.

[17] 中国金融教育发展基金会金融理财标准委员会（FPSCC）.个人税务与遗产筹划 [M]. 北京：中信出版社，2014.

[18] 中国就业培训技术指导中心.理财规划师基础知识 [M]. 3版. 北京：中国财

政经济出版社，2014.

[19] 中国就业培训技术指导中心.助理理财规划师专业能力（三级）[M]. 3版，北京：中国财政经济出版社，2013.

[20] 中国就业培训技术指导中心.理财规划师专业能力（二级）[M]. 3版. 北京：中国财政经济出版社，2013.

[21] 中信银行私人银行中心，等.中国私人银行发展报告 [M]. 北京：中国金融出版社，2012.

[22] 柴效武.个人理财 [M]. 北京：清华大学出版社，2012.

[23] 何小锋，李心愉.个人理财科目 [M]. 北京：中国发展出版社，2010.

[24] 龚乐凡.私人财富管理与传承 [M]. 北京：中国财政经济出版社，2007.

[25] 霍文文.商业银行个人理财业务 [M]. 上海：上海人民出版社，2007.

[26] 霍，罗宾逊.个人理财策划 [M]. 陈晓燕，徐克恩，等译.北京：中国金融出版社，2003.

附录

表 1 复利终值系数表

n/i	1%	2%	3%	4%	5%	6%	7%	8%	9%	10%
1	1.0100	1.0200	1.0300	1.0400	1.0500	1.0600	1.0700	1.0800	1.0900	1.1000
2	1.0201	1.0404	1.0609	1.0816	1.1025	1.1236	1.1449	1.1664	1.1881	1.2100
3	1.0303	1.0612	1.0927	1.1249	1.1576	1.1910	1.2250	1.2597	1.2950	1.3310
4	1.0406	1.0824	1.1255	1.1699	1.2155	1.2625	1.3108	1.3605	1.4116	1.4641
5	1.0510	1.1041	1.1593	1.2167	1.2763	1.3382	1.4026	1.4693	1.5386	1.6105
6	1.0615	1.1262	1.1941	1.2653	1.3401	1.4185	1.5007	1.5869	1.6771	1.7716
7	1.0721	1.1487	1.2299	1.3159	1.4071	1.5036	1.6058	1.7138	1.8280	1.9487
8	1.0829	1.1717	1.2668	1.3686	1.4775	1.5938	1.7182	1.8509	1.9926	2.1436
9	1.0937	1.1951	1.3048	1.4233	1.5513	1.6895	1.8385	1.9990	2.1719	2.3579
10	1.1046	1.2190	1.3439	1.4802	1.6289	1.7908	1.9672	2.1589	2.3674	2.5937
11	1.1157	1.2434	1.3842	1.5395	1.7103	1.8983	2.1049	2.3316	2.5804	2.8531
12	1.1268	1.2682	1.4258	1.601	1.7959	2.0122	2.2522	2.5182	2.8127	3.1384
13	1.1381	1.2936	1.4685	1.6651	1.8856	2.1329	2.4098	2.7196	3.0658	3.4523
14	1.1495	1.3195	1.5126	1.7317	1.9799	2.2609	2.5785	2.9372	3.3417	3.7975
15	1.1610	1.3459	1.5580	1.8009	2.0789	2.3966	2.759	3.1722	3.6425	4.1772
16	1.1726	1.3728	1.6047	1.873	2.1829	2.5404	2.9522	3.4259	3.9703	4.595
17	1.1843	1.4002	1.6528	1.9479	2.2920	2.6928	3.1588	3.7000	4.3276	5.0545
18	1.1961	1.4282	1.7024	2.0258	2.4066	2.8543	3.3799	3.996	4.7171	5.5599
19	1.2081	1.4568	1.7535	2.1068	2.527	3.0256	3.6165	4.3157	5.1417	6.1159
20	1.2202	1.4859	1.8061	2.1911	2.6533	3.2071	3.8697	4.6610	5.6044	6.7275
21	1.2324	1.5157	1.8603	2.2788	2.7860	3.3996	4.1406	5.0338	6.1088	7.4002
22	1.2447	1.5460	1.9161	2.3699	2.9253	3.6035	4.4304	5.4365	6.6586	8.1403
23	1.2572	1.5769	1.9736	2.4647	3.0715	3.8197	4.7405	5.8715	7.2579	8.9543
24	1.2697	1.6084	2.0328	2.5633	3.2251	4.0489	5.0724	6.3412	7.9111	9.8497
25	1.2824	1.6406	2.0938	2.6658	3.3864	4.2919	5.4274	6.8485	8.6231	10.8347
26	1.2953	1.6734	2.1566	2.7725	3.5557	4.5494	5.8074	7.3964	9.3992	11.9182
27	1.3082	1.7069	2.2213	2.8834	3.7335	4.8223	6.2139	7.9881	10.2451	13.1100
28	1.3213	1.741	2.2879	2.9987	3.9201	5.1117	6.6488	8.6271	11.1671	14.4210
29	1.3345	1.7758	2.3566	3.1187	4.1161	5.4184	7.1143	9.3173	12.1722	15.8631

表 2 **复利现值系数表**

n/i	1%	2%	3%	4%	5%	6%	7%	8%	9%	10%
1	0.9901	0.9804	0.9709	0.9615	0.9524	0.9434	0.9346	0.9259	0.9174	0.9091
2	0.9803	0.9612	0.9426	0.9246	0.9070	0.8900	0.8734	0.8573	0.8417	0.8264
3	0.9706	0.9423	0.9151	0.8890	0.8638	0.8396	0.8163	0.7938	0.7722	0.7513
4	0.961	0.9238	0.8885	0.8548	0.8227	0.7921	0.7629	0.7350	0.7084	0.6830
5	0.9515	0.9057	0.8626	0.8219	0.7835	0.7473	0.713	0.6806	0.6499	0.6209
6	0.942	0.8880	0.8375	0.7903	0.7462	0.7050	0.6663	0.6302	0.5963	0.5645
7	0.9327	0.8706	0.8131	0.7599	0.7107	0.6651	0.6227	0.5835	0.5470	0.5132
8	0.9235	0.8535	0.7894	0.7307	0.6768	0.6274	0.5820	0.5403	0.5019	0.4665
9	0.9143	0.8368	0.7664	0.7026	0.6446	0.5919	0.5439	0.5002	0.4604	0.4241
10	0.9053	0.8203	0.7441	0.6756	0.6139	0.5584	0.5083	0.4632	0.4224	0.3855
11	0.8963	0.8043	0.7224	0.6496	0.5847	0.5268	0.4751	0.4289	0.3875	0.3505
12	0.8874	0.7885	0.7014	0.6246	0.5568	0.4970	0.4440	0.3971	0.3555	0.3186
13	0.8787	0.7730	0.6810	0.6006	0.5303	0.4688	0.4150	0.3677	0.3262	0.2897
14	0.8007	0.7579	0.6611	0.5775	0.5051	0.4423	0.3878	0.3405	0.2992	0.2633
15	0.8613	0.7430	0.6419	0.5553	0.4810	0.4173	0.3624	0.3152	0.2745	0.2394
16	0.8528	0.7284	0.6232	0.5339	0.4581	0.3936	0.3387	0.2919	0.2519	0.2176
17	0.8444	0.7142	0.605	0.5134	0.4363	0.3714	0.3166	0.2703	0.2311	0.1978
18	0.836	0.7002	0.5874	0.4936	0.4155	0.3503	0.2959	0.2502	0.212	0.1799
19	0.8277	0.6864	0.5703	0.4746	0.3957	0.3305	0.2765	0.2317	0.1945	0.1635
20	0.8195	0.673	0.5537	0.4564	0.3769	0.3118	0.2584	0.2145	0.1784	0.1486
21	0.8114	0.6598	0.5375	0.4388	0.3589	0.2942	0.2415	0.1987	0.1637	0.1351
22	0.8034	0.6468	0.5219	0.422	0.3418	0.2775	0.2257	0.1839	0.1502	0.1228
23	0.7954	0.6342	0.5067	0.4057	0.3256	0.2618	0.2109	0.1703	0.1378	0.1117
24	0.7876	0.6217	0.4919	0.3901	0.3101	0.247	0.1971	0.1577	0.1264	0.1015
25	0.7798	0.6095	0.4776	0.3751	0.2953	0.2330	0.1842	0.1460	0.1160	0.0923
26	0.772	0.5976	0.4637	0.3607	0.2812	0.2198	0.1722	0.1352	0.1064	0.0839
27	0.7644	0.5859	0.4502	0.3468	0.2678	0.2074	0.1609	0.1252	0.0976	0.0763
28	0.7568	0.5744	0.4371	0.3335	0.2551	0.1956	0.1504	0.1159	0.0895	0.0693
29	0.7493	0.5631	0.4243	0.3207	0.2429	0.1846	0.1406	0.1073	0.0822	0.063
30	0.7419	0.5521	0.412	0.3083	0.2314	0.1741	0.1314	0.0994	0.0754	0.0573

表3 **普通年金终值系数表**

n/i	1%	2%	3%	4%	5%	6%	7%	8%	9%	10%
1	1.000	1.000	1.000	1.000	1.000	1.000	1.000	1.000	1.000	1.000
2	2.010	2.020	2.030	2.040	2.050	2.060	2.070	2.080	2.090	2.100
3	3.030	3.060	3.091	3.122	3.153	3.184	3.215	3.246	3.278	3.31
4	4.060	4.122	4.184	4.246	4.310	4.375	4.440	4.506	4.573	4.641
5	5.101	5.204	5.309	5.416	5.526	5.637	5.751	5.867	5.985	6.105
6	6.152	6.308	6.468	6.633	6.802	6.975	7.153	7.336	7.523	7.716
7	7.214	7.434	7.662	7.898	8.142	8.394	8.654	8.923	9.200	9.487
8	8.286	8.583	8.892	9.214	9.549	9.879	10.26	10.637	11.028	11.436
9	9.369	9.755	10.159	10.583	11.027	11.491	11.978	12.488	13.021	13.579
10	10.462	10.95	11.464	12.006	12.578	13.181	13.816	14.487	15.913	15.937
11	11.567	12.169	12.808	13.486	14.207	14.972	15.784	16.645	17.56	18.531
12	12.683	13.412	14.192	15.026	16.917	16.87	17.888	18.977	20.141	21.384
13	13.809	14.68	15.618	16.627	17.713	18.882	20.141	21.495	22.953	24.523
14	14.947	15.974	17.086	18.292	19.599	21.015	22.55	24.215	26.019	27.975
15	16.097	17.293	18.599	20.024	21.579	23.276	25.129	27.152	29.361	31.772
16	17.258	18.639	20.157	21.825	23.657	25.673	27.888	30.324	33.003	35.95
17	18.43	20.012	21.762	23.698	25.84	28.213	30.84	33.75	36.974	40.545
18	19.615	21.412	23.414	25.645	28.132	30.906	33.999	37.45	41.301	45.599
19	20.811	22.841	25.117	27.671	30.539	33.76	37.379	41.446	46.018	51.159
20	22.019	24.297	26.87	29.778	33.066	36.786	40.995	45.762	51.16	57.275
25	28.243	32.03	36.459	41.646	47.727	54.865	63.249	73.106	84.701	98.347
30	34.785	40.588	47.575	56.085	66.439	79.058	94.461	113.28	136.31	164.49
40	48.886	60.402	75.401	95.026	120.8	154.76	199.64	259.06	337.89	442.59
50	64.463	84.579	112.8	152.67	209.35	290.34	406.53	573.77	815.08	1163.9

表4 **普通年金现值系数表**

n/i	1%	2%	3%	4%	5%	6%	8%	10%	12%	14%	15%
1	0.99	0.98	0.97	0.961	0.952	0.943	0.925	0.909	0.892	0.877	0.869
2	1.97	1.941	1.913	1.886	1.859	1.833	1.783	1.735	1.69	1.646	1.625
3	2.94	2.883	2.828	2.775	2.723	2.673	2.577	2.486	2.401	2.321	2.283
4	3.901	3.807	3.717	3.629	3.545	3.465	3.312	3.169	3.037	2.913	2.854
5	4.853	4.713	4.579	4.451	4.329	4.212	3.992	3.79	3.604	3.433	3.352
6	5.795	5.601	5.417	5.242	5.075	4.917	4.622	4.355	4.111	3.888	3.784
7	6.728	6.471	6.23	6.002	5.786	5.582	5.206	4.868	4.563	4.288	4.16
8	7.651	7.325	7.019	6.732	6.463	6.209	5.746	5.334	4.967	4.638	4.487
9	8.566	8.162	7.786	7.435	7.107	6.801	6.246	5.759	5.328	4.946	4.771
10	9.471	8.982	8.53	8.11	7.721	7.36	6.71	6.144	5.65	5.216	5.018
11	10.367	9.786	9.252	8.76	8.306	7.886	7.138	6.495	5.937	5.452	5.233
12	11.255	10.575	9.954	9.385	8.863	8.383	7.536	6.813	6.194	5.66	5.42
13	12.133	11.348	10.634	9.985	9.393	8.852	7.903	7.103	6.423	5.842	5.583
14	13.003	12.106	11.296	10.563	9.898	9.294	8.244	7.366	6.628	6.002	5.724
15	13.865	12.849	11.937	11.118	10.379	9.712	8.559	7.606	6.81	6.142	5.847
16	14.717	13.577	12.561	11.652	10.837	10.105	8.851	7.823	6.973	6.265	5.954
17	15.562	14.291	13.166	12.165	11.274	10.477	9.121	8.021	7.119	6.372	6.047
18	16.398	14.992	13.753	12.659	11.689	10.827	9.371	8.201	7.249	6.467	6.127
19	17.226	15.678	14.323	13.133	12.085	11.158	9.603	8.364	7.365	6.55	6.198
20	18.045	16.351	14.877	13.59	12.462	11.469	9.818	8.513	7.469	6.623	6.259
21	18.856	17.011	15.415	14.029	12.821	11.764	10.016	8.648	7.562	6.686	6.312
22	19.66	17.658	15.936	14.451	13.163	12.041	10.2	8.771	7.644	6.742	6.358
23	20.455	18.292	16.443	14.856	13.488	12.303	10.371	8.883	7.718	6.792	6.398
24	21.243	18.913	16.935	15.246	13.798	12.55	10.528	8.984	7.784	6.835	6.433
25	22.023	19.523	17.413	15.622	14.093	12.783	10.674	9.077	7.843	6.872	6.464
26	22.795	20.121	17.876	15.982	14.375	13.003	10.809	9.16	7.895	6.906	6.49
27	23.559	20.706	18.327	16.329	14.643	13.21	10.935	9.237	7.942	6.935	6.513
28	24.316	21.281	18.764	16.663	14.898	13.406	11.051	9.306	7.984	6.96	6.533
29	25.065	21.844	19.188	16.983	15.141	13.59	11.158	9.369	8.021	6.983	6.55
30	25.807	22.396	19.6	17.292	15.372	13.764	11.257	9.426	8.055	7.002	6.565
40	32.834	27.355	23.114	19.792	17.159	15.046	11.924	9.779	8.243	7.105	6.641
50	39.196	31.423	25.729	21.482	18.255	15.761	12.233	9.914	8.304	7.132	6.66

表5　**风险承受能力测试**

一、您的家庭现处于下列哪个阶段？
1.单身期：参加工作—结婚（2～5年）
2.家庭形成期：结婚—新生儿诞生（1～5年）
3.家庭成长期：小孩出生—上大学（9～12年）
4.家庭成熟期：小孩已上大学
5.退休期：退休后
二、您供养人口的数目是？
1.4人或4人以上
2.3人以上
3.2人
4.1人
5.无
三、您最倾向于以下哪种投资产品？
1.银行存款、国债
2.基金、保险
3.股票、外汇
4.期货、期权
5.博彩
四、选择投资对象时，您更倾向于下列哪种类型的投资？
1.平均投资收益为3%，最好情况是8%，最坏情况是0.98%
2.平均投资收益为5.6%，最好情况是15%，最坏情况是-3%
3.平均投资收益为9%，最好情况是25%，最坏情况是-12.1%
4.平均投资收益为11.7%，最好情况是33.6%，最坏情况是-20%
5.平均投资收益为30%，最好情况是50%，最坏情况是-50%
五、您如何看待风险型投资产品，如基金或股票？
1.我不愿意投资该类产品
2.我愿意花10%以内的资金投资该类产品
3.我愿意花20%以内的资金投资该类产品
4.我愿意花50%以内的资金投资该类产品
5.我愿意花50%以上的资金投资该类产品
六、如果您的投资损失了10%，您会如何反应？
1.坐立不安
2.觉得很难过
3.觉得很不幸
4.可以接受
5.认为是追加投资的好时机

七、专家估计一些资产，如黄金、珠宝、收藏品和房屋等实物资产的价格会上升而债券的价格会下跌，但他们认为债券相对比较安全。如果您现时持有大量债券，您会：

1.继续持有债券

2.卖掉一部分债券，然后把得来的资金投入到实物资产

3.卖掉全部债券，然后把得来的资金一半投资到金融资产，另一半投资到实物资产

4.卖掉全部债券，然后把得来的资金全部投资到实物资产

5.卖掉全部债券，然后把得来的资金一半投资到金融资产，并向别人借钱来投资实物资产

八、如果有人给您内幕消息，说某股票即将大涨，您会：

1.认为哪有这么好的事，才不上当呢

2.找出股票走势图，看一看是否值得买入

3.适当买入少量股票

4.将现有的全部资金投资于该只股票

5.借钱也要买入该股票

九、您刚刚有足够的储蓄实践自己一直梦寐以求的旅行，但在出发前三个星期，您忽然被解雇了，您会：

1.立即寻找新的工作机会

2.取消旅行

3.选择另外一个比较普通的行程

4.依照原定计划，因为您需要充足的休息来准备寻找新的工作

5.延长旅行，因为这次旅行可能成为您最后一次的豪华旅行

十、您在看表演时，舞台上的催眠师征召自愿者上台合作，您会上去吗？

1.免谈

2.我不可能会考虑

3.如果有人鼓励，我会试试

4.我可能会去

5.毫不犹豫地上去

评分标准：

选项1得分为1分，选项2得分为2分，选项3得分为3分，选项4得分为4分，选项5得分为5分。10～18分属保守型，19～25分属中庸型；40～50分则属于典型的进取型。

表6　**金融行业分类和代码表**

代码				类别名称	说　明
门类	大类	中类	小类		
J				金融业	本门类包括66～69大类
	66			货币金融服务	
		661	6610	中央银行服务	指代表政府管理金融活动，并制定和执行货币政策，维护金融稳定，管理金融市场的特殊金融机构的活动
		662		货币银行服务	指除中央银行以外的各类银行所从事的存款、贷款和信用卡等货币媒介活动，还包括在中国开展货币业务的外资银行及分支机构的活动
			6621	商业银行服务	
			6622	政策性银行服务	
			6623	信用合作社服务	
			6624	农村资金互助社服务	指经银行业监督管理机构批准，由自愿入股组成的社区互助性银行业金融业务
			6629	其他货币银行服务	
		663		非货币银行服务	指主要与非货币媒介机构以各种方式发放贷款有关的金融服务
			6631	融资租赁服务	指经银行业监督管理部门或商务部批准，以经营融资租赁业务为主的活动
			6632	财务公司服务	指经银行业监督管理部门批准，为企业融资提供的金融活动
			6633	典当	指以动产、不动产或其他财产权利质押或抵押的融资活动
			6634	汽车金融公司服务	指经中国银保监会批准设立的专门为中国境内的汽车购买者及销售者提供金融服务的非银行金融机构的活动
			6635	小额贷款公司服务	包括中国银保监会和地方政府批准设立的贷款公司，即由境内商业银行或农村合作银行在农村地区设立的专门为县域农民、农业、农村经济发展提供贷款服务的金融机构
			6636	消费金融公司服务	指经中国银保监会批准设立的为中国境内居民个人提供以消费（不包括购买房屋和汽车）为目的贷款的非银行金融机构的活动

续表

代码				类别名称	说明
门类	大类	中类	小类		
			6637	网络借贷服务	指依法成立，专门从事网络借贷信息中介业务活动的金融信息中介公司，以及个体和个体之间通过互联网平台实现的直接借贷，个体包含自然人、法人及其他组织
			6639	其他非货币银行服务	指上述未包括的从事融资、抵押等非货币银行的服务，包括各种消费信贷抵押顾问和经纪人的活动；还包括金融保理活动
		664	6640	银行理财服务	指银行提供的非保本理财产品服务
		665	6650	银行监管服务	指代表政府管理银行业活动，制定并发布对银行业金融机构及其业务活动监督管理的规章、规则
	67			资本市场服务	
		671		证券市场服务	
			6711	证券市场管理服务	指非政府机关进行的证券市场经营和监管，包括证券交易所、登记结算机构的活动
			6712	证券经纪交易服务	指在金融市场上代他人进行交易、代理发行证券和其他有关活动，包括证券经纪、证券承销与保荐、融资融券业务、客户资产管理业务等活动
		672	6720	公开募集证券投资基金	指向不特定投资者公开发行收益凭证的证券投资基金，由专业基金管理人管理，在法律的严格监管下进行投资，依照《公开募集证券投资基金运作管理办法》进行运作（包括基金投资类理财服务）
		673		非公开募集证券投资基金	指以投资活动为目的设立，非公开募集，由基金管理人或者普通合伙人管理的基金，依照《私募投资基金监督管理暂行办法》进行运作
			6731	创业投资基金	指向处于创业各阶段的成长性企业进行股权投资，以期所投资的企业成熟或相对成熟后主要通过股权转让获得增值收益的基金
			6732	天使投资	指除被投资企业职员及其家庭成员和直系亲属以外的个人以其自有资金开展的创业投资的活动
			6739	其他非公开募集证券投资基金	包括基金投资类理财服务

续表

代码				类别名称	说明
门类	大类	中类	小类		
				期货市场服务	
		674	6741	期货市场管理服务	指非政府机关进行的期货市场经营和监管，包括商品期货交易所、金融期货交易所、期货保证金监控中心的活动
			6749	其他期货市场服务	指商品合约经纪及其他未列明的期货市场的服务
		675	6750	证券期货监管服务	指由政府或行业自律组织进行的对证券期货市场的监管活动
		676	6760	资本投资服务	指经批准的证券投资机构的自营投资、直接投资活动和其他投资活动
		679	6790	其他资本市场服务	指投资咨询服务、财务咨询服务、资信评级服务，以及其他未列明的资本市场的服务
	68			保险业	
		681		人身保险	指以人的寿命和身体为保险标的的保险活动，包括人寿保险、年金保险、健康保险和意外伤害保险
			6811	人寿保险	指以人的寿命为保险标的的人身保险，包括定期寿险、终身寿险和两全保险
			6812	年金保险	指以被保险人生存为给付保险金条件，并按约定的时间间隔分期给付生存保险金的人身保险
			6813	健康保险	指以因健康原因导致损失为给付保险金条件的人身保险，包括疾病保险、医疗保险、失能收入损失保险和护理保险
			6814	意外伤害保险	指以被保险人因意外事故而导致身故、残疾或者发生保险合同约定的其他事故为给付保险金条件的人身保险
		682	6820	财产保险	指以财产及其有关利益为保险标的的保险，包括财产损失保险、责任保险、信用保险、保证保险等
		683	6830	再保险	指承担与其他保险公司承保的现有保单相关的所有或部分风险的活动
		684	6840	商业养老金	指专为个人和单位雇员或成员提供退休金补贴而设立的法定实体的活动（如基金、计划、项目等），包括养老金定额补贴计划以及完全根据成员贡献确定补贴数额的个人养老金计划等

续表

代码				类别名称	说明
门类	大类	中类	小类		
				保险中介服务	指保险代理人、保险经纪人开展的保险销售、谈判、促合以及防灾、防损或风险评估、风险管理咨询、协助查勘理赔等活动，以及保险公估人开展的对保险标的或保险事故的评估、鉴定、勘验、估损、理算等活动
		685	6851	保险经纪服务	指基于投保人的利益，为投保人与保险人订立保险合同提供中介服务并依法收取佣金的活动
			6852	保险代理服务	指根据保险人的委托，向保险人收取佣金，并在保险人授权的范围内代为办理保险业务的活动
			6853	保险公估服务	指接受委托，专门从事保险标的或者保险事故评估、勘验、鉴定、估损理算等业务，并按约定收取报酬的活动
		686	6860	保险资产管理	指保险资产管理公司接受委托，开展的保险资金、商业养老金等资金的投资管理活动
		687	6870	保险监管服务	指根据国务院授权及相关法律、法规规定所履行的对保险市场的监督、管理活动
		689	6890	其他保险活动	指其他未列明的与保险和商业养老金相关或密切相关的活动，包括救助管理、保险精算等
	69			其他金融业	
		691		金融信托与管理服务	指根据委托书、遗嘱或代理协议代表受益人管理的信托基金、房地产账户或代理账户等活动，包括单位投资信托管理，还包括信托公司通过互联网销售信托产品及开展其他信托业务的互联网信托活动
			6911	信托公司	指经中国银保监会批准设立的，主要经营信托业务的金融机构；信托业务是指信托公司以营业和收取报酬为目的，以受托人身份承诺信托和处理信托事务的经营行为
			6919	其他金融信托与管理服务	
		692	6920	控股公司服务	指通过一定比例股份，控制某个公司或多个公司的集团，控股公司仅控制股权，不直接参与经营管理，以及其他类似的活动

续表

代码				类别名称	说明
门类	大类	中类	小类		
		693	6930	非金融机构支付服务	指非金融机构在收付款人之间作为中介机构提供下列部分或全部货币资金转移服务，包括第三方支付机构从事的互联网支付、预付卡的发行与受理、银行卡收单及中国人民银行确定的其他支付等服务
		694	6940	金融信息服务	指向从事金融分析、金融交易、金融决策或者其他金融活动的用户提供可能影响金融市场的信息（或者金融数据）的服务，包括征信机构服务
		695	6950	金融资产管理公司	指经批准成立的，以从事收购、管理和处置不良资产业务为主，同时通过全资或控股金融类子公司提供银行、信托、证券、租赁、保险等综合化金融服务的金融企业
		699		其他未列明金融业	
			6991	货币经纪公司服务	指经中国银保监会批准设立的专门从事促进金融机构间资金融通和外汇交易等经纪服务的非银行金融机构的活动
			6999	其他未包括金融业	指主要与除提供贷款以外的资金分配有关的其他金融媒介活动，包括保理活动、掉期、期权和其他套期保值安排、保单贴现公司的活动、金融交易处理与结算，以及借款担保服务、发行债券担保服务等融资担保活动，还包括信用卡交易的处理与结算、外币兑换等活动